Ludwig Hempel (Hrsg.) · Geographische Beiträge zur Landeskunde Griechenlands

MÜNSTERSCHE GEOGRAPHISCHE ARBEITEN

Herausgegeben von den Hochschullehrern des Instituts für Geographie
der Westfälischen Wilhelms - Universität Münster

Wilfrid Bach · Hermann Hambloch · Heinz Heineberg
Ludwig Hempel · Friedrich - Karl Holtmeier · Cay Lienau · Alois Mayr
Karl - Friedrich Schreiber · Ulrich Streit · Dietbert Thannheiser
Peter Weber · Julius Werner

Schriftleitung: Alois Mayr

Heft 18

Geographische Beiträge zur Landeskunde Griechenlands

Ludwig Hempel (Hrsg.)

FERDINAND SCHÖNINGH · PADERBORN · 1984

Der Beitrag von H.-J. Höper beruht auf einer gekürzten Dissertation,
die 1983 von der Mathematisch-Naturwissenschaftlichen Fakultät der Westfälischen
Wilhelms-Universität Münster — Fachbereich Geowissenschaften — angenommen wurde.

Der Beitrag von V. Born wurde 1983 als Dissertation von der
Philosophischen Fakultät der Westfälischen Wilhelms-Universität Münster angenommen.

Gesamtherstellung: Buchdruckerei Regensberg, Daimlerweg 58, 4400 Münster

Geographische Beiträge
zur
Landeskunde Griechenlands

VORWORT

Der Band 18 der MÜNSTERSCHEN GEOGRAPHISCHEN ARBEI-
TEN ist speziell der Landeskunde Griechenlands ge-
widmet. Die drei Beiträge von Volker BORN über den
Wandel einer Agrarlandschaft in ein Fremdenverkehrsgebiet auf Kreta, Hermann-Josef HÖPER über
die Natur- und Menschheitsgeschichte Ostthessaliens und vom Herausgeber des Bandes über Beobachtungen und Betrachtungen zur jungquartären Reliefgestaltung der Insel Kreta scheinen von den Titeln
her wenig Gemeinsames aufzuweisen. Bei Lektüre der
drei Studien aber wird der Leser neben regionalen
Berührungen wie Kreta auch allgemein geographische
Kontakte feststellen.

So sind die mehr kulturgeographischen Aussagen in
der Untersuchung über Ostthessalien ohne Anwendung ähnlicher Fragestellungen wie die rein mor-
phologisch-sedimentologischen des Herausgebers
über Kretas quartärzeitliche Genese nicht möglich.
Umgekehrt wäre die Grenze natürlicher und anthropogen bedingter Abtragung und Aufschüttung ohne historische und archäologische Hilfestellung nicht
exakt fixierbar. Auch die Verbindung von der phy-
siogeographisch ausgerichteten Kreta-Studie (HEM-
PEL) zur rein sozialgeographisch orientierten Dissertation über Kreta von BORN ist enger als die Titel vermuten lassen. Abgesehen von äußerlichen Umständen, der durch Fremdenverkehrsbauten großen
Zahl von Baugrubenaufschlüssen in der Küstenebene
und am Berghang, die ein dichtes Netz sedimentologischer Catenen ermöglichten, sind es die morphodynamischen Konsequenzen, die der Nutzungswechsel
mit sich brachte. In der durch Verfall der Nutzung
geomorphologisch entstabilisierten Agrarlandschaft
griff die Abtragung spontan ein und schuf neue
Erosionsformen und Akkumulationskörper. Diese heute unmittelbar zu beobachtenden Vorgänge geben Kun-
de und Vergleichsmöglichkeiten für ähnliche Prozesse in früheren Zeiten.

Die Lebensnotwendigkeit komplexer Fragestellungen
sollte gerade für das Fach Geographie unbestrit-
ten sein. Von der Nützlichkeit, diese verschiedenen Forschungswege unter einem geistigen Dach zu
halten und damit dem Ziel, der "Geographischen Landeskunde", im echten Sinne dienen zu lassen, möge
dieser Band der MÜNSTERSCHEN GEOGRAPHISCHEN ARBEI-
TEN Zeugnis ablegen.

Text und Abbildungen tragen die eigenen Handschrif-
ten der Verfasser. Die vergleichsweise große Zahl
von Figuren und Karten bei H.-J. HÖPER hat seinen
besonderen Grund darin, daß mit ihrer Hilfe viel er-
klärender Text gespart werden konnte. Die beiden
wichtigsten Karten von V. BORN, die das Endglied
der Aussagen darstellen, sind bewußt so klein gehalten worden, um das Phänomen "Wandel" nicht nur
geographisch, sondern auch optisch kontraststark
zur Geltung zu bringen. Für die Reinzeichnung der
Abbildungen sowie die Herrichtung der Photos in
meinem eigenen Aufsatz danke ich Frau Marianne MI-
CHELKA und Herrn Rudolf FAHNERT von der Kartogra-
phischen Abteilung des Instituts für Geographie.
Last not least gebührt ein besonderer Dank Frau
Hildegard SCHULZ für ihre Einsatzfreude bei der
Textverarbeitung.

Ludwig Hempel

Ludwig Hempel

Beobachtungen und Betrachtungen zur jungquartären Reliefgestaltung der Insel Kreta

Wilhelm Müller - Wille

zum Gedenken an meinen Lehrer, Förderer und Kollegen

Aus:

HEMPEL, Ludwig (Hrsg.) :
Geographische Beiträge zur Landeskunde Griechenlands.
Paderborn: Ferdinand Schöningh 1984, S. 9 - 40
(Münstersche Geographische Arbeiten 18)

Inhalt

Anschrift des Verfassers:

Prof. Dr. Ludwig Hempel

Weierstraßweg 10

D-4400 Münster

1. PROBLEMSTELLUNG UND AUFGABE

Zwei Feststellungen charakterisieren Bildung und Bewegung von Lockermaterial und damit das geomorphologische Bild der Insel Kreta. Einmal kommt POSER (1957, S. 126), betreffend die kaltzeitliche Schuttproduktion und ihre geomorphologischen Formen, zu dem Schluß: "Nach all dem ist also der Nachweis einer kaltzeitlichen Solifluktionszone auf Kreta besonders erschwert". Zum anderen schreibt der Verfasser (1982, S. 51): "Schotterkörper wurden in den Ebenen Kretas nur an den Stellen abgelagert, wo während des Pleistozäns Verbindungen zu frostdynamisch aktiven Höhenstufen ab 800 m über NN (heute) bestanden". Zwischen der Beobachtung, daß größere Schuttdecken in den Hochgebirgen Kretas fehlen und auf der anderen Seite große, ins Pleistozän datierte Mengen von Schutt und Feinmaterial in den tieferen Lagen akkumuliert wurden, klafft eine Beobachtungslücke.

Hilfreich für eine Klärung der Zusammenhänge ist die Beobachtung, daß die Flächen und Abdachungen aller drei kretischer Hochgebirge (Dikti Oros, Idi Oros, Lefka Ori) in Höhen ab ca. 1000 m bis zu den Gipfeln von einem dichten Steinpflaster bedeckt sind. POSER hat diese Erscheinung mehrfach beschrieben und sie (1957, S. 126) unter der Bezeichnung "Steinpanzer" als Indiz für kaltzeitliche Schuttproduktion und Schuttabfuhr gewertet. Später (1976a, S. 58-64) hat er ähnliche Formen in Höhen über 2300 m NN als spezielle Gebilde des "Schichtflächenkarstes" einem rezenten Nivationsprozeß zugeordnet. Schon diese Beobachtungen und Erklärungen belegen die Schwierigkeit, in dem morphodynamischen Dreieck "Frostwirkung", "Nivationsformung" und "Karst" Prozesse zu eliminieren und u.U. eine Höhenstufe abzuleiten.

Hinzu kommt eine Einschränkung der Beobachtungs- und Verknüpfungsmöglichkeiten von unten nach oben durch besondere orographische Verhältnisse. Eine Verbindung von den Ablagerungsgebieten zu den Räumen, in denen Lockermaterial produziert wurde, wird unterbrochen durch Hochebenen oder Hochbecken, meist Poljen. Diese Flach- und Hohlformen haben Schutt und gelbbraunes Feinmaterial in Höhen von 800 m NN (Hochebene von Kastelli westlich des Dikti Oros), 900 m NN (Lasithi Hochebene im Dikti Oros)

oder 1000 m NN (Omalos Becken im Lefka Ori) aufgefangen. Von dort gelangten sie nur auf wenigen engen Bahnen wie größeren Tälern abwärts in die Küstenebenen Nordkretas.

Ein zweites Beobachtungshindernis stellen die Steilhänge dar, die von den Hochebenen zu den weiten Hochgebirgskämmen und -kuppeln führen. Sie umkränzen die Hauptproduktionsgebiete eiszeitlichen Schuttes, stellen Areale erhöhter Abtragung dar und sind heute besonders schuttarm. Nur indirekt kann aus der Anhäufung von Lockermaterial an den Übergängen zu den Hochebenen auf ehemalige Hangabtragung geschlossen werden. Heute rührt sich dort kein Stein. Die Feinerde fehlt nahezu vollkommen. So kann auch nicht auf den Umweg über Skelettierungsvorgänge auf rezente Schuttverlagerung geschlossen werden. Damit ist heute an dieser relativ langen Front eine sedimentologische Verbindung vom potentiellen Schuttproduktionsgebiet der Hochgebirgszüge zu den Ablagerungsräumen nicht mehr vorhanden.

Auf zwei Wegen kann diese sedimentologisch-morphologische Beweislücke überbrückt werden. Einmal sind es Beobachtungen über die Erosions- und Akkumulationsvorgänge in den wenigen Tälern, die von den Küstenräumen durch die Hochebenen und die Steilflanken der Hochgebirge bis in die Gipfelregionen führen. Zum anderen sind es Messungen oder Abschätzungen der Kräfte, die eine Abtragung und einen Transport von oben nach unten ermöglicht haben. Der erste Beobachtungsweg benutzt eine Reihe von Sedimentprofilen und fügt sie zu einem Historiogramm zusammen. Der zweite Weg der Analyse ist unter "Energetischer Geomorphologie" einzuordnen (vgl. HEMPEL & BRETTSCHNEIDER 1980). Ausgangsbasis für beide Wege sind die Ablagerungskörper in den Küstenebenen. Im Zusammenhang mit ähnlichen Akkumulationsmassen auf der Peloponnes ist darüber ausführlich berichtet worden (vgl. HEMPEL, 1982). Des besseren Verständnisses wegen soll an dieser Stelle nur kurz auf die Kreta betreffenden Befunde eingegangen werden. Dazu dient eine Reihe von Profilen (vgl. Abb. 2-7).

12

2. TALSTUDIEN AN DER NORDKÜSTE
KRETAS*)

Der tektonische und morphologische Aufbau der Insel Kreta zeigt im Großen eine Viergliederung: Die zentralen Gebirgsmassive, die in einzelnen Gipfelregionen über 2000 m aufragen, die Südküste, bei der steile Kliffpartien mit schmalen Schotterfächern an den Talausgängen zum Meer abwechseln, den nördlich der Gebirge vorgelagerten Bergländern und Hochflächen bis ca. 1000 m und daran anschließend breit ausladende Talbereiche, die vorzugsweise von Süden nach Norden ausgerichtet sind. Diese Täler enthalten reiche Schotterfluren verschiedenen Alters und Lehmsedimente unterschiedlicher Farbe. Die Täler hatten

hier ausgewählte Beispiel ist eine Talung bei Gouves, ca. 15 km östlich von Heraklion (Abb. 1). Sie enthält alle typischen Erscheinungen, die gleichzeitig auch von grundsätzlicher Bedeutung für die Gesamtgenese des Küstengebietes im Norden Kretas sind. Damit können morphodynamische Ereignisse des Jungquartärs deutlich gemacht werden.

Die untersuchten Profile liegen auf einer Linie, deren Richtung vom Verlauf des heutigen Torrentenbettes "vorgeschrieben" wird. Es führt von der Küste nahe dem Hotel "Marina" zum Ort Gouves und endet in

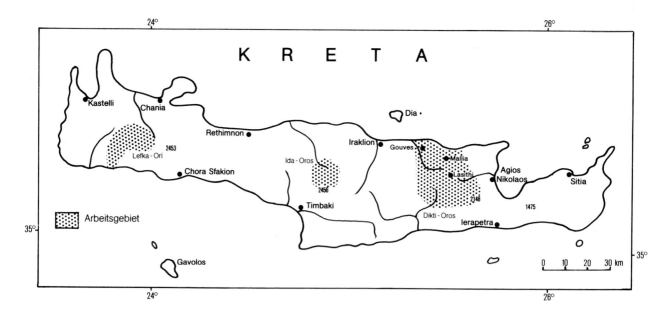

Abb. 1:   Die Arbeitsgebiete auf Kreta

während des Pleistozäns in den Bergländern und Hochgebirgen Anschluß an die Frostschuttstufen, deren Untergrenze im heutigen Höhenbereich bei rund 800 m über NN lag.

Eine Reihe von Tälern zwischen Mallia, Chersonissos und Heraklion sowie bei Chania wurde untersucht. Das

Talästen an der äußeren nordwestlichen Umrahmung der Lasithi Hochebene, von deren Formenschatz bereits POSER (1957, S. 136) schrieb, daß sich hier "die Tal- und Formengeschichte (Kretas: Ver.) noch viel tiefer in die Vergangenheit zurückverfolgen ließe". Die morphodynamisch wichtigsten Beobachtungen wurden im Unter- und Mittellauf bis ca. 2500 m Entfernung vom Meer gemacht. Im oberen Talverlauf beschränkten sich die Untersuchungen auf die Verfolgung der Sedimentationsbahnen bis zu den Einzugsgebieten, über die weiter unten im Abschnitt 3 berichtet wird. Dabei ergibt sich folgendes Bild der Genese.

----

*) Für die Gewährung von Reisebeihilfen 1982 und 1983 danke ich der Gesellschaft der Förderer der Westfälischen Wilhelms-Universität Münster sehr herzlich.

Die Basis aller Akkumulationen bilden torrentielle Schotterlagen (Photo 1), deren Korngrößen von kleinsten Kiesen bis zum doppelkopfgroßen Geröll reichen (Abb. 3-7: 2). Sie sind gerundet und kantengerundet und verraten damit einen längeren Transportweg. Dieser wird durch die Petrographie der Schotter - sie kommen aus den Hochgebirgen der Insel - bestätigt. Auffallend ist die Feinmatrix. Sie besteht aus roten Tonen (Hue 7,5 R 5/6: bright reddish brown), wie sie in Karstschloten der Kalkgesteinsgebirge noch heute verborgen sind (vgl. dazu auch NEVROS & ZVORYKIN, 1938/39, S. 289). Ein Anschluß an die Hochgebirge ist mangels geeigneter Aufschlüsse nicht überall direkt, wohl aber petrographisch indirekt nachzuweisen.

Dieses Schotterpaket ist ungleichmäßig mächtig und befindet sich in einem unterschiedlichen Verfestigungszustand. Während die oberen Lagen mit dem Hammer mühelos zerschlagen werden können, sind die unteren hart wie gewachsener Fels. Bei den Hotelbauten sind diese Konglomerate (Photo 2 und Abb. 2, 4, 5: 4) als Wellenbrecher wallartig aufgehäuft worden. Sie reichen im übrigen als Bank mindestens 150 m hinaus ins Meer, liegen dort heute etwa 20 m unter dem Meeresspiegel und stellen eine Ablagerung dar, die als fluvialer Schotterkörper bei einem gesenkten Wasserspiegel, also in einer Kaltzeit, entstanden sein muß. Ähnliche konglomeratischen Schutt-Schotter-Pakete sind schon früher an anderen Stellen der Küsten Kretas gefunden worden. So beschreiben NEVROS & ZVORYKIN (1938/39, S. 289-291) Horizonte "von der Farbe geronnenen Blutes" aus der Nähe von Kastelli und Chania in Westkreta sowie von der Messara-Ebene im Südwesten der Insel. Im übrigen fällt die Gleichheit der roten Tone im Schotterpaket mit denen im Abtragungsgebiet der Bergländer auf, wie röntgenographische Analysen beweisen.*)

Bemerkenswert ist die Ablagerungsform dieses älteren Schotterkörpers (siehe auch Photo 1). Die Akkumulationsmassen sind in große Komplexe gegliedert, die sehr unterschiedliche Abflußbahnen anzeigen. Diese schwallartige Transportbewegung ist auch heute noch aktiv auf den Talböden der Trockentäler zu beobachten. Sie belegt die terrestrischen Bildungsbedingungen des unteren und damit "Älteren Schotterkörpers". Wäre er nämlich während eines Interglazials oder Interstadials entstanden, läge der rote Schotterkomplex infolge der quartären Hebung Kretas (siehe CREUTZBURG 1958 und 1966) heute in größerer Meereshöhe.

Dieses mit roter Feinmatrix versehene torrentielle Schotterpaket wird überlagert von einem solchen, in dem braune Feinbestandteile auftreten (Hue 10 YR 6/6: bright yellowish brown). Dieser Lehm ist entweder in Lagen kompakt zusammengeschlossen und belegt dadurch ruhigere Wasserführung oder liegt als Feinmatrix zwischen größeren Schottern (Photo 3 und Abb. 4, 6, 7: 8, 9). Diese sind meist streifig angeordnet und in aller Regel sortiert. Auch dies belegt einen Transportvorgang mit weniger heftigem Abflußregime. Besagt schon dieser Befund für die Schotter-Braunlehm-Akkumulation ein Klima mit ausgeglicheneren Niederschlägen im Jahr und darüber hinaus die braune Farbe der Feinmatrix eine kühlere Phase, so kann diese Beweiskette mit einer Beobachtung zur Stratigraphie vervollständigt werden. Auf verschiedenen Bahnen kann man an Rändern von rezenten Tälern diese braune Schotter-Lehm-Ablagerung - vielleicht als "Jüngerer Schotterkörper" zu bezeichnen - bis in die Hochgebiete der Gebirge zurückverfolgen. Dort bekommen sie Anschluß an die Gebiete, in denen frostdynamisch erzeugter Schutt des Pleistozäns liegt bzw. lag.

Die hellbraunen Lehme sind übrigens in einem ganz anderen wissenschaftlichen Zusammenhang und Gebiet behandelt worden. POSER (1957, S. 126-127) fand in den Ablagerungen der Lasithi-Hochebene eine ähnliche Abfolge von einer lehmig-tonigen Roterde mit Schutt unten sowie "Gelberde" mit Schwemmschuttmaterial oben. Die Lasithi-Hochebene ist ein 800 m hoch gelegener Poljeboden, der - von allen Seiten von Gebirgen umschlossen - die Abtragungsmassen "eingefangen" hat. POSER (1957, S. 127) gab für die gelbe Akkumulationsmasse eine ganz klare Altersstellung: "Als Vorzeitbildung vor der rezenten Terra rossa stehend, gehört sie in Pleistozän". Ähnlich äußerten sich auf Grund sehr detaillierter bodenkundlicher Studien schon früher NEVROS & ZVORYKIN (1938/39, S. 294-300) über Böden in Karstdolinen von Lasithi (682 m), Omalos (1120 m) und Nida (1600 m).

Im übrigen unterscheidet sich der ältere vom jüngeren Schotterkörper auch dadurch, daß letzterer eine mehr einheitliche Abflußrichtung direkt vom Gebirge in die Küstenebene gehabt hat, während das Wasser des älteren hochflutartig kreuz und quer durch die Küstenebene geflossen sein muß.
----
*) Sie wurden dankenswerterweise von Herrn Dr. OSTERTAG aus dem Institut für Mineralogie der Universität Münster durchgeführt.

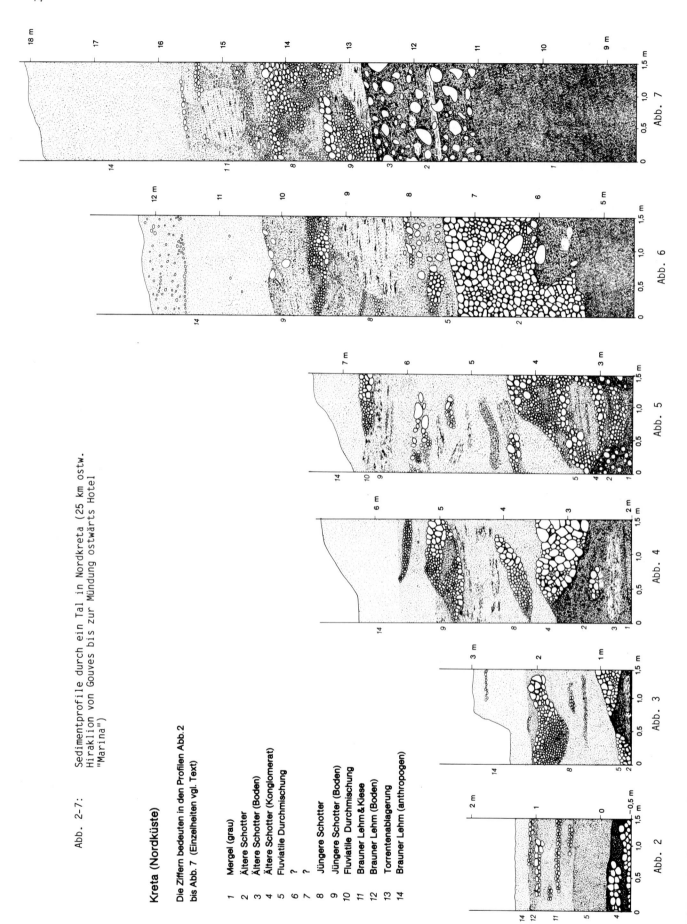

Abb. 2-7:   Sedimentprofile durch ein Tal in Nordkreta (25 km ostw.
Hiraklion von Gouves bis zur Mündung ostwärts Hotel
"Marina")

Kreta (Nordküste)

Die Ziffern bedeuten in den Profilen Abb. 2
bis Abb. 7 (Einzelheiten vgl. Text)

1   **Mergel (grau)**
2   **Ältere Schotter**
3   **Ältere Schotter (Boden)**
4   **Ältere Schotter (Konglomerat)**
5   **Fluviatile Durchmischung**
6   **?**
7   **?**
8   **Jüngere Schotter**
9   **Jüngere Schotter (Boden)**
10 **Fluviatile Durchmischung**
11 **Brauner Lehm & Kiese**
12 **Brauner Lehm (Boden)**
13 **Torrentenablagerung**
14 **Brauner Lehm (anthropogen)**

Abb. 7

Abb. 6

Abb. 5

Abb. 4

Abb. 3

Abb. 2

Der Rhythmus: "Älterer Schotterkörper" mit glazial-
zeitlicher Struktur und "Jüngerer Schotterkörper"
mit ebenfalls glazialzeitlichem Alter wird vervollständigt durch ein "Interglazial" oder "Interstadial". Die ältere Schotterablagerung trägt an vielen Stellen nicht nur Spuren, die eine Kappung der
Akkumulationsmassen anzeigen, sondern enthält regel-
rechte kleine Talformen (Photo 4 und 5), die nach
ihrer Bildung ausgefüllt wurden. Diese Erosionsrin-
nen reichen z.T. durch den älteren Schotterkörper
bis in die Mergelkalke des Pliozäns. Zwischen beiden
Ablagerungen lag also eine Zeit von unbekannter
Länge, in der mehr fluviale Erosionsprozesse (Abb.
2, 3, 5, 6: 5) und weniger Akkumulationsvorgänge ab-
liefen. Das setzt eine schützende Pflanzendecke voraus. Vor allem aber muß in dieser Zeit keine Verbindung zu schutt-schotterliefernden Arealen im Gebirge bestanden haben, wie das auch heute für die For-
mungsvorgänge im engeren Talbereich (Talboden und
-ränder) der Fall ist.

Die Phase des "Jüngeren Schotterkörpers" wird ebenfalls durch eine Zeit fluvialer Durchmischung (Abb.
5: 10) abgeschlossen (Photo 6), bei der sich auch
ein Boden ausbildete (Abb. 4, 5, 6, 7: 9). Das Klima muß warm gewesen sein, wie die rötliche Farbe
des Paläobodens anzeigt (Hue 7,5 YR 6/8 oder 6/6:
orange).

Nach den vier Phasen der älteren torrentiellen Akkumulation, einer Erosionsperiode, einer erneuten
jüngeren Ablagerung und einer weiteren Erosionszeit
mit Bodenbildung schließt sich eine Zeit mit Transport von vorwiegend Feinmaterial an. Es sind braune
Lehme (Hue 10 YR 6/6: bright yellowish brown), die
gelegentlich von Feinkiesen durchsetzt sind (Photo
6 und 7). Sie nehmen an Mächtigkeit vom Gebirge zur
Strandlinie zu und sind in sich vielfältig gegliedert. Eine untere Ablagerungszone schließt mit einem Bodenprofil (Photo 8 und Abb. 2: 12) nach oben
ab, erkennbar an der dunkleren Farbe (Hue 10 YR 5/3:
dull yellowish brown). Die Bodengrenze ist zum Hangenden sehr unregelmäßig und sprunghaft ausgebildet,
so daß man für die nach oben folgenden jüngeren
Lehmablagerungen nicht von einem einheitlichen Ab-
lagerungsvorgang bei ausgeglichener Wasserführung
sprechen kann. Es muß sich um Abtragungs- und Ablagerungsvorgänge handeln, die unter anthropogenen
Einflüssen standen. Dies belegen auch eindeutig Funde von Artefakten wie u.a. Tonbruchstücke von größeren Speichergefäßen, deren minoisches Alter nach
Verzierung und Ergebnis im Thermolumineszensverfah-

ren*) gesichert ist. Es fehlt auch jede Beziehung
zu einer oder mehreren Tiefenlinien als Abtragungs-
leitbahnen. Vielmehr machen diese jüngsten Akkumu-
lationsglieder den Eindruck flächen- und fleckenhaf-
ter Abspülung. Sie dürften das Ergebnis anthropogen
ausgelöster Bodenverlagerungen aus postminoischer
Zeit sein (Abb. 2-7: 14).

In welcher morphodynamischen und damit klimatischen
Position sind die Bodenreste zu sehen? Am Ende der
Bildung des älteren Schotterkörpers muß genügend
Zeit verblieben sein, daß sich ein volles Bodenprofil mediterraner Roterde ausbilden konnte (Abb. 3,
7: 3). Diese Periode wird von einer fluvial getön-
ten, schuttarmen bis schuttlosen Zeit abgelöst, in
der Schotterpaket und Boden angeschnitten wurden
(Abb. 2, 3, 5, 6: 5). Teils wird der Paläoboden völlig abgeräumt, teils nur gekappt. In geschützter Lage blieb er sogar erhalten.

Ähnliche Vorgänge müssen auch nach der Ablagerung
der jüngeren Schotter-Braunlehm-Masse abgelaufen
sein (Abb. 5:10). Bevor der Mensch durch anthropogene Maßnahmen die Bodenerosion aktivierte, hatte
sich ein tiefgründiges Bodenprofil (Abb. 2: 12) mit
Eisenmineralverlagerungen und Kalkinfiltrationen ausgebildet (Hue 10 YR 5/3: dull yellowish brown). Das
setzt morphologisch eine gewisse Ruhrzeit voraus,
die wiederum nur unter geschlossener Vegetationsdek-
ke denkbar ist.

Besonders ausgeprägt sind solche Kalklamellen überall dort, wo in der holozänen Vergangenheit eine
längere Zeit sedimentologischer Ruhe herrschte. So
haben unabhängig von meinen Beobachtungen schon früher NEVROS & ZVORYKIN (1938/39, S. 275) von Beobachtungen in der Ebene von Chania, der Messara und im
Tal von Ierapetra über jeweils einen Horizont toni-
gen Lehms in etwa 1 m Tiefe berichtet. Dieser ent-
hielt "zahlreiche, dünne Kalkschichten und kleine
Kalkkonkretionen". An anderen Stellen sind es in
noch größeren Tiefen "Anreicherungen von Kalk in
Form von wenigen kleinen Adern und sehr kleinen Kon-
kretionen", die ein Profil ausfüllen.

Daß diese braunen Lehme und Kiese unter anthropoge-
nem Einfluß abgelagert wurden, wird durch Funde von
Keramik jüngsten Datums und von Artefakten großer

----

*) Für die Bestimmungen danke ich Herrn Professor Dr.
   J. RIEDERER, Leiter des Rathgen-Forschungslabor
   in den Staatlichen Museen Preußischer Kulturbe-
   sitz Berlin herzlich.

Speichergefäße minoischen Alters gesichert. Das Herkunftsgebiet dieser Lehmbestandteile kann nur der unterlagernde Braunlehm-Schotter-Komplex sein, wie die farbliche (Hue 10 YR 6/6: bright yellowish brown) und chemische Gleichheit beider Substrate - letztere auf Grund röntgenographischer Analysen - belegt: Hämatit als Eisenmineral und Illit als einziges Tonmineral. Unterschiedlich ist allerdings das Aggregatgefüge beider Sedimente. Der ältere tonige Lehm zeigt in allen Horizonten das Polyedergefüge eines "gewachsenen" Bodens. Die jüngere Ablagerung dagegen hat entweder ein Plattengefüge als Folgen eines Wasserabsatzes oder Bröckelgefüge als Ausdruck eines umgelagerten Bodenfragments. Auch diese Befunde bestätigen die Verschiedenartigkeit der Entstehung beider Horizonte.

Sucht man für die Pedogenesen in beiden Schotterkörpern klimatisch günstige Zeiträume, so bieten sich im jüngeren Quartär während der Würmeiszeit das Lascaux-Interstadial für den älteren und das Xanthi-Interstadial für den jüngeren Paläoboden an.

In dieses Bild fügen sich auch die Beobachtungen nahtlos ein, daß in der Strandnähe und am anschließenden Berghang drei ältere Ablagerungen unter dem "Älteren Schotterkörper" liegen bzw. stellenweise diesen inselartig durchragen. Es sind fossile Dünen, Riffe und Roterden. Die ersteren werden von den Geologen (u.a. GIGOUT 1957; CREUTZBURG 1977) als ammouda-Ablagerungen bezeichnet und in eine Regressionszeit zwischen Tyrrhénien I und Tyrrhénien II eingestuft. Diese Zeiteinstufung muß mit Sicherheit revidiert werden. Das fossile Riff durchragt nämlich die auf ihm liegenden und damit jüngeren ammouda-Schichten. Eine ^{14}C-analyse - dankenswerter Weise von Prof. Dr. M.A. GEYH am 25.2.1982 unter Labor Hv 11088 durchgeführt - ergab ein Alter von 33 690 $^{+650}_{-570}$ B.P.. Mit dieser Datierung ist es gelungen, das ganze Ablagerungssystem zeitgerecht einzuhängen. Das würde bedeuten, daß das Riff mindestens im Denekamp-Interstadial Nordwest-Europas (=Krinides-Interstadial Nordgriechenlands) gebildet wurde. Die jüngeren Dünen würden sich auf einem Strand entwickelt haben, der mit Beginn der post-denekampschen Regressionszeit wasserfrei wurde und auf dem später der "Ältere Schotterkörper" abgelagert wurde. Am Berghang hat sich zur Bildungszeit des Riffes eine, in einzelnen Baugruben (1983) über 3 m mächtige Roterde (Hue 7,5 R 5/6: bright reddish brown) abgelagert, die von den fossilen Dünen überdeckt wird (Photo 9). Damit ist bewiesen, daß schon zu dieser Zeit, d.h. im Krinides-

Interstadial, lebhafte Abtragung auf den Hängen in diesem Teil Nordkretas geherrscht hat.

Setzt man die Reihe der Beobachtungen im Tal von Gouves weiter fort, so folgt als letztes Glied in der morphodynamischen Kette das heutige Tal. Es ist in Kastenform ausgebildet. Während der untere Abschnitt des Tales mit seinem Boden im "Älteren Schotterkörper" liegt, sind der Mittel- und Oberlauf in die tertiären Mergel eingeschnitten (Abb. 4, 5, 6, 7: 1). Die Schotter stammen aus den benachbarten Talwänden. Überall wechseln blanke Talsohlen mit geschlossenen Paketen von Schottern ab. Diese werden offensichtlich durch Wassermassen transportiert, die schwallartig das Tal durchfließen, wie es für torrentielle Vorgänge typisch ist. Der vorzugsweise mehr linienhafte Eintiefungsprozeß trotz Starkregenabflusses kommt wohl dadurch zustande, daß die Schutt-Schotterreserven der Berg- und Gebirgsländer entweder aufgebraucht sind - nackter Karst mit wenig Schutt belegt dies -, oder die Anschlüsse an die potentiellen Abtragungsgebiete fehlen.

Darüber hinaus ist das Kulturland auf den Schotterkörpern durch Terrassen und Mauerbau zur Zeit noch relativ gut gegen Abtragung gesichert. Für die untersten Teile der Küstenebene dürfte das bald vorbei sein, denn die Agrarkulturen verfallen. Sie sind bzw. werden durch Freizeiteinrichtungen wie Hotels, Wochenendhäuser, Pensionen oder Tavernen "ersetzt" (vgl. auch BORN, 1984: in diesem Band).

Zusammenfassend bleiben als Haupterscheinungstypen der Morphographie die weich geschwungenen Linien der pleistozänen Schotterkörper und die scharf profilierten Kastentäler mit steilen Hängen. Diesen Formengegensatz für Kreta hat ohne die hier vorgelegten Detailstudien schon POSER (1957, S. 131-136) in einem mehr als Überblick und Zusatz gedachten Abschnitt seiner Arbeit über "Klimamorphologische Probleme auf Kreta" erwähnt.

Über diese rein klimatologisch und petrographisch erklärten Erscheinungen der Reliefgestaltung wird man als verstärkenden Abtragungsfaktor die Tektonik in Rechnung setzen müssen. Die Hebungen dauerten das ganze Quartär über an und haben sich nicht nur in einer Schluchtenbildung im Hochgebirge ausgewirkt, sondern dürften auch zur besonders starken Taleintiefung in den Vorländern geführt haben (vgl. auch CREUTZBURG 1958, S. 36-37). Auf Grund des Fossiliengehaltes im ehemaligen Riff kann für die heutigen unteren Abschnitte der Küstenebene um Gouves, d.h. rund 300-400 m von der Strandlinie nach Süden, ein Hebungsbetrag von mindestens 60 m für die letzten 30 000 Jahre postuliert werden. Diese Angabe sollte aber nicht auf die ganze Nordküste Kretas ausgedehnt werden. Noch viel weniger dürfte dieser Betrag für den Kern der Insel (Gebirge, Hochgebirge) gelten, die sicherlich wesentlich größere Aufwärtsbewegungen seit der Mitte der Würmeiszeit erlebt haben.

Über diese Beobachtungsreihe zwischen Heraklion und Agios Nikólaos hinaus existieren weitere Untersuchungen auch in benachbarten Tälern. Sie alle enthalten mehr oder weniger vollständige Historiogramme von Sedimenten, die durch Zeitmarken auch absolut datiert sind (Einzelheiten vgl. HEMPEL 1982).

Als Fazit dieser Beobachtungen wurden die Kurven in Abb. 8 entwickelt. Sie stellen eine rein schematische Angabe von morphologischen Tendenzen dar und umfassen:

> Akkumulationen als Folge von Produktion und Abtransport großer Schuttmengen bei schütterer Vegetation

> Eintiefungsvorgänge als Folge relativ gleichmäßiger Wasserführung

> Bodenbildung als Folge einer abtragungsstabilen Situation bei relativ geschlossener Pflanzendecke.

3. GEOMORPHOLOGISCHE BEOBACHTUNGEN AN SCHUTTFÄCHERN IN OSTKRETA

Neben den Gesteinen und ihrer Lagerung spielen wegen der Höhen bis 2450 m über NN auch klimatische Unterschiede in Vergangenheit und Gegenwart für die Abtragungs- und Aufschüttungsvorgänge und damit für die Reliefgenese Kretas eine große Rolle. Schneeschmelzabtragung, Nivation im engeren Sinne, winterliche Starkregenabspülungen, Karstwasserhaushalt sowie frostdynamische Verwitterung und Hangabtragung überlagerten sich während des Quartärs in vielfältiger Form. Diese Vorgänge wechselten je nach Kaltoder Warmzeit auch ihre Wirkungsbereiche in der Vertikalen. Das Ergebnis sind schwer entwirrbare Sedimentanhäufungen, von denen bereits CREUTZBURG (1961) berichtet hat.

Lösungen für eine sinnvolle Ordnung nach Zeit und Geomorphodynamik können nur dort gefunden werden, wo die Wurzeln aller Formungsabläufe liegen: Das sind die Höhen zwischen 600 und 2000 m NN, wo Schutt, Schotter und Feinmaterial sammelnde Hochbecken von Hochgebirgsketten umgeben werden. Von diesen Ketten müssen auch Täler in die Becken führen, um neben den Abtragungsmechanismen am Hang die morphologisch deutlicher ausgeprägten Erosions- und Akkumulationszyklen in einem Tal bzw. am Talausgang studieren zu können. Solche Beobachtungsvoraussetzungen trifft man sowohl im Lefka Ori im Omali Becken als auch an der Westflanke des Dikti Oros zum Becken von Kastellion an. An beiden Stellen reihen sich - korrespondierend mit Tälern - Fächer aus Schutt und Rotlehm aneinander. Stellenweise wird dieses Lockermaterial zum Ausbau der Gebirgspisten abgebaut, wodurch gute Einblicke in die morphologischen Zyklen möglich werden. Schon 1980 im Rahmen einer kurzen Exkursion fiel mir auf, daß in den Schuttfächern am Lefka Ori brekzienartig verfestigte Lagen mit Lockersedimenten von rötlicher Arbe abwechselten. Anlässig eines Aufenthaltes im Osten Kretas konnte ich an Hangschuttdecken des Kapsas über der Mirabello-Bucht bei Kavousi eine ähnliche Folge von lockeren und festen Schuttlagen feststellen (vgl. auch HEMPEL 1983). Angeregt durch diese mehr unsystematisch gemachten Beobachtungen und nach Abschluß der Studien in den Becken und Küstenebenen der Peloponnes (HEMPEL 1982) bzw. Nordkretas, wurden die Schuttfächer und Beckenfüllungen an der Westseite des Dikti Oros 1983 genauer untersucht (vgl. auch Abb. 9). Es war das Ziel, aus Höhen von 600-800 m NN über Talzüge morphologisch Anschluß an Gebiete zu gewinnen, in denen während der Kaltzeiten mit Sicherheit frostdynamische Prozesse stattgefunden haben. Die Befunde werden in detaillierter Form an anderer Stelle veröffentlicht (HEMPEL 1984). Hier sollen die wichtigsten Fakten in ihrer Bedeutung für das morphodynamische Gesamtgeschehen auf Kreta vorgestellt werden.

Vom Becken von Kastellion führen mit nahezu regelmäßigen Abständen Trockentäler nach Osten. Sie durchbrechen eine Vorkette des Dikti Oros, die rund 1000 m NN hoch liegt, und führen von dort in die Hauptkette des Hochgebirges. Am Beispiel eines Schuttfächers zwischen den Orten Geraki und Madia soll das Prinzipielle des Aufbaus aller Fächer erläutert werden (Abb. 9). Hangschutt und Fächerschutt reichen von 1200 m NN bis in ein kleines Becken zwischen den Orten Geraki und Armaka in ca. 600 m NN. Es hat Anschluß an das große Becken und die Hochebe-

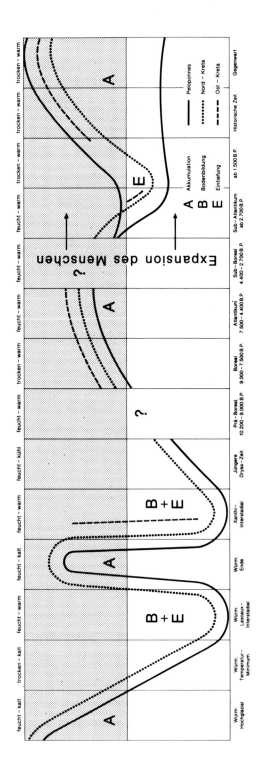

Abb. 8:   Schema zum Verlauf von Akkumulation, Bodenbildung und
          Eintiefung im Jungquartär in Südgriechenland und auf
          der Insel Kreta

ne von Kastellion. Sowohl im Schuttfächer als auch in den Beckenablagerungen hat die junge Erosion ein tiefes Torrrental eingeschnitten, das damit Einblick in den Profilaufbau erlaubt. Zusätzlich gewinnt man Informationen über den Sedimentgehalt des Fächers durch den Abbau des Schuttes zur Pistenbefestigung.

schutt und einer Matrix aus rotem Lehm (Hue 10 R 4/6). Bei der folgenden Beschreibung wird auf die Abb. 10 Bezug genommen.

Die Basis ist eine Kalkbrekzie. Sie füllt ein ehemaliges Tal aus, das im Oberlauf eine Kerbform, im Mittel- und Unterlauf eine mehr muldenartige Form

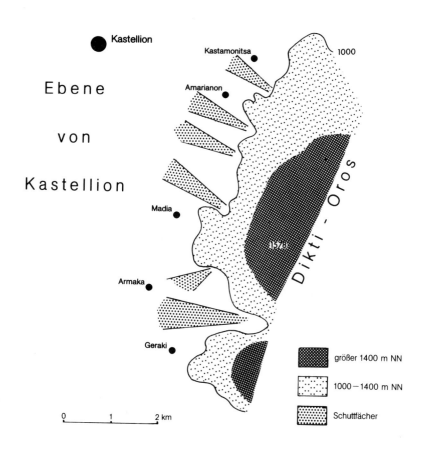

Abb. 9:   Die Schuttfächer am Westrand des Dikti Oros

Der Schuttfächer hat eine Länge von ca. 500 m. Die Bogenbreite beträgt etwa 200 m. In seinem Wurzelbereich am Austritt des Tales aus dem Gebirge ist er 2-5 m, im Mittelteil nach ca. 250 m bereits 20 m mächtig. Dies dürfte die größte Mächtigkeit sein, denn am Übergang in die Ebene des Nebenbeckens dünnt das Schuttpaket auf 3-5 m aus. Im Anschluß daran erfolgt über eine Strecke von ca. 800 m der Übergang von der mehr denudativen Hangschuttbewegung in die mehr fluviale Talschotterbewegung.

Der Aufbau des Schuttfächers in der Vertikalen gliedert sich in mehrere Lagen lockeren Kalkgesteinsschutts, brekzienartig ausgebildeten Kalkgesteins-

besaß. Diese Füllung enthält Schuttstücke aller Größen, von wenigen Zentimetern Durchmesser bis über kopfgroße Exemplare. Eine Sortierung nach der Größe von oben nach unten ist nicht festzustellen, so daß für den Transport ein einfacher fluvialer Prozeß ausscheidet. Regelungsmessungen haben auf der ganzen Strecke ein Diagramm ergeben, wie man es von solifluidalen Bewegungen kennt: Maximum der längsten Achsen parallel zur Bewegungsrichtung. Die Frage, ob es sich bei diesem Sediment möglicherweise um das Ablagerungsergebnis einer schlammig-breiigen Lockermasse ohne Frosteinfluß handelt, kann m.E. verneint werden (vgl. HÖLLERMANN 1971, S. 216). Der Anteil des Feindetritus ist so gering, als daß dadurch eine

Fließbewegung allein durch Wasserübersättigung denkbar wäre. Ein weiterer Hinweis, daß es sich um eine kaltzeitliche Ablagergung handeln muß, sind gelbe Lehme. Sie sind z.T. als kleine Nester von der Größe von Taubeneiern, z.T. als Schleier oder millimeterdicke Streifen in die Kalkbrekzie eingelagert. Schon POSER (1957) hat solche Sedimente an anderer Stelle und in anderer Lagerung als Produkte einer kaltzeitlichen Bodenbildung auf Kreta beschrieben.

Auf die Zeit der solifluidalen Schuttwanderung folgte eine solche, in der die Schuttstücke zu einer Brekzie verfestigt wurden. Der Grad der Verfestigung - sie reicht durch die Schuttmasse von bis 10 m Dicke voll hindurch - weist darauf hin, daß über längere Zeit Wasser zur Kalklösung und Trockenheit mit Wärme zur Kalkausfällung vorhanden gewesen sein muß.

Über der Basisbrekzie (Photo 10:1) folgt eine Ablagerung von kleinscherbigem Kalkschutt annähernd gleicher Größe, der in einem roten Lehm als Feinmatrix eingebettet ist (Photo 10:2). Die Grenze von Brekzie und rotem Lehm ist so glatt ausgebildet und reicht an keiner Stelle in die Brekzie hinein, daß Transport und Ablagerung des Lehms erst nach vollständiger Verfestigung stattgefunden haben muß. Der rote Lehm weist auf relativ warme Klimaverhältnisse während seiner Bildung hin. Die Bodenbildung setzt abtragungsstabile Hangverhältnisse voraus, wozu ein relativ dichter Pflanzenbewuchs gehört. Mit oder nach Auflichtung dieser Vegetationsdecke wurden Rotlehm und Kalkschutt abgespült. Die Regelungsmessungen im Kalkschutt weisen bezüglich der Abtragungsvorgänge in zwei Richtungen: Solifluidale und fluviale Diagramme wechseln sich lagen- und nesterweise ab. Frostdynamik und Wasserabfluß - letzterer wohl von Schneeschmelze stammend - sind Anzeiger für kaltzeitliche Verhältnisse unter relativ feuchten Bedingungen. Diese doppelte Form des Materialtransportes - fluvial und solifluidal - ist auch an anderen Stellen des Dikti Oros z.B. am Fuß der Steilhänge und darüber hinaus von anderen Autoren z.B. in Spanien beobachtet worden. HÖLLERMANN (1971, S. 216) hat mit Nachdruck auf die große Bedeutung der "Verlagerung durch oberflächlich abfließendes Wasser (Abspülung, Schneeschmelze)" während der kaltzeitlichen Solifluktionsprozesse verwiesen. Eigene Messungen (1972, S. 301-314) am Thessalischen Olymp bestätigen diese Verzahnungsmöglichkeiten.

Naturgemäß liegt in der Kombination zweier Vorgänge eine Schwierigkeit bei der Deutung solcher Sedimente.

Sichere Aussagen können nicht von einem einzelnen Aufschluß gewonnen werden. Es muß schon eine Morphogrammreihe zu einer Art Historiogramm führen. Günstige Möglichkeiten sowohl für Messungen der Einregelungen als auch der Zurundung boten sich an der Westabdachung des Dikti Oros an. In einzelnen Höhenbereichen des Schuttfächers bzw. der weiter aufwärts führenden Talschuttablagerungen konnten die folgenden morphodynamischen Dominanzen in den oberflächennahen Schichten festgestellt werden:

Becken bis 1100 m NN:	fluvial (fossil) - fluvial (rezent)
1100 m bis 1400 m NN:	fluvial (fossil)
1400 m bis 1600 m NN:	solifluidal (fossil) - fluvial (fossil)
1600 m bis 1800 m NN:	solifluidal (fossil)
ab 1800 m NN:	solifluidal (rezent)

Wenn diese Höhenangaben auch nur grobe Orientierungswerte sein können, so ergänzen sie die von POSER (1976 b) gemachten Beobachtungen über das Vorkommen von Glazial- und Nivalformen auf Kreta.

Die Rotlehm-Kalkschutt-Ablagerung ist nur wenig verfestigt (Photo 10:2). Sie wird nach oben von einer ca. 0,5 bis 0,8 m dicken Brekziendecke mit Rotlehmresten abgeschlossen (Photo 10:3). Diese geringe Dicke der Verfestigungsschicht weist auf eine relativ kurze Zeit der Kalklösung und Ausfällung und damit auch auf eine kurze Zeit der Klimagunst (Wärme, Feuchte) hin.

Die Bedeutung dieser Wärmezeit innerhalb des Pleistozäns wird durch eine zweite Roterde-Kalkschutt-Ablagerung im Hangenden (Photo 10:4) erkennbar. Die warme Zeit hat ausgereicht, ein neues Roterde-Bodenprofil auf den Hängen zu bilden, bevor es von dort wieder abgetragen wurde. Der Abtragungsprozeß war kein solifluidaler wie bei der liegenden Roterde-Kalkschuttbrekzien-Serie. Die Regelungsdiagramme zeigen Richtungsmaxima, wie sie für rein fluviale Transport- und Ablagerungsvorgänge bekannt sind. Aus den Bildungsbedingungen dieser Serie kann somit entnommen werden, daß die Kaltzeit zu Ende gewesen sein muß. Eine weitere Transporteigenschaft des Schuttes kann aus der Beobachtung abgeleitet werden, daß Teile der Ablagerung torrentiellen Charakter haben. Dies weist auf periodisch starke Abflüsse, wie sie entweder bei heftiger Schneeschmelze oder bei Starkregen auftreten. Beide Vorgänge kommen heute in diesen Höhen-

bereichen (1000 bis 2000 m NN) vor. Die jüngere Roterde-Kalkschutt-Ablagerung schließt mit einer Brekziendecke ab (Photo 10:5).

Die Ablagerungsfolge wird durch ein weiteres jüngeres Schuttpaket abgeschlossen. Es besteht sowohl aus
groben, kopfgroßen als auch kleinen, wenige Zentime-
ter messenden Stücken. Der Schutt ist in großen Lo-
ben formiert, was auf einen schwallartigen Wasserabfluß hinweist. Dieser jüngste Schuttkomplex kann
bis 5 m Mächtigkeit erreichen. Er ist heute in Ruhe
und nahezu ohne Feinmaterial geblieben, so daß er
fast pflanzenlos ist. Sein Außenrand lagert sowohl
seitlich im Hang als auch am unteren Ende den roten
Lehmen sowie Schotter-Schuttfüllungen des Becken-
randes auf.

In diese subrezenten Ablagerungen hat die jüngste
Erosion eine Kerbe oder eine tobelähnliche Hohlform
eingeschnitten (vgl. auch Photo 10). Sie hat bis 5 m
Tiefe, erreicht am Wurzelbereich des Schuttfächers
das Anstehende und läuft im unteren Drittel des Han-
ges auf dem Schutt flach aus. Letzteres spricht gegen eine Form, die sich aus einer wiederbelebten
Erosion als Folge tektonischer Hebung entwickelt hat.
Es ist ein Wasserabfluß, der - arm an Ballaststof-
fen - seine Energie fast rein in Erosion umsetzen
kann. Die Hänge sind nahezu frei von abtragbarem Material. Die Abtragung folgt den Schwachstellen des
Schuttfächers, in erster Linie den Rotlehm-Schutt-
komplexen. Diese werden ausgespült, und die hangenden Brekziendecken brechen nach. Im hohlraumreichen
Schuttfächer verliert sich das Wasser rasch, so daß
sich die Erosionsrisse quasi verlaufen.

Beim Versuch, die Akkumulations- und Erosionszyklen
des Gebirges mit denen der Küstenebenen (vgl. Abb.
10) zu parallelisieren, ergeben sich keine Schwierigkeiten. Sowohl die Anzahl der Zyklen, die abtragungsstabile bzw. abtragungslabile Verhältnisse
im Einzugsgebiet anzeigen, als auch die Mechanismen der Vorgänge (fluvial, torrentiell) sowie die
Verfestigungen stimmen mit denen in den Hochzonen
überein. Hinzu kommt, daß in den lockermaterialrei-
chen Ablagerungen Paläoböden als zusätzliche Anzeiger für die Klimaverhältnisse dienen. Die Küstenab-
lagerungen konnten durch 14_C- und palynologischen
Analysen sowie archäologische Funde absolut datiert
werden (vgl. HEMPEL 1982; 1983 sowie oben im Abschnitt 2). Das wichtigste Fazit aus diesen Befunden ist, daß für die Nacheiszeit zwei Perioden starker Ablagerungen nachgewiesen werden können, von

denen die älteste zwischen 5500 und 3500 v. Chr.
vor die geschichtliche Zeit fällt. Ihr würde die
jüngere fluvial gebildete Roterde-Schutt-Akkumula-
tion im Gebirge entsprechen. Sie würde belegen, daß
bereits vor einem breit angelegten Eingriff des Menschen in die Naturlandschaft Kretas Abtragungsvorgänge abgelaufen waren, die von einem mediterranen,
also periodischen Niederschlagsrhythmus bestimmt wurden.

Die Richtigkeit der Parallelisierung wird bestätigt
durch eine Catena, die in der Umgebung der Dörfer
Geraki und Armaka den morphogenetischen Zusammenhang von Schotterkomplexen der Küstenebene und Tal-
zone mit den Schuttkomplexen der Hang- und Fächer-
zone beweist (Photo 11). Damit ergibt sich unter Benutzung der Ergebnisse von WIJMSTRA (1969) für Nordgriechenland, FRIEDRICH, PICHLER & KUSSMAUL (1977)
für Santorin (Thera) und HEMPEL (1982) für die Nordküste und Täler Kretas sowie der Peleponnes folgender Korrelationszyklus (vgl. S. 18).

4. KRÄFTEFELDER DER EROSION UND
    AKKUMULATION IN HOCHGEBIRGEN
    KRETAS ALS BEITRAG ZUR "ENER-
    GETISCHEN GEOMORPHOLOGIE"

Alle Geomorphologen, die über Kreta gearbeitet haben, berichten von großen Schutt- und Feinmaterial-
mengen, die in den Tiefenzonen der Insel angetroffen
werden. Dieser starke Materialtransport setzt eine
Reihe von Kräften oder Zuständen voraus. Dabei muß,
soweit Messungen vorliegen, auf die besondere Reliefenergie der Insel, Schneemengen, Geschwindigkeit der
Schneeschmelzen, Frostwechselhäufigkeit, Starkregen
sowie das Verhältnis von Pflanzendecke und Erosions-
anfälligkeit eingegangen werden.

4.1 ZUR OROGRAPHIE

Was die Reliefenergie anbetrifft, so ist Kreta ein
besonderes exponierter Fall. Auf einer zentralen Ach-
se ziehen sich die Hochgebirge von Westen nach Osten
durch die Insel. Von über 2000 m NN fallen in breiter Front die Hänge nach Norden und Süden steil zu

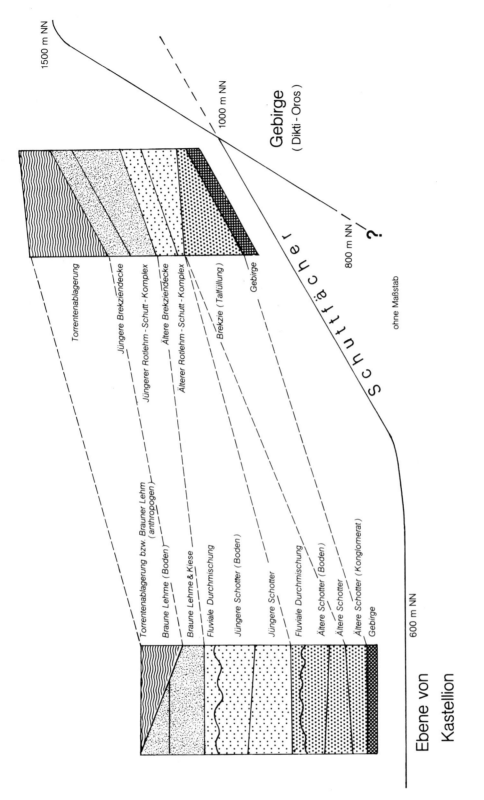

Abb. 10: Schematische Übersicht zur Korrelation von Küsten- und Hochgebirgssedimentation in Ostkreta (Dikti-Oros-Gebiet)

Jahre B.P.	Nordwest-Europa	Santorin (Thera)	Kreta Hochgebirge	Kreta Küstenebene	Griechenland Interstadiale
	Subatlantikum		Torrentenabfluß mit Talbildung	Ablagerung (anthrop.): brauner Lehm Torrentental	
5.000	Subboreal	MINOAN palaeosol	Torrentenabfluß mit Talbildung	Ablagerung (anthrop.): brauner Lehm mit Kulturschutt Talbildung?	
	Atlantikum		Jüngere Brekziendecke	Ablagerung: brauner Lehm mit Kiesbändern	
10.000	Boreal/Präboreal		Jüngerer Rotlehm-Schutt-Komplex	Ablagerung: brauner Lehm	
	Jüngere Dryaszeit			Erosion	
	Alleröd	THERASIA palaeosol	Ältere Brekziendecke	Bodenbildung	Xanthi
	Ältere Dryaszeit				
15.000	Würmende		Älterer Rotlehm-Schutt-Komplex	"Jüngerer Schotterkörper" mit braunem Lehm	
20.000	Lascaux	AKROTIRI / MILLO palaeosol	Umwandlung der Alttalfüllung in Brekzie	Bodenbildung Entkalkung Erosion und Talbildung	Philippi
	Kaltzeit			?	
	Tursac			Konglomeratische Verfestigung	Photolivos
25.000	Kaltzeit		Alttalfüllung	"Älterer Schotterkörper" mit rotem Lehm	
				Dünen auf Strandebene	
30.000	Denekamp II				Krinides II
	Kaltzeit			Roterde	
	Denekamp I			Riff: 33 690 $^{+640}_{-570}$	Krinides I
	Kaltzeit				
35.000	Hengelo	FIRA palaeosol			Kalabaki
40.000	Moershoofd				Heraklitsa

den Küsten ab. Die Entfernung von höchsten Punkten zum Meeresspiegel beträgt in Luftlinie zwischen 10 und 20 km. Das entspricht einer durchschnittlichen Reliefenergie von 200 bis 100 m pro km². Verschärft wird der Reliefunterschied in der Vertikalen dadurch, daß die größten und abtragungsträchtigsten Gebiete sich auf Höhenräume zwischen 600 m und 2400 m über NN konzentrieren. Die Entfernungen der Becken und Hochebenen zwischen 400 und 800 m zu den Kammlinien der Hochgebirge beträgt oft nur wenige Kilometer (zwischen 3 und 6 km). Die Reliefenergie steigt in diesen mehr zentralen Teilen der Insel auf 600 m bis 300 m pro km². Diese Zahlen verdeutlichen die orographischen Voraussetzungen für morphologische Prozesse. Sie haben alpine Dimensionen.

In die gleiche Richtung einer besonderen Steigerung der Abtragung auf Kreta weisen die Flächenausdehnungen der Hangpartien. Die tektonischen Bewegungen haben im allgemeinen weit gespannte Aufwölbungen oder großflächige Schollen gebildet (vgl. auch CREUTZBURG 1958). Sie bedingen große Einzugsgebiete für den Wasserabfluß, der vor allem in der schneereichen Periglazialstufe starke Abtragungsprozesse ausgelöst hat. Darüber hinaus geht gerade von Schmelz-

wassern der Schneefelder in der Jetztzeit eine starke denudative Wirkung aus, die ihre Ursache nicht nur in der Schneemenge, sondern vor allem auch in der Weite oder Länge der verschneiten Hänge hat.

4.2 ZUM KLIMA

Naturgemäß sind die Küstensäume Kretas mit einem relativ dichten Netz von meteorologischen Stationen überzogen. Im Gebirge wird nur in Anogia (740 m NN) am Nordhang des Idi Oros und in Tzermiades (820 m NN) auf der Lasithi Hochebene und damit zu Füßen des Dikti Oros gemessen. Mündliche Hinweise auf gelegentliche Beobachtungen zur Winterzeit stammen vom E.O.S. (Griechischer Alpenverein) in Chania, die eine Hütte im Lefka Ori in 2100 m Höhe haben. Wenn man die benachbarten Stationen an der Küste in das engere Beobachtungsfeld und als Basis für Rechnungen über das Klima in größeren Höhen einbezieht, gewinnt man ein sehr gesichertes Bild zur Frage von Schnee und Frostwechsel. Rethimnon (7 m) und Anogia (740 m) sowie Iraklion (48 m) und Tzermiades (820 m) wären die Vergleichspaare. Nach Mitteilung des Ministry of Defense - General Air Staff - National Meteorological Service Athen Airport (East Terminal) sehen die Stationswerte wie folgt aus:

HELLENIC NATIONAL METEOROLOGICAL SERVICE

MET STATION: RETHIMNON (CRETE)   Period: 1957 - 1975
Lat. 35°21'   Long. 24°31'
Altitude of station 7 m.
Altitude of barometer in meters

MONTHS	Temperature °C			Mean Relative Humidity	Mean Total Amount of precipit. in mm	SNOW
	Mean	Mean Max	Mean Min			
JANUARY	12.9	15.6	8.9	69	153.5	0.4
FEBRUARY	13.2	16.0	9.2	67	88.9	0.1
MARCH	14.4	17.3	10.2	65	69.7	0
APRIL	17.0	20.4	12.5	64	38.1	0
MAY	20.7	24.3	15.8	64	8.7	0
JUNE	24.9	28.2	19.5	61	5.0	0
JULY	26.8	29.8	21.6	60	0.1	0
AUGUST	27.0	30.0	22.1	61	0.0	0
SEPTEMBER	24.4	27.5	19.6	64	19.0	0
OCTOBER	20.9	24.0	16.5	67	104.9	0
NOVEMBER	17.9	21.2	14.0	68	53.8	0
DECEMBER	14.9	17.6	11.1	67	104.5	0.1
YEARLY	19.6	22.7	15.1	65	646.2	0.6

HELLENIC NATIONAL METEOROLOGICAL SERVICE

MET STATION: ANOGIA (CRETE)   Period 1931-43, 1950-73
Lat. 37°17'   Long 24°53'
Altitude of station 740 m
Altitude of barometer in meters

Temperature °C

MONTHS	Mean	Mean Max	Mean Min	Mean Relative Humidity	Mean Total Amount of precip	SNOW
JANUARY	7.4	10.6	4.7	75	226.3	2.6
FEBRUARY	8.0	11.5	4.9	72	146.3	2.3
MARCH	9.4	13.1	6.0	70	132.2	1.5
APRIL	13.4	17.2	9.4	62	55.7	0.3
MAY	17.7	22.1	13.5	58	35.9	0
JUNE	21.8	26.1	17.3	51	12.6	0
JULY	23.4	27.6	19.4	51	4.2	0
AUGUST	23.0	27.2	19.2	54	2.4	0
SEPTEMBER	19.9	24.1	16.4	62	30.8	0
OCTOBER	16.3	20.3	13.2	69	140.1	0
NOVEMBER	12.8	16.3	10.0	73	136.0	0.1
DECEMBER	9.3	12.5	6.7	75	187.4	1.0
YEARLY	15.2	19.1	11.7	64	1.109.9	7.8

HELLENIC NATIONAL METEOROLOGICAL SERVICE

MET STATION: IRAKLION (CRETE)   Period 1951-1970
Lat. 35°20'   Long. 25°11'

Altitude of station 48 m
Altitude of barometer in metres

MONTHS	Temperature °C			Mean Relative Humidity	Mean Total Amount of precip.	SNOW
	Mean	Mean Max	Mean Min			
JANUARY	12.2	15.6	8.7	69	100	0.3
FEBRUARY	12.6.	16.2	8.8	66	65	0.1
MARCH	13.7	17.1	9.6	65	55	0
APRIL	16.7	20.1	11.6	60	28	0
MAY	20.5	23.7	14.8	61	13	0
JUNE	24.5	27.5	19.1	56	2	0
JULY	26.3	29.0	21.3	55	0	0
AUGUST	26.4	29.2	21.7	56	1	0
SEPTEMBER	23.5	26.6	19.1	60	22	0
OCTOBER	20.1	23.5	16.2	64	81	0
NOVEMBER	17.1	20.8	13.5	67	45	0
DECEMBER	14.1	17.4	10.8	69	81	0.1
YEARLY	19.0	22.2	14.6	62	493	0.5

HELLENIC NATIONAL METEOROLOGICAL SERVICE

MET STATION: TZERMIADES (CRETE)   Period: 1936-40, 1943-45, 1962-75
Lat. 35°12'   Long. 25°29'
Altitude of station 820 m.
Altitude of barometer in meters

MONTHS	Temperature °C			Mean Relative Humidity	Mean Total amount of precipitation in mm	SNOW
	Mean	Mean Max	Mean Min			
JANUARY	5.7	9.7	2.3	84	309.0	3.7
FEBRUARY	6.6	11.0	2.5	80	225.6	2.9
MARCH	8.1	12.6	3.3	77	207.7	2.9
APRIL	11.4	16.6	5.0	72	102.0	0.6
MAY	15.0	20.6	6.8	71	42.5	0
JUNE	19.1	24.0	9.6	69	16.4	0
JULY	20.1	25.1	11.3	66	2.9	0
AUGUST	19.8	24.8	11.7	69	22.5	0
SEPTEMBER	17.2	23.0	9.9	72	28.6	0
OCTOBER	13.8	19.2	8.5	77	126.6	0
NOVEMBER	10.6	16.2	5.5	81	151.4	0.5
DECEMBER	7.7	11.8	4.1	81	254.3	1.9
YEARLY	12.9	17.9	6.7	75	1.489.5	12.5

Aus diesen meteorologischen Daten ergeben sich für die Hochgebirgsregionen des Idi Oros, legt man adiabatische Temperaturabnahmen für die niederschlagsreiche Zeit von November bis März von 0,6°C pro 100 m, für den trockneren April und Mai dagegen 0,7°C pro 100 m zu Grunde, folgende mittleren Temperaturgänge im Winterhalbjahr ($^{\circ}$C):

Von Rethimnon über Anogia bis

Monat	1000 m	1500 m	2000 m	2500 m NN
November	11,0	8,0	5,0	2,0
Dezember	7,5	4,5	1,5	- 1,5
Januar	5,6	2,6	- 0,4	- 3,4
Februar	6,2	3,2	0,2	- 2,8
März	7,6	4,6	1,6	- 1,4
April	11,3	7,8	4,3	0,8
Mai	15,6	12,1	8,6	5,1

Nach Angaben des Meteorologischen Dienstes und Bewohnern geschätzte Schneemenge in % des Jahresniederschlags:

20	30	50-60	70-80

Für das Dikti-Oros-Gebiet ergibt sich unter Zugrundelegung der oben gemachten Angaben zur adiabatischen Temperaturabnahmen folgender mittlerer Gang im Winterhalbjahr ($^{\circ}$C):

Von Iraklion über Tzermiades bis

Monat	1000 m	1500 m	2000 m	2200 m NN
November	9,4	6,4	3,4	2,2
Dezember	6,5	3,5	0,5	- 0,7
Januar	4,5	1,5	- 1,5	- 2,7
Februar	5,4	2,4	- 0,6	- 1,8
März	6,9	3,9	0,9	- 0,3
April	10,0	6,5	3,0	1,6
Mai	13,6	10,1	6,6	5,2

Nach Angaben des Meteorologischen Dienstes und Bewohnern geschätzte Schneemenge in % des Jahresniederschlags:

20	50	70	70-80

Man kann davon ausgehen, daß in den Höhenräumen zwischen 1000 m und 2500 m die Jahresniederschlagsmenge zwischen 1500 mm und 2000 mm beträgt. Das entspräche einer Schneemenge von 300 mm bis 1600 mm in den Wintermonaten. Die Beobachtungen und Auskünfte der Ortskundigen bestätigten diese Zahl, denn sie berichten von Schneedeckenhöhen zwischen 1 m und 3 m auf ebenen oder hängigen Geländeteilen, von bis 5 m in Hohlformen wie z.B. Dolinen.

Entscheidend für die Abtragungswirkung durch das Schmelzwasser dieser Schneemenge ist die Geschwindigkeit der Erwärmung im Frühjahr. Während die Temperatur in den Monaten Januar bis März nur langsam steigt -

I - II: 0,6° - 0,9° C
II - III: 1,4° - 1,5° C -,

ist ab März ein deutlich größerer Sprung zu registrieren:

III - IV: 3,1° - 3,7° C
IV - V: 3,6° - 4,3° C
V - VI: größer 4° C (in einigen Jahren bis 7,0°C.

Dieser "Wärmesprung" ist nicht auf bestimmte Gebiete beschränkt, sondern erfaßt die ganze Insel Kreta, wie die Werte anderer Küstenstationen z.B. Ierapetra an der Südostküste (Anstieg 4-5°C) oder Gortyn an der Südküste (Anstieg 4,4-5°C) belegen. Es handelt sich dabei um einen regelhaft auftretenden, Tage dauernden Wärmeeinbruch, bei dem afrikanische Luftmassen - nicht selten mit Wüstenstaub vermischt - nach Norden verfrachtet werden.[*] Damit ist eine starke Schneeschmelze verbunden, die die Schneedecke bis in die Gipfellagen angreift. Das Ergebnis war z.B. 1980, daß nach einem Scirocco-Einbruch vom 26. und 27. April Schnee auf den Südflanken (SE,S,SW) bis auf wenige Anhäufungen in Hohlformen bis 2200 m abgetaut war und auf den Nordflanken die Schneegrenze von etwa 1500 m auf rund 2000 m Höhe zurückgewichen war. Dabei sind innerhalb dieser Höhenlage im Durchschnitt 1200 Liter Schmelzwasser pro m^2 produziert worden. Sie flossen in 5 Tagen ab. Ohne im einzelnen auf die möglichen Abtragungsmechanismen einzugehen, reicht allein diese Angabe, um die Wirkung auf einem oberflächlich aufgetauten Gesteinskörper abzuschätzen (Photo 12). In der Kurzformel "Viel Schneeschmelzwasser in kurzer Zeit" liegt der energetische Beweis für die besonders große Bedeutung des Schnees als Erosions- und Denudationsfaktor in Kretas Hochgebirgen.

Es scheint angesichts solcher Vorgänge auch schwierig, periglaziale Formen oder solche der Nivation, die - was das Schneegleiten und Schneerutschen im Sinne von BERGER (1967) anbetrifft - bei den vorherrschend flachen Hängen kretischer Gebirge ohnehin nur an eng begrenzten Steilstellen wirksam werden konnte, zu erkennen. POSER (1976 b) hat bereits auf die Schwierigkeiten für die Analyse der pleistozänen Glazial- und Nivalformen auf Kreta hingewiesen. Angesichts der rezenten Schneeschmelzprozesse

----

[*] siehe Anmerkung auf S. 30

nimmt es nicht wunder, daß sowohl die Altformen als auch die gegenwärtigen Periglazialgebilde nur undeutlich erkennbar sind. Bedenkt man darüber hinaus, daß die Formen im Kalkgestein nach eigenen Untersuchungen (HEMPEL 1955) sowie denen von HÖLLERMANN & POSER (1977, S. 336) und HAGEDORN (1977, S. 221-237) gegenüber anderen Gesteinen ohnehin kümmerlich bleiben, so ist der aufgefundene Periglazialformenschatz noch beachtlich reich. Auf die Ursachen sei im folgenden eingegangen.

Die Wirkung frostdynamischer Prozesse hängt u.a. von der Häufigkeit des Nullgrad-Durchganges ab. POSER (1976 a, S. 63) vermutete für die Gipfellagen des Ida-Gebirges auf Kreta eine "relativ große Häufigkeit der Frostwechsel als Ursache der Gesteinsaufbereitung und der Produktion des scharfkantigen Schutts". Langjährige Meßreihen der mittleren Minima-Temperaturen des Hellenic National Meteorological Service, dem ich für die Bereitstellung der Daten herzlich danke, auf den Stationen Tzermiades (820 m: 22 Jahre) und Anogia (740 m: 37 Jahre) erlauben Rückschlüsse auf die Andauer der frostdynamisch günstigen Zeit in den Hochzonen. Legt man einen adiabatischen Wert von 0.7°C pro 100 m für die Trockenzeit und $0,6^{\circ}$C pro 100 m für die Regenzeit zu Grunde, so ergeben sich folgende Werte:

Von Anogia bzw. Tzermiades ausgehend, betragen die mittleren Temperatur-Minima ($^{\circ}$C):

Monat	1500 m		1800 m		2200 m NN	
	Tzermiades	Anogia	Tzermiades	Anogia	Tzermiades	Anogia
Oktober	4.3	8.4	2.5	6.6	0.1	4.2
November	1.3	5.2	- 0.5	3.4	- 2.9	1.0
Dezember	- 0.1	1.9	- 1.9	0.1	- 4.3	- 2.3
Januar	- 1.9	- 0.1	- 3.7	- 1.9	- 6.1	- 4.3
Februar	- 1.7	0.1	- 3.5	- 1.7	- 5.9	- 4.1
März	- 0.9	1.2	- 2.7	- 0.6	- 5.1	- 3.0
April	0.1	3.8	- 2.0	1.7	- 4.8	- 1.1
Mai	1.9	7.9	- 0.2	5.8	- 3.0	3.0
Juni	4.7	11.7	2.6	9.6	- 0.2	6.8

Aus dieser Zusammenstellung kann unschwer abgelesen werden, daß ab 1800 m die täglichen Minima der Lufttemperatur im Idi Oros mindestens 3 Monate, im Dikti Oros sogar 7 Monate unter 0°C liegen. Um 2200 m sind die entsprechenden Zahlen 5 Monate bzw. 8 Monate. Die dazu gehörenden Werte der täglichen Maxima sind während derselben Zeit nur positiv. Man kann daher auf eine große Häufigkeit des Frostwechsels mindestens in der Luft schließen.

Inwieweit sich dieser Temperaturgang auch dem Boden mitteilt, ist schwer abzuschätzen. Die Schneedecke wird mit Sicherheit für einige Wochen dämpfend auf die Amplitude wirken. Erosionsaktiv wird der Schnee mit Eintritt erster, oft rein strahlungsbedingter Schmelzprozesse. Sowohl die eigentliche Abtragung durch den Schmelzwasserriesel und der Transport von Grob- und Feinmaterial als auch die frostdynamischen Effekte vor allem an den Randzonen der tauenden Schneedecke sind morphologisch ungemein wirksam. Angesichts dieser Fakten scheinen mir die großen Mengen pleistozänen Schutts genauso gut erklärbar wie die rege Zerkleinerung der Kalkgesteine zu scharfkantigem Schutt in der Gegenwart.

4.3 ZUR BEZIEHUNG VON PFLANZENDECKE UND EROSIONSANFÄLLIGKEIT

Die Frage, welche Rolle die Pflanzenwelt für die Abtragungsvorgänge qualitativ und quantitativ spielte bzw. noch spielt, ist keineswegs so einfach zu beantworten, wie es bisher geschah. Das allgemeine Urteil vom "Raubbau an Wald, Wasser und Boden" wurde bei allen geomorphologischen und geologischen Arbeiten unkontrolliert übernommen. Der Wechsel von der Bedeckung mit Hartlaubwald zur Macchie, Garrigue oder Phrygana wurde mit einer Steigerung der Bodenerosion in Verbindung gebracht. Inzwischen weisen immer mehr Beobachtungen aber darauf hin, daß sich die stärksten Abtragungsprozesse nicht in der Zeit, in der die sogenannten Degradationsformen der mediterranen Waldgesellschaften ausgebildet waren, abspielten*).

----

*) vgl. auch Bemerkungen von WISE, THORNES u. GILMAN (1982) zu Beobachtungen und Daten über Badlands-Bildung, archäologischen Funden und Klima in Südost-Spanien (Becken von Guadix).

So haben forstwirtschaftliche und bodenkundliche Versuche auf Sardinien, über die SEUFFERT (1981) mir freundlicherweise schon vor der Veröffentlichung Nachricht gegeben hat, gezeigt, daß die Lockermaterialen unter Macchie bei vier Starkregen überhaupt nicht oder nur schwach abgetragen wurden. Auf Kreta fand ich Wege aus mittelalterlicher Zeit, die aus Steinen an den Hang gelegt waren. Sie sind in den Macchien- und Phrygana-Bereichen tadellos erhalten, während sie im benachbarten Wald- und Buschland durch Wassererosion stark zerstört sind. Vom Festland-Griechenland sind mir zahlreiche Stellen bekannt, wo die Erosion in dem von einem Macchienkranz geschützten Wald praktisch gleich null (vgl. auch BURRICHTER 1979 über Korsika), im ungeschützten Wald dagegen stark ausgeprägt ist. Diese unsystematisch gesammelten Beobachtungen wurden jüngst durch Meßreihen über das Ausmaß der Bodenerosion an der Westküste von Kalabrien (Süditalien) bestätigt. Van ASCH (1983) veröffentlichte dazu folgende Tabelle (S. 132 als Originaltext):

"Tab. 2: WATER EROSION AND RUNOFF VALUES OF LAND UNITS IN A MEDITERRANEANLANDSCAPE

Degreee of agricultural activity	Vegetation structure	Parent material	Soil type*	Plot number	Mean splash** gr 100 mm^{-1} rain	Mean total** water erosion gr 100 mm^{-1} rain	Runoff** litre 100 mm^{-1} rain
freshly ploughed agricultural soil	bare	claystone	"sol brun calcaire vertique"	12	58.6	77.9	2.22
		metamorphic rocks	"sol peu évoleú d'apport colluvial modal"	11	30.2	1.221.6	41.85
		sandstone	idem	10	54.8	297.9	5.82
no tillage; more or less natural	scattered herbs	claystone	"sol brun calcaire vertique"	1	2.5	2.8	1.65
		metamorphic rocks	sol brun modal	3	6.1	14.7	1.75
			idem	4	6.9	14.9	1.66
		sandstone	"sol peu évolué d'apport colluvial modal"	5	6.8	24.1	5.60
				6	17.7	18.1	0.40
	dense forest	metamorphic rocks	"sol brun faiblement lessive"	2	43.2	57.1	0.84
		sandstone	"sol peu évolué d'aport colluvial modal"	8	19.9	21.0	0.65

Note: *) soils classified according to the French C.P.C.S.-system
**) measured over a period of three months. Discharges are measured over 0.5 m slope width

THE STUDY AREA

The measuring sites were chosen in the drainage basin of the River Savuto and the River Oliva on the West Coast of Calabria (South Italy). The climate has a Mediterranean character with a hot dry summer period of about 3 months and a relatively mild humid winter. The total annual precipitation in this area amounts to 1160 mm. The soils are poorly developed on the dominantly steep slopes and belong mainly to the great groupes of the Orthents, Psamments and Fluvents."
Die Wälder bestehen in der Hauptsache aus Eichen.

Es wird nützlich sein, die Studien zur Frage der Bedeutung der Pflanzendecke für die Abtragung auch von Seiten der Pflanzensoziologie aufzunehmen. Über das standortbedingte unterschiedliche Verhalten von Pflanzengesellschaften gerade auf Kreta hat GREUTER (1975) im Überblick und Detail berichtet. Besonders in den Höhen der ehemaligen Frostschuttstufe und der sich daran anschließenden Schneeschmelzbereiche mit mehr oder weniger detritusarmen Schuttdecken Kretas kann der vegetationskundliche Wandel in seiner Vielfalt gut verfolgt werden. ZAFFRAN (1972) und GREUTER (1975) haben allein für diese Stufe 13 Pflanzenassoziationen von alpinen Zwergstrauchheiden und Matten sowie eine noch unbekannte Zahl von Schuttpflanzengesellschaften kartiert. Alle diese Assoziationen sind auf Kreta endemisch.

Welche Ergebnisse diese botanischen Studien auch bringen werden, eines wird man schon jetzt mit Sicherheit sagen dürfen: Eine kulturgeographisch-ökonomische Degradation, wie es der Wandel vom mediterranen Wald in Macchie oder Phrygana darstellt, muß nicht auch gleichzeitig eine ökologisch-edaphische Degradation sein. Die Erhaltung bzw. Neubildung von Böden unter den mittelmeerischen Strauch- und Zwergstrauch-Formationen beweist dies.

Anmerkung

Erst nach Abschluß der Satzarbeiten bekam ich weitere Informationen über meteorologische Details von Kreta. Nach den Wetterangaben Plate 23 B des Ingenieur-Büros Frank BASIL, die mir freundlicherweise Herr Evangelos MOURTZIS aus Iraklion (Kreta) besorgte, ist zu entnehmen, daß im April ein sprunghaft starker Rückgang der Bewölkung über Kretas Nordküste einsetzt: Bedeckung des Himmels im Durchschnitt am Tag Januar 90 %; Februar 94 %; März 80 %; April 50 %; Mai 40 %. Daß um diese Jahreszeit eine durchgreifende Umstellung der Großwetterlage eintritt - die Hauptbahn der Zyklonen verlagert sich nördlich der Insel Kreta -, erhellt auch aus den Windverhältnissen (Plate 21 E). Vom April bis Juni wandert das Maximum der Windrichtungen aus den südlichen Sektoren in die nördlichen, die den ganzen Sommer über beibehalten werden:
Winde aus Südwest, Süd und Südost

Iraklion	XI - III	55 - 45 %	
	IV - VI	24 - 7 %	
Anogia	XI - III	35 - 20 %	
	IV - VI	14 - 9 %	.

Auch neuere Daten über die Windgeschwindigkeiten für die Station Anogia vom National Meteorological Service haben die durchgreifende Wetterumstellung von Ende Februar bis Ende April bestätigt. Der regelhafte Einfall des warmen Südwindes ist mit den größten Geschwindigkeiten, die im Jahr auf der Insel Kreta gemessen werden, verbunden: Von allen Winden mit Geschwindigkeiten größer 6 nach Beaufort entfallen 91 % auf solche aus südlichen Richtungen. Diese Stürme konzentrieren sich auf die Monate Februar, März und April mit über 50 %.

5. LITERATUR

ASCH, Th. W.I. van (1983): Water Erosion on Slopes in some land units in an mediterranean area. CATENE Supplement 4, 129-140.

BERGER, H. (1967): Vorgänge und Formen der Nivation in den Alpen. Ein Beitrag zur geographischen Schneeforschung. Buchreihe des Landesmuseums für Kärnten. XVII. 90 S.

BORN, V. (1984): Kreta - Gouves: Wandel einer Agrarlandschaft in ein Fremdenverkehrsgebiet. Diss. phil. Münster 1983 = Münstersche Geogr. Arb. 18

BURRICHTER, E. (1979): Quercus-Ilex-Wälder am Golf von Porto auf Korsika. Documents phytosociologiques, N.S. Vol. IV, Lille, 147-155

CREUTZBURG, N. (1958): Probleme des Gebirgsbaues und der Morphogenese auf der Insel Kreta. Freiburger Universitäts-Reden, N.F., H. 26. Freiburg

ders. (1961): Über junge Verschüttungserscheinungen auf der Insel Kreta und ihre Beziehungen zum Klima des Pleistozäns. Annales Géologiques des Pays Helléniques, 12, Athen, 1-11

ders. (1966): Die südägäische Inselbrücke. Bau und geologische Vergangenheit. Erdkunde, 20-30

ders. (1977): General Geological Map of Greece. Crete Island 1:200 000 . Institute of Geological and Mining Research. Athen

FRIEDRICH, W.L., PICHLER, H. u. S. KUSSMAUL (1977): Quaternary pyroclastics from Santorini/Greece and their significance for the Mediterranean palaeoclimate. Bull. geol. Soc. Denmark, vol. 26, 27-39

GIGOUT, M. (1957): L`Ouljiin dans le cadre Tyrrhénien. Bull. Soc. Géol. fr., 6, VII, 385-397

GREUTER, W. (1975): Die Insel Kreta - eine geobotanische Skizze. Veröff. d. Geobotan. Inst. der ETH, Stiftung Rübel, Zürich, 55, 141-197

HAGEDORN, J. (1977): Probleme der periglazialen Höhenstufung in Griechenland. Abh. Akademie Wiss. Göttingen. Math.-physikal. Kl., 3. Folge, Nr. 31, 223-237

HEMPEL, L. (1955): Studien über Verwitterung und Formenbildung im Muschelkalkgestein. Ein Beitrag zur klimatischen Morphologie. Göttinger Geogr. Abh. 18

ders. (1972): Über die Aussagekraft von Regelungsmessungen in Mediterrangebieten, geprüft an konvergenten Oberflächenformen. Ztschr. f. Geomorphologie, 301-314

ders. (1982): Jungquartäre Formungsprozesse in Südgriechenland und auf Kreta. Forschungsber. d. Landes Nordrhein-Westfalen, Nr. 3114 (Fachgruppe Physik/Chemie/Biologie). Opladen, 1-80

ders. (1983): Klimaänderungen im Mittelmeeraum. Neue Ansätze und Ergebnisse geowissenschaftlicher Forschungen. - UNIVERSITAS, 8, 873-885

ders. (1984): Geomorphologische Studien an Schuttfächern in Ostkreta. Ein Beitrag zur Klimageschichte des Jungquartärs in Mittelmeerländern. ERDKUNDE (im Druck)

HEMPEL, L. u. H. BRETTSCHNEIDER (1980): Beiträge zur "Energetischen Geomorphologie" in Trockengebieten. - Münstersche Geogr. Arb. 9, 141 S.

HÖLLERMANN, P. (1971): Zurundungsmessungen an Ablagerungen im Hochgebirge. Beispiele aus den Alpen und Pyrenäen. Ztschr. f. Geomorphologie, Suppl. Band 12, 205-237

HÖLLERMANN, P. u. H. POSER (1977): Grundzüge der räumlichen Ordnung in der heutigen periglazialen Höhenstufe der Gebirge Europa und Afrikas. Rückblick und Ausblick. Abh. Akademie Wiss. Göttingen. Math.-physikal. Kl., 3. Folge, Nr. 31, 333-354

NEVROS, K. u. J. ZVORYKIN (1938/39): Zur Kenntnis der Böden der Insel Kreta (Griechenland). Bodenkundliche Forschungen VI, 242-307

POSER, H. (1957): Klimamorphologische Probleme auf Kreta. Ztschr. f. Geomorphologie, 113-142

ders. (1976a): Beobachtungen über Schichtflächenkarst am Psiloriti (Kreta). Ztschr. f. Geomorphologie, Suppl. Band 26, 58-64

ders. (1976b): Bemerkungen und Beobachtungen zur Frage des Vorkommens pleistozäner Glazial- und Nivalformen auf Kreta. Abh. d. Braunschweigischen Wiss. Ges., XXVI, 1-15

WISE, S.M., THORNES, J.B. u. A. GILMAN (1982): How old are the badlands? A case study from southeast Spain. Badland Geomorphology and Piping. Norwich: 259-277

WIJMSTRA, T.A. (1969): Palynology of the first 30 metres of a 120 metres deep section in northern Greece. Acta Botan. Nederlandica, 18, 511-528

ZAFFRAN, J. (1972): Aperçu sur la végétation des hautes montagnes crétoises. Ann. Univ. Provence Sci. 47, Perpignan, 191-200

6. BILDANHANG

(alle Photos vom Verfasser)

Photo 1.   Tal bei Gouves ca. 400 m vom Strand (von unten nach oben):

"Älterer Schotterkörper" (Konglomerat) (4)
"Älterer Schotterkörper" mit torrentiellen Ablagerungen (2)

(September 1981)

Photo 2.   Tal bei Gouves ca. 1000 m vom Strand (von unten nach oben):

Grauer Mergel des Pliozäns (1)
"Älterer Schotterkörper" mit Konglomeratbildung durch An-
reicherung von Eisenhydroxid an der Basis (4)
"Älterer Schotterkörper" (2)

(September 1981)

Photo 3. Tal bei Gouves ca. 600 m vom Strand (von unten nach oben):

"Älterer Schotterkörper", torrentielle Ablagerung mit Lehm-
linse (2)
"Jüngerer Schotterkörper" (8)
Brauner Lehm und Kiese (11)

(September 1981)

Photo 4. Tal bei Gouves ca. 800 m vom Strand (von unten nach oben:
Wandhöhe ca. 4,5 m):

Torrententalboden (13)
Grauer Mergel des Pliozäns (1)
"Älterer Schotterkörper" (2), durch Täler gegliedert
Täler mit Braunem Lehm (11) und anthropogen abgelagertem
Lehm (14) gefüllt

(September 1981)

Photo 5.   Tal bei Gouves ca. 1000 m vom Strand (von unten nach oben):

Grauer Mergel des Pliozäns (1)
"Älterer Schotterkörper" (2)
Tal mit "Älterem Schotterkörper", ausgefüllt mit Braunem
Lehm (11)

(September 1981)

Photo 6.   Tal bei Gouves ca. 2500 m vom Strand (von unten nach oben:
Wandhöhe ca. 6 m):

Torrentental (13) (Kiesentnahme)
"Jüngerer Schotterkörper" (8)
Fluviatile Durchmischung (10)
Brauner Lehm und Kiese (11)
Brauner Lehm (Boden) (12)
Brauner Lehm (anthropogen) (14)

(September 1981)

Photo 7.   Tal bei Gouves ca. 2000 m vom Strand
            (von unten nach oben: Wandhöhe ca. 5,5 m):

            "Älterer Schotterkörper" (2)
            "Jüngerer Schotterkörper" (8)
            Brauner Lehm und Kiese (11)
            Brauner Lehm (Boden (12)
            Brauner Lehm (anthropogen) (14)

            (September 1981)

Photo 8.   Tal bei Gouves ca. 2500 m vom Strand (von unten nach oben):

Grauer Mergel des Pliozäns (1)
"Älterer Schotterkörper" (Boden) (3)
Fluviatile Durchmischung (5)
"Jüngerer Schotterkörper" (8)
Brauner Lehm und Kiese (11) mit Spuren eines Paläobodens (12)
Brauner Lehm (anthropogen) (14)

(September 1981)

Photo 9.

Berghang an der Straße von Mallia nach
Stalida (Wandhöhe ca. 4 m):

unten: Roterde (1)
oben : verfestigte fossile Dünen (2)

(Mai 1983)

Photo 10.   Würmeiszeitliche Basisbrekzie als Füllung eines alten Kerb-
              tals (1); darüber ein lockerer würmeiszeitlicher Kalkschutt-
              Rotlehm-Komplex (2) mit einer Brekziendecke (3). Es folgt
              ein ähnlicher Schutt-Rotlehm-Komplex (4) mit Brekziendecke (5)
              holozänen Alters. Schuttfächer an der Westflanke des Dikti
              Oros oberhalb des Ortes Armácha (Kreta) in ca. 1000 m NN

              (Mai 1983)

Photo 11.   Gesamtbild der Westabdachung des Dikti Oros mit heute sta-
              bilem Hangschutt (1), einem fossilen (2) und aktiven Schutt-
              fächer am Talausgang (3), der in das Nebenbecken von Armá-
              che (4) übergeht. Von dort bestand in der Würmzeit in brei-
              ter Fläche und Tiefe, heute nur in einem Torrentental An-
              schluß an die Hochebene von Kastellion (5)

              (Mai 1983)

Photo 12.   Rezente Schneeschmelzabtragung und auf-
             schüttung an Flachstellen (gesteinsbe-
             dingte Denudationsterrassen: 1; flache
             Mulden: 2) am Ostrand des Dikti Oros
             (zwischen 1000 und 1600 m NN)

             (April 1980)

Hermann - Josef Höper

Beobachtungen über den Wandel von Siedlungen und Behausungen in Ostthessalien (Griechenland)

Aus:

HEMPEL, Ludwig (Hrsg.) :
Geographische Beiträge zur Landeskunde Griechenlands.
Paderborn: Ferdinand Schöningh 1984, S. 41 - 120
(Münstersche Geographische Arbeiten 18)

Inhalt

Der Beitrag von Hermann-Josef Höper wurde von der
Mathematisch-Naturwissenschaftlichen Fakultät der
Westfälischen Wilhelms-Universität Münster - Fach-
bereich Geowissenschaften - als Dissertation 1983
angenommen. 1. Gutachter war Professor Dr. Ludwig
Hempel, 2. Gutachter war Professor Dr. Cay Lienau.

Anschrift des Verfassers:

Dr. Hermann-Josef Höper

von-Ossietzky-Straße 32
D-4400 Münster

1. EINFÜHRUNG

In dem Fächer der Disziplinen geographischen For-
schens nimmt die Siedlungsgeographie eine zentrale
Funktion ein. Denn vor allem in den Siedlungen manifestieren sich die sozialökonomischen Bedingungen
früherer, bzw. noch lebender Menschengruppen, in denen sich das Verhältnis letzterer zum sie umgeben-
den Raum ausdrückt. Unterstellt man, daß es durch
die Synthese einer starken Naturverbundenheit und
einer konsequent rationalen Verwertung der naturräumlichen Gegebenheiten zu einer Siedlungsplatzwahl an dominanten Punkten einer Landschaft gekommen ist, so kann umgekehrt das Aufspüren eines Siedlungsplatzes zu einer Rekonstruktion der zeitadäqua-
ten sozialökonomischen Gegebenheiten führen. Unter
dieser Prämisse sind der Siedlungsarchäologie beachtliche Erfolge gelungen. Leider läßt sich eine
solche Betrachtungsweise nicht immer beibehalten
und muß weitgehend auf die Zeit der Inbesitznahme
einer Landschaft durch eine Menschengruppe beschränkt
bleiben. Bei Berücksichtigung der historischen Komponente ergibt sich vielfach die Situation, daß eine verdrängte Menschengruppe ihre wirtschaftlich-
technischen Möglichkeiten erst dem neuen Siedlungsplatz anzupassen hat, bzw. weniger naturbegründet
rationale Entschlüsse zur Siedlungsgründung führen,
als vielmehr politisch rationale. Damit wird das
Spektrum der Rückschlüsse nicht nur erweitert, sondern auch entschieden kompliziert.

Ein wesentlicher Aspekt menschlicher Geschichtlich-
keit ist die Kultur, die aufzufassen ist als die Gesamtheit des materiellen und geistigen Besitzes der
Menschen. Sofern nicht in schriftlichen Werken nach-
lesbar, sind die geistigen Fähigkeiten vergangener
Menschengenerationen nur ablesbar an ihren materiellen Hinterlassenschaften. Damit kommt den Siedlungen
als hauptsächlichen - vielfach ausschließlichen -
Fundstellen materieller Quellen oberste Priorität zu.
Mit den Siedlungsstellen wird nicht nur greifbar, wo,
wann und wie lange der Mensch innerhalb eines Landschaftsraumes aktiv Kultur geschaffen, Natur verändert hat, sondern auch in welchem Verhältnis er zu
den naturräumlichen Gegebenheiten gestanden hat und
wie menschliches Handeln ausgerichtet und organisiert
gewesen ist. Zwischen der historischen und der siedlungsgeographischen Arbeitsweise bestehen engste
Wechselbeziehungen, vor allem wenn - wie im Folgenden - versucht wird, an einem Längsschnitt die Aus-
sagefähigkeit der vorgefundenen vergangenen oder gegenwärtigen Siedlungen darzulegen.

Unter einer Siedlung ist "jede Niederlassung, die
Schutz, Obdach und Ruhe gewährt, und zwar unter Benutzung und Auswertung natürlicher und künstlicher
Gegebenheiten" zu verstehen[1]. Nach der Benutzungs-
dauer - nach MÜLLER-WILLE dem Haupteinteilungsprin-
zip - ergeben sich fünf Kategorien von Siedlungen[2]:

1. Die flüchtige = ephemere oder Rast-Siedlung;
   Benutzung einige Tage.
2. Die zeitweilige = temporäre oder Frist- (Tem-
   poral-)Siedlung; Benutzung einige Monate.
3. Die jahreszeitliche = annuell-temporale oder
   Saison-Siedlung; Benutzung einige Monate.
4. Die halbfeste = semipermanente oder Halbdauer-
   siedlung; Benutzung mehrere Jahre.
5. Die andauernde = permanente oder Dauersiedlung;
   Benutzung mehrere Generationen.

Es ist davon auszugehen, daß bei einer ephemeren
Siedlung der Mensch in seinem Wirken den geringsten
Einfluß auf den Naturraum ausübt, bei einer permanenten Siedlung den lokal intensivsten und bei einer annuell-temporalen den räumlich ausgedehntesten.
Damit wird auch bereits deutlich, daß die Behausungen - soweit von Menschenhand geschaffen - einer
ephemeren und vielfach die einer annuell-temporalen
Siedlung - weil häufig transportabel - schwer nachzuweisen sind, während die einer permanenten Siedlung leicht aufzufinden sind, wobei sich dann aber
häufig zeigt, daß bei einer Nutzung des Siedlungsplatzes über Jahrhunderte oder Jahrtausende hinweg
die Spuren früherer Siedlungshorizonte zerstört sein
können. Man wird somit nach Indikatoren Ausschau halten müssen, die indirekt den Aufenthalt des Menschen
belegen. Da durch den Menschen die Naturlandschaft
zur Kulturlandschaft verändert wird, werden derartige Indikatoren im Bereich der anorganischen und biotischen Geofaktoren zu finden sein.

Siedlungen bestehen aus einer oder mehreren Behausungen[3], die als kleinste Einheit in ihrer Differen-
ziertheit mitunter sehr genaue Auskünfte über die
Beziehungen der Benutzer zu den natürlichen Raumge-
gebenheiten, die Wirtschaftsstufe oder -form, das
Sozialgefüge und die Funktionalität geben. Unumgänglich sind sie bei siedlungsgeographischen Untersuchungen zu berücksichtigen.

Landschaft wird in der geographischen Forschung allgemein als eine räumliche Synthese von Einzelelemen-
ten gesehen, wobei unter den letzteren Phänomene verstanden werden, die durch unterschiedliche Geofaktoren ausgeprägt wurden. Dieser Auffassung liegt die
Vorstellung zu Grunde, daß unterschiedliche Faktoren
in ihrem Wirken und in ihrer gegenseitigen Bedingt-
heit und Funktionalität ein homogenes Ganzes bilden

können und durch sie eine Ordnung geschaffen wird, eine Struktur, die einen gewissen Raum der Geosphäre charakterisiert.

Der für diese Untersuchungen ausgewählte Landschaftsraum Ostthessalien ist als Erdausschnitt nicht von der Art, daß er durch seine homogene Struktur als Landschaftstyp anzusprechen ist, womit eine Grenzziehung leicht möglich sein würde. Vielmehr zeichnet sich Ostthessalien mit seinen Binnenebenen, schmalen Küstenstreifen, Hügelländern und Gebirgen durch eine Reihe von Raumdisparitäten aus. Keiner dieser Kleinräume hat auf Grund der in seinen Grenzen wirkenden anorganischen und biotischen Geofaktoren, bzw. seiner natürlichen Gegebenheiten eine Ausstattung von bleibendem Wert aufzuweisen. Es war der Mensch, der in der Regel mit der Wahl seines Lebensraumes entschieden hat, ob einer dieser Kleinräume einen Wert besaß oder besitzt. Mit dem Fortschreiten der Geschichte wurde diese Wahl immer weniger primär von wirtschaftlichen, als vielmehr von politisch-sozialen Faktoren bestimmt und die Lebens- und Wirtschaftsweise dem günstig erscheinenden Naturraum angepaßt. Begriffe wie peripherer, Aktiv- oder Passiv-Raum sind keineswegs Konstanten und die Kleinräume Ostthessaliens weisen im Verlaufe der Geschichte ein lebhaftes Wechselspiel auf, das sich mehr in einem raumimmanenten Wertwandel, als in einem Beziehungswandel der Kleinräume untereinander gezeigt hat. Periphere Räume konnten offener sein für kulturelle Innovationen - z.B. frühes Christentum an den Küsten des Pagasitischen Golfes und auf der Halbinsel Magnesia -, aber auch Orte des Bewahrens alter Traditionen, die in der nächsten Aktivphase nicht nur wieder aufleben, sondern bestimmend für das menschliche Handeln werden konnten - z.B. byzantinische Traditionen, die bei Wegfall überholter sozialer Organisationsformen in den Manufakturorten der Gebirge im 18. und 19. Jahrhundert geistig auf eine Erneuerung des Griechentums einwirkten und den historischen Akt der Gründung eines Staates Griechenland vorbereiteten.- Historische Ereignisse führten zumeist in den Ebenen zu veränderten sozialen Bedingungen, der eine wirtschaftliche Ungunst folgen konnte, deren Ursache in erster Linie in einem passiven Verhalten breiter Bevölkerungsgruppen zu sehen ist. Historisch-soziologische Prozesse waren es, die in dieser Zeit zu einer Inwertsetzung des Berglandes führten, den andersartigen naturräumlichen Gegebenheiten wurde die Lebensweise angepaßt. Gelang es neben dem primären Sektor auch Arbeitsmöglichkeiten im sekundären Sektor zu aktivieren, so kam es in den Bergen zu einer Überbevölkerung in dem Sinne, als die Gaben des Naturraumes in einem disproportionalen Ver-

hältnis zur Zahl der Verbraucher standen und der gesamte Raum auf den Güteraustausch mit anderen Wirtschaftsräumen angewiesen war. Wurde dieser Austausch unterbrochen, fiel der sekundäre Sektor aus und überschüssige Bevölkerung mußte abwandern. Es ist interessant zu beobachten, daß es im wirtschaftlichen Bereich immer mehr ein Nebeneinander, als ein Miteinander der Ebenen und Gebirge gegeben hat. Wirtschaftliche Beziehungen gingen weit über die Landschaftsgrenzen hinaus, sei es bei den Getreidelieferungen - in der Antike nach Theben, Athen, während der byzantinischen und der türkischen Zeit nach Konstantinopel oder während des 18. Jahrhunderts bis nach Frankreich-, bei derPurpurgewinnung - während der Antike in Meliboia, als meliboischer Purpur zum Inbegriff des römischen Purpurs überhaupt wurde[4] - oder sei es bei den Manufakturwaren des 18. und 19. Jahrunderts, als Stoffe aus dem Ort Ambelakia an der Ossa bis nach Amerika gelangten. So ist eine wirtschaftliche Autarkie Ostthessaliens nur selten existent gewesen, da in irgendeiner Form Beziehungen zu den städtischen Agglomerationen im Süden - Athen - oder im Norden - Konstantinopel - bestanden, die eine Abhängigkeit bedeuteten. Ostthessalien befindet sich in zentraler Lage zwischen diesen beiden Hauptzentren im Ägäisraum. Da Ostthessalien im Verlaufe der Geschichte zu unterschiedlichsten politischen Gebilden gehört hat, bzw. auf seinem Boden einige entstanden sind, ist es schwierig, mit fundamentierter Begründung Ostthessalien bei einem historischen Längsschnitt als Landschaftsraum im Norden und Westen abzugrenzen, während die Ostgrenze eine durch Pagasitischen Golf und Ägäis natürlich gebildete ist. Als Westgrenze des Landschaftsraumes Ostthessalien wurde daher die Linie der Westgrenzen derjenigen Gemeinden gewählt, deren Gemarkung überwiegend den Ebenen angehört. Dieses Kriterium gilt auch für die Nordgrenze, wobei der Penios weitestgehend eine natürliche Grenze bildet. Die Summe der drei Landschaftstypen von Ebenen, Hügelländern und Gebirgen wurde deshalb als eine Raumeinheit zusammengefaßt, weil sich andere Grenzziehungen in Ostthessalien als untauglich erwiesen, da die anorganischen, die biotischen und die intellektbedingten Geofaktoren (= der Mensch in seinem Handeln und Wirken) in diesem Raum in einem zwar während der Geschichte unterschiedlich starkem, aber doch immer existierenden Wechselverhältnis zueinander gestanden haben. Eine gewisse Willkürlichkeit bei der Grenzziehung im Westen des Landschaftsraumes Ostthessalien ist leider nicht vermeidbar gewesen.

Die Lage des Landschaftsraumes Ostthessalien zwischen dem Nord- und dem Südbalkan ließen ihn mit seinen nord-

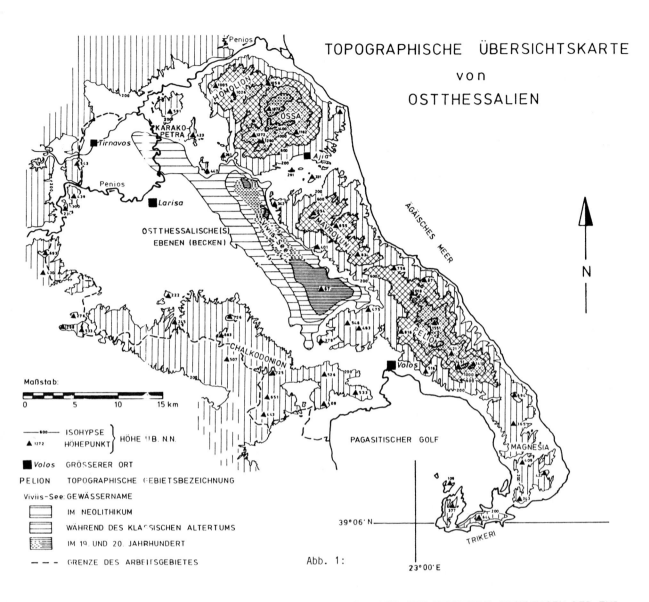

TOPOGRAPHISCHE ÜBERSICHTSKARTE

von

OSTTHESSALIEN

Maßstab:

0   5   10   15 km

——600—— ISOHYPSE ⎫
▲ 1272 HOHEPUNKT ⎬ HÖHE ÜB. N.N.

■ Volos GRÖSSERER ORT

PELION TOPOGRAPHISCHE GEBIETSBEZEICHNUNG

Viviis-See: GEWÄSSERNAME

IM NEOLITHIKUM

WÄHREND DES KLASSISCHEN ALTERTUMS

IM 19. UND 20. JAHRHUNDERT

— — — GRENZE DES ARBEITSGEBIETES

Abb. 1:

39°06'N

23°00'E

---

südstreichenden Gebirgen und Hügelketten, mit seinen Ebenen und der Offenheit zum Meere über den Pagasitischen Golf zu einem Durchgangsland von Bevölkerungsbewegungen werden, wobei Gruppen unterschiedlicher Größe von den jeweiligen Wanderungsbewegun-
gen abfallen und seßhaft werden konnten. Zugleich
war Ostthessalien auch Mittler zwischen nördlichen
und südlichen Kulturen. Der ethnische Pluralismus
in dem Landschaftsraum als Ganzem oder in den Städten, insbesondere der Metropole Larisa, ist durch-
gängig ein charakteristisches Merkmal Ostthessaliens gewesen und geblieben.

Im Folgenden sollen nun in chronologischer Abfolge
die einzelnen Kultur- und Zeitepochen unter siedlungsgeographischen Gesichtspunkten im Landschaftsraum Ostthessalien untersucht werden.

2. VON DEN FRÜHESTEN NACHWEISEN DER EXISTENZ DES MENSCHEN IN OSTTHESSALIEN BIS ZUM STEINZEITLICHEN ACKERBAUERN (PALÄOLITHIKUM, MESOLITHIKUM, NEOLITHIKUM)

Bis in die fünfziger Jahre unseres Jahrhunderts
fehlte der Nachweis paläolithischer Besiedlung in
Griechenland. Dieses war in erster Linie dem Desin-
teresse der archäologischen Forschung zuzuschreiben,
deren Vertreter sich lieber mit den eindrucksvollen
Hinterlassenschaften der minoischen, mykenischen und
klassischen Zeit beschäftigten. Erst seit 1953 führten gezielte Nachforschungen und Grabungen zu Funden
aus der Altsteinzeit in Ostthessalien, einem großen
Verdienst von Vladimir MILOJCIC. Nach mehreren Vor-
berichten in Zeitschriften wurden die Funde der Forschungsergebnisse 1965 in einer Monographie ("Paläolithikum um Larissa in Thessalien") publiziert[5]. Der
Titel ist nicht die Folge einer Beschränkung des For-
schungsgebietes, sondern gibt die Begrenztheit des
thessalischen Areals mit paläolithischen Funden wie-

der. Die von MILOJCIC und seinen Mitarbeitern entdeckten vierzehn Fundstellen beschränken sich auf
die Peniosaue zwischen Amigdalea (= Gunitsa) im Westen und Larisa im Osten[6]. Die seit 1960 von D.R.
THEOCHARIS durchgeführten Begehungen erbrachten weitere Funde an den bekannten Stellen und an zwölf weiteren Fundorten, die z.T. nordöstlich von Larisa
liegen. Neben Freilandfundstellen in den Steilwänden
der Peniosufer oder auf rezenten Uferbänken stellte
THEOCHARIS auch Funde und Wandmalereien aus Höhlen
des Pelion vor[7], die er in das Jungpaläolithikum datierte. Inzwischen konnte der Nachweis erbracht werden, daß es sich hierbei um Fälschungen handelt[8].

Gisela FREUND bearbeitete nochmals den gesamten
Fundkomplex von MILOJCIC und THEOCHARIS[9] und gelangte zu dem Ergebnis, daß die Funde mindestens zwei
Kulturstufen annehmen lassen: eine ältermittelpaläo-
lithische (ca. 75 % des Fundmaterials) und eine end-
jungpaläolithische (ca. 25 % des Fundmaterials).
Das mittelpaläolithische Material gibt Hinweise zu
einer weiteren Unterteilung, ohne daß diese bis heute näher einzugrenzen wäre. Denkbar ist die Zuordnung des jüngeren Materials in ein Interglazial um
40000 B.P.. Ein jüngeres Interglazial zwischen
28000 und 26000 B.P.[10] muß bereits kongruent der

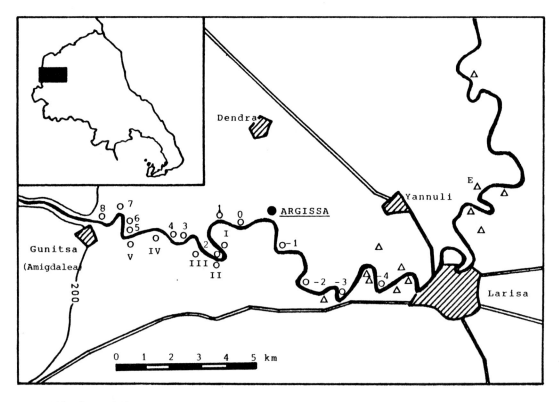

Abb. 2:   DIE FUNDSTELLEN PALÄOLITHISCHER KULTUR IN OSTTHESSALIEN

Nach: Milojcic,V. (1962) Taf. 4.1 = O
und Theocharis,D.R. (1967) Karte 1 = Δ; E = Schädelfund

Die Funde sind durchweg Geräte wie Schaber,Klingen,
Stichel und Bohrer, die aus braunrotem Radiolarit
bestehen, den der paläolithische Mensch in den Hoch-
terrassen des Penios auflesen konnte. Klopfsteine
und Abfallmaterial zeigen an, daß die Geräte an den
Rastplätzen in der Peniosaue hergestellt worden sind,
mit ihnen der Nachweis menschlicher Anwesenheit vor-
liegt, wenn auch über die Behausungen bisher nichts
Gesichertes gesagt werden kann. Die Datierung des
Fundgutes wurde möglich, da ein Teil der Werkzeuge
in einer Knochenbank gefunden wurde, deren Material
dem Riß-Würm Interglazial angehört, womit die Werkzeuge in die Kulturstufe des unteren Mittelpaläo-
lithikums einzuordnen sind.

Kulturstufe des Jungpaläolithikums gesehen werden.
In den Seeablagerungen des ostthessalischen Beckens
konnten drei Humuszonen festgestellt werden, die
drei kurze Warmperioden während des Würm vermuten
lassen, was bestärkt wird durch den Nachweis dreier
Kalkkrusten in einem Profil der Peniosterrasse[11].
Eine Kontinuität zwischen dem Mittel- und dem Jungpaläolithikum ist bis heute umstritten. Träger der
alt- und mittelpaläolithischen Kultur ist der Homo
sapiens neanderthalensis gewesen, der mit einem Schädelfund in der Petrolana-Höhle bei Thessaloniki im
September 1960 erstmals für Griechenland nachgewiesen werden konnte[12]. Zunächst wurde für den Schädel
ein viel zu hohes Alter angenommen, das heute mit

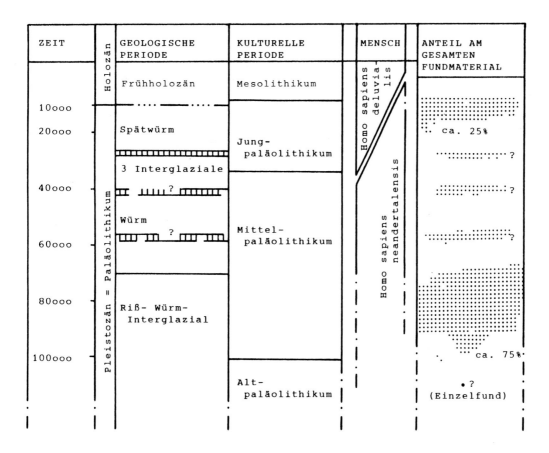

ZEIT	Holozän	GEOLOGISCHE PERIODE	KULTURELLE PERIODE	MENSCH	ANTEIL AM GESAMTEN FUNDMATERIAL
		Frühholozän	Mesolithikum	Homo sapiens deluvialis	
10ooo		········ ········			ca. 25%
20ooo		Spätwürm	Jung-paläolithikum		·················?
40ooo		3 Interglaziale			················?
		?			
60ooo		Würm ?	Mittel-paläolithikum	Homo sapiens neandertalensis	·················?
80ooo		Riß- Würm-Interglazial			
100ooo					ca. 75%
			Alt-paläolithikum		•? (Einzelfund)

Abb. 3: KONKORDANZ DER GEOLOGISCHEN, ARCHÄOLOGISCHEN UND ANTHROPOLOGISCHEN PERIODEN IN OSTTHESSALIEN

ca. 200ooo Jahren angegeben wird. 1967 stellte THEO-CHARIS das Schädeldach eines Neandertalers vom Penios vor[13]. Mit dem Beginn des Jungpaläolithikums trat eine weitere Menschenrasse auf, die des Homo sapiens deluvialis. Die Art und Weise des ethnischen Wechsels ist bis heute nicht bekannt. Der Neandertaler gilt seit dem Ende des Paläolithikums als ausgestorben und viele Paläoanthropologen sehen in ihm eine dem Pleistozän angepaßte Sonderform der Homeniden.

Die Lebensweise des paläolithischen Menschen in Ostthessalien ist die eines Jägers gewesen, der in den Auewäldern des Penios seiner Jagdbeute auflauerte. Die örtliche Begrenztheit der Funde ist wahrscheinlich einer Versumpfung und Überschwemmung der Ebenen zuzuschreiben, die somit nicht zugänglich gewesen sind. Trotz der bisher georteten 24 Fundplätze ist von einer geringeren Zahl ephemerer Siedlungsplätze, u.U. auch annuell-temporaler Siedlungsplätze auszugehen, da sämtliche Fundstücke verlagert sind und die Fundmenge gen Osten rapide abnimmt[14]. Wenn Forschungsergebnisse anderer Fundplätze in Griechenland (Kastritsa Höhle im Epirus, Franchthi Höhle in der Argolis) übertragbar sind, dann läßt sich sagen, daß der paläolithische Ostthessalier den jahreszeitlich wandernden Herden folgte und

seit dem Jungpaläolithikum zeitweise Höhlen aufsuchte, vereint in Gruppen bis zu 25 Individuen. Ob sich die Paläolithiker neben der Jagd mit Speeren auch der Jagd mit dem Feuer in Form von angelegten Steppenbränden bedienten - wie in Europa an anderer Stelle nachgewiesen[15] - läßt sich für Ostthessalien nicht belegen.

Die Steinwerkzeuge sind als ein fossiles Zeichen kultureller Aktivität des paläolithischen Menschen zu bewerten. Die Natur nahm der Mensch noch als gegeben hin, er war gleichsam Naturmensch. Erst die Inbesitznahme von Höhlen während des Jungpaläolithikums und deren Verteidigung gegen Raubtiere muß als Versuch des Menschen verstanden werden, die Naturgegebenheiten zu seinen Gunsten zu verändern. Die Siedlungen sind hauptsächlich von ephemerer Art gewesen. Das Verfolgen der Tierherden, die einem jahreszeitlichen Wanderrhythmus unterworfen waren, läßt bereits an die Möglichkeit von temporalen, vielleicht sogar annuell-temporalen Siedlungen denken. Behausungen konnten für diese Kulturstufe bisher mit Sicherheit nicht nachgewiesen werden.

Die Zeit des Mesolithikums (8ooo bis 59oo v.Chr.) ist für den ostthessalischen Menschen eine Übergangzeit von relativ kurzer Dauer, während der er seine Lebensweise vom umherziehenden Großwildjäger und Sammler zum seßhaften Ackerbauern und Viehzüchter umstellte. Lebte der Mensch bis dahin in der Natur und nutzte lediglich ihre Gegebenheiten, gleichsam eingebaut in eine Nahrungskette, so wurde er nunmehr seßhaft, domestizierte Tiere und wirkte regulierend auf die Vegetation ein, indem er in vorgegebenen Biotopen artselektierend von ihm zu nutzende Gramineen förderte. Seßhaftigkeit und das bewußte Eingreifen in die Natur führten sich gegenseitig steigernd zu einem intensiven verändernden Einfluß auf Teile der Naturlandschaft, in der sich der Mensch mit temporären und wahrscheinlich auch schon einigen wenigen permanenten Siedlungen festsetzte. Das Mesolithikum endete mit dem Protoneolithikum oder Präkeramikum, in dem alle, das Neolithikum charakterisierenden Wirtschaftsweisen bereits ausgebildet gewesen sind und lediglich die Herstellung der Keramik noch unbekannt war.

Archäologisches Fundgut ist die einzige Quelle für diesen Zeitabschnitt, eine überaus schwach fließende. Die Streufunde aus Obsidian, die THEOCHARIS von den Peniosterrassen zusammengetragen hat, sind hierher einzuordnen, aber kaum näher zu datieren. Die Magula Samari am Südrand des Viviis-See hat zwar mikrolithisches Fundgut erbracht, das als mesolithisch angesehen werden muß, die Isolierung eines rein mesolithischen Stratums aber ist auch dort bis heute nicht gelungen[16]. Stratigraphisch gesicherte Funde liegen erst aus der Endphase dieser Kulturstufe, dem Protoneolithikum vor. Sie konnten nachgewiesen werden in Sesklo, Argissa, Sufli-Magula nördlich von Larisa, in Jediki nordöstlich von Larisa und Archilleion bei Farsalos, das allerdings außerhalb des für diese Betrachtungen abgegrenzten Landschaftsraumes liegt.

Der Wandel vom paläolithischen Großwildjäger und Sammler zum Ackerbauern und Viehzüchter erfolgte über eine Zwischenstufe, der einer Umstellung von der Großwildjagd auf die Jagd und das Sammeln von Kleintieren. So werden in der Höhle La Porta bei Positano (Salerno, Italien) spätestpaläolithische und mesolithische Schichten an Hand der Fauna unterschieden, wobei sich die mesolithischen Schichten durch terrestrische und aquatische Mollusken auszeichnen. Unter Miteinbeziehung weiterer Fundorte ist festzustellen, daß es sich hier um eine Kulturentwicklung und nicht um eine Anpassung an veränderte Umweltbedingungen handeln muß[17]. Die Umstellung von der Großwildjagd - bei der der Mensch den Wanderungen der Beutetiere folgen mußte - auf das Jagen und Sammeln

von Kleintieren und Mollusken stellt neben der intensiveren Nutzung eines Biotops auch einen ersten Schritt zur Seßhaftigkeit, der permanenten Siedlung dar. Beschränkte sich die Sammel- und Jagdtätigkeit auf ein terrestrisches Gebiet, so waren die Nahrungsquellen in absehbarer Zeit erschöpft und die Mobilität einer Menschengruppe wurde wieder aktiviert. Wurden aber aquatische Reservoire genutzt - seien es marine oder limnische - so wurde die potentielle Mobilität gesenkt, da tierisches Eiweiß ganzjährig und in fast unbeschränkter Menge vorlag[18]. Die Nutzung mariner Muschelbänke in einem Ausmaß, wie es für das westeuropäische Mesolithikum an der Atlantikküste festgestellt worden ist, entfiel in Ostthessalien auf Grund fehlender, bzw. schwach ausgebildeter Gezeiten. Dafür bot sich der Viviis-See in der ostthessalischen Ebene als ein geeignetes Nahrungsreservoir für die Menschen des Mesolithikums an. Sämtliche Funde dieser Zeit stammen nicht von der Küste, sondern von Stellen, die direkt an dem damaligen Seeufer oder in dessen unmittelbarer Nähe gelegen haben. Dem Küstenmesolithikum Westeuropas wäre in Ostthessalien ein limnisches Mesolithikum an die Seite zu stellen.

Für Vorderasien gilt als bewiesen, daß die Getreidearten nicht in den Flußauen veredelt wurden, sondern von den Steppen der Hügelländer, wo sie wild wuchsen, dorthin gebracht worden sind, nachdem man die besseren Anbaubedingungen bei der jährlichen Düngung durch die Sedimente der Frühjahrshochwasser erkannt hatte. Mit den Hügelländern besaß auch Ostthessalien Steppenareale, in denen Wildgetreide wachsen konnte und die verschlammten Ränder des Viviis-See lagen vor den Augen der Mesolithiker, so daß die kürzere Zeit, in der sich der Prozeß der Seßhaftwerdung vollzog, nicht gegen eine autochthone Entwicklung vom Paläolithiker zum Neolithiker sprechen muß, einer These, wofür seit einigen Jahren hauptsächlich THEOCHARIS plädiert hat[19]. Die ältesten Funde domestizierter Rinder stammen aus Argissa[20], so daß wir in Ostthessalien das Domestikationszentrum eines unserer Haustiere sehen dürfen. Das Auftreten kulturellen Fortschrittes läßt sich in Ostthessalien nicht mit einem etwaigen Eindringen neuer ethnischer Träger verbinden. Eine endgültige Entscheidung in dieser Frage der autochthonen Entwicklung scheint noch verfrüht. Festzustellen bleibt, daß mit dem Landschaftsraum Ostthessalien in Südosteuropa ein von den natürlichen Gegebenheiten her ideales Gebiet vorgelegen hat, in dem sich der Prozeß einer Entwicklung von einem in die Nahrungskette einbezogenen paläolithischen Großwildjäger, über den limnisch-aquatische Nahrungsreservoire ausnutzenden Sammler, hin zum Ackerbauern und Viehzüchter vollzogen haben könnte[21]. Auf die Siedlungsart übertragen bedeutet dieses, daß man bereits um 6000 v.Chr. in Ostthessalien mit allen fünf Kategorien zu rechnen hat, angefangen bei der ephemeren und endend bei der permanenten Siedlung.

Eindeutige Nachweise oberirdischer Behausungen fehlen auch noch während des Mesolithikums. Die Existenz von Gruben, Pfostenlöchern und gebranntem Lehmverputz lassen auf überdachte Grubenwohnungen schließen. Die Dachform muß dabei nicht den Grubenumrissen entsprochen haben. Die Behausungen wurden in die Erde eingegraben, da man auf Grund einer größeren Seßhaftigkeit höhere Ansprüche an sie stellte, man andererseits aber noch nicht in der Lage war, senkrechte Wände zu errichten. In Sesklo ist zu beobachten, daß die Wände derartiger Behausungsgruben durch Steinpackungen verstärkt worden sind[22]. Einige Gruben dienten als Speicher, andere nahmen schließlich Abfall auf.

In den aufgefundenen mesolithischen Siedlungen fällt der geringe Anteil von Wildtierknochenfunden auf, was auf einen geringen Anteil der Jagd für den Lebensunterhalt weist. In der Siedlung Argissa z.B. stammten 84,4 % aller aufgefundenen Haustierknochen vom Schaf, 10,3 % vom Schwein und 5,3 % vom Hund[23]. An Ackererzeugnissen ließen sich bereits Emmer, Einkorn, Spelzgerste, Hirse und Linse nachweisen[24]. Überreste von Flußmuscheln (Argissa), Schnecken, Seemuscheln und Fischresten (in Sesklo) belegen eine teilweise Beibehaltung früher mesolithischer Formen der Eiweisgewinnung bis in das Präkeramikum hinein.

In Sesklo waren 60 % der gefundenen Steingeräte der präkeramischen Schicht aus melischem Obsidian[25]. Dieses deutet auf Handelsaktivitäten und Kenntnisse der Seefahrt bereits zu dieser Zeit hin, wobei die Form des Handels nicht geklärt ist. Von der präkeramischen Ära bis zur thessalischen Bronzezeit läßt es sich nicht nachweisen, daß eine auf Melos lebende Bevölkerung die Rohstoffquellen ausbeutete und mit dem Obsidian Handel getrieben hat. Vielmehr muß angenommen werden, daß Händler vom Festland auf Melos gelandet sind, die Obsidianknollen einsammelten und wieder davonfuhren. Bei einer solch gearteten Gewinnung des Obsidian ist theoretisch auch die Existenz thessalischer Expeditionen nach Melos in Betracht zu ziehen. Die Reste mariner Muscheln in Sesklo bezeugen, daß das Meer nicht gemieden wurde. Obsidian Mikrolithstücke sind auch in Argissa und in der Sufli-Magula gefunden worden.

Ab dem 7. Jhtsd.v.Chr. ist in Ostthessalien mit einer seßhafteren Siedlungsweise zu rechnen, die sich aus den veränderten Wirtschaftsformen des Fischfanges, Molluskensammlens und bald auch des Ackerbaues und der Viehzucht ergeben haben. U.a. läßt der Anteil von Schweinen bei der Fleischversorgung (in Argissa 10,3 % der Haustierknochenfunde, s.o.) und der geringe Anteil, den die Jagd beim Nahrungserwerb gespielt hat, bereits semipermanente und permanente Siedlungen vermuten. Die Ostthessalier der präkeramischen Kulturstufe bewohnten einfache Grubenhütten in ausgedehnten, aber an Personen zahlenmäßig kleinen Siedlungen. Handel und Seefahrt waren dieser Bevölkerung nicht mehr fremd, so daß ein gut entwickeltes soziales Gefüge und Kommunikationssystem zwischen den einzelnen Sippen angenommen werden muß. Anscheinend sind nur die Ebenen und die Hügelländer besiedelt gewesen, direkte oder indirekte Siedlungsbelege aus den Gebirgen fehlen bis heute.

Das Neolithikum umfaßt in Ostthessalien einen recht großen Zeitraum, der auf Grund von Radiokarbon-Datierungen ziemlich sicher in eine absolut chronologische Zeitspanne von 5900/800 bis 3300/200 v.Chr. eingegrenzt werden kann. Für das Neolithikum dieses Landschaftsraumes wurde eine sehr differenzierte Gliederung erarbeitet, wobei Veränderungen in der Keramik als Leitlinien gedient haben. Die Benennung und Abgrenzung der einzelnen Unterabschnitte ist in den vergangenen Jahrzehnten vielfachen Veränderungen unterworfen gewesen, einem Prozeß, der noch nicht als abgeschlossen angesehen werden kann[26]. Wenn auch die Feindatierung an Hand der Keramik nicht zu übernehmen ist, so doch die Unterteilung in Früh-, Mittel- und Jung- oder Spätneolithikum, wobei das Mittelneolithikum (ca. 5300 bis 4200 v.Chr.) eng mit der Siedlung Sesklo verbunden ist, das Jungneolithikum (ca. 4200 bis 3300 v.Chr.) mit der Siedlung Dimini.

Die in der Karte (Abb. 4) eingetragenen neolithischen Siedlungen lassen auf den ersten Blick eine explosionsartige Vermehrung der Siedlungsplätze gegenüber dem Protoneolithikum vermuten. Doch ist Vorsicht geboten:

1. Lassen sich die Hinterlassenschaften des Neolithikers (vorwiegend Keramik) leichter aufspüren.

2. Ist zu beobachten, daß zwar neolithische Siedlungsplätze festgestellt wurden, die Erforschung der Siedelzeit an den einzelnen Plätzen trotz

der feinen Unterteilung bei der Keramik noch in den Anfängen steckt. Bei der bedeutend längeren Zeitspanne, die das Neolithikum gegenüber dem Protoneolithikum aufweist, wären Erkenntnisse in diesem Bereich sehr notwendig. Langjährige Siedlungskontinuität, wie sie die relativ großen Siedlungen Argissa, Otzaki-Magula und Sesklo zeigen, sind nicht allgemein übertragbar. Selbst Sesklo ist zwischen dem Mittel- und dem Jungneolithikum lange Zeit unbesiedelt gewesen.

3. Schließlich dürfte es im Neolithikum zwei Bevölkerungsgruppen mit unterschiedlicher Wirtschaftsweise gegeben haben. Die eine war mehr Ackerbau betreibend orientiert, während die andere sich vorwiegend der Viehhaltung widmete[27]. Daraus resultieren semipermanente und permanente Siedlungen und die schwieriger nachweisbaren ephemeren, temporalen und annuell-temporalen Siedlungen. An der Zahl der nachgewiesenen Siedlungsplätze allein läßt sich die Bevölkerungsdichte in der Frühzeit Ostthessaliens noch nicht errechnen.

GRUNDMANN hat erkannt, daß die neolithischen Siedlungen im Norden der ostthessalischen Ebenen ziemlich verstreut liegen, im Süden eine dichte, von Nord nach Süd verlaufende Kette bilden, die sich einige Meter oberhalb der 60 m Isohypse befindet[28]. Unterhalb dieser Marke waren keine neolithischen Siedlungen zu beobachten. Daraus schloß GRUNDMANN folgerichtig, daß das Ufer des Viviis-See etwas oberhalb der 60 m Isohypse gelegen haben mußte. Die neolithischen Siedlungen lagen also dicht am Seeufer, so dicht, daß sie bereits bei geringerem Wasseranstieg über das normale Frühjahrshochwasser hinaus aufgegeben werden mußten. In Jediki belegt eine das Protoneolithikum und das Frühneolithikum trennende sterile Sandschicht ein Ansteigen des Seespiegels. An den Ufern des Nessonis wurden sechs Siedlungen festgestellt, die sich zeitlich einander abgelöst haben; ein weiteres Indiz für Seespiegelschwankungen und Uferlage der Siedlungen[29]. Wenn nach Zerstörungen Siedlungen immer wieder an den gleichen Stellen neu gegründet worden sind, so bedeutet das u.a. auch, daß die Dominanten, die die Platzwahl bestimmten, über lange Zeiträume hinweg gleich geblieben sind. Eine Ausnahme bildet die am Ende des Mittelneolithikums von Menschenhand zerstörte Siedlung Ses-

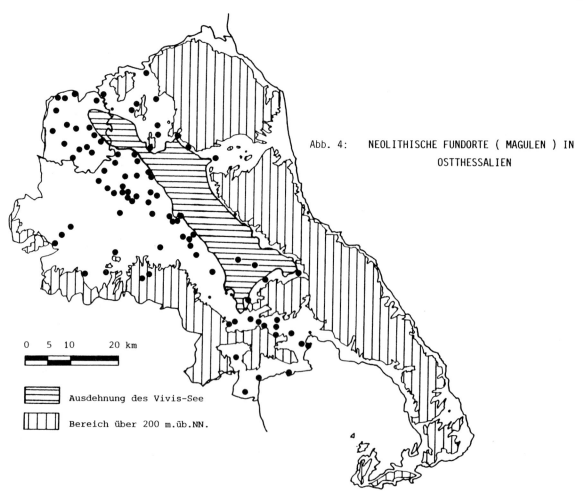

Abb. 4:   NEOLITHISCHE FUNDORTE (MAGULEN) IN
OSTTHESSALIEN

0 5 10   20 km

▭▭ Ausdehnung des Vivis-See

▥▥ Bereich über 200 m.üb.NN.

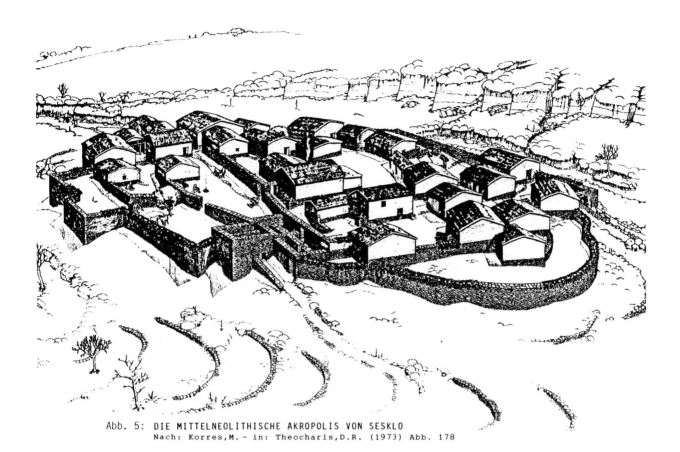

Abb. 5: DIE MITTELNEOLITHISCHE AKROPOLIS VON SESKLO
Nach: Korres,M. - in: Theocharis,D.R. (1973) Abb. 178

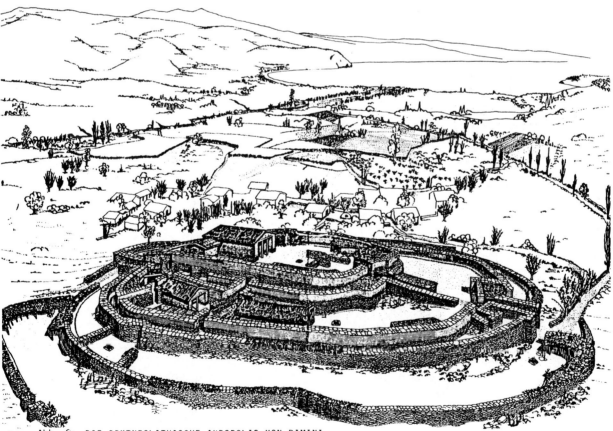

Abb. 6: DIE SPÄTNEOLITHISCHE AKROPOLIS VON DIMINI
Nach: Korres,M. - in: Theocharis,D.R. (1973) Abb. 187

klo. Dieser Siedlungsplatz blieb in der nachfolgenden Zeit lange unbesiedelt, während außerhalb der Hügelländer, bereits im damaligen Küstenbereich liegend, die Siedlung Dimini an einem vorher nicht bewohnten Platz gegründet wurde. Mit Bedauern muß abermals das Fehlen von Untersuchungen über die genaue Besiedlungszeit neolithischer Siedlungen in Ostthessalien festgestellt werden.

Kennzeichnender Siedlungstyp des ostthessalischen Neolithikums ist die Magula, ein Siedlungshügel, der sich durch Zerstörung seiner Lehmziegelhäuser und dem Neubau von Häusern auf den Trümmern allmählich erhöht hat. Einzelne solcher Siedlungshügel erreichten beträchtliche Ausmaße von 200 x 200 Metern, kleinere Siedlungen bestanden aus 20 bis 30 Häusern, in denen jeweils eine Familie mit fünf bis sechs Personen wohnte, so daß sich eine Siedlergruppe von 150 Köpfen pro Ort ergab. Siedlungen wie Sesklo und Dimini fallen während des Jungneolithikums aus diesem Rahmen heraus. Ausgrabungen zu Beginn der siebziger Jahre bescherten den Archäologen in Sesklo die Überraschung, daß es sich bei den bisher bekannten Resten nur um den ummauerten Siedlungskern handelte, um den sich weitere Häuser gruppierten. In dieser mauerbewährten Kernsiedlung mit umliegenden, von ihr abhängigen Siedlungsplätzen, ist möglicherweise eine Residenzstadt zu sehen[30], von der aus der südöstliche Teil Ostthessaliens beherrscht worden ist. Bei Sesklo kreuzten sich mehrere Verkehrswege und die exponierte Lage der Kernsiedlung ist vielleicht erst von Menschenhand geschaffen worden[31]. Über die Zahl der Bewohner von Sesklo gibt es nur Spekulationen; sicherlich waren es einige Hundert, die Zahl von 3000 scheint mir aber nicht beweisbar[32].

In den Siedlungen von Sesklo und Otzaki läßt die Bebauung deutlich einen ordnenden Plan erkennen. In Otzaki sind die Häuser in Reihen angeordnet, haben einen rechteckigen Grundriß und besitzen einen Mauerabstand von 20 bis 30 cm zwischen den Häusern. Fünfmal wurden Neubauten an gleicher Stelle wiedererrichtet. In dem Baubefund von Otzaki sieht Sinos das erste Mal eine eindeutige Trennung von Eigentum als gegeben an[33]. Die Insellage der mittelneolithischen Magula Hadsimissiotiki im Viviis-See ist neben der Zerstörung von Sesklo und anderen ostthessalischen Magulen ein Indiz für kriegerische Ereignisse seit dem Mittelneolithikum. Sesklo wurde erst nach geraumer Zeit während des Jungneolithikums wiederbesiedelt. Dabei zeigt der Bebauungsplan eine so enge Übereinstimmung mit der Siedlung bei Dimini,

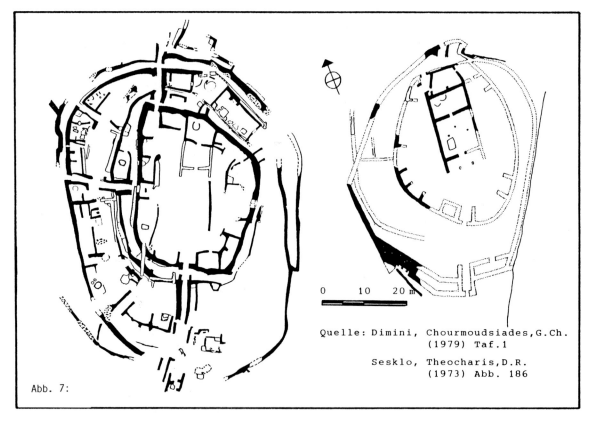

Abb. 7:

Quelle: Dimini, Chourmoudsiades,G.Ch. (1979) Taf.1

Sesklo, Theocharis,D.R. (1973) Abb. 186

DIE SPÄTNEOLITHISCHEN SIEDLUNGEN DIMINI (links) UND SESKLO (rechts) IM VERGLEICH

Chourmoudsiades hält die Erweiterung zum typischen Megaron in Dimini für frühbronzezeitlich.

daß hinter diesen jungsteinzeitlichen Anlagen ein bestimmtes Bauprinzip gesehen werden muß, in dem sozialökonomische Gegebenheiten ihren Ausdruck finden. Zentrum dieser beiden Siedlungen ist ein Megaronhaus gewesen, dessen offene Seite nach Süden gezeigt hat. Mehrere Mauerringe mit weiteren Häusern umgaben den Siedlungskern. Bei anderen jungneolithischen Siedlungen in den ostthessalischen Ebenen konnten Verteidigungsanlagen nachgewiesen werden, die aus Gräben, Erdwällen und Holzpalisaden bestanden. Das spricht für einen fortifikatorischen Charakter der Mauern von Dimini und Sesklo in einer kriegerischen Zeit. Das archäologische Fundgut gibt keine Hinweise auf massive Angriffe fremder ethnischer Gruppen, so daß diese unsichere Zeit auf soziale Veränderungen zurückzuführen ist, die sich innerhalb der ostthessalischen Gesamtbevölkerung vollzogen haben. Als vermutlicher Grund ist eine im Verlaufe des Neolithikums stärker werdende Konfrontation zwischen permanent seßhaften Ackerbauern (die jährlichen Überschwemmungen des Viviis-See sorgten bei den meisten Siedlungen für eine ausreichende Bodenerneuerung der Felder) und nur annuell-temporal ansässigen, wenn nicht gar nomadisierenden Hirten glaubhaft. Gegen Ende des Mittelneolithikums kann es zu ersten großen Auseinandersetzungen zwischen den Betreibern zweier unterschiedlicher Wirtschaftsformen gekommen sein. Hierfür scheint besonders die Aufgabe des Siedlungsplatzes von Sesklo zu sprechen, der in einem für die Viehhaltung günstigen Gebiet lag und an dessen Stelle an anderem Ort die Siedlung Dimini entstand. Es ist ein Trugschluß, jede archäologisch an einem Siedlungsplatz nachgewiesene Diskontinuität mit von außen eindringenden Fremdgruppen verbinden zu wollen.

Betrachten wir die Behausungen, so fallen gegenüber den protoneolithischen Wohngruben große Fortschritte auf. Es existieren mehrere Haustypen nebeneinander, woraus ein differenziertes sozialökonomisches Gefüge erschlossen werden muß. Die Grundrisse der Häuser sind quadratisch bis rechteckig, die Wände sind gerade aufragend und auf ihnen ruht dann das geneigte Dach. Neben den direkten Resten der Häuser sind eine Reihe von Hausmodellen aus Ton erhalten, die eine gute Vorstellung von den Haustypen geben, die nebeneinander existiert haben und nicht in eine chronologische Reihe gebracht werden können. Nach einfachen Reisighütten ist zunächst die Pfostenbauweise von Häusern zu erwähnen, die z.B. in Sesklo, Argissa und Otzaki nachgewiesen worden ist. Weit auseinanderstehende Pfosten bildeten das Grundgerüst der Häuser, bei einem quadratischen Grundriß. Zusätzlich konnte eine Mittelreihe von Pfosten errichtet werden. Zwi-

schen den Außenpfosten wurde ein Flechtwerk aus behauenen Holzstangen, Ästen und Schilf angebracht, welches dann von beiden Seiten mit Lehm bestrichen wurde. In Sesklo ist eine größere Anzahl solcher Lehmstücke gefunden worden, auf denen sich das Flechtwerk im Abdruck zeigt[34]. Das Dach dieser Häuser war geneigt. Unter dem gestampften Hüttenboden diente eine Schicht aus Laub und Ästen als Isolierschicht. Die Tonmodelle aus dieser Zeit zeigen Häuser mit Fenstern und teilweise bemalten Wänden. Das Pfostenbauhaus war ein Einraumhaus, gearbeitet wurde im Freien, Vorräte verwahrte man in gesonderten Räumen oder Gruben, Mahlzeiten wurden auf runden Tonherden zubereitet[35]. Neben dieser Pfostenbauweise gab es Häuser mit Steinfundamenten, auf denen die Wände aus luftgetrockneten Lehmziegeln errichtet wurden. Diese Häuser konnten an den Fronten Anten aufweisen und ebenfalls im umbauten Raum Pfeiler besitzen. Eine Weiterentwicklung des quadratischen Hauses ist das Megaronhaus. Am Beispiel von Dimini wird deutlich, daß dieser Haustyp durch die additive Anordnung funktional verschiedener,

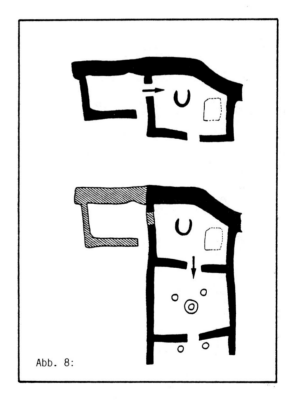

Abb. 8:

DIE ENTWICKLUNG DES MEGARONS VON DIMINI

Nach: Chourmoudsiades,G.Ch. (1979) Abb.6

quadratischer Räume in einer Reihe entstanden ist. Koch-, Arbeits-, Wohn- und Lagerbereich sind getrennt, ohne daß die Einheit des Hauses gestört wird. In Sesklo wurden bei dem Megaron ca. 60 cm hohe Orthostatensockel nachgewiesen, auf denen die Wände aus luftgetrockneten Lehmziegeln errichtet worden sind. Das gesamte Gebäude wurde von einer hölzernen Satteldachkonstruktion überdeckt, die über dem Herd eine Öffnung frei ließ[36]. Die Existenz von Holzsäulen gilt als sicher, Fachwerk läßt sich nicht belegen. In dem neolithisch-thessalischen Megaronhaus ist das bronzezeitliche Megaronhaus bereits voll vorgebildet.

Neben der Unterscheidung von Megaronhaus und einfachem Wohnhaus mit quadratischem Grundriß lassen die neolithischen Haustypen keine weitere Differenzierung zu. Es kann wohl als sicher gelten, daß das Megaronhaus mit einer zentralen politischen Macht in Verbindung gebracht werden muß. Das Fehlen eines ackerbaulich genutzten Landstriches bei der Magula Hadsimissiotiki läßt auf einen organisierten Waren-

Bei der Tierhaltung ist vom Früh- zum Spätneolithikum eine Verlagerung der Fleischgewinnung zu Gunsten des Hausschweins und des Rindes zu beobachten. Die Jagd auf Wildtiere hingegen - verläßt man sich auf die Auswertung der Knochenfunde in den Siedlungen[38] - ging weiter zurück. Gewöhnlich ist die Tatsache der Schweinehaltung und ihr Ausmaß zu kombinieren mit dem Grad der Mobilität bzw. Seßhaftigkeit der Halter. BÖKÖNYI meint die Zunahme der Schweinepopulation zum Spätneolithikum aber mit einem humider werdenden Klima in Verbindung bringen zu müssen. Diesem habe sich das Schwein besser anpassen können, als Schaf und Ziege[39]. Funde aus dem wirtschaftlichen Bereich bestätigen die bei der Betrachtung der Behausungen gewonnenen Einsichten auf das Beste.

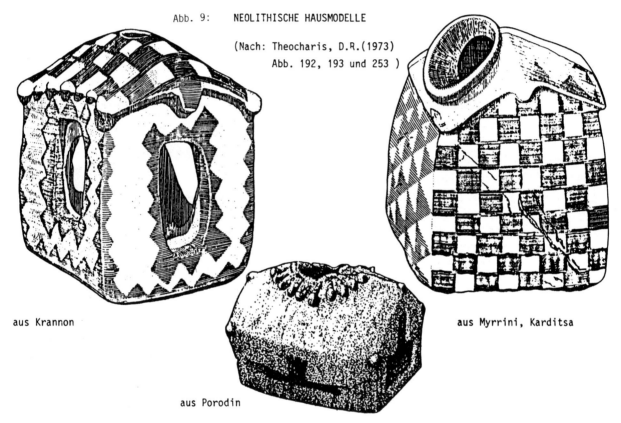

Abb. 9:   NEOLITHISCHE HAUSMODELLE

(Nach: Theocharis, D.R.(1973)
Abb. 192, 193 und 253)

aus Krannon

aus Myrrini, Karditsa

aus Porodin

austausch schließen, wenn man nicht annehmen will, daß die Bewohner nur vom Fischfang gelebt haben. Wenn das jungneolithische Megaron der Sufli-Magula auf einem Podest steht, mit einem Graben umgeben und über eine Rampe zugänglich gewesen ist, so ist dieser Befund nicht als Verstärkung einer Zentralgewalt zu deuten. Das Fehlen waagerechter, durchgehender Bauhorizonte auch auf den anderen Magulen spricht für eine Interpretation als Baumaßnahme aus klimatischen Gründen. Die Häuser auf Podesten weisen eine regnerischere und feuchtere Zeit aus, als es das Früh- und Mittelneolithikum gewesen sind[37].

3. VOM ERSTEN GEBRAUCH DES METALLES BIS ZUR KULTURSTUFE DER MYKENER (BRONZEZEIT)

Für die Bronzezeit Ostthessaliens ergaben sich lange Zeit ähnliche Schwierigkeiten einer Unterteilung wie für die Steinzeit. Chronologische Gleichsetzungen mit anderen Landschaftsräumen in Griechenland stießen auf die Schwierigkeit, daß die Kulturstufen in den einzelnen Bereichen von unterschiedlicher Zeitdauer gewesen sind. Zunächst ist der Süden Griechenlands in der Entwicklung voraus gewesen, wurde aber bald eingeholt und mit einer Katastrophe endete die Frühbronzezeit um 1975 v.Chr. in Ostthessalien früher als in Mittelgriechenland. Es folgte die gänzlich anders geartete Kulturstufe der mittleren Bronzezeit.

Die bei den Archäologen beliebte Dreiergliederung findet sich auch in dieser Ära wieder bei der Einteilung in Frühbronzezeit (FTh), Mittel- (MTh) und Spätbronzezeit (SH), die hier für eine Unterteilung ausreichen mag. Für die Zeit des Überganges von der Steinzeit zur Bronzezeit finden sich in der Literatur die Benennungen Chalkolithikum und Rachmani, wobei unter Rachmani eine Kulturstufe verstanden wird, deren Keramik an die Dimini-Zeit anschließt und die bis weit nach 2400 v.Chr. in die Frühbronzezeit hinein gebräuchlich gewesen ist, wie Grabungsergebnisse aus Argissa und Pefkakia gezeigt haben[40]. Von dem Ende der Dimini-Zeit bis ca. 2000 v.Chr., als der Höhepunkt der Frühbronzezeit überschritten war, ist eine kontinuierliche Entwicklung festzustellen.

Bereits während der Rachmani-Stufe haben die Küstenorte in Ostthessalien eine Bedeutungsaufwertung erfahren. Sie zeigten sich offen gegenüber fremden Einflüssen, während weiter landeinwärts gelegene Orte an Einfluß verloren, handwerkliche Traditionen bewahrten und selten Versuche im Bereich der technischen Erneuerungen übernommen haben. Wichtigster Küstenort wurde Pefkakia, das Dimini ablöste und in dem Keramiken aus dem rumänischen, makedonischen und mittelgriechischen Raum, aus Knossos und Troja gefunden worden sind[41], die gesamtägäische Beziehungen belegen. Bald gesellte sich am gegenüberliegenden Ufer des Pagasitischen Golfes der Siedlungsplatz Jolkos hinzu, ohne daß die zwischenörtlichen Beziehungen bekannt sind. Landeinwärts gelegene Siedlungen schützten sich durch Gräben und Wälle, während Pefkakia eine 1,5 m breite und mindestens 2,5 m hohe Umfassungsmauer besaß[42]. Mit Theotoku in der Nähe von Kap Sepias haben wir das erste Mal einen Fundplatz, der außerhalb der ostthessalischen Ebenen und des nördlichen Küstensaumes des Pagasitischen Golfes liegt.

Mit dem Ausklingen der Rachmani-Kulturstufe werden viele Siedlungsstellen entlang des ostthessalischen Sees aufgegeben. Die Blüte der Frühbronzezeit scheint zwischen 2150 und 2050 v.Chr. gelegen zu haben, verbunden mit einer größeren Siedlungsdichte. Innerhalb des ostthessalischen Landschaftsraumes kam es dabei zu einer Trennung. Argissa am Penios war mehr nach Norden orientiert, die Orte am Golf nach Süden[43].

Bei den Behausungen sind einige Änderungen festzustellen. So wurde das Apsidenhaus sehr beliebt, das durch gute Funde in Rachmani, Argissa, Chasambali bei Larisa und Pefkakia bekannt ist[44]. Apsidenhäuser bestanden aus einem rechteckigen Hauptraum, von dem der Apsidenraum durch eine Mauer abgetrennt gewesen ist. Die Häuser konnten gepflasterte Vorhöfe besitzen und Anbauten, die Ähnlichkeit mit den heute noch in Griechenland zu beobachtenden Sommerküchen hatten. Herde konnten sich in diesen Anbauten, im Zentrum der Häuser oder an einer der Seitenwände befinden. Vorratsbehälter waren nun in den Häusern[45]. Die bisweilen entdeckten Plattformen innerhalb der Häuser dienten als Sitz- oder Liegeflächen, der Boden bestand aus gestampftem Lehm. Die bei vielen neolithischen Häusern zu beobachtenden Mauerzungen im Innenraum sind nicht mehr zu finden. Die lange Zeit als rein frühbronzezeitlich angesehenen Steinmauern im Fischgrätenmuster sind in Pefkakia auch noch bei mittelbronzezeitlichen Bauten beobachtet worden[46]. Unterschiede in der Bauausführung waren weniger ein Zeichen technischen Fortschrittes, als vielmehr eines von Armut und Reichtum.

Weinanbau und die Pflege von Olivenbäumen, die sich während der Frühbronzezeit in Südgriechenland verbreitet haben[47], konnten sich in Ostthessalien nicht durchsetzen, das weiterhin ein Getreideland geblieben ist. Bei der Fleischversorgung vollzog sich ein erstaunlicher Wandel. Die Auswertung der Knochenfunde in Pefkakia hat ergeben, daß 30 % des Fleischbedarfes durch den Rothirsch gedeckt wurde. Das war mehr, als Schaf-, Ziegen- und Schweinefleisch zusammen. JORDAN warnt davor, hieraus auf eine Änderung der Umweltbedingungen zu schließen, die eine Hirschpopulation begünstigt hätte. Vielmehr sieht er kulturhistorische Ursachen und denkt an eine Gatterhaltung der Hirsche[48], was einem Domestikationsversuch gleichzusetzen wäre. Die Schafe waren plötzlich größer als in früheren Zeiten und lebten länger. Das deutet auf eine neue Rasse, die Wollschafe hin, bei denen die Nutzung als Fleischlieferant in den Hintergrund trat. Während der Rachmani-Stufe überwogen beim Rindvieh die Kühe, für das in späterer Zeit ein Verhältnis der Geschlechter von 1:1 festgestellt worden ist[49], so daß an eine Nutzung des Rindes als Arbeitstier bereits während der Bronzezeit zu denken ist. Der Ihunfisch konnte in solchen Mengen nachgewiesen werden, daß angenommen werden muß, daß die Bewohner von Pefkakia die Wanderungen des Tieres zu saisonmäßigen Massenfängen genutzt haben. Das vermehrte Auftreten von Schnecken, Muscheln und Fischen auf dem Speisezettel des Menschen während der Rachmani-Stufe kann eigentlich nur dahingehend interpretiert werden, daß

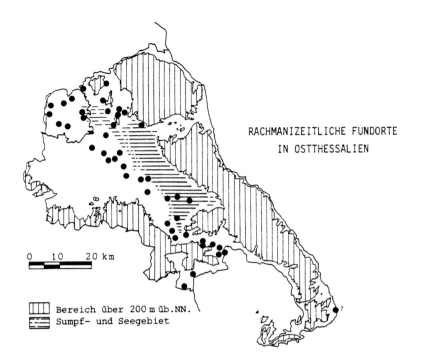

RACHMANIZEITLICHE FUNDORTE
IN OSTTHESSALIEN

0 10 20 km

Bereich über 200 m üb.NN.
Sumpf- und Seegebiet

Quelle für beide Karten:
Hanschmann,E. - Milojcic,V. (1976)3.1,
Abb. 2 und 6

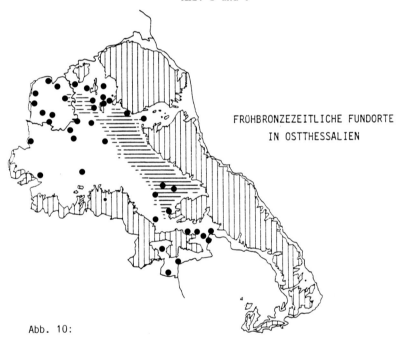

FRÜHBRONZEZEITLICHE FUNDORTE
IN OSTTHESSALIEN

Abb. 10:

die in der Jungsteinzeit eingesetzte niederschlagsreiche Zeit bis in die erste Hälfte des 3. Jahrtau-
send v.Chr. angedauert hat. Danach muß es zu einem
arideren Klima gekommen sein. Die ersten frühbronzezeitlichen Siedlungsschichten von Jolkos liegen heute im Grundwasserbereich. In Pefkakia reicht der
frühbronzezeitliche Siedlungshorizont bis unmittelbar an das Meer.

Siedlungshorizonte der mittleren Bronzezeit sind in
Ostthessalien von den frühbronzezeitlichen durch eine Brandschicht getrennt. In Argissa ist diese 20 cm

stark und die erste mittelbronzezeitliche Schicht
liegt auf einer weiteren 20 cm starken "aufgeschwemm-
ten oder angewehten Schicht ohne Strukturen"[50]. Der
mittleren Bronzezeit konnten in Argissa sieben Bauphasen zugeordnet werden, in Pefkakia fünf und in
Jolkos vier bis fünf. In allen Lebensbereichen ist
die mittelbronzezeitliche Kultur eine andere gewesen,
als die frühbronzezeitliche; nur das bäuerliche Mi-
lieu ist geblieben. "Im ganzen gesehen macht die mittelbronzezeitliche Kultur Thessaliens, die in ihren
Äußerungen eine nahe Verwandtschaft zum mittelhella-
dischen Böotien erkennen läßt (Eutresis) dann eine

langsame, kontinuierliche Entwicklung durch, ist bäuerlich und etwas starr und fremden Einflüssen und Neuerungen gegenüber noch weit weniger zugänglich, als die auch nicht reformfreudige frühbronzezeitliche Kultur es gewesen war"[51].

In Argissa bestand die erste Bauphase dieser Zeit aus ärmlichen Lehmhütten und die Gebrauchskeramik war primitiver als zuvor. Im Verein mit der beobachteten Siedlungsleere in Argissa zu Beginn der mittleren Bronzezeit ist ein Hirtenvolk als Kulturträger anzunehmen. In der zweiten Bauphase sind in Argissa recht große Häuser von acht Meter Länge zu beobachten und schon in der dritten Bauphase zeigt sich Argissa als dicht bebautes Dorf mit geräumigen Häusern, aber engen Gassen. Die vierte Bauphase zeichnet sich durch Ost-West ausgerichtete Rechteckhäuser aus, die in geordneter Reihung errichtet worden sind. Diese vierte Phase endet mit einer Feuersbrunst und ehe die nächsten Häuser errichtet worden sind, planierte man die Siedlungsfläche. Da ab der fünften Bauphase echte mynische Keramik auftaucht, wohl aus Böotien importiert[52], entstehen Zweifel an einer natürlichen Ursache des Brandes in Argissa. Im Gegensatz zu der Zerstörung von Sesklo gegen Ende des Mittelneolithikums muß diese Zerstörung fremden Gruppen zugewiesen werden. In Pefkakia sind die Häuserwände der mittleren Bronzezeit bis zu 1,5 m hoch erhalten. Auffallend ist der Reichtum an mynischen mattbemalten Gefäßen, charakteristisch sind große Pithoi, die als Vorratsgefäße gedient haben. In Ostthessalien ist während der mittleren Bronzezeit eine handgemachte, sogenannte lokal mynische Keramik von der echten, auf der Scheibe getöpferten Ware zu unterscheiden. Eine Auswertung der Fundstatistiken der ausgegrabenen Orte legt nahe, in der lokal mynischen Keramik küstenthessalische Erzeugnisse zu sehen, die in Pefkakia und Jolkos gefertigt worden sind, um auch in das Landesinnere exportiert zu werden[53]. Zu Beginn der mittleren Bronzezeit wurden die Siedlungen am Penios zerstört, wovon sie sich nur sehr langsam wieder erholten. Sie sind anscheinend nicht mehr in der Lage gewesen, ihre frühere, nach Norden orientierte Richtung beizubehalten und gerieten in Abhängigkeit von dem Siedlungszentrum Pefkakia/Jolkos am Nordende des Pagasitischen Golfes. Während der mittleren Bronzezeit gilt für den gesamten Landschaftsraum Ostthessalien eine kulturelle Orientierung nach dem Süden. Die Menge der importierten Keramik läßt enge Beziehungen zwischen dem Pagasitischen Golf und Böotien und Euböa vermuten, die auch die Genealogie des mynischen Sagenkreises belegt. Vielleicht fungierten Südostthessalier als Zwischenhändler, lief doch die sagenumwobene Argo von Jolkos aus.

Die Spätbronzezeit erlebte auf dem griechischen Festland eine hohe Blüte. Diese Kulturstufe ist benannt worden nach der Siedlung Mykene in der Argolis. Bei den Archäologen sind die Fragen nach den Anfängen der mykenischen Kultur in Griechenland lange umstritten gewesen. Dabei waren nicht die Datierungen Hauptstreitpunkte, sondern Fragen nach den ethnischen Trägern und nach der Art, wie diese Kultur ihren Anfang nehmen konnte. Zwischen Siedlungshorizonten der mittleren Bronzezeit und denen der mykenischen Kultur konnten weder Brandspuren, noch ein Bruch in der Kulturentwicklung festgestellt werden. Das stellte die Forscher vor anscheinend unlösbare Probleme, galten die Adelskrieger der Spätbronzezeit doch als die ersten Griechen in diesem Lande, eine Vorstellung, von der man sich nicht lösen konnte. Heute zeigt sich folgender Forschungsstand: Von 1950 bis ca. 1300 v.Chr. haben keine bedeutenden Wanderungen und Stammesverschiebungen in Griechenland stattgefunden. Ethnische Träger der mykenischen Kultur sind bereits um 2000 v.Chr. von Norden vordringende indogermanische Volksgruppen gewesen, die den Bruch zwischen der Frühbronzezeit und mittleren Bronzezeit bewirkt haben. Kurz vor 1600 v.Chr. drangen ein paar gut organisierte Gruppen von Berufskriegern nach Griechenland ein. Ihre Waffen und Panzerung, ihre Streitwagen und Pferde machten sie den Einheimischen überlegen. Die Kriegergruppen konnten sich festsetzen und nach ein oder zwei Generationen waren mächtige Dynastien entstanden. Der Kontinuität der Kulturentwicklung kam zu Gute, daß die Krieger offenbar der gleichen ethnischen Wurzel entstammten, wie die bereits ansässige Landbevölkerung[54].

Ostthessalien ist die nördlichste Provinz des mykenischen Kulturbereiches gewesen und es zeigen sich einige Besonderheiten. Wahrscheinlich nahmen nur Pefkakia und Jolkos von Anfang an an der mykenischen Kultur teil, wobei Jolkos die bedeutendere Siedlung gewesen ist. Besonders gut geben die für die mykenische Kultur typischen Tholosgräber Aufschluß über eine mögliche Herrschaftsstruktur. Tholosgräber sind bienenkorbähnliche Rundgräber, die in Hänge hinein gebaut worden sind und durch einen sogenannten "Dromos", einen Weg, dessen aufgemauerte Seiten ein Nachrutschen der Erdmassen verhindern sollten, zugänglich gewesen sind. Tholosgräber sind eng mit der Bedeutung der Siedlung zu verbinden, da in ihnen das Herrschergeschlecht der jeweilig zugehörigen Siedlung bestattet wurde, sie also Mehrfachbestattungen aufweisen. In Ostthessalien sind bisher sieben Tholosgräber entdeckt worden, die eindeutig mykenische Grabbeigaben enthielten oder die aus anderen Gründen

58

der mykenischen Kulturstufe zuzuordnen sind. Das Tholosgrab bei Kapakli - nördlich von Jolkos - ist das älteste dieser Gräber, das abgelöst worden ist von den beiden Gräbern bei Dimini. Das Grab bei Sesklo ist nicht genauer datierbar. Dieser Befund könnte darauf hindeuten, daß bis ca. 1400 v.Chr. nur eine mykenische Herrscherdynastie am Golf bestanden hat, während es in der Zeit danach zwei Herrscherhäuser gegeben haben könnte[55]. Die kleineren Tholosgräber im Norden Ostthessaliens (Marmariane, Rachmani und Spelia) bestanden gleichzeitig mit den beiden Gräbern in Dimini.

Das Grab bei Spelia - hoch am Ossawesthang gelegen - deutet auf eine Hirtenbevölkerung, die ihre Herden zumindest in den Sommermonaten auf Hochweiden gehalten hat. Von Knossos auf Kreta und Pylos in Messenien ist durch Schriftfunde die große Bedeutung der Schafhaltung zur Wollproduktion bekannt geworden[56]. Wahrscheinlich hatte dieser Wirtschaftszweig in Ostthessalien gleichgroße Bedeutung, wurde doch von der Besatzung der Argo unter Führung des Jason das "goldene Vlies", ein Widderfell, nach Griechenland geholt, ein Mythos, der im Kern die Einführung

des Wollschafes beinhalten dürfte. Die Vegetationskundler konnten für 3250 B.P. einen einschneidenden Vegetationswechsel nachweisen, für den es keine klimatischen Erklärungen gibt. Verursacher muß der Mensch gewesen sein[57], dem für die Haltung großer Schafherden Graslandschaften nützlicher waren, als Strauch- und Baumvegetation. Vier Fünftel der Schafe wurden in mykenischer Zeit älter als zwei Jahre[58], was für eine Haltung der Tiere als Wolllieferanten spricht. Durch das Grab bei Spelia belegt, ist bereits für die Spätbronzezeit mit der Wirtschaftsform der Trancehumance zu rechnen.

Mykenische Häuser haben sich nicht allzusehr von der mittleren Bronzezeit unterschieden[59]. Sie hatten Steinfundamente, Grundrisse konnten oval, apsidial oder rechteckig sein, Wände konnten aus Lehmziegeln oder Steinen bestehen, die verputzt oder bemalt waren. Fenster-, Türrahmen und Türschwellen waren aus Holz. Ob auch in Ostthessalien die Häuser mehrstökkig sein konnten, ist nicht gesichert. Nur in Jolkos konnte als einzigem Ort in Ostthessalien ein Palast nachgewiesen werden, der drei Bauphasen mykenischer Kultur aufwies, von denen die letzte um 1200 v.Chr.

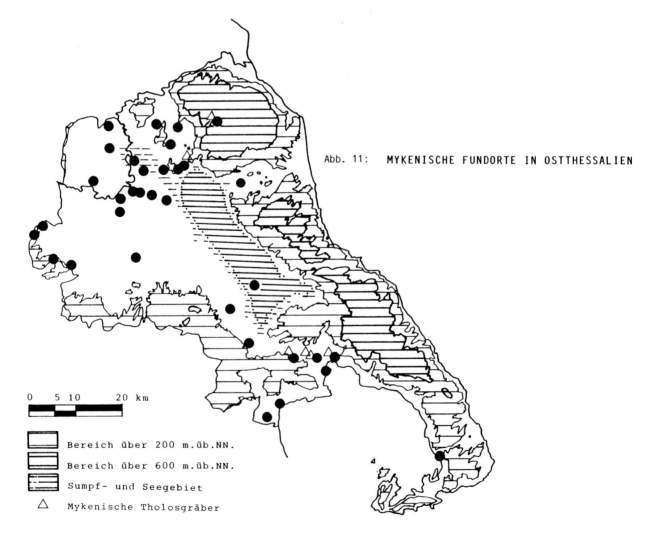

Abb. 11: MYKENISCHE FUNDORTE IN OSTTHESSALIEN

0 5 10 20 km

Bereich über 200 m.üb.NN.
Bereich über 600 m.üb.NN.
Sumpf- und Seegebiet
△ Mykenische Tholosgräber

durch Brand zerstört worden ist, wobei nur ein kleiner Teil der Siedlung das gleiche Schicksal erlitten hat[60]. Ähnliches hat man in Mykene festgestellt[61] und etwa zur gleichen Zeit gingen die Paläste von Tiryns und Pylos auf der Peloponnes in Flammen auf. Ließe die Beschränkung der Zerstörung auf den Palast von Jolkos und die in anderen ostthessalischen Orten zu beobachtende Kontinuität rein landschaftsimmanent auf soziale Unruhen schließen, so deuten die kongruenten Ereignisse im gesamten mykenischen Kulturbereich eher auf Fremdeinflüsse, die archäologisch auch belegt werden konnten.

Jolkos entspricht mit seiner meeroffenen Beckenlage zwischen Küste und fruchtbarem Hinterland in Ostthessalien am ehesten dem von KIRSTEN erarbeiteten Typ einer mykenischen Siedlung[62]. Allerdings liegt Jolkos niedriger, als man es von einer in Akropolislage liegenden mykenischen Burg erwarten dürfte. Generell ist zu beobachten, daß sich die Siedlungen dieser Zeit in Ostthessalien am Nordufer des Pagasitischen Golfes und im Norden der ostthessalischen Ebenen konzentrieren. Bei fast allen Fundstellen ist eine durch die Morphologie gegebene leichte Abgeschlossenheit der Siedlungen und ihres Umfeldes zu beobachten. Möglicherweise ist mit der andersartigen Landschaftsmorphologie Ostthessaliens auch die Erklärung für das langsamere Eindringen der mykenischen Kultur und deren geringe Präsenz in dieser Landschaft gegeben[63]. Die Siedlungsgebiete des Neolithikums entlang des ostthessalischen Sees sind zu dieser Zeit weiterhin auffallend vernachlässigt worden. Dieses kann nur als ein Hinweis auf einen Bedeutungswandel in der Wirtschaft verstanden werden. Nördlich der Schwelle von Volos bildeten in der mittleren und der späten Bronzezeit Formen der Viehwirtschaft den Haupterwerbszweig, während am Pagasitischen Golf Keramikproduzenten und Händler in den Siedlungen Pefkakia und Jolkos anzutreffen waren.

4. VOM "DUNKLEN ZEITALTER" BIS ZUR EROBERUNG DURCH DIE RÖMER

Der mykenischen Kultur folgte das dunkle Zeitalter, eine Zeit der Wanderungen, als deren Verursacher man die von Nordwesten vordringenden Dorer ansieht, nach denen diese Bewegung auch benannt worden ist. Eigentliche Initiatoren aber waren noch weiter von Norden kommende Hirtenvölker, die nach Südalbanien, Makedonien und Nordwestgriechenland eindrangen, was zur Folge hatte, daß die dort ansässigen Thessaler und Dorer nach Mittel- und Ostthessalien, bzw. nach

Mittelgriechenland und auf die Peloponnes auswichen. Die Dorer sind im Innern Thessaliens, auf Euböa und in Mittelgriechenland niemals seßhaft geworden[64].

Trotz des Erscheinens neuer Menschengruppen ist in Ostthessalien kein Bruch in der Kultur festzustellen. Der Palast von Jolkos wurde zwar zerstört, die Siedlung aber bestand weiter. Von der am Korinthischen Golf entwickelten spätesten mykenischen Keramik (Späthelladisch III C) sind in Jolkos kaum Nachweise zu finden. Vielmehr dominiert frühere Keramik (Späthelladisch III B) und bleibt längere Zeit in Gebrauch, weist schließlich bereits neue Merkmale der protogeometrischen Zeit auf. So folgt in Jolkos ein protogeometrischer Siedlungshorizont direkt dem späten mykenischen Palast[65]. Diese Beobachtungen schließen eine Einwanderung großer Bevölkerungsteile innerhalb kurzer Zeit aus. Vielmehr ist von einem langsamen Einsickern auszugehen und dieses kann am ehesten mit seminomadisierenden Hirtengruppen in Verbindung gebracht werden, von denen auch die geometrischen Muster in der Keramik übernommen wurden[66], nachdem Innovationen aus dem Süden ausgeblieben waren. Die Existenz kleiner Tholosgräber in mykenischer Tradition erhält nun eine große Bedeutung. Die Gräber liegen - zumeist in Gräberverbänden - bei Spelia, Marmariane, Lestiane bei Kerasea, Sesklo, zwischen Sesklo und Dimini, bei Pau auf der Halbinsel Magnesia, zwischen Meleae und Tsangarada, also in hügeligem und gebirgigem Gelände. Es handelt sich dabei mit hoher Wahrscheinlichkeit um Gräber, in denen seminomadisierende Hirten im Winter verstorbene Anführer bestattet haben[67].

Wenn sich aus den archäologischen Befunden kein gewaltsames Vorgehen der Neuankömmlinge ablesen läßt, so ist dennoch in den ersten Jahrhunderten nachmykenischer Zeit Ostthessalien von der sogenannten Äolischen Wanderung erfaßt worden, während der Bevölkerungsteile aus Griechenland nach Kleinasien ausgewandert sind. Diese Wanderungen sind durch Gründungssagen überliefert, aber nicht genauer rekonstruierbar, da die Sagen propagandistisch gefärbt sind. Über die Organisation der Auswanderung, die auf dem Seewege erfolgt sein muß, wissen wir ebensowenig. In protogeometrischer Zeit hat es neben Jolkos noch eine weitere gesicherte Station für Seefahrer gegeben: Theotoku, nördlich von Kap Sepias an der Ostküste. Inhalte der hier freigelegten Gräber bezeugen weitreichende Beziehungen von Makedonien bis Attika[68]. Vielleicht ist Theotoku aber auch nur ein Piratennest gewesen.

Siedlungs- und Behausungsreste haben sich in geringer

PROTOGEOMETRISCHE FUNDORTE
IN OSTTHESSALIEN

● sichere Fundorte
○ weniger eindeutige
  Fundorte

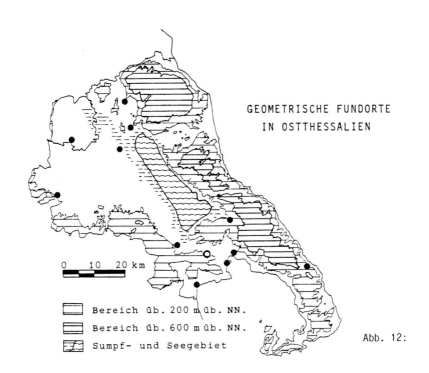

GEOMETRISCHE FUNDORTE
IN OSTTHESSALIEN

0 10 20 km

▭ Bereich üb. 200 m üb. NN.

▭ Bereich üb. 600 m üb. NN.

▱ Sumpf- und Seegebiet

Abb. 12:

Zahl erhalten. Jolkos ist nach heutigem Forschungsstand als die wichtigste Siedlung anzusehen, mit höchst-
wahrscheinlich vier protogeometrischen Siedlungshorizonten[69]. Dabei läßt sich ein Langhaus erkennen, dessen
Fundamente und Unterbau aus kleinsteinigem Bruchstein-
mauerwerk bestehen, während der Oberbau aus Lehmziegeln bestand. Der ältere Bau - mehrfach erneuert -
besaß gekurfte Mauerzüge, spätere Bauten waren rechteckig. Jolkos zeigt uns einen für Griechenland in
protogeometrischer und geometrischer Zeit typischen
Befund. Die Grundrisse können apsidiale, ovale oder
rechteckige Formen haben. Die Bautechnik steht auf ei-

nem niedrigen Niveau. Neben den Lehmziegelhäusern
scheint es viele Reisighäuser und Häuser mit einem großen Anteil an Holz als Baumaterial gegeben zu haben.
Die Dächer waren z.T. spitz zulaufend und wohl mit
Stroh oder Schilf bedeckt, Türen konnten an der Schmal-
oder Langseite vorkommen, Fenster sind nicht gesichert. Bedeutende Kultstätten hat es auf dem Pelion-
gipfel, in Pherai und im Dotion Pedion westlich der
Ossa gegeben[70]. Über die religiösen Vorstellungen
ist dennoch nichts bekannt. Die über einen längeren
Zeitraum hinweg belegten Gräberfelder und die geringe Zahl nachgewiesener Wohnplätze deuten auf ein Vor-

herrschen der Viehwirtschaft, die in Form der Trancehumance anzutreffen gewesen ist. Schließlich ist literarisch ein Hinweis überliefert, der auf eine Unterteilung in Bevölkerungsgruppen mit Großviehherden und anderen mit Kleinviehherden deutet. So sind als Bewohner der Siedlung Atrax sowohl Perrhaibier, als auch die Thessaler überliefert[71]. Nimmt man an, daß dem Vordringen der Thessaler nach Osten durch die Ebenen im Gebirge eine Ausbreitung der Perrhaibier parallel lief oder voranging, so ließen sich etliche Widersprüche in den topographischen Angaben der Überlieferung eleminieren. Der Siedlungsplatz Atrax ist für beide Völker interessant gewesen. Für die Perrhaibier, die im Gebirge und am Gebirgsfuß vorrückten und für die Thessaler, die durch den Peniosdurchbruch bei Atrax eine Einfallspforte in die ostthessalischen Ebenen besaßen. Die Perrhaibier blieben auf Gebiete nördlich des Penios[72] und des Xerjas beschränkt, während die Thessaler im Norden der Ebenen Fuß fassen konnten und von dort ihre Herrschaft ausdehnten. Im Laufe der Zeit machten sie den Magnesiern die Dotische Ebene am Fuße der Ossa streitig. Damit bewohnten die Thessaler die Gebiete, die sich vor allem für eine Großviehwirtschaft eigneten, während die von Magnesiern und Perrhaibiern bewohnten Berge vor allem für eine Haltung von Schafen und Ziegen geeignet gewesen sind. Bei einem Hirtenwesen mit Großviehherden konnte es eher zur Herausbildung neuer fester Siedlungsplätze und zu einer patriarchisch-feudalen Sozialstruktur kommen. So wies zum Ende des 7. Jahrhunderts v.Chr. die Gesellschaft der Thessaler aristokratische, pferdezüchtende Großgrundbesitzer auf und die Penesten, bei denen es sich zum größten Teil um die unterworfenen Vorbewohner handeln dürfte. Im Verlaufe des 6. Jh. v.Chr. sind Wanderungen in den Ebenen weitgehend zum Stillstand gekommen. In Thessalien existierte eine feste politische Einteilung in Tetrarchien, die von West nach Ost die Namen Hestiaiotis, Thessaliotis, Pelasgiotis (ostthessalische Ebenen und Hügelländer) und Phthia trugen. Die Bewohner im Norden - Perrhaibier -, Osten - Magnesier - und Süden - Achaier - waren als Periöken (= Umwohner) zur Heeresfolge verpflichtet. Durch philologische Forschungen wird bestätigt, daß im Ostthessalien des 6. Jh. v.Chr. landschaftliche, politische, ethnische und in gewissen Sinne auch wirtschaftliche Grenzen übereingestimmt haben[73].

Zu Beginn des 6. Jahrhunderts herrschten drei Familien in Thessalien: In der Pelasgiotis die Aleuaden von Larisa, in der Phthiotis die Echekratiden von Farsalos und die Skopaden, die von Krannon aus die Thessaliotis in ihren Besitz nahmen. Die zu-

letzt erwähnte Einteilung in Tetrarchien scheint für die Herrschaftsbereiche dieser drei Familien, die untereinander verschwägert gewesen sind, keine Bedeutung gespielt zu haben. Die Skopaden besaßen schließlich sogar einen Palast in Farsalos, in dem sie um 500 v.Chr. starben, als die Decke einstürzte. Nach dem Tode der Skopaden waren die Großgrundbesitzer von Larisa und Farsalos die alleinigen Herrscher, die im 5. Jahrhundert die thessalische Geschichte entscheidend bestimmten. Die Grenzen ihrer jeweiligen Einflußspäre sind nicht bekannt und werden sicher Verschiebungen erfahren haben. Interessant ist, daß zwei Beckenlandschaften - die westthessalischen Ebenen und die ostthessalischen Ebenen - auch nur zwei Herrscherfamilien Platz boten. Schließlich ist noch ein gesamtthessalischer Tagos bekannt, vergleichbar einem obersten Heerführer, dessen Position aber die Stellung der freien Bauern - die es gegeben hat! - gegenüber den herrschenden Familien nicht stärkte, da letztere dieses Amt unter sich ausgemacht haben. Die ostthessalischen Aristokraten müssen gute Beziehungen zu dem Geschlecht der Peisistratiden besessen haben, die damals in Athen herrschten. Als die Peisistratiden schließlich aus Athen vertrieben wurden, boten die Thessaler einem von ihnen, dem Hippias, die Siedlung Jolkos als Geschenk an[74].

Vom 7. bis zum 5. Jh. v.Chr. wird in Ostthessalien zum ersten Male seit dem Neolithikum wieder ein bedeutender Ackerbau greifbar. In dieser Zeit wurden die Voraussetzungen geschaffen, die in der Folgezeit Ostthessalien zum wichtigsten Getreide exportierenden Landschaftsraum auf der Balkanhalbinsel werden ließen. Wie das übrige Thessalien war auch die Pelasgiotis eingeteilt in Kleroi (= Landlose), von denen die führenden Familien mehrere besaßen. Die Gesamtzahl und Größe dieser Kleroi ist unbekannt[75]. Der größte Teil der Bauern, die solch ein Landlos besaßen, muß zunächst frei gewesen sein. Vielleicht hatten sie dennoch Abgaben an die Feudalherren zu leisten, was vergleichsweise die Peisistratiden in Attika forderten. Von Krannon ist aus späterer Zeit eine Getreidesteuer bekannt[76]. Penesten wurde der Nahrungsbedarf monatlich in den Palästen der Adeligen zugewiesen[77], für die sie zu arbeiten hatten. E. MEYER führt - sich auf antike Quellen berufend auch Sklaven als Exportartikel des Hafens von Pagase an[78]. Das deutet wohl darauf hin, daß in Thessalien noch lange die Möglichkeit bestanden haben muß, daß zahlungsunfähige Schuldner Sklaven der Gläubiger werden konnten, eine Möglichkeit der Versklavung, die Solon bereits Anfang des 6. Jahrhunderts in Athen abgeschafft hatte. Die Freiheit der Bauern muß schon nach wenigen Generationen bedroht gewesen sein, wurden doch die Kleroi durch Vererbung an die Nachkommen ständig kleiner. Eine Landreform, die der Kleroierhaltung gedient hätte und bei der entweder Verkaufsverbote oder Verfügungsbeschränkungen bei Landbesitz erlassen worden wären, ist aus Thessalien nicht bekannt. Sollten zum Leben befähigende Kleroi erhalten bleiben, so mußte überschüssige Bevölkerung aus der Landwirtschaft abwandern. Hier ergab sich das Potential, aus dem sich die Bürgerschaften gegen Ende des 6. Jh. v.Chr. bildeten und das während des 5. Jahrhunderts die Städte anwachsen ließ. In der Kleroieinteilung bildeten diese Städte zunächst Fremdkörper[79]. Bald aber wurden die entstehenden Selbstverwaltungsorgane ein Gegenpol zu den Feudalherren. Kurz nach 500 v.Chr. muß der Prozeß dieser Entwicklung eines selbstbewußten Bür-

Dieses Ereignis verdeutlicht, daß es trotz des Versuches eines einheitlichen Auftretens unter Leitung eines gewählten Tagos starke Differenzen und separatistische Bewegungen in Thessalien gegeben haben muß. Die Quellen des 5. Jahrhunderts geben nicht eindeutig an, welche Bevölkerungsgruppe gemeint ist, wenn von den Thessalern die Rede ist, der alte Landadel, die neue Bürgerschaft oder die Thessaler als Streitmacht unter ihrem Tagos. Daß es starke Meinungsunterschiede bei den einzelnen Gruppen der Thessaler gegeben hat, wird kurz darauf wiederum deutlich. Als man erkannte, daß die Perser das Tempetal umgehen konnten, zog das Griechenheer ab, um die Entscheidung bei den Thermophylen zu Lande und bei Artemision zur See zu suchen. Die Thessaler ergaben sich daraufhin den Persern. Im Gegensatz zu den Magnesiern und den Perrhaibiern - den Periöken

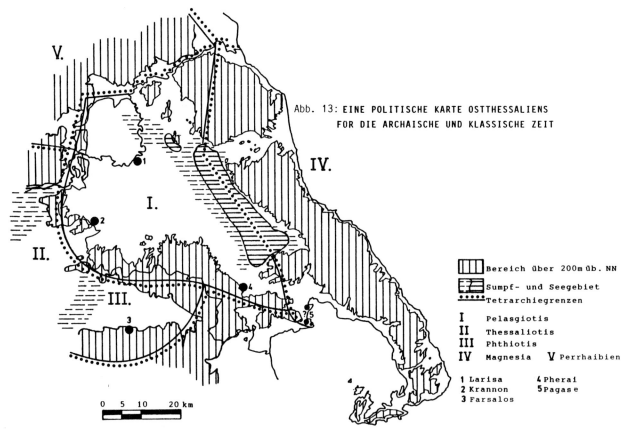

Abb. 13: EINE POLITISCHE KARTE OSTTHESSALIENS FÜR DIE ARCHAISCHE UND KLASSISCHE ZEIT

▯▯▯ Bereich über 200m üb. NN
▯▯▯ Sumpf- und Seegebiet
••••• Tetrarchiegrenzen

I   Pelasgiotis
II Thessaliotis
III Phthiotis
IV Magnesia   V Perrhaibien

1 Larisa   4 Pherai
2 Krannon   5 Pagase
3 Farsalos

0 5 10   20 km

gertums in den Städten so weit fortgeschritten gewesen sein, daß die Aleuaden - das Grundherrengeschlecht in der Nordpelasgiotis - bei einer damals gefestigten Zentralmacht, dem Perserkönig vorsprachen, um diesen zum Eingreifen in Griechenland zu bewegen. Dieses ist kein einzigartiger Prozeß gewesen, da bereits der Peisistratide Hippias den Dareios gegen Athen aufzuwiegeln versucht hatte[80]. Als offensichtlich wurde, daß der Perserfeldzug stattfinden würde, sandten die Thessaler Boten zum Isthmos und forderten die Griechen auf, ihnen bei der Verteidigung behilflich zu sein und den Tempe-Paß zu besetzen[81].

der Thessaler - werden sie in den Quellen nicht als Angehörige der persischen Hilfstruppen erwähnt. Als ein Teil der persischen Flotte an der Ostküste des Pelion durch Sturm vernichtet wurde, verschanzten sich die Besatzungen hinter den Schiffstrümmern, aus Angst vor einem Angriff der Thessaler[82]. Als nach Beendigung des Krieges eine griechische Strafexpedition gegen die Thessaler entsandt wurde, waren es ausgerechnet die Aleuaden, denen es gelang, mit Bestechungen eine Eroberung Thessaliens zu verhindern[83]. Um 470/60 v.Chr. muß es eine Spaltung in ein Nord- und in ein Südbündnis in Ostthessalien gegeben haben[84], bei dem die Städte eine bedeutende Rolle spielten. 432 v.Chr. erwähnt Thukydides für Larisa zwei Parteien[85], ohne daß ersichtlich ist, ob es sich dabei um zwei konträre Parteien innerhalb der Stadt oder des Gebietes handelt. Die Quellen benennen einerseits die Aleuaden als Herrscher, sogar als Könige, andererseits werden Truppenkontingente der Thessaler nach Städten aufgezählt, mit jeweils namentlich genannten Führern[86].

Zu Beginn der Einnahme Ostthessaliens ab 1200 v.Chr. hat man mit temporären, bald wohl mit annuell-temporalen Siedlungsplätzen der Neuankömmlinge zu rechnen. Nach einiger Zeit ist es dann mit der Kleroi-Einteilung zu semipermanenten und permanenten Siedlungen gekommen; letztere standen bemerkenswerterweise nur z.T. in der Tradition der früheren permanenten Siedlungsplätze. So errichtete das Geschlecht der Aleuaden seinen Sitz nicht in Argissa, sondern an einem gänzlich neuen Platz am Penios, Larisa entstand. Ähnliches zeigt sich bei dem Siedlungsplatz Krannon. Die Kleroi-Einteilung führte zu einer weiten Streuung der Siedlungsplätze, ehe überschüssige Bevölkerung sich an Siedlungsplätzen sammelte, die entweder in verkehrsgünstiger Lage oder in Schutzlage entstanden. Hier ist es schließlich zur Einrichtung kleiner Produktionsbetriebe gekommen. Andere Personen versuchten sich als Händler. Besonders zu erwähnen ist in diesem Zusammenhang die Siedlung Pherai im Süden der ostthessalischen Ebenen. Hier wurde eine Siedlungsstelle wieder genutzt, deren Spuren weit bis in das Neolithikum zurückreichen und wo ein altes und bedeutendes Heiligtum existiert hat. Dieses Wiederaufleben wurde von dem an dieser Stelle bestehenden Machtvakuum begünstigt. Möglicherweise ist das von den Aleuaden in Larisa schon sehr früh erkannt worden, als man vielleicht nicht ganz ohne Hintergedanken dem Peisistratiden Hippias die Siedlung Jolkos zum Geschenk anbot, um auch diesen Bereich, wenn schon nicht fest in eigener Hand, so doch in ein identisches mikropolitisches Gefüge einzubinden. Archäologisch läßt sich belegen, daß im Verlaufe des 5. Jh. v.Chr. die Städte in Ostthessalien befestigt wurden und man die Herrensitze in den Ebenen und den Hügelländern gegen Ende des Jahrhunderts, Anfang des 4. Jahrhunderts aufgegeben hat[87]. Das Gebirge, bzw. Magnesia war während dieser Zeit dichter besiedelt, als gemeinhin angenommen wird. Die Küsten und Gebirgsränder waren in Abständen von 10 bis 25 km mit Siedlungen besetzt, wobei natürliche Raumeinheiten zu erkennen sind. Daneben existierten einzelne Gehöfte. So berichtet HERODOT von einem Landgut bei Sepias, dessen Felder durchaus an den Berghängen gelegen haben könnten. Der Anbau auf Hang-

terrassen ist bekannt gewesen[88]. Das humide Klima der Ostflanken der Gebirge hat eine Schafzucht mit anschließender Wollverarbeitung stark behindert und die Nutzung hartschaliger Baumfrüchte wie Nüsse und Kastanien begünstigt. Eng verbunden mit der Kastanie ist der Ort Kasthanea, den man in den Ruinen bei Keramidion wiedergefunden zu haben glaubt. Im 4. Jahrhundert scheint die Kleroi-Einteilung schon gänzlich zerstört gewesen zu sein und ein gesundes Bauerntum gefehlt zu haben. Wahrscheinlich machten Banden von Rechtlosen Ostthessalien unsicher, die in den Gebirgen immer wieder Zuflucht gefunden haben. Die Penesten in den Ebenen und die Bewohner der Gebirge sind kaum vom gleichen Stamme gewesen, so daß auch unterschiedliche Lebens- und Wirtschaftsweisen ein gemeinsames Vorgehen gegen die Feudalherren verhindert haben[89]. Soziale Unruhen blieben nicht auf den ländlichen Raum beschränkt, sondern griffen auch auf die Bürgergemeinden der Städte über, wo die Feudalherren sich zu Beherrschern aufschwingen wollten, was nur in der Form der Tyrannis möglich gewesen zu sein scheint. Damit zeigte sich Ostthessalien um 400 v.Chr. als eine Landschaft, die in gesamtgriechische Wirtschafts- und Sozialprozesse miteinbezogen gewesen ist[90]. Die Herrschaftsform der Tyrannis war mit urbanen Zentren verbunden und so mag es nicht verwundern, daß im 4. Jh. v.Chr. sich besonders in Pherai Tyrannen hervortaten, deren Bestreben es gewesen ist, Thessalien unter ihrem Befehl zu einigen. Über seinen Hafenort Pagase hatte Pherai engere Beziehungen zu den Städten in Mittel- und Südgriechenland. Gesamtgriechische Wandlungen in der Sozial- und Wirtschaftsstruktur wirkten sich in Pherai früher aus, als in den Landstädten der Nordpelasgiotis. Die 477 v.Chr. von KIMON auf Skiros gegründete athenische Kolonie mag dabei eine nicht unbedeutende Vermittlerrolle gespielt haben. Pherai orientierte sich nach Athen, Farsalos blieb spartafreundlich und Larisa knüpfte immer engere Beziehungen zu Makedonien. Nach 380 v.Chr. gelang dem aus einer Kaufmannsfamilie hervorgegangenen "Tyrannen" JASON VON PHERAI eine entscheidende Schwächung des spartanischen Einflusses in Thessalien. Gleichzeitig einte er als TAGOS die auseinanderstrebenden Kräfte dieses Landschaftsraumes und machte damit Thessalien zu einem auch außenpolitisch interessanten Partner. JASONs Politik zeichnete sich eher durch diplomatisches Geschick aus, als durch Ränke und Mordtaten[91]. Als Politiker ist JASON seiner Zeit weit voraus gewesen. Dreißig Jahre später wird an den Reaktionen der Athener Demosthenes und Isokrates auf die Politik Philipp II. von Makedonien - Vater Alexander des Großen - deutlich, daß Jasons panhellenische Ideen keine Hirngespinste gewesen sind, sondern erste Äußerungen eines historischen Prozesses, der von der Polis - dem Stadtstaat des 6. und 5. Jahrhunderts - zum Flächenstaat des Hellenismus geführt hat. Als Jason 372 v.Chr. ermordet wurde, kam es zu anarchischen Zuständen, die unter Alexander von Pherai in den Gemetzeln unter den Bürgern von Skotussa und Meliboia ihre Höhepunkte erreichten. Selber zu schwach, baten die Aleuaden, denen es in Larisa anscheinend gelungen war, immer noch eine starke Position in der Stadt zu halten, die Makedonen um Hilfe, während sich von Süden die Thebaner in thessalische Angelegenheiten einmischten. Nach wechselnden Erfolgen eroberte Philipp II. Pagase, den Stützpunkt des Alexander von Pherai, eroberte schließlich auch die Stadt Pherai, ließ sich zum Archon ganz Thessaliens wählen, schloß Magnesia Makedonien an, gab es kurzfristig zurück, um es 342 v.Chr. endgültig von Thessalien abzutrennen[92]. Seine Politik festigte Philipp durch Ehebündnisse mit Frauen aus Pherai und Larisa[93]. Nach dem Tode seines Vaters mußte Alexander der Große die makedonische Herrschaft in Ostthessalien zunächst einmal wieder festigen. Bei dieser Machtdemonstration umging er das Tempetal, indem er einen Weg über die Ossaabhänge erkunden und ausbauen ließ. Nach dem Tode Alexanders wurde Ostthessalien zum Schlachtfeld vieler Auseinandersetzungen, mit denen die Einwohner eigentlich überhaupt nichts zu tun hatten. Selbst der römische Bürgerkrieg wurde 48. v.Chr. durch die Schlacht bei Farsalos zwischen Cäsar und Pompejus entschieden.

Siedlungsgeographisch interessant ist wiederum die Zeit zwischen 325 und 200 v.Chr., in der die beiden makedonischen Siedlungen Goritsa und Demetrias am Pagasitischen Golf gegründet worden sind. Für den älteren Ort Goritsa existiert keine antike Überlieferung. Der archäologische Befund macht es wahrscheinlich, daß Goritsa kurz nach 322 v.Chr. als militärischer Posten der Makedonen in Ostthessalien gegründet worden ist. Um 250 v.Chr. wurde die Siedlung bereits wieder aufgegeben, so daß uns in ihr "das wertvolle Beispiel einer spätklassischen Stadtanlage in statu nascendi bewahrt" ist[94]. Kurz nach 294 v.Chr. gründete Demetrios Poliorketes die nach ihm benannte Stadt Demetrias, die Mittelpunkt eines von ihm zu gründenden, das Ägäische Meer umfassenden Reiches sein sollte. Die Bevölkerung dieser Stadt wurde durch Synoikismos der Städte aus ganz Magnesia gewonnen, die dadurch stark geschwächt und bedeutungslos wurden. Archäologen konnten eine Verdünnung der Besiedlungsdichte in frühhellenistischer Zeit belegen, womit eine solche Umsiedlung bestätigt wird[95]. Die in Demetrias gefundenen Grabstelen mit

den Herkunftsangaben der Bestatteten verdeutlichen, daß hier eine kosmopolitische Stadt entstanden war, die damit aber auch ihren Fremdcharakter in diesem Landschaftsraum bestätigt. So zeigt sich u.a. die interessante Tatsache, daß in Demetrias Nachweise für einen regen Handelsverkehr zwischen der Stadt und ihrem Hinterland fehlen. Waren, die ein wohlhabendes Bürgertum zu benötigen glaubte, wurden über den Hafen importiert und verblieben in der Stadt. Über drei Generationen hinweg scheint diese Stadt auf Grund ihres Wohlstandes Magnet für eine verarmende Landbevölkerung gewesen zu sein, und obgleich archäologisch bisher nicht eindeutig nachzuweisen, kann es zu Slumbildungen gekommen sein. Die Aristokraten, bzw. die Bürgerschaft von Larisa stand gegenüber dieser Entwicklung in Opposition, vermochte aber aus der gesamthistorischen Situation heraus keine eigenen Innovationen in Gang zu setzen. Als 222 v.Chr. Philipp V. auf den Makedonenthron gelangte, forderte er in zwei Briefen (219 und 214 v.Chr.) die Bürger von Larisa auf, Neubürger in ihre Reihen aufzunehmen, um der Entvölkerung entgegenzuwirken und die Feldbestellung wieder zu heben. Die Stärkung von Larisa, der eine Ausschaltung der Konkurrenten von Demetrias parallel lief[96], scheint zu einem Konzept Philipp V. gehört zu haben, in Ostthessalien eine Verteidigungslinie gegen die Römer aufzubauen, die sich seit 228 v.Chr. in Illyrien festgesetzt hatten und eine Gefahr für Makedonien bedeuteten. Mit Larisa wollte Philipp sich eine starke Landstadt sichern, mit Demetrias eine Hafenstadt. Die zentrale Macht in der Person Philipps förderte also gegen Ende des 3. Jahrhunderts die Stärkung der Zentren Larisa und Demetrias. Mit seinen beiden Briefen an die Bürgerschaft von Larisa wird aber auch deutlich, daß es sich bei dieser Stadt um ein Ackerbürgerstädtchen gehandelt haben muß. Da die folgenden Auseinandersetzungen zwischen den Römern und den Makedonen zu Lande stattfanden, stieg die Bedeutung Larisas wieder an, während Demetrias den Höhepunkt seiner Blüte bereits überschritten hatte, lag doch die Idee des Reiches, für das es konzipiert worden war, längst bei den Geschichtsakten. Konnten die Römer bei Atrax abgeschlagen werden, so gelang ihnen unter Führung des T. Quintius Flaminius 197 v.Chr. westlich von Pherai der Sieg über das makedonische Heer[97]. Demetrias wurde geräumt und durch einen Eilboten wurde die Verbrennung der makedonischen Kanzlei veranlaßt, die Philipp in Larisa zurückgelassen hatte. Unter den Römern wurde kurz nach der Einnahme Ostthessaliens in den Bund der Thessaler mit Larisa als Hauptstadt und den Bund der Magnesier mit Demetrias als Hauptstadt unterteilt. Damit wurde eine bereits in mehreren Epochen beobachtete Teilung dieses Landschaftsraumes in zwei politische Gebilde abermals vollzogen.

Von den Palästen der Aristokratenfamilien in Larisa, Krannon und Farsalos ist nichts erhalten geblieben. Von den Siedlungen sind zumeist nur noch die spätklassischen oder hellenistischen Ummauerungen sichtbar. Die Masse des Steinmaterials wurde bei nachfolgender Bautätigkeit verschleppt, wiederverwendet und letztendlich zerstört. Funde einzelner Architekturteile[98] belegen, daß es bereits im 6. Jh. v.Chr. in den bedeutenden Orten eine repräsentative Kult- und Profanarchitektur gegeben haben muß. Gut erforscht wurden in den letzten Jahrzehnten die beiden makedonischen Siedlungen Demetrias und Goritsa[99], die an Plätzen errichtet worden waren, die man unter militärischen Gesichtspunkten ausgesucht hatte.

als fortifikatorische Notwendigkeiten. Hierfür spricht auch die Übertragung alter Heiligtümer und Kulte der Magnesier nach Demetrias oder, falls dieses nicht möglich gewesen ist, eine Versorgung der Heiligtümer durch Beamte der Stadt[100]. In Goritsa beträgt die Straßenbreite 3,30 bis 5,45 m; in Demetrias, wo anscheinend keine Unterschiede zwischen Haupt- und Nebenstraßen gemacht worden sind, durchschnittlich 7,85 m. Gelegentlich zu findende Stufen weisen darauf hin, daß nicht alle Straßen in Demetrias befahrbar gewesen sind[101]. Die Ausmaße der Grundstücke sind in Demetrias mit 362,5 m^2 gegenüber Goritsa (250 m^2) um einiges größer[102]. Die Wohnhäuser beider Siedlungen hatten Steinfundamente mit aufgehendem Lehmziegelmauerwerk, das in Demetrias beidseitig verputzt gewesen ist. Auf Grund der Mauerstärke kann man für Demetrias zweistöckige Häuser vermu-

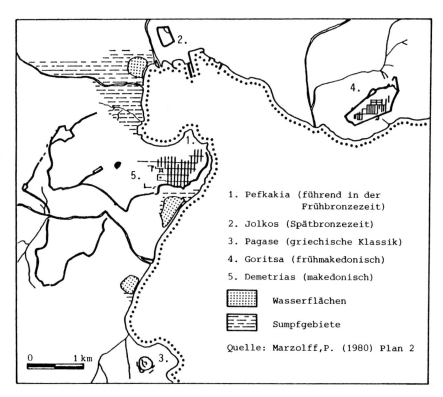

Abb. 14: HISTORISCHE SIEDLUNGEN IM NORDEN DES PAGASITISCHEN GOLFES

Von Goritsa beherrschte man die Ebenen von Lechonia und die von Jolkos. Von Demetrias aus konnte man ebenfalls mehrere Raumeinheiten überwachen. Beide Orte besitzen zum Bergland hin die stärksten Befestigungen, weisen regelmäßige Straßenzüge auf und identische Mauertechniken. Auf einem Steinsockel, der vor Bodennässe schützte, wurden die Stadtmauern aus Lehmziegeln errichtet. Die Vielzahl der Stadtmauertürme und das sogenannte große Bollwerk in militärisch unsinniger Lage lassen bei der Planung der Stadt Demetrias eher repräsentative Ideen vermuten,

ten. Die Häuser von Goritsa charakterisiert Backhiuzen als Baracken[103]. In dieser Siedlung haben sich viele Dachziegelstücke gefunden, die auf ein Lakonisches Dach schließen lassen. 400 bis 500 Familien konnten in Goritsa Unterkunft finden, falls Zivilisten diese Siedlung bevölkert haben. Das entsprach einer Wohndichte von 264 Einwohnern pro Hektar. In Demetrias lebten um 20ooo Bewohner, bei 224 Einw/ha[104]. Die Wasserversorgung erfolgte in Goritsa durch Zisternen, in Demetrias durch Ziehbrunnen. Abwässerkanäle wurden in der größeren Sied-

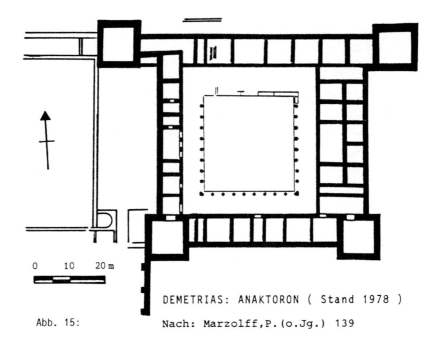

DEMETRIAS: ANAKTORON (Stand 1978)

Abb. 15:   Nach: Marzolff,P.(o.Jg.) 139

lung nachgewiesen. Die erhaltene Bemalung einiger
Grabstelen aus Demetrias vermittelt eine farben-
reiche Einrichtung der Häuser und das Bild eines
wohlsituierten Bürgertums. Goritsa besitzt zwar
größere freie Plätze, aber keine großen profanen
oder kultischen Bauten. Demetrias zeigt hiervon mehrere, von denen nur das Anaktoron genannt werden
soll, da es als der makedonische Königspalast iden-
tifiziert werden konnte, den Livius erwähnt. Das
Gebäude weist mehrere Bauphasen auf, deren letzte
nach 218 v.Chr. datiert wird[105], in die Regierungszeit Philipp V., als dieser durch verschiedene Maßnahmen Larisa und Demetrias stärkte. Es handelt sich
um einen großen, rechteckigen und zweistöckigen Bau
mit differenzierter Raumaufteilung, einem Innenhof
und vier Ecktürmen, der an zentraler Stelle der Stadt
steht. Der Grundriß verrät Abgeschlossenheit nach
außen, die unteren Partien waren aus Stein, die oberen Wände aus Lehmziegeln gebaut. Teilweise haben
sich Bemalungsspuren erhalten. In für Griechenland
einzigartiger Weise sind hier herrschaftliches Wohnhaus und Wehrbau miteinander verbunden. Bei der Ge-
bäudeaufteilung finden sich auffallende Ähnlichkei-
ten mit dem makedonischen Palast bei Palatitsa/Ver-
gina. Welcher Aspekt letztendlich bei der Planung
und Errichtung des Gebäudes überwogen hat - der eines Repräsentations- oder der eines Wehrbaues - ist
noch nicht endgültig geklärt. Verblüffend ist die
Ähnlichkeit mit dem Stauferkastell del Monte in Un-
teritalien. Noch interessanter ist, daß ähnliche politische Bedingungen vorlagen, als diese beiden Gebäude errichtet worden sind. Auch innerhalb der Stadtmauern von Demetrias festgestellte Verteidigungsmög-
lichkeiten (z.B. die Zitadelle) lassen vermuten, daß

man Konflikte zwischen der Bürgerschaft und dem fremden Herrscher durchaus für möglich gehalten hat. Nach
der Vertreibung der Makedonen verfiel das Anaktoron;
es wurde nicht in einem einmaligen Vorgang zerstört.
In der Spätantike fanden auf diesem Gelände bereits
die ersten Bestattungen statt.

5. DIE ANWESENHEIT DER RÖMER

Bedeutend für die römische Zeit ist die Existenz
zweier politischer Gebilde in Ostthessalien gewesen, die des Thessalischen und die des Magnesischen
Bundes. An der Spitze des Thessalischen Bundes stand
ein für ein Jahr gewählter Stratege, der wiederge-
wählt werden konnte. Der Schwerpunkt dieses Bundes
lag in der Pelasgiotis, den ostthessalischen Ebenen.
57 der 78 namentlich gesicherten Strategen des 2.
und 1. Jahrhunderts v.Chr. stammten aus Städten dieser Tetrarchie, allein 35 kamen aus der Hauptstadt
Larisa. KRAMOLISCH sieht eine Erklärung dafür in
der wasserreichen und sumpfigen Thessaliotis, wo
die besitzenden Familien zwar ihre Herden weiden
ließen aber selber in den größeren Städten der Pelasgiotis wohnten[106]. Dieses wäre ein Phänomen, daß
sich bereits für die archaische Zeit beobachten ließ:
In Krannon residierend erweiterten die Skopaden damals ihren Landbesitz im Bereich der Thessaliotis.
Wenn berichtet wird, daß Flaminius selbst in Demetrias weilte, das Land Thessalien in Unordnung vor-
fand und die Verwaltung der Städte organisierte[107],
so darf dieses wohl nicht nur auf die Taktik einer
Kriegsführung der verbrannten Erde zurückgeführt werden, wie sie Philipp V. 197 v.Chr. bei seinem Aus-

weichen vor dem römischen Heer praktiziert hatte.
Der Besitz und die Bewirtschaftung der ehemaligen
Domänen des makedonischen Königshauses in Thessalien mußten geklärt werden[108]. Die Macht in den
Städten erlangten die Reichen und die Grundbesitzer,
womit erneut eine Bevölkerungsschicht an die Macht
kam, der am ehesten an der Erhaltung der Zustände
gelegen sein durfte. Philipp V. hatte sich besonders
für den Mittelstand und anscheinend auch für die unteren Bevölkerungsschichten eingesetzt. Möglicherweise tat er dieses mit dem Hintergedanken, sich ein
Gefolgspotential gegenüber den verbliebenen Aristokraten zu verschaffen.

Die in den folgenden Jahrzehnten aufkommenden Auseinandersetzungen zwischen Makedonen und Römern gingen vielfach um die Lebensmittelvorräte Ostthessaliens[109]. 146 v.Chr. kam es abermals zu einer politischen Neuordnung durch die Römer, bei der der Thessalische Bund und der Magnesische Bund bestehen blieben[110]. Während sich der Thessalische Bund weiter
vergrößerte, spaltete sich der Magnesische Bund um
120 v.Chr. in Magnesier aus Demetrias und Magnesier
aus Thessalien im Norden[111]. Derartige Teilungen waren durch die Kleinlandschaften vorgegeben. Die Ossa
und Mavrovuni trennende Senke gehörte bereits 342
v.Chr. einmal den Thessalern. Nach Angaben von STÄH-
LIN schloß sich Homolion dem Thessalischen Bund an.
Schon nach 167 v.Chr. sind Μαγνετες εκ Θεττaλιας
bekannt[112]. Das Gebiet des Thessalischen Bundes wurde von den Römern gegenüber dem des Magnesischen
Bundes eindeutig bevorzugt. Dieses zeigt sich deutlich bei den Bundeshauptstädten Larisa und Demetrias.
Während Larisa an Bedeutung gewann, schrumpfte das
bewohnte Gebiet von Demetrias immer mehr zusammen.
Während Larisa z.Z. des Augustus und im 2. Jh. n.Chr.
als blühender Ort beschrieben wird[113], sind für Demetrias inschriftlich Finanz- und Versorgungsschwie-
rigkeiten während des 1. Jh. n.Chr. bezeugt. Um die
Getreideversorgung zu sichern, mußte extra ein Fond
eingerichtet werden[114]. Die Vernachlässigung Magnesias erfolgte durch die Römer wohl mit politischer
Absicht. Agrarprodukte müssen direkt über den Penios abtransportiert worden sein, so daß Larisa,
nicht aber Demetrias von dem Umschlag der Waren pro-
fitierte. Der zum Thessalischen Bund gehörende Hafen des Pthiotischen Theben am Pagasitischen Golf
lebte wieder auf, im Gegensatz zu Demetrias. Römische Gutsbesitzer, Viehzüchter und Händler wohnten
in Larisa[115]. Erst in der 2. Hälfte des 2. Jh. n.Chr.
ist in Magnesia eine Zunahme römischer Artefakte
festzustellen. Wenn dieser Befund mit einer Erholung
der Wirtschaft verbunden werden darf, so erfolgte
diese nach schlimmen Jahren. Strabon (2. Hälfte des

1. Jh. v.Chr.) sah Jolkos entvölkert, Pausanias
(Mitte 2. Jh. n.Chr.) sah Skotoussa nur noch als
Wüstung[116]. 297 n.Chr. wurden durch die Reformen
Diokletians der Thessalische und der Magnesische
Bund in der Provinz Thessalia zusammengefaßt[117].
Diokletianische und konstantinische Reformen blie-
ben bis weit in die byzantinische Zeit hinein für
Ostthessalien bestimmend.

6. VON DER SPÄTANTIKE BIS ZUM
4. KREUZZUG 1204

Speziell für Ostthessalien sind die Überlieferungen
der Zustände und Ereignisse vom 4. bis zum 13. Jahrhundert kaum bekannt. Archäologische Grabungen brach-
ten vor allem seit dem 4. Jh. entstehende christliche Basiliken im Süden Ostthessaliens zu Tage. Diese reich ausgestatteten Kultgebäude deuteten auf immer noch wohlhabende Stifter und Stifterinnen. Es
zeigen sich Veränderungen in der Sozialstruktur, für
die das Eingreifen des Staates in die Bereiche der
Produktion, der Güterverteilung, der Preisgestal-
tung[118] und mit der Abschaffung der freien Berufs-
wahl auch in das Privatleben kennzeichnend ist. Um
das vergrößerte Söldnerheer und den anwachsenden
Bürokratenstab zu unterhalten, wurde von Diokletian
ein neues, verfeinertes Steuersystem eingeführt,
durch das vor allem die unteren und mittleren
Schichten belastet wurden. Dadurch verminderte sich
die Kaufkraft und ein Rückgang der Warenproduktion
war die Folge. Immer mehr Bauern gaben ihre Freiheit auf und begaben sich in die Abhängigkeit und
unter den Schutz von Gutsherren, die den Verlust
eines Zugtieres besser verkraften und sich den Steu-
erbeamten besser widersetzen konnten. Epidemien und
Barbareneinfälle führten zu einer Dezimierung der
Bevölkerung. Während des 4. und 5. Jahrhunderts ist
aus dem gesamten römischen Reich das Anwachsen der
Brachflächen bekannt. Die zunehmende Bürokratisie-
rung und das harte Vorgehen der Staatsgewalt gegen
die verarmte Bevölkerung führte zu einer immer größer werdenden Entfremdung zwischen den Bürgern und
dem Staat, so daß Salvianus bereits im 5. Jahrhundert die Flucht selbst höher gestellter Personen
zu den Barbaren mit folgenden Worten erklärt: "Sie
suchen bei den Barbaren die Menschlichkeit der Römer, weil sie bei den Römern die barbarische Un-
menschlichkeit nicht mehr ertragen können"[119].

Siedlungsgeographisch sind diese Prozesse in Ostthessalien schwer auszumachen. So wird wohl deutlich, daß noch im 3. und 4. Jahrhundert eine Verlegung der Siedlungen aus einer Akropolislage in
die offene Küstenlage stattgefunden hat - sehr gut

zu beobachten bei Methone und dem Phthiotischen Theben -, die nur mit einer lang andauernden friedlichen und sicheren Zeit zu erklären ist, und daß während des 5. und 6. Jahrhunderts die sich häufenden
Verwüstungen durch von Norden vordringende Völker
neben der sozialen Entwicklung zu einer anderen
Siedlungsgenese geführt haben. Für einen in reich
ausgestatteten Villen lebenden römischen Landadel,
wie er aus anderen römischen Provinzen bekannt ist,
fehlen in Ostthessalien die Belege. Offen bleibt
auch die Frage, wohin sich das gemeine Volk gewendet
hat, das von der eigenen Staatsgewalt in den Städten
drangsaliert worden ist, andererseits aber nur hier
eine gewisse Sicherheit vor den fremden Kriegszügen
finden konnte. Eine umfassendere Fluchtbewegung in
die Gebirge ist bisher nicht zu erkennen. Larisa
konnte im 5. und 6. Jahrhundert mehrmals erobert werden. Die bis heute andauernde Besiedlung an diesem
Platz läßt nicht mehr auf näher greifbare archäologische Forschungsergebnisse hoffen. Im Bereich von
Demetrias ist gegen Ende des 5. Jahrhunderts eine
weitere Verarmung festzustellen und bereits in der
1. Hälfte des 6. Jahrhunderts ist die Halbinsel verlassen worden. Schon bald dienten selbst die spätan-
tiken Bauten der leichten Gewinnung von Baumaterial
[120]. Als Reaktion auf die sich wiederholenden Fremd-
völkereinfälle ließ erst der 527 an die Macht ge-
kommene Kaiser Justinian in den vierziger Jahren
des Jahrhunderts mehrere Städte in Thessalien mit
Mauern umgeben, bzw. diese wiederherstellen, die
Thermopylen befestigen und die Verteidigungsanlagen am Isthmos von Korinth erneuern und verstärken.
Zu den ausgebauten Festungen gehörten in Thessalien
Erimene, Kentauropolis, Larisa, Theben, Demetrias
u.a.[121]. Der archäologische Befund spricht gegen
eine Befestigung von Demetrias an alter Stelle. Vielmehr scheint das Demetrias Justinians in dem sogenannten Kastro von Volos zu suchen sein[122]. Die
Folge der Befestigungsbauten war dann auch eine Be-
ruhigung und eine sich einstellende Sicherheit vor
den Barbareneinfällen. Zahlreiche Erdbeben erschüt-
terten die Ägäis im 6. Jahrhundert. Über die Auswirkungen auf ostthessalische Städte ist ebensowenig
bekannt, wie über das Ausmaß der 541 bis 544 wüten-
den Pest in Griechenland. Bis zum Ende der Regierungszeit des Justinian (565) und auch unter seinem
Nachfolger Justin II. (565 bis 578) scheint Ostthessalien eine ruhige Zeit erlebt zu haben. Katastro-
phen, gleich welcher Art, sind nicht überliefert.
Das Leben spielte sich in städtischen Siedlungen ab,
von denen aus die Äcker bestellt worden sind. Weite
Ackerflächen müssen aber zu Brachland geworden sein.
Im sakralen Bereich zeigte sich vor allem in Demetrias und dem Phthiotischen Theben eine rege Bautä-

tigkeit. So hat es in Demetrias (makedonischer Siedlungsplatz) mindestens vier frühchristliche Basiliken gegeben[123], in Theben wurden bisher vier Basiliken und ein Bischofspalast freigelegt. Im 8. Jahrhundert reißt diese Bautätigkeit ziemlich plötzlich
ab, wofür sicherlich nicht allein die Slaveneinfälle
die Schuld tragen. Zu Anfang des letzten Viertels
des 6. Jahrhunderts begann die Invasion der Awaren
und Slaven[124], die zu Beginn des 7. Jahrhunderts ihren Höhepunkt erreichte. Nirgendwo aber läßt sich in
Ostthessalien mit Sicherheit belegen, daß auch die
befestigten Siedlungen eingenommen worden sind. Wenn
das Phthiotische Theben Ende des 6. Jahrhunderts seine Blütezeit überschritten hatte, 592 das letzte Mal
als Bischofssitz nachweisbar ist[125], so scheinen nicht
die Slaven an der Depression Schuld gewesen zu sein,
sondern kirchliche Auseinandersetzungen zwischen dem
Metropoliten von Larisa und Bischof Hadrian von Theben. Diese führten zu einem Eingreifen des Papstes
(Gregor der Große, 590 bis 604), der schließlich für
die Lebzeit Hadrians das Bistum Theben direkt der römischen Kurie unterstellte[126]. Die Bedeutung der Slaven bei diesen Einfällen wird mitunter weit über-
schätzt, was in erster Linie der Art der Überlieferung slavisch-awarischer Anwesenheit in Griechenland
zuzuschreiben ist, der Tradierung slavischer Orts-
und Flurnamen. Die berittenen Awaren hatten sich
die im Nordbalkan Ackerbau betreibenden Slaven z.T.
untertan gemacht und zu Kampfgemeinschaften gezwun-
gen, wobei die Slaven die ersten Schlachtreihen
bildeten. Während die Awaren plündernd durch Griechenland zogen, scheinen sich einige slavische
Stämme sehr schnell aus den Kampfverbänden gelöst
und in dem z.T. siedlungsarmen bis siedlungsleeren
Ostthessalien niedergelassen zu haben. Slavische
Ortsnamen geben somit keinen Hinweis auf die hauptsächlichen Initiatoren der Volksbewegungen, die Awaren. Auf die weitere Problematik der Ortsnamenfor-
schung kann hier nicht eingegangen werden. Erwähnt sei,
daß es Anzeichen gibt, daß die als slavisch angesehenen Orts- und Flurnamen in Ostthessalien gar
nicht mit der ersten Invasion im 6. und 7. Jahrhundert in Verbindung zu bringen sind. Im Süden
Ostthessaliens ließ sich der Slavenstamm der Velegeziten (Belegezitai) nieder, wo er vermutlich weite Brachflächen in Besitz nahm und rekultivierte.
In den befestigten Siedlungen wohnten weiterhin die
Byzantiner, auf dem Lande lebten fortan die acker-
bauernden Slaven. Recht schnell muß es zu guten
Verbindungen zwischen beiden Volksgruppen gekommen
sein, denn 677 belieferten die Velegeziten das be-
lagerte Thessaloniki mit Lebensmitteln[127]. Unter
Justinian III. wurde zwischen 688 und 695 das "Thema Hellas" gegründet, von dem aus eine Reorganisa-

tion der byzantinischen Staatsverwaltung auf dem Balkan erfolgte.

Über Stadtanlagen und Häuser des 6. bis 13. Jahrhunderts wissen wir für Ostthessalien so gut wie gar nichts. Ein Grundsatz in byzantinischen Siedlungen muß es spätestens im 11. Jahrhundert gewesen sein, daß man Bewohner unterschiedlicher Nationalitäten und Religionen in getrennten Vierteln wohnen ließ. Im 11. Jahrhundert scheinen die Gemeinden nicht mehr in der Lage gewesen zu sein, größere Baumaßnahmen durchzuführen und sei es nur zum eigenen Schutze. Die Stadtmauern von Demetrias wurden erneuert, nachdem die Bulgaren 1040 die Stadt erobert hatten. Nicht die Bewohner, die Okkupatoren sind die Ausführenden gewesen[128]. In welchem Ausmaße die Kirche durch ihre Bischöfe als Bauherren auftrat, läßt sich nur erahnen. Durch die ihr vermachten Gelder ist sie vermögend genug gewesen. Eine charakteristische Hausform dieser Epoche hat es nicht gegeben. Als Folge der Anwesenheit italienischer Kaufleute ging die Bedeutung der byzantinischen Flotte im 11. und 12. Jahrhundert zurück. Neben einer korrupten Beamtenschaft und dem hohen Steuerdruck führte dieses zu einem Aufblühen des Piratenunwesens. Zuflucht boten die unzähligen Buchten der nördlichen Sporaden und der Ostküste Magnesias. Eine Folge der Piratenplage ist die Verlegung kleinerer Siedlungen aus dem

Küstenbereich in eine meernahe Akropolislage gewesen (z.B. die Burg von Liconia bei Lechonia). Ansonsten ist der Landschaftsraum Ostthessalien dadurch ein Sonderfall, als daß sich in seinen Küstenbereichen und den angrenzenden Nachbargebieten mehr als 80 % der im 12. und 13. Jahrhundert auf dem Balkan bekannten Domänen der byzantinischen Kaiser befanden. In Verträgen zwischen den Byzantinern und den Venezianern ließen sich 1082, 1148, 1187 und 1198 letztere zoll- und abgabenfreie Handelsrechte u.a. auch für die Stadt Demetrias bestätigen. Demetrias muß ab dem 11. Jahrhundert wieder eine gewisse Aufwertung erfahren haben. Der arabische Geograph IDRISI nennt Demetrias eine kleine, gut bevölkerte Stadt ("Geographie" 1154 vollendet). Verdankte Demetrias diese Aufwertung seiner Lage und den das Mittelmeer beherrschenden italienischen Kaufleuten, so wurde Larisa Hauptstadt eines Horions, einer kleineren Verwaltungseinheit als die Themen, wodurch eine straffere Verwaltung und eine höhere Steuerausbeute gesichert werden sollte[129]. Erwähnenswert sind schließlich die mit dem 11. Jahrhundert immer stärker werdenden Autonomiebestrebungen von Großgrundbesitzern auf dem Balkan. Im Gegensatz zur Spätantike sind aber keine Tendenzen zur Usurpation des Kaiserthrones erkennbar. Vor 1200 ist in Ostthessalien der Nachweis privater Großgrundbesitzer bisher nicht möglich[130]. Hatte die In-

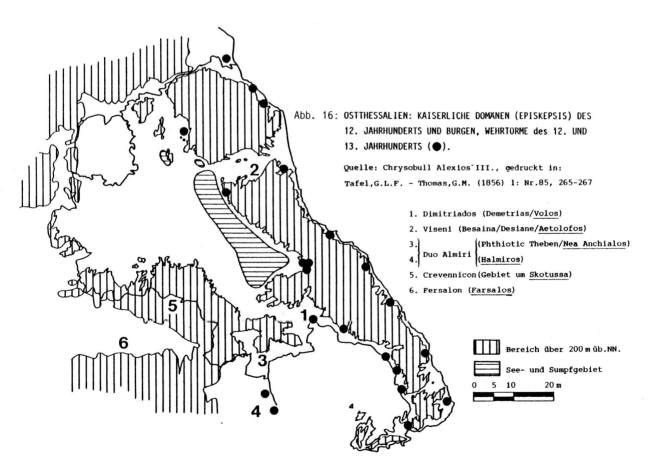

Abb. 16: OSTTHESSALIEN: KAISERLICHE DOMÄNEN (EPISKEPSIS) DES 12. JAHRHUNDERTS UND BURGEN, WEHRTÜRME des 12. UND 13. JAHRHUNDERTS (●).

Quelle: Chrysobull Alexios' III., gedruckt in: Tafel,G.L.F. - Thomas,G.M. (1856) 1: Nr.85, 265-267

1. Dimitriados (Demetrias/Volos)
2. Viseni (Besaina/Desiane/Aetolofos)
3.┐
4.┘ Duo Almiri (Phthiotic Theben/Nea Anchialos) (Halmiros)
5. Crevennicon (Gebiet um Skotussa)
6. Fersalon (Farsalos)

▥▥ Bereich über 200 m üb.NN.

▤▤ See- und Sumpfgebiet

0 5 10   20 m

vasion der Slaven im 7. Jahrhundert eine Bauernbe-
völkerung nach Ostthessalien geführt, so daß mit einer Unzahl kleiner, semipermanenter und permanenter
Siedlungsstellen zu rechnen ist, so dringen im Verlaufe des 12. Jahrhunderts von Nordwesten her vla-
chische Hirtengruppen in einem solchen Ausmaße nach
Ostthessalien ein, daß um 1200 offizielle Urkunden
Thessalien als "Groß-Vlachien" bezeichneten. Für
das 13. Jahrhundert sind schließlich auch im Gebiet
von Demetrias Vlachen nachweisbar[131].

7. DIE ZEIT DER FREMDHERRSCHAFT
   (1204 BIS 1774)

In wohl keinem anderen Zeitraum ist für Ostthessalien der Wechsel der Landesherren so häufig gewesen,
wie im 13. und 14. Jahrhundert. Ostthessalien ist
kaum mehrere Jahre zu einem politischen Gebilde vereint gewesen, sondern zerfiel immer wieder in mehrere Herrschaftsbereiche. Nachdem am 13. April 1204
Konstantinopel von den Teilnehmern des 4. Kreuzzu-

Korinth in Besitz. Das Land nördlich des Olymp be-
hielt Bonifaz für sich, errichtete das Königreich
Thessaloniki und heiratete Margarete von Ungarn,
die Witwe eines verstorbenen byzantinischen Kaisers[132]. Damit waren Bande sowohl zum alten Kaiser-
haus, als auch zu Ungarn geknüpft. Bonifaz dürfte
ein Großreich auf dem Balkan angestrebt haben. Das
Land südlich des Olymp vergab er als Lehen. Ein Lombarde Guglielmo erhielt Larisa und Halmyros, der
Rheinländer Berthold von Katzenellenbogen Velestinos. Dem zuletzt regierenden byzantinischen Kaiser-
paar erlaubte Bonifaz, sich auf den Besitzungen bei
Demetrias aufzuhalten[133]. In welchem Verhältnis der
zu dieser Zeit im Umkreis von Demetrias herrschende
griechische Territorialherr Konstantin Maliasenos[134]
zum König von Thessaloniki stand, entzieht sich unserer Kenntnis. Das byzantinische Feudalsystem des
11. und 12. Jahrhunderts und das fränkische Lehns-
system waren sich so ähnlich, daß für die Landbevölkerung alles beim Alten blieb, nur die Herren hatten gewechselt. Nur wechselten in der Folgezeit die

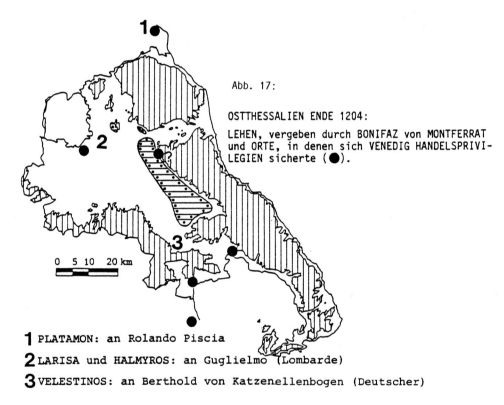

Abb. 17:

OSTTHESSALIEN ENDE 1204:
LEHEN, vergeben durch BONIFAZ von MONTFERRAT
und ORTE, in denen sich VENEDIG HANDELSPRIVI-
LEGIEN sicherte (●).

1 PLATAMON: an Rolando Piscia
2 LARISA und HALMYROS: an Guglielmo (Lombarde)
3 VELESTINOS: an Berthold von Katzenellenbogen (Deutscher)

Nach: Koder,J. - Hild,F. (1976) 69; Koder,J. (1973) 45

ges erobert und Balduin von Flandern am 16. Mai zum
Kaiser des Lateinischen Kaiserreiches gekrönt worden war, nahmen anschließend die verschiedenen Parteien die ihnen zugedachten Gebiete des ehemaligen
Byzantinischen Reiches in Besitz. Bonifaz von Montferrat beanspruchte Gebiete auf der Balkanhalbinsel
und nahm ohne nennenswerte Gegenwehr das Land bis

Herren immer häufiger, so daß eine Fluchtbewegung in
die Berge einsetzte, verbunden mit einer wirtschaftlichen Umorientierung weg vom schollengebundenen Ak-
kerbau, hin zum mobilen Viehbesitz, der in Sicherheit gebracht werden konnte. Die Anwesenheit der mobilen Vlachen mag hierfür Vorbild gewesen sein. Der
Nachfolger Balduins auf dem Kaiserthron des Lateini-

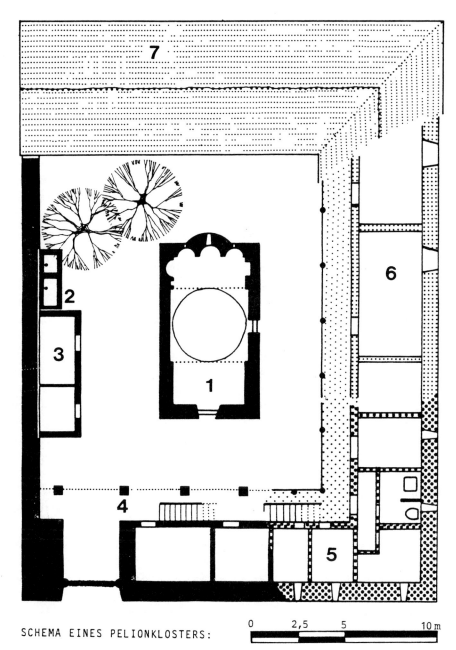

SCHEMA EINES PELIONKLOSTERS:

| 0 | 2,5 | 5 | 10 m |

1. Katholikon (Klosterkirche). 2. Waschstelle. 3. Koch- und Backräume.
4. Erdgeschoß, Unterbringung von Vieh und Gerät.
5. Obergeschoß, Klosterzellen, umlaufender offener Gang aus Holz.
6. 2. Obergeschoß, Arbeits-, Aufenthalts- und Repräsentationsräume. Räume
   größer und höher, da Dachraum häufig miteinbezogen.
7. Schiefergedecktes Dach.

Die Innenbauten eines Klosters können auch nur zweigeschossig sein. Die
Repräsentationsräume sind dann in einem Flügel untergebracht.

Abb. 18:

schen Kaiserreiches, Heinrich, heiratete 1206 eine Tochter von Bonifaz, der im Jahr darauf bei Kämpfen gegen die Bulgaren fiel[135]. Die durch diese Heirat begründete Verwandtschaft mag ausschlaggebend für eine Schenkung Heinrichs an Margarete gewesen sein, die 1209 erfolgte. Besaina (= Viseni), Archontochorion, die beiden Halmyros und Demetrias gingen in den Besitz der abermaligen Witwe über[136]. Es dürfte sich dabei um den Landbesitz in der Größe der alten kaiserlichen Domänen gehandelt haben. Zugleich wurde zwischen Heinrich und Margarete ein Abkommen ausgehandelt, nach dem die Äbte orthodoxer Klöster zwar dem Kaiser den Treueeid leisteten, der gesamte Klosterbesitz aber unter besonderem Schutz der Regentin stand. Die griechischen Klöster waren von jeglicher geistlichen Aufsicht der lateinischen Erzbischöfe und Bischöfe befreit. Margarete war zwar bei ihrer Heirat mit Bonifaz zum römischen Glauben übergetreten, unterstützte aber weiterhin die Orthodoxen. Noch im März des Jahres 1210 bestätigte der Papst dieses Abkommen[137]. Mit der Schenkung an Margarete wurde - wohl mehr ungewollt - der Grundstein zu einer neubyzantinischen Keimzelle gelegt. Mit dem Abkommen von 1209/10 war eine Möglichkeit entstanden, seinen Besitz dem Herrscher zu entziehen, indem man ein Kloster gründete und diesem seinen Besitz übertrug. Durch Klostergründungen am Pelion tat sich vor allem die Familie Maliaseni hervor[138]. Klöster sind während des 12. Jahrhunderts typische Fluchtbehausungen gewesen, was sich auch in ihrer Bauweise bemerkbar gemacht hat. Klöster wurden abseits der übrigen Siedlungen in wasserreichen Gegenden gegründet und glichen kleinen Festungen. Der Grundriß der Anlagen war quadratisch bis rechteckig, die Außenmauern, an denen von innen die Zellen der Mönche angebaut waren, besaßen im Erdgeschoß keine Fenster. Die Innenbebauung konnte ein, auch zwei Obergeschosse umfassen. In der Mitte des Klosterhofes stand das Katholikon, die Klosterkirche. Kurz vor 1215 wurde das Theotokos Kloster innerhalb der Grenzen der heutigen Siedlung Makrinitsa gegründet und mit reichlichem Landbesitz ausgestattet. Stifter bzw. Bauherr war Konstantin Maliasenos. Das Kloster unterstand direkt dem Patriarchen, der den immer größer werdenden Besitz bestätigen mußte, der von Zagora im Ostpelion bis Charmaina an der Ossa reichte, Besitzungen in der ostthessalischen Ebene und bei Halmiros umfaßte und dem schließlich sogar ein Kloster in Thessaloniki hinzugefügt wurde[139]. Auffällig ist die Besitzanhäufung in der Umgebung von Velestinos und es darf angenommen werden, daß Berthold von Katzenellenbogen dem Kloster neben seinem Besitz bei Halmiros[140] weitere Ländereien vermacht hat. Neben den Rittern und Magnaten überließen viele Kleinbauern ihren Besitz den Klöstern.

Zunächst waren die Bauern von den Wirren in den Ebenen und der Piratengefahr an den Küstenstreifen in sichere Gebirgsgegenden geflüchtet. Nun gaben sie ihren Besitz an die Klöster ab, um sich einen ruhigen Lebensabend zu sichern. Andere sahen sich zu diesem Schritt durch eine ausgesprochene Notlage veranlaßt, um für ihr Land ein Zugtier zu erhalten und als Tagelöhner die Äcker anderer Besitzer zu pflügen[141]. Ein Sohn des Konstantin (Nikolaos Kemnenos Dukas Maliasenos) gründete 1271 mit seiner Gattin ein Frauenkloster (Nea Petra) auf dem Berge Drianovena, oberhalb des heutigen Portaria. Auch dieses Kloster besaß bald ausgedehnte Ländereien und Immobilien[142]. 1277 wurde das Kloster in ein Männerkloster umgewandelt und wie sein Vater, so verbrachte auch Nikolaos seinen Lebensabend im Kloster, seine Gattin schloß sich ihm an. Das muß nicht bedeutet haben, daß sich ihr Leben grundsätzlich geändert hat[143]. Der Bau des Klosters Nea Petra (Johannes Prodromos Kloster) war durch die Abgaben der Bewohner von Drianovena möglich geworden. Dieser Umstand ist von großer Bedeutung. Denn das angeblich freie Dorf Drianovena ist offensichtlich dem Territorial- oder Gutsherren tributpflichtig gewesen. Die allgemeine Existenz freier Dörfer ist damit für das 13. Jahrhundert z.T. in Frage zu stellen. Weiterhin muß zur Kenntnis genommen werden, daß die Gegenden, in denen Pelionklöster gegründet worden sind, dichter besiedelt waren, als das mitunter für die vortürkische Zeit angenommen wird[144]. Bei den weit auseinanderliegenden Besitzungen der Klöster müssen Bauern Frondienste geleistet haben, da die Klosterinsassen kaum alle Fluren beackern konnten. Eine bereits erwähnte wirtschaftliche Umorientierung ließ den Ackerbau zugunsten der Viehhaltung verfallen. Im Gegensatz zu den Ebenen waren die Gebirge für den Ackerbau wenig geeignet. 1318 wurde dem Erzbischof von Larisa gestattet, im Kloster Marmariane an der Ossa zu residieren, da er wegen des Krieges nicht nach Larisa könne[145]. Marino SANUDO schließlich berichtet, man könne auch aus Vlachien (= Thessalien) Korn und anderes über die Häfen von Halmiros, Demetrias und Lade (= Spercheiossenke) erhalten, wenn das Land, das augenblicklich verwüstet werde, wieder in seinen alten Zustand versetzt würde[146]. Die im Gebirge verringerten Anbaumöglichkeiten von Getreide wurden neben der Viehhaltung kompensiert durch die Pflege und vermehrte Anpflanzung von Bäumen mit hartschaligen Früchten, wie Nußbäumen und vor allem Kastanienbäumen (Castanea sativa). Die Klöster müssen bei dieser Umstrukturierung eine nicht unbedeutende Rolle gespielt haben. Nicht nur in den ostthessalischen Gebirgen, sondern auch z.B. im Taigetos auf der Peloponnes ist heute noch eine starke Bindung von Ka-

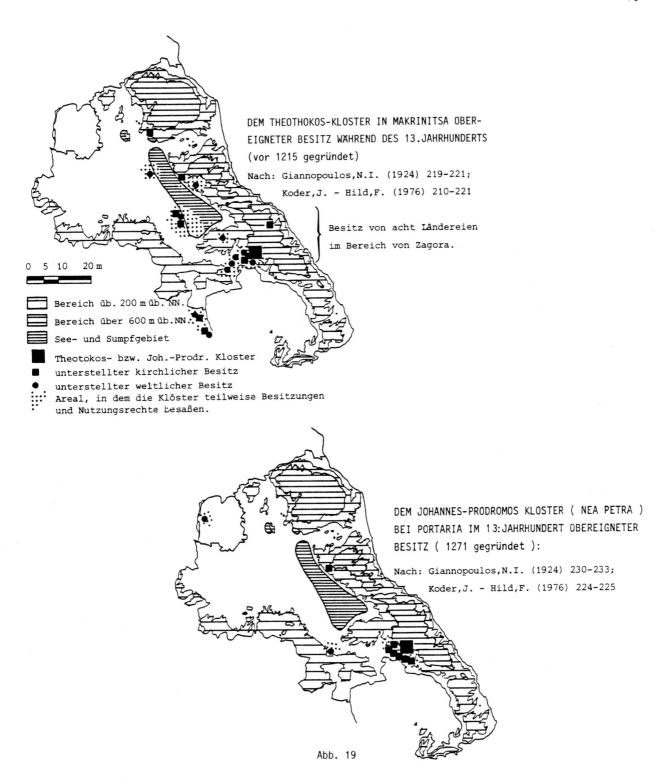

DEM THEOTHOKOS-KLOSTER IN MAKRINITSA ÜBER-
EIGNETER BESITZ WÄHREND DES 13.JAHRHUNDERTS
(vor 1215 gegründet)

Nach: Giannopoulos,N.I. (1924) 219-221;

Koder,J. - Hild,F. (1976) 210-221

Besitz von acht Ländereien
im Bereich von Zagora.

0 5 10 20 m

⬜ Bereich üb. 200 m üb. NN.
⬛ Bereich über 600 m üb.NN.
⬛ See- und Sumpfgebiet
■ Theotokos- bzw. Joh.-Prodr. Kloster
■ unterstellter kirchlicher Besitz
● unterstellter weltlicher Besitz
⋮⋮ Areal, in dem die Klöster teilweise Besitzungen
und Nutzungsrechte besaßen.

DEM JOHANNES-PRODROMOS KLOSTER (NEA PETRA)
BEI PORTARIA IM 13:JAHRHUNDERT ÜBEREIGNETER
BESITZ (1271 gegründet):

Nach: Giannopoulos,N.I. (1924) 230-233;

Koder,J. - Hild,F. (1976) 224-225

Abb. 19

stanienanpflanzungen und Klöstern zu beobachten.
Häufig im Spätsommer zu beobachtende Trockenschäden
des Laubwerkes belegen bereits eine künstliche Anpflanzung. Neben diesen Produkten lassen sich die
Anpflanzungen von Wein und Feigen belegen[147]. Die
1359 erwähnten Salzgärten bei Golos könnten auf einen großen Fischfang hindeuten, zu dessen Konservie-
rung das Salz benötigt worden ist[148].

Zeitlich nicht genau zu fixieren ist ein Kolonisa-
tionsversuch Venedigs, das anscheinend Bürger sei-

ner Stadt in Damuchari (zu Muresion gehörig), Mitsela und Veneton ansiedelte. Vielleicht erfolgte diese Maßnahme schon zu Beginn des 13. Jahrhunderts,
als die Franken die Ebenen beherrschten, die Inseln
Skopelos und Skiathos an Venedig fielen[149].

Am 25. Juli 1261 fand mit der Eroberung von Konstantinopel das Lateinische Kaiserreich durch die ni-
keischen Byzantiner sein Ende und 1271 besiegte eine byzantinische Flotte bei Demetrias die Venezianer[150].

1386 fielen die Osmanen das erste Mal in größerer Anzahl in Ostthessalien ein und anscheinend geriet auch Larisa in ihre Hand[151]. Als allgemeines Eroberungsdatum Thessaliens gilt das Jahr 1393, in dem auch Trikala eingenommen wurde. Die Anwesenheit der Osmanen in Thessalien ist zu dieser Zeit noch nicht dauerhaft gewesen, die Eroberungen waren eher ein zwischenzeitliches Ergebnis von Streifzügen. Nach 1393 befand sich Ostthessalien jedenfalls zeitweilig wieder unter byzantinischer Herrschaft[152], ehe 1427 dieser Landschaftsraum von den Osmanen endgültig in Besitz genommen wurde. Die Bewohner Larisas sollen um Schutz vor einem serbischen Tyrannen gebeten haben. Da ein osmanisches Heer als alleiniger Schutz nicht ausreichte, wurden fünf- bis sechstausend Siedlerfamilien aus Ikonium (= Konia, in Lykaonien) nach Ostthessalien umgesiedelt und als "Militär-Kolonisten mit der Front gegen den Olymp in einer Reihe von zwölf neuerrichteten festen Dörfern auf der Zentralfläche nördlich von Larisa angesiedelt"[153]. 1422 belagerten die Osmanen Konstantinopel, am 29. Mai 1453 gelang ihnen die Eroberung der Stadt und als 1460 auch Mistra in Lakonien auf der Peloponnes an die Osmanen fiel, hatte das Byzantinische Reich aufgehört zu existieren. Die endgültige Landnahme durch die Osmanen brachte unter der Bevölkerung des Nordbalkan auf die Dauer eine gewisse Ruhe, so daß man durchaus von einer "Pax Ottomanica" sprechen kann, die sich im 15. Jahrhundert einfand. Der Balkan wurde in sechs Sandschaks (Regierungsbezirke) eingeteilt, die wiederum in Kazas (Unterbezirke) aufgeteilt waren. Gesamtthessalien gehörte zum Sandschak Tirhala (= Trikala), Larisa hieß nun Yeneshir (= Neustadt). In der Folgezeit kam es überwiegend zu Auseinandersetzungen zwischen der Seemacht Venedig und der Landstreitmacht der Osmanen, die auch Ostthessalien berührten. So mußten auch die Osmanen eine Flotte bauen, um Venedig ebenbürtig werden zu können. Dabei bediente man sich überwiegend griechischer Seeleute und vieler Piraten. Gegen letztere schritt man daher nur selten ein und seit dem 17. Jahrhundert waren infolge der Piratengefahr ganze Küstenstreifen entvölkert und viele große Wohnhäuser zeigten einen wehrhaften Charakter.

Da der Mensch den Siedlungsplatz frei wählt, indem er die für ihn in seiner historischen Situation günstigsten natürlichen Dominanten berücksichtigt, erscheint es zunächst notwendig, auf die Bevölkerungsbewegungen und -gruppen des 14. bis 18. Jahrhunderts einzugehen. Das von den Osmanen eroberte Land wurde an die einzelnen Krieger (= Sipahis) in kleineren Parzellen (= Timaren) als Lehen verteilt. Trotz dieser Lehenszuweisung, die eng mit der osmanischen Heeresstruktur verbunden gewesen ist und deren Absicht der Seßhaftmachung unverkennbar sind, ist im 15. Jahrhundert damit zu rechnen, daß die Krieger weiterhin Unruhe verbreitend in ihrer näheren Umgebung herumgezogen sind.

Die Flucht in die Berge war den Griechen z.T. durch die seit Mitte des 14. Jahrhunderts anwesender Albaner verwehrt, die als Hirten die Randgebiete Thessaliens beherrschten. Eine Ausnahme ist die Ostseite von Ossa, Mavrovuni und das gesamte zentrale Peliongebiet gewesen, Areale, die für die Haltung größerer Viehherden ungeeignet gewesen sind. Im Pelion, den Nordmavrovuni und der Ossa existierten aber bereits eine Anzahl Klöster, so daß auch hier nur z.T. freies Land zu finden war. In solch unsicheren Zeiten blieb vielfach nur die Flucht in die Städte: Anfang des 15. Jahrhunderts nach Tirnavos und Konstantinopel oder in das Ausland, in Herrschaftsbereiche der italienischen Kaufmannsstädte, vornehmlich in Hoheitsgebiete Venedigs. Eine solche Fluchtbewegung, die einen Urbanisierungsprozeß zur Folge hatte, ist Ende des 14. und Anfang des 15. Jahrhunderts im gesamten Balkanraum zu beobachten gewesen. Ausschlaggebender Faktor hierfür waren nicht nur die Osmanen, sondern auch die Albaner und die Piraten verschiedener ethnischer Herkunft.

Zu Beginn des 17. Jahrhunderts drängten die Bewohner aus den Ebenen und auch aus dem Othris-Gebiet und von Euböa in die Pelionberge. Auslösende Momente sind die Verfolgung nach einem mißglückten, von den Klerikern getragenen Aufstand von 1600 gewesen, ein immer mehr um sich greifendes Bandenunwesen in der Othris und despotisches Herrschen der Venezianer auf Euböa. Wenn viele Peliondörfer nach Heiligen benannt wurden, so deutet daß auf ein Niederlassen der Neuankömmlinge in der Nähe bereits bestehender Klöster, deren fortifikatorischer Charakter die Siedlungsplatzwahl offensichtlich mitbestimmt hat und daß die Flucht wenigstens z.T. religiös motiviert gewesen ist. Eine Kartierung der bis heute bestehenden "Hagios-Orte" ergibt einen Schwerpunkt an der Westflanke des Pelion. Am Olymp-Massiv, der Ossa und in den Mavrovuni entstand als Folge dieser Fluchtbewegung eine griechischstämmige, auf Kleinviehhaltung spezialisierte (ja beschränkte) Bevölkerungsgruppe, die zu den Sarakatsanen gezählt werden muß, einem Sammelnamen für alle griechischen Hirtennomaden[154]. In den Sommermonaten lebten diese mit ihren Herden in den Gebirgsregionen, in den Wintermonaten stiegen sie in die Täler hinab, schlossen mit den Gutsbesitzern Pachtverträge und ließen ihr Vieh auf

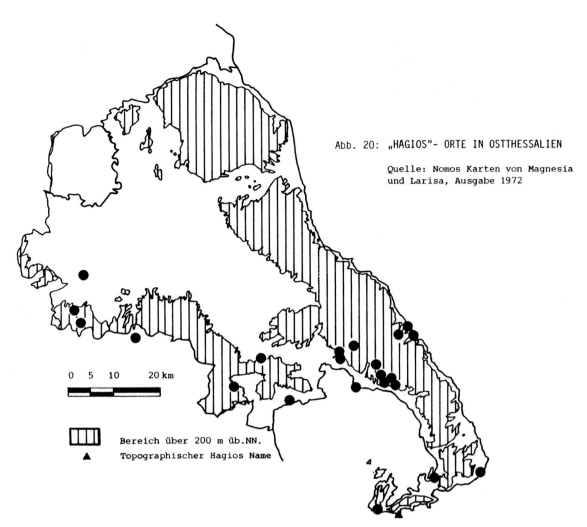

Abb. 20: „HAGIOS"- ORTE IN OSTTHESSALIEN

Quelle: Nomos Karten von Magnesia
und Larisa, Ausgabe 1972

0   5   10   20 km

Bereich über 200 m üb.NN.
▲ Topographischer Hagios Name

den brachliegenden oder abgeernteten Feldern weiden.
Für die Gutsbesitzer, die es inzwischen wieder gegeben hat, bedeutete dieser Pachtzins auf die Dauer
eine solch sichere und einfache Einnahmequelle, daß
gar kein Anreiz bestand, möglichst viel Land in kul-
tiviertem Zustand zu unterhalten, zumal durch die
Abwanderung zu den Erntezeiten immer das Arbeiter-
problem anstand. Als südliche Grenze der Kleinvieh-
wirtschaft dieser in einfachen, annuell-temporalen
Siedlungen lebenden Hirtengruppen ist in den ostthessalischen Gebirgen eine Linie Goritsa - Drakia
anzusehen. Auf der Ostseite der Gebirge Ossa und
Pelion wurde eine Herdenhaltung durch das feuchte
Klima, in den Mavrovuni mehr durch das schluchtenreiche Relief behindert. An den Hängen des Tales von
Ajia, vor allem aber im Pelion, entwickelte sich eine Gartenbauwirtschaft auf terrassierten Kleinflä-
chen, die z.T. bewässert wurden und auf denen neben
Gemüsen und Wein vor allem Obstbäume gediehen, in
niederen Lagen und auf der Westseite zwischen Drakia
und Meleae Ölbäume. An der Ostflanke des Pelion bildeten zwischen Purion und Xorichtion Kastanien und
Nüsse weiterhin eine wichtige Nahrungsgrundlage. Im
zwar hügeligen, aber an Reliefenergie ärmeren Gebiet
von Magnesia wurde Getreide angebaut.

Bis zur Mitte des 17. Jahrhunderts kam es zu einer
sehr dichten Besiedlung des Pelion, der die Siedler-
zahlen auf der Halbinsel Magnesia, in den Mavrovuni
und der Ossa nachstanden. Umgekehrt zu früheren Verhältnissen ist es nun zu einer Bedrohung der Türken
durch die Bergbewohner gekommen. Da es unmöglich gewesen ist, die wald- und schluchtenreichen Gebirge
zu kontrollieren, verlegte sich der Sultan darauf,
die Bergbewohner dadurch zu bändigen und zur Zusammenarbeit zu bewegen, indem er ihnen Freiheiten gewährte, vor allem die Selbstverwaltung. 1668 gab
Sultan Muhammed IV. für die Peliondörfer solche Privilegien[155], so daß diese fortan als die 24 freien
Dörfer des Pelion in den Reiseberichten Erwähnung
fanden. Mit der Zeit normalisierte sich das Zusammenleben von Christen und Moslems. Viele Bergbewohner fanden als Tagelöhner oder Hirten Arbeit in der
Ebene. Um sich gewisse Vorteile zu verschaffen, vielleicht auch aus Überzeugung, traten Christen zum Is-
lam über. Hatte Tirnavos Mitte des 17. Jahrhunderts
achtzehn Kirchen und nur drei Moscheen, so existierte Mitte des 19. Jahrhunderts nur noch der klägliche
Rest von zwei Kirchen, während die Zahl der Moscheen
auf sieben angewachsen war[156]. Diese Veränderung in
der Zahl der Kultbauten ist nicht nur auf einen Is-
lamisierungsprozeß zurückzuführen. Mitte des 19. Jahr-

hunderts waren die ostthessalischen Ebenen bereits
von türkischen Flüchtlingen aus Südgriechenland
überlaufen. Für den Verfall christlicher Kultbauten muß u.a. eine laxe Glaubenshaltung der Christen
angenommen werden.

In der zweiten Hälfte des 18. Jahrhunderts führten
die Handelsaktivitäten griechischer Kaufleute zu
einer zweiten, temporären oder semipermanenten Aus-
landsniederlassung. Zielländer sind Ungarn, Österreich und die Deutschen Länder gewesen. Auswanderer mit landwirtschaftlichen Zielen zog es nach
Ägypten. Nach dem Vertragsabschluß von Kücük Kay-
narci (1774) zwischen Rußland und den Türken nahm
diese Migration beträchtlich zu, sicherte doch der
Vertrag den Griechen freien Handel unter russischer
Flagge, bei gleichzeitiger Öffnung des Schwarzen
Meeres[157].

Die Bevölkerung Ostthessaliens setzte sich vom 14.
bis 18. Jahrhundert aus verschiedenen ethnischen
Gruppen zusammen. Um 1350 waren die Albaner nach
Thessalien eingedrungen und hatten sogar von den Inseln Skopelos und Skiathos Besitz ergriffen[158].
Während diese nordwestbalkanische Volksgruppe die
Randgebiete einnahm, herrschte in den Ebenen und
den östlichen Gebirgsteilen die griechische Volksgruppe vor, obgleich sie durch Epidemien, Piraten-
überfälle und osmanische Kriegszüge im 14. Jahrhundert dezimiert worden war. Zu Beginn des 15. Jahrhunderts wurden 5000 bis 6000 Seldschukenfamilien
als Schutz gegen die am Olympmassiv ansässige Hirtenbevölkerung angesiedelt (siehe oben). Wenn diese
tradierte Zahl stimmt, dann darf man von insgesamt
20000 türkischen Siedlern ausgehen. Zu Beginn des
16. Jahrhunderts lag die Zahl der Türken in Ostthessalien immer noch beträchtlich unter der Bevölkerungszahl der Griechen. Zu dieser Zeit kam eine neue
Volksgruppe nach Nordgriechenland, aus Spanien ge-
flohene Juden, die von der Religionstoleranz des
türkischen Sultans profitierten und die als Gegenleistung die Kenntnis der Herstellung der qualität-
vollen spanischen Wolltextilien mitbrachten. Sie boten dem Sultan an, alle Tücher für die Ausstaffie-
rung seiner Janitscharentruppe anzufertigen. In Ostthessalien scheint das Auftreten der Juden nicht so
zahlreich gewesen zu sein, wie in anderen Gegenden
des Balkans. So siedelten zwischen 1520 und 1535 in
Larisa noch keine Juden, während in Trikala der Anteil jüdischer Haushaltsvorstände bereits über 21 %
betrug, in Thessaloniki sogar 54 %, obgleich auch in

dieser Stadt 1478 noch kein einziger Jude gelebt
hatte[159]. Alte Steuerregister, die Angaben u.a.
über den Beruf und das religiöse Bekenntnis der
Haushaltsvorstände enthalten, lassen einige genaue
Aussagen über die Bevölkerungszahlen in Ostthessalien erhoffen. Leider sind diese Listen erst vorläufig ausgewertet worden[160] und gesicherte Einwoh-
nerzahlen sind bisher nur für Larisa publiziert.
1454 lebten in dieser Stadt - ein Jahr nach der Eroberung Konstantinopels - 355 moslemische Haushaltsvorstände, von denen 217 Handwerker gewesen sind.
Zwischen 1520 und 1530 gab es in Larisa insgesamt
768 Haushalte, 693 moslemische und 75 christliche[161].
Zwischen 1525 und 1575 soll die Bevölkerung Larisas und Trikalas um 68 % angestiegen sein[162]. Zurückzuführen ist dieses einerseits auf einen fortschreitenden Urbanisierungsprozeß, andererseits auf
ein tatsächliches Anwachsen der Bevölkerung, das im
16. Jahrhundert auch im westlichen Mittelmeerraum
festzustellen ist. Hatten im 14. Jahrhundert Epidemien und Naturkatastrophen die Bevölkerung der Balkanhalbinsel so dezimiert, daß den Türken eine Landnahme erleichtert wurde, ja sie sogar um Schutz vor
anderen Eindringlingen gebeten worden waren, so
sorgten ab der 2. Hälfte des 17. Jahrhunderts Epidemien, die fast nur in den Ebenen wüteten, für eine Änderung des Bevölkerungsverhältnisses zugunsten
der mehr bergbewohnenden Griechen. Thessalien wurde
1667, 1688, 1719 und 1742 von Pestepidemien heimge-
sucht[163]. Die 1742er Pest wütete besonders in den
Dörfern nördlich von Larisa und viele von ihnen erholten sich nie wieder von dieser Heimsuchung. Noch
100 Jahre später schrieb FALLMERAYER die Existenz
halbverfallener Dörfer in den ostthessalischen Ebenen dem Wirken dieser Pest zu[164]. Die gleichzeitige,
durch die Pest noch geförderte Auswanderungswelle
nach Mitteleuropa und Rußland verstärkte den Wü-
stungsprozeß. In dieser Zeit sind wichtige Vorbe-
dingungen für die Folgezeit geschaffen worden.

Von besonderer Wichtigkeit für eine siedlungsgeo-
graphische Betrachtung sind die Formen osmanischen
Landbesitzes in Ostthessalien. Im 14. und 15. Jahrhundert ist das Osmanische Reich in erster Linie
militärisch organisiert gewesen und die Gesellschaft
hatte sich nach militärischen Bedürfnissen zu rich-
ten, was besonders deutlich wird in dem Timar-Sipahi System. Für geleistete Kriegsdienste wurde einem
Reiter (= Sipahi) ein kleineres Lehen (= Timar) verliehen. Solch ein Timar war gleichzeitig Lohn und
Verpflichtung; pflegte der Sipahi Waffen und Pferd

nicht, verlor er den Landbesitz wieder. Das Anwesen konnte durch weiteres Sichauszeichnen vergrößert werden und wurde dann Siamet genannt. Die Anzahl der pro Lehen abzustellenden Männer für den Kriegsdienst richtete sich nach den Einkünften[165]. Die Söhne des Sipahi mußten sich ihr eigenes Lehen erwerben, erst in späterer Zeit wurde es erblich. In dem Sandschak Thessalien gab es in der ersten Hälfte des 15. Jahrhunderts 60 Siamets und 344 Timare[166]. 1456 ließ Mohammed II. sämtliche Lehen registrieren, mit der Absicht, eine feste Grundlage für die Heeresfolge, Steuerzahlungen und Besitzverhältnisse zu schaffen. Diese Register haben sich erhalten und es ist erstaunlich, daß es 1455 im Bezirk Trikala (= Westthessalien) 36 christliche Timarioten gegeben hat, bei insgesamt 186 kleineren Lehen[167]. Es kam den osmanischen Herrschern nicht darauf an, daß der Landbesitz in moslemischer Hand war, sondern daß das Land bebaut wurde, damit genügend Lebensmittel für die anwachsende Stadtbevölkerung und das Heer vorhanden waren. Wie bereits unter den Byzantinern, so hatte Thessalien auch unter den Osmanen einen bedeutenden Anteil an der Lebensmittelversorgung von Konstantinopel. Das Timar-Sipahi System bewirkte eine weite Streuung kleiner und mittlerer Gehöfte im Landschaftsraum Ostthessalien, wodurch das Land besser unter Kontrolle zu halten war, Prozesse der Seßhaftwerdung begünstigt und Abwanderungen in die Städte Larisa und Volos verhindert und die Versorgung der Städte mit Lebensmitteln gesichert wurden. Schon bald wurden die Timare erblich, woran auch die Reformen des Sultan Suleiman 1530 nur kurzfristig etwas änderten. Das Timar-Sipahi System verfiel und wurde abgelöst durch das seit Ende des 16. Jahrhunderts entstehende Tschiftlik-System. Hieran sind die wirtschaftlichen Entwicklungen und militärischen Innovationen in Westeuropa nicht schuldlos gewesen. Mit der Einführung der Feuerwaffen verlor die einst so gefürchtete türkische Reiterei ihre durchschlagende Wirkung, was sich rasch auf das Lehenssystem auswirkte. Das persönliche Erscheinen der Sipahis als Reiter auf dem Schlachtfelde war nicht mehr so wichtig, so daß diese auf ihrem Besitz blieben und vertretungsweise Fußvolk entsandten. Die Haltung der Lehensbesitzer war egoistischer geworden, sie zeigten größeres Interesse an der Mehrung ihres eigenen Besitzes. Ende des 16. Jahrhunderts wurde das Gebot aufgehoben, auf dem erhaltenen Lehen auch zu wohnen, und von da ab gelangte immer mehr Landbesitz in die Hände von Beamten und Janitscharen, die in den Städten wohnen blieben. Einfache Bauern verarmten und wanderten ab, Felder fielen aus Arbeitskräftemangel brach. Auf ihnen weidete im Winter die sich neu ge-

bildete Hirtengruppe der Sarakatsanen ihre Kleinviehherden. Andererseits begünstigte das Anwachsen der urbanen Bevölkerung den Anbau von Monokulturen mit für den Export bestimmten Erträgen. Die großen Landgüter wurden Tschiftlik genannt. Ursprünglich bezeichnete Tschiftlik (Ciftlik) eine wirtschaftliche Größe, ein Stück Land, das in einem Tag mit einem Paar Ochsen gepflügt werden konnte, vergleichbar mit dem byzantinischen "Zeugorion", dem deutschen "Morgen" oder "Tagewerk". Die Größe eines Tschiftlik konnte von der Bodengüte abhängig sein. Später wurde unter Tschiftlik eine landwirtschaftliche Einheit verstanden, bestehend aus Wohn-, Wirtschaftszelle und Kulturland. Von einer mehr oder weniger konkreten Größeneinheit hatte sich der Begriffsinhalt zu einer mehr sozialökonomischen Größe gewandelt. Geomorphologisch war die Verbreitung der Tschiftliks an Ebenen gebunden, deren Höhenlage weniger wichtig gewesen ist. Einrichter von Tschiftliks beschlagnahmten Allmendegebiete der Bauerndörfer und auch kirchliches Gut[168]. Einzelne osmanische Gutsbesitzer standen damit im Gegensatz zu der Politik der Sultane, die die Rechte der orthodoxen Kirche achteten und den kirchlichen Landbesitz bestätigten. So waren vor allem die Klöster wichtige ökonomische Einrichtungen, die durch die Vereinnahmung des Landbesitzes in ihrer Existenz bedroht wurden. Im November des Jahres 1600 zettelte der Metropolit von Larisa einen Aufstand an, der in seinen Auswirkungen weit über die Grenzen Ostthessaliens hinausging. Eine heftige Verfolgung der Geistlichen durch die Türken war die Folge[169], die zu der ersten größeren Fluchtbewegung in die Gebirge führte, seitdem die Türken Ostthessalien in Besitz genommen hatten. Der Bischofssitz von Demetrias wurde 1638 nach Episkope an die Westhänge des Pelion verlegt. Zu dieser Zeit machte der osmanische Herrscher dem Bischof von Demetrias Land und Einkünfte zum Geschenk[170]. Diese Handlungsweise ist ein Indiz dafür, daß Ende des 16., Anfang des 17. Jahrhunderts die Türken stärker von den Ebenen Besitz nahmen und die Griechen in die Berge verdrängt worden sind. Nun darf die Verlegung eines Bischofssitzes nicht generell mit dem Druck von osmanischer Seite verbunden werden. 1757 wurde der Sitz des Bischofs von Demetrias nach Zagora auf die Ostseite des Gebirges verlegt, mit dem Bischofssitz von Ajia vereinigt und zum Erzbistum erhoben[171]. Grund für diese Maßnahme war aber keinesfalls ein erhöhtes Sicherheitsbedürfnis, sondern schlichtweg kirchlicher Klüngel! Der nicht einmal ein Jahr amtierende Patriarch Kallinikus III. war 1757 kirchliches Oberhaupt der Orthodoxen. Gebürtig aus Zagora, setzte er dort als ersten Erzbischof seinen Bruder Gregorius ein[172].

Hier wird nicht nur Nepotismus deutlich, sondern auch der Umstand, daß es im 18. Jahrhundert für Bewohner des Pelion möglich gewesen sein muß, sehr reich zu werden. Zudem müssen enge Beziehungen zu den Phanarioten (= den reichen Griechen in Konstantinopel) bestanden haben. Wohl gleichzeitig mit dem Verdrängungsprozeß um 1600 wurde die Armatolika Mavrovuni eingerichtet, ein Bezirk, in dem Christen als örtliche Polizeitruppe fungierten. Die Armatolika Mavrovuni kann nicht identisch gewesen sein mit dem heutigen Gebirge Mavrovuni, sondern wird aus dem Chalkodonion und dem Zentralpelion bestanden haben[173]. Zurück zu den Gutsbetrieben: In Ostthessalien waren Tschiftliks vorwiegend Güter, die in gänzlich eigener Regie verwaltet wurden, d.h., der Besitzer ließ sein eigenes Land von Knechten und Tagelöhnern bearbeiten, verpachtet wurde weniger. Anfang des 20. Jahrhunderts waren von insgesamt 149 Tschiftliks, die in Griechenland noch auf diese Weise bewirtschaftet wurden, alleine 56 im Raume Larisa anzutreffen[174]. Die Besitzer waren höhere Beamte, die in Larisa selbst wohnten. Daneben existierten Pachtverhältnisse, die auf dem Balkan regional sehr unterschiedlich gewesen sind, ja sich bereits in den westthessalischen Ebenen beträchtlich von denen in den ostthessalischen Ebenen unterschieden. Im Bereich von Larisa und Volos - dem Kerngebiet der Tschiftliks in Griechenland - herrschte die Form vor, daß der Gutsherr dem Bauern, der als Pächter auftrat, Boden, Geräte, Vieh und Saatgut zur Verfügung stellte und der reine Ernteertrag je zur Hälfte an die einzelnen Vertragspartner ging[175]. Auf den ostthessalischen Tschiftliks entstand während des 18. Jahrhunderts ein ausgesprochener Arbeitskräftemangel, ein Zeichen u.a. für Monokulturen, in denen nur annuell-temporal Arbeitskräfte benötigt wurden. Im Raume Volos und Lechonia konnte dieser Mangel wahrscheinlich durch die Bergbevölkerung des Pelion ausgeglichen werden, während anderswo Saisonarbeiter aus Attika eingestellt worden sind[176]. Wenn nicht der Pachtzins der Hirten gewesen wäre, der für die Winterweiden zu zahlen war, dann wäre das Tschiftliksystem sicherlich eher zusammengebrochen. Der Wert von Landbesitz sank beständig. In der zweiten Hälfte des 18. Jahrhunderts war das türkische Gesellschaftssystem in Ostthessalien bereits am Ende; sich einander bekriegende Gutsherren waren keine Seltenheit.

Eine weitere Form von Landbesitz stellten die Sultansgüter (= Chasia) dar, die vergleichbar waren mit den Domänen der byzantinischen Kaiser und die arealmäßig mit diesen vielfach identisch gewesen sind. Diese Güter wurden an Beamte und Heerführer als Auszeichnungen übergeben. Bei dieser Form von Landbesitz

ist wie bei den größeren Tschiftliks mit verstreut liegenden Siedlungen zu rechnen, die aus einem Herrschaftsbereich und aus einem Wohn- und Arbeitsbereich der Bauern und Tagelöhner bestanden.

Schließlich ist gerade für Ostthessalien die Bedeutung der Vakufia - den Besitzungen religiöser Einrichtungen, zumeist von Moscheen - nicht zu unterschätzen. Neben Tirnavos, das seit seiner Gründung Anfang des 15. Jahrhunderts Vakuf von Mekka gewesen ist[177], sind vor allem aus dem Pelion-Magnesia Gebiet Vakufia namentlich bekannt, deren Ertragserlöse zum größten Teil an die Hauptmoscheen in Konstantinopel gingen. Da die Bewohner eines Vakufs unter dem besonderen Schutz des Sultans standen und das Recht besaßen, Waffen zu tragen, eine enge Verbindung zwischen dem überwiegen christlicher Bevölkerung in einem Gebiet und dessen Erklärung zum Vakuf besteht, verstärkt sich die Vermutung, daß die Einrichtung der Pelion-Magnesia Vakufia mit den Privilegien, die der Sultan 1668 den Peliondörfern verliehen hat, in Verbindung zu bringen ist. Die Verteilung der Vakufia deckt sich mit den für die bekannte Armatolika angenommenen Grenzen.

Das Timar-Sipahi System mit Wohnpflicht der Besitzer auf den ihnen anvertrauten Lehen hatte zu Beginn des 15. Jahrhunderts für eine weite Streuung der Bevölkerung in kleinen Siedlungen gesorgt und das Entstehen weiterer Zentren neben Larisa und Volos verhindert. Im 16. und vor allem im 17. Jahrhundert kam es sowohl in den Ebenen, als auch in den Bergregionen Ostthessaliens zu Konzentrationen in mehrere Familien und Sippen umfassende Siedlungen. In den Ebenen war diese Entwicklung durch die Entstehung der Tschiftliks bestimmt, in den Bergen durch die vermehrte Bevölkerungszahl auf Grund von Fluchtbewegungen, deren Wurzelzonen vielfach auch außerhalb Ostthessaliens lagen. In der Senke zwischen Ossa und Mavrovuni wurde der Siedlungsschwerpunkt von Vathirema weiter nach Osten verlegt, Ajia entstand[178]. Die unterschiedlichen wirtschaftlichen Situationen der Bergregionen schlugen sich im Siedlungsbild nieder. Während in der Ossa und den Mavrovuni das halbnomadische Leben der Hirten das Entstehen permanenter Siedlungen mit festen Wohnstätten weitgehend verhinderte, entstanden im Pelion (bei Gartenbaukulturen und Handwerk) größere Haufendörfer mit voneinander getrennten Vierteln. Küstennahe Siedlungen ließ die andauernde Piratengefahr nirgendwo zu. Von Paleo-Trikeri siedelten die Bewohner zum Tiseon über und errichteten hoch oben auf einem Gipfel den neuen Ort Trikeri, um vor Piraten in Sicherheit zu sein. Die Häuser stehen in Trikeri entschieden dichter beisammen als in ostpeliotischen Siedlungen. Das Gassengewirr führt zu derartigen Orientierungsschwierigkeiten von Ortsfremden, daß hierin eine beabsichtigte Schutzfunktion gesehen werden muß. Es ist augenscheinlich ein Bestreben der Menschen dieser Zeit gewesen, getrennt nach Volksgruppen und religiösem Bekenntnis in Vierteln ein- und derselben Siedlung oder sogar in verschiedenen

türkischer Administration und des Militärs ließ zunächst keinen Platz für eine christliche Bevölkerung, die sich in dem nordwestlich von Larisa gelegenen Tirnavos konzentrierte. Erst später drängten Christen in die Stadt. Sie durften wie die Juden nur niedrige Gebäude errichten und bewohnen, die überragt wurden von den Moscheen und prächtigen Häusern der Türken. Am Golf waren türkische Wohn-

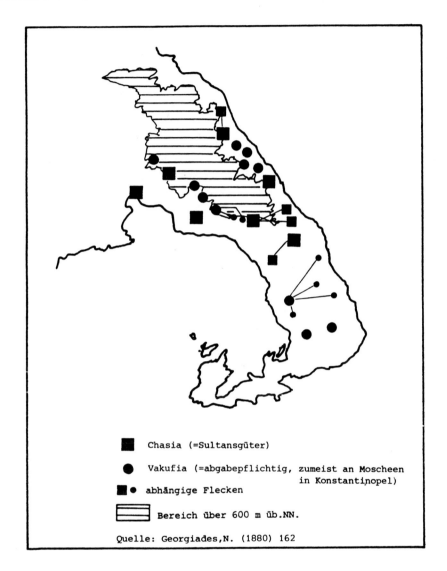

Chasia (=Sultansgüter)

Vakufia (=abgabepflichtig, zumeist an Moscheen in Konstantinopel)

abhängige Flecken

Bereich über 600 m üb.NN.

Quelle: Georgiades,N. (1880) 162

Abb. 21: **VAKUFIA UND CHASIA IM PELION UND AUF DER HALBINSEL MAGNESIA**

Siedlungen zu leben. Im Norden Ostthessaliens waren Larisa und Tirnavos solch ein Siedlungspaar, am Golf Volos und das am Pelionhange gelegene Episkope. Larisa überflügelte im 17. Jahrhundert Trikala und war fortan wichtigste türkische Stadt Thessaliens, Yeneshir (= Neustadt) genannt. Die Stadt lag innerhalb eines Wegenetzes und an einer Furt des Penios zentral in den Ebenen, vergleichbar einer in ihrem Netz sitzenden Spinne. Sie war von einer Lehmziegelmauer umgeben und die Konzentration

häuser im Kastri Volos konzentriert, dessen Tore jeden Abend geschlossen wurden. Erst in späterer Zeit errichteten die Türken ihre Wohnhäuser auch an den Westhängen des Pelion, die zunächst ein reiner Siedlungsraum der Christen gewesen waren. Dabei drangen die Türken weiter und höher in die Gebirge ein, als das zumeist vermutet wird. Volos hatte eine besondere Bedeutung als Proviantlager der türkischen Flotte und als Ausfuhrhafen der für Konstantinopel bestimmten Lebensmittel. Bereits dem französischen König Ludwig XIII. hatte man ein Memorandum vorgelegt, in dem zur Schwächung Konstantinopels eine Unterbrechung der Getreidezufuhr aus Ägypten und Volos vorgeschlagen wurde. Erst danach meinte man die Stadt zurückgewinnen zu können[179]. 1655 versuchte Venedig verlorene Gebiete im Ägäischen Meer wieder zurückzugewinnen. Der Angriff auf Volos war dabei ein wichtiger Punkt in der venetianischen Kriegsführung. Unter Francesco Morosini, dem venezianischen Befehlshaber, konnte Volos eingenommen werden. Zwanzig bronzene und sieben eiserne Kanonen wurden erbeutet, sowie große Vorräte an Schiffszwieback und Mehl. Anschließend wurde die Stadt und die Festung in Brand gesteckt. Volos wird hierbei als Stadt mit "hohen, nach alter Marnier aufgeführten Mauern" und mit einem kleinen Kastell am Marktplatz geschildert, der Hafen als geschützt charakterisiert[180]. Ostthessalien muß für die Versorgung von Konstantinopel eine Bedeutung ersten Ranges gehabt haben. Wahrscheinlich ist dieses der Grund dafür gewesen, daß Sultan Muhammed IV. von 1665 bis 1669 in Larisa residierte[181] und von dort das Osmanische Reich regierte. Es geschah dieses in der Endphase des Krieges zwischen den Türken und Venezianern, der insgesamt von 1645 bis 1669 dauerte und mit der Eroberung Kretas durch die Türken endete.

Die Behausungen bestanden im Pelion aus einfachen Bruchsteinhäusern mit einer Holz-Steindachkonstruktion, unter der Wohnung, Stallung und Vorrat nach Stockwerken getrennt vereint waren. In den Mavrovuni und der Ossa waren die Hirtenbehausungen einfacher und vergänglicher gebaut, sie wurden nur annuell-temporal, teilweise semipermanent genutzt. In den Ebenen bestanden die Tschiftliks aus zwei Wohnhaustypen: Den einfachen - meist einräumigen - strohbedeckten Lehmhütten der Arbeiter und den mehrgeschossigen, turmartigen Häusern aus Stein mit Ziegel- oder Schieferplattendach, den Konaks, der zumeist türkischen Besitzer. Das Konakhaus ist eigentlich ein städtisches Wohngebäude, das in Ostthessalien ein mehrstöckiger Wohnbau gewesen ist, der Vorrats- und Stallraum im Erdgeschoss besaß, Selamluk (= Herrenbereich) und Haremluk (= Frauenbereich) in den darüberliegenden Stockwerken. Nicht zu leugnender städtischer Einfluß führte schließlich zu einem weniger wehrhaft aussehenden Gebäude. Haremluk und Selamluk wurden baulich getrennt. Das Konak blieb im Erdgeschoß meist ohne Fenster, der Zugang erfolgte über eine neben dem Haus errichtete Treppe mit einem zugbrückenähnlich angelegtem oberen Absatz. Im obersten Geschoß waren die Fenster größer, Erker vorhanden. Das Wehrhafte der Häuser wurde von ihnen weg in die Umgebung verlegt,

indem der Herrschaftsbezirk - mitunter alle Gebäude des Tschiftlik - mit einer Mauer umgeben wurden. Wehrmauern waren bedingt durch die Fehden der Tschiftlikbesitzer untereinander und nicht Ausdruck eines feindseligen Verhältnisses zwischen Besitzern und Rayas (= Bauern). Der Wandel dieses Haustypes ist auf Veränderungen bei den Besitzverhältnissen zurückzuführen. Die Ländereien gelangten mehr in die Hände einer urban siedelnden Beamtenschaft, die nur noch temporal auf ihren Gütern anwesend war. Die gesamte bauliche Anlage eines Tschiftlik konnte von unterschiedlicher Art sein. PHILIPPSON hat diese Siedlungen in Ostthessalien beschrieben, wobei anzumerken bleibt, daß die Eindrücke, die dieser Beschreibung zu Grunde liegen, Ende des 19. Jahrhunderts entstanden. "Das Tschiftlik-Dorf... wird überragt von dem großen, mehrstöckigen, mehr oder weniger städtisch gebauten Hause des Großgrundbesitzers; bei diesen klobigen Gebäuden fällt der Mangel jeglichen Schmuckes, das Fehlen der Gärten, überhaupt jeden ästhetischen Gefühles auf... . Das Dorf der ehemals hörigen Bauern befindet sich meist in einem gewissen Abstand vom Herrenhaus und besteht aus einer geradlinigen Zeile von ganz gleichen niedrigen Lehmhütten, die nur ein Erdgeschoß haben und mit den Giebelwänden aneinandergebaut sind, unter einem einzigen fortlaufenden Dach; zwei solcher Reihen stoßen in rechtem Winkel zusammen; manchmal auch drei, so daß das Dorf aus einem langen Gebäude zu bestehen scheint, welches in zwei oder drei Flügeln einen großen, viereckigen offenen Platz umgibt"[182].

8. DIE BEFREIUNG VON DER TÜRKISCHEN HERRSCHAFT (1774 BIS 1881)

Diese Zeitspanne zeichnet sich vor allem durch ein wirtschaftliches Hoch im letzten Jahrzehnt des 18. Jahrhunderts aus und einen nachfolgenden stetigen Niedergang. Die Griechen erschlossen sich neue wirtschaftliche Bereiche im Handel und in der Produktion, während die Türken bei ihrer Landwirtschaft und den administrativen Aufgaben verblieben. Von daher führte die wirtschaftliche Hochblüte vor allem in den Bergregionen zu einer Vergrößerung der Dörfer, die mit Ausnahme der Pelionorte auch ebenso rasch wieder abnahm. Eine Voraussetzung für das hohe Bildungsniveau, das für derartige Handelsaktivitäten erforderlich gewesen ist, sind die Schulen in mehreren Pelionorten gewesen, die zeitweise mit Geldmitteln aus München unterstützt worden sind[183]. Bedeutende Männer, die dem griechischen Freiheitskampf die Bahn geebnet haben, kamen aus diesen Pelionschulen. Eigentlich beabsichtigten sie nicht den Kampf, sondern die Schaffung eines griechischen Nationalstaates, indem man das Bildungsniveau bei der Bevölkerung anhob und ein historisches Bewußtsein schuf. Dieses ist in Ostthessalien im Grunde auch gelungen. Der 1821 ausbrechende Freiheitskampf der Griechen glitt hier rasch in den kriminellen Bereich ab. In Ostthessalien wurde die Freiheit mehr mit dem Kopfe, als mit dem Dolche errungen. Dieses dauerte dann aber auch genau sechzig Jahre länger als im Süden. Bekanntester und immer noch eindrucksvollster Ort der nur wenige Jahrzehnte dauernden Blütezeit ist Ambelakia an der Nordwestflanke der Ossa gewesen. Hier wurde 1778 eine Kooperation gegründet, deren Teilhaber aus zwei Gruppen bestanden: Geldgebern und Produzierenden. Es waren mindestens 5000 Piaster einzuzahlen und höchstens 20000, die das Grundkapital der Gesellschaft bildeten. Rohmaterialien (Baumwolle, Färbemittel) wurden eingekauft. Von Kindern und Frauen mit der Spindel versponnen gelangte das Garn in eine der 24 örtlichen Faktoreien, wo man es unter Verwendung pflanzlicher und tierischer Stoffe einfärbte. Durch das Färben wurde der Wert des Garnes mehr als verdoppelt. Deutschland ist fast alleiniger Importeur dieses Garnes gewesen, das über Spanien bis nach Süd- und Mittelamerika gelangte. Das Umsatzvolumen betrug zu Beaujours Zeiten[184] zwei Millionen Piaster, um 1806 immer noch 1,6 Millionen[185]. Den Handel organisierten die Ambelakier über 16 Auslandsniederlassungen mit eigenen Leuten. Diese wurden alle drei Jahre ausgetauscht und mußten für ein Jahr nach Ambelakia zurückkehren. Von dem Verkaufserlös wurden die Steuern an die Türken bezahlt, neue Rohstoffe eingekauft, öffentliche Einrichtungen (z.B. eine Schule) unterhalten und Mittel für Arbeitsunfähige bereitgestellt. 10 % des Gewinnes wurden an die Genossenschaftsmitglieder verteilt, der nach allen Abzügen schließlich übriggebliebene Rest dem Grundkapital des Zusammenschlusses beigefügt. Innerhalb von zwei Jahren stieg das Kapital der Genossenschaft von 60000 auf 1 Million Piaster an. An der Spitze der Kooperation standen ursprünglich drei Direktoren, denen in Wien drei andere gegenüberstanden. Der sich schnell anhäufende Reichtum brachte Unordnung in das Gefüge der Genossenschaft. Monatelang war

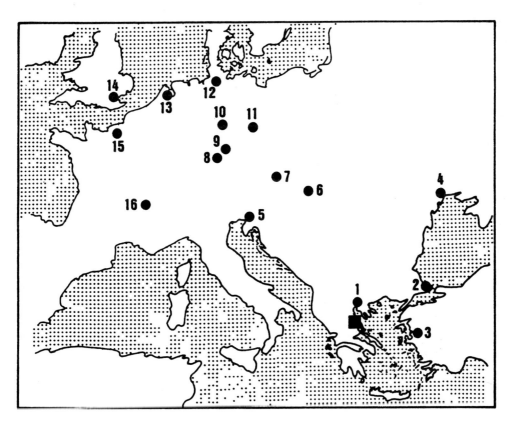

Abb. 22: DIE AUSLANDSNIEDERLASSUNGEN DER KOOPERATIVE VON AMBELAKIA

Legende: ■ Ambelakia

1. Thessaloniki	5. Triest	9. Bayreuth	13. Amsterdam
2. Konstantinopel	6. Budapest	10. Leipzig	14. London
3. Smirna	7. Wien	11. Dresden	15. Rouen
4. Odessa	8. Ansbach	12. Hamburg	16. Lyon

ihr Funktionieren gefährdet und noch Beaujour berichtete, daß sie in viele kleine Gesellschaften auseinandergebrochen sei. Neid und Mißgunst seien nun vorherrschend. Laufend gebe es neue Vereinigungen, die häufig nur einen Tag existierten. Aufstieg und Niedergang Ambelakias zeigen sich eindrucksvoll an den Bewohnerzahlen. 1783 hatte dieser Ort 1500 Einwohner, 1798 bereits 4000 und 1803 schließlich 6000, eine Zahl, die seit Beginn des 2. Jahrzehntes des 19. Jahrhunderts beständig abnahm und 1883 noch 1564 lautete[186].

Der wirtschaftlichen Blüte in den Bergregionen gingen unsichere Zeiten in den Ebenen einher. Die türkische Zentralgewalt war äußerst schwach und Ali Pascha aus Joannina brachte zwischen 1784 und 1822 nach und nach ca. 975 Dörfer vom Epirus bis zur Senke von Ajia in seine Gewalt, um ein unabhängiges Paschalik in Thessalien zu schaffen. Besonders in der Senke von Ajia wurden eine Reihe von Dörfern in Tschiftliks umgewandelt. LEAKE berichtet, daß Ajia sich im Besitz der Sultanin befunden habe, bevor Ali Pascha es an sich riß. Beaujour gab 24 Dörfer an der Ossa und am Pelion als Besitz der Sultanin Valide aus[187]. Ali Pascha brachte das Besitzgefüge völlig durcheinander. Die Preise für Land fielen in dieser Zeit derart, daß ein Tschiftlik nur noch mit der dreifachen Jahresrente bezahlt zu werden brauchte[188]. Der Unsicherheit, die Ali Pascha hervorgerufen hatte, folgte die Unsicherheit nach 1821, ob nun auch Thessalien zu dem neuen Staate Griechenland hinzukommen würde. Nach FALLMERAYERs Reisebericht (Reise 1841/42) rechneten selbst die Türken in Larisa mit einer baldigen Übernahme Thessaliens durch die Griechen. Immobilienspekulationen begannen und mancher Kauf wurde aufgeschoben, "weil man erst den Regierungswechsel und die neue Ordnung abwarten wollte"[189]. In der zweiten Hälfte des 19. Jahrhunderts waren 460 von 658 Dörfern in Gesamtthessalien Tschiftliks. 1858 erging vom Sultan das Verbot, daß ein Dorf als Tschiftlik einem einzigen Manne gehören konnte[190]. Trotz aller Maßnahmen war ein Rückgang der türkischen Bevölkerung in Ostthessalien nicht aufzuhalten, da die türkische Gesellschaft auch in einer inneren Krise steckte. Die Geburtenrate bei türkischen Frauen war niedriger. Durch Ansiedlung von Bauern aus Anatolien versuchte man zu Beginn des 19. Jahrhunderts dem Bevölkerungsschwund zu begegnen. Kurz nach dem Krim-Krieg (1854-55) wurde am Fuße des Olymp eine polnische Kolonie gegründet, die aber durch Abwanderung und eine Epidemie bereits nach zwei Jahren zerstört war[191]. Die wirtschaftlichen Änderungen und die Bevölkerungsschwankungen spiegeln sich auch in den

größeren Orten Tirnavos, Larisa und Volos in z.T. unterschiedlichem Ausmaße wieder. Tirnavos besaß Ende des 18. Jahrhunderts 6000 Einwohner, die zumeist Christen gewesen sind (Anfang des 19. Jahrhunderts 70, Mitte des Jahrhunderts 40 moslemische Familien) und 1883 nur noch 4437 Bewohner[192]. Es läßt sich insgesamt ein Bevölkerungsrückgang verzeichnen, der nicht nur der Abwanderung moslemischer Familien zugeschrieben werden kann. Larisa hatte Ende des 18. Jahrhunderts 20000 Bewohner. Nach 1821 wurde es zum Zentrum von moslemischen Flüchtlingen aus dem Süden Griechenlands. Mitte des 19. Jahrhunderts wohnten in dieser Stadt 36000 bis 40000 Türken, 400 jüdische und 400 christliche Familien. 1883 besaß die Stadt schließlich noch 13169 Einwohner und ihre Außenbezirke waren verfallen. Dennoch ist der prozentuale Anteil der türkischen Bevölkerung immer noch sehr groß gewesen. In Volos lebten Ende des 18. Jahrhunderts 3000 Menschen, Mitte des 19. Jahrhunderts 5000 und 1883 waren es noch 4987 Einwohner[193]. Ein Teil der Bevölkerung aus den Bergdörfern muß also nach dem Ende Ali Paschas in die Städte umgesiedelt sein. Da Tirnavos und Volos christliche Hochburgen gewesen sind, machte sich in ihnen eine Abwanderung der Türken um 1880 nicht so stark bemerkbar. Auf dem Lande wurde durch Wegzug der Konairiden (Nachfahren der im 15. Jahrhundert aus Ikonium umgesiedelten Bauernfamilien und der Umsiedler vom Beginn des 19. Jahrhunderts) aus der Senke von Ajia und den Gebieten nördlich und südwestlich von Larisa die Bevölkerungszahl um insgesamt 10000 bis 12000 dezimiert[194], die mit Griechen aus den Bergdörfern schnell wieder aufgefüllt werden konnten.

Im Grundriß lassen erst spät im 19. Jahrhundert errichtete Ortsteile von Siedlungen eine Planung erkennen, für das Volos das augenfälligste Beispiel ist. Der Plan von Larisa zeigt recht unregelmäßige Gassen, ein planerisches Konzept ist nicht erkennbar. Die jeweilige Konzentration von Kultgebäuden der drei Religionen läßt eine Viertelbildung vermuten, die aber nicht so weit gegangen sein kann, daß eine Dreiteilung auf dieser Grundlage vorgenommen werden könnte. Einschränkend ist ebenso zu vermerken, daß nur noch ein Teil der Kultgebäude zu erkennen ist. LEAKE gab z.B. die Zahl der Minarette mit mehr als 20 an; GELL mit ungefähr 26[195]. Tirnavos hatte einen mehr mitteleuropäischen Siedlungscharakter. Die Straßen waren zumeist breit und gerade, schnitten sich im rechten Winkel und waren kunstreich mit großen Kieselsteinen gepflastert. Vielfach verliefen in der Straßenmitte offene Kanäle[196]. Zweigeschossige Häuser waren die Regel. Wenn auch gewöhnlich türkische Städte offen waren, so be-

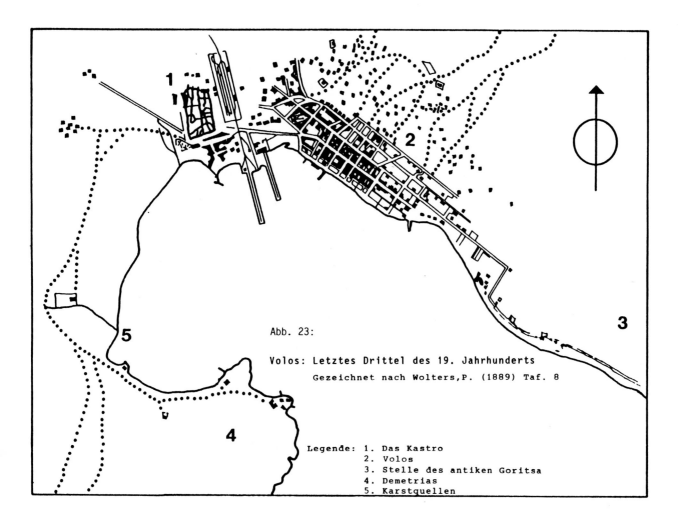

Abb. 23:

Volos: Letztes Drittel des 19. Jahrhunderts
Gezeichnet nach Wolters,P. (1889) Taf. 8

Legende: 1. Das Kastro
2. Volos
3. Stelle des antiken Goritsa
4. Demetrias
5. Karstquellen

saß Larisa eine Lehmziegelmauer und in Volos bewohnten die Türken das Kastro. Die Mehrzahl der Häuser war aus Lehmziegeln gebaut, sie waren niedrig und wurden von Bäumen verdeckt. Einige wenige prächtiger ausgestattete Holzhäuser belebten neben den Kultbauten aus Stein das Stadtbild. Dörfer auf dem flachen Lande waren häufig sehr klein. Baba (= Tembi) besaß "nicht mehr als dreißig Häuser und zwischen Baumdickicht eine Moschee". Die Ortschaft Gherini westlich von Velestinon bestand aus vier von Griechen bewohnten Lehmhütten. Laspochorion im Peniosdelta bestand aus Weidenhütten, deren Wände man mit Lehm verschmiert hatte. Nur der Wohnturm des türkischen Aga überragte aus Stein gebaut dieses Laspochorion (= Schlammdorf)[197]. Bei eingerichteten Tschiftliks ließen die Siedlungen eine Gradlinigkeit erkennen. Insgesamt herrschte die Form des Haufendorfes vor, wobei sowohl in den Ebenen als auch in den Bergen voneinander abgesetzte Makhalas (= Viertel) überliefert sind. In den Bergen sind diese Makhalas heute noch zu beobachten. Großfamilien und Volksgruppen, und in den Bergen zudem das schluchtenreiche Relief müssen als Ursachen hierfür angesehen werden. Unsicherheiten im Lande führten zu einer Beibehaltung der Siedlungen in den Höhenlagen, auch wenn

wirtschaftliche Änderungen einen anderen Siedlungsplatz als günstiger erscheinen ließen. So wurden diese nur annuell-temporal aufgegeben. An der Pelion-Westflanke entwickelte sich z.B. ein System von Haufendörfern in den Hochregionen und nur winterlich bewohnte Streusiedlungen in Hangfußlagen. Im Bereich des antiken Demetrias existierte eine Kalivia, eine annuell-temporal bewohnte Hüttensiedlung.

Waren die Wohnstätten in den Dörfern und Städten zumeist einfache Lehmhütten, so gab es doch auch größere massive Häuser, sowohl in den Ebenen, als auch besonders in den Bergdörfern. Das Konak ist das Zentrum eines Tschiftlik gewesen, massiv aus Stein mit Festungscharakter in turmartiger Bauweise errichtet. Ein solches Konak ist bis heute in Ano Lechonia erhalten geblieben (Photo 1). Lediglich die oberste Wohnebene besaß größere Fenster und vorkragende Erker. Das Konak ist eigentlich ein Stadthaus. Im Gegensatz zu den ländlichen Konaks waren solche aber aus Holz gebaut. Das Konak muß die Patrizierhäuser der Bergdörfer des Pelion und in Ambelakia entscheidend mitbeeinflußt haben (Photo 2 und 3). Diese Patrizierhäuser (= Archontiki) besaßen zumeist drei

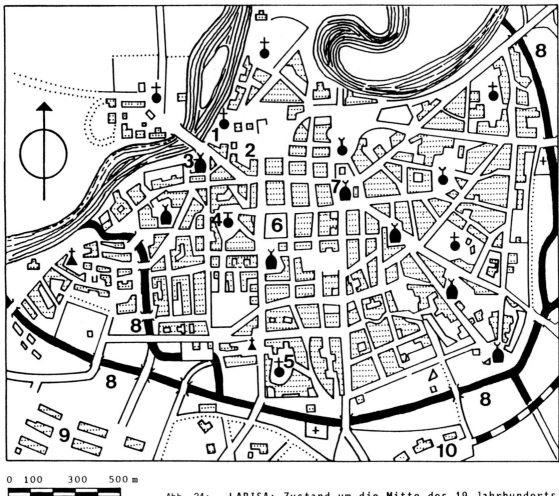

0 100 300 500 m

Abb. 24: LARISA: Zustand um die Mitte des 19.Jahrhunderts

Gezeichnet nach Stählin,F.,
Das hellenische Thessalien,
(1924) S.96. Der Plan wurde
dort nach der Generalstabs-
karte 1:75000 angefertigt

Legende:

1. Metropolis
2. Antikes Theater
3. Moschee Hassanbey
4. Synagoge
5. Hag. Nikolaos
6. Konak (Dioikoterion)
7. Plateia Anaktoron

8. Verlauf der Lehmmauer,
   die bereits Mitte des
   19.Jahrhunderts verfallen war.
9. Kasernen
10. Bahnhof

Nutzungsebenen. Die unteren zwei Etagen waren aus bis über einem Meter dicken Natursteinmauern errichtet und besaßen kleine, schmale Fenster, die obendrein häufig noch vergittert gewesen sind. Das oberste Geschoß bestand aus einer vorkragenden reinen Holzkonstruktion, die meist verputzt und bemalt war oder aus einem Fachwerk, der reich ausgestatteten Sommerwohnung der Turmherren. In diesem Geschoß waren zwei Fenstertypen zu unterscheiden: Gipssteg-glasfenster, die im oberen Wandbereich angebracht waren und unter denen größere Holzgitterfenster die Mauern durchbrachen. Durch Gipsstege untereinander gefestigt waren bunte Glasstücke in Mustern zu ei-

ner festen, geschlossenen und lichtdurchlässigen Einheit verbunden. Die Holzgitterfenster besaßen keine Glasscheiben und konnten nur durch Holzläden verschlossen werden, die vor Wind und Wetter schützten, aber auch die Räume verdunkelten. Sehr häufig verspannte man im Winter die Fenster mit Papier, um einen gewissen Schutz zu bekommen, ohne die Helligkeit einbüßen zu müssen. Genuesisches Papier wurde dabei bevorzugt[198]. PELAKANIDES meint diese Wohnhäuser in den Grundzügen und Details von byzantinischen Konstruktionen ableiten zu können[199]. Die Häuser waren autark; autark in dem Sinne, daß sie alle Funktionen, die zum Überleben notwendig waren, unter ei-

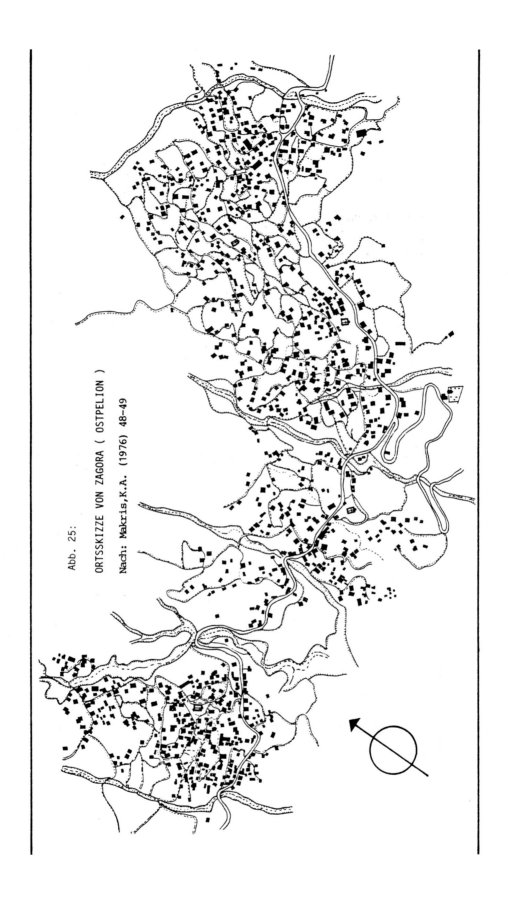

Abb. 25:

ORTSSKIZZE VON ZAGORA (OSTPELION)

Nach: Makris,K.A. (1976) 48-49

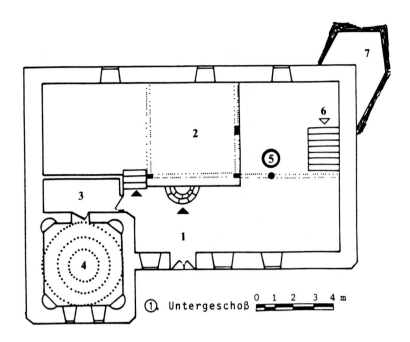

AMBELAKIA: HAUS DES GEORG SCHWARZ (erbaut 1787 bis 1798)

1. Untergeschoß   3. 2.Stockwerk
2. 1. Stockwerk   4. Nord- Süd Querschnitt des Hauses

1. Eingang, Eingangsdiele   2. Büro
3. Bibliothek der Geschäftsbücher 4. Tresorraum
5. Brunnen
6. Zugang zum Lebensmittellager im Keller
7. Mauerstütze
8. Treppe zum 1.Stockwerk
9. Diele   10. Zimmer mit Kamin
11. Zugang zum Küchentrakt   12. Wandschränke
13. Treppe zum 2.Stockwerk, mit einer Falltüre verschließbar
14. Eyvan   15. „Adlerzimmer"
16. Zimmer   17. Versteckte Treppe
18. Podest, genutzt als Platz der Musikkapelle bei Festen

Die Zeichnungen wurden nach eigener Hausbegehung angefertigt,
die Maße Moutsopoulos,N.K. (1975) Abb. 15, 16, 17, 21
entnommen.

Abb. 26:

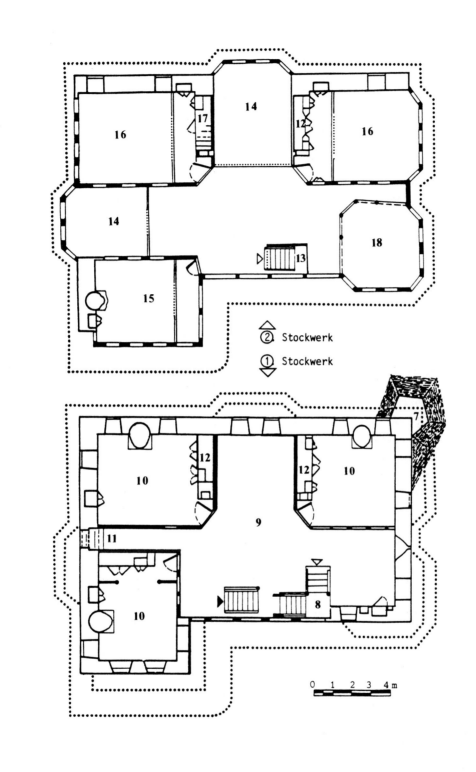

2 Stockwerk

1 Stockwerk

0 1 2 3 4 m

nem Dach vereinten: Lager- und Geschäftsräume im
Keller oder im Erdgeschoß, Winterwohnräume im 1.
Stockwerk und im obersten Stock repräsentative,
reich verzierte (Holzschnitzereien, Malereien) Som-
meraufenthaltsräume. Das Haus des Georg Schwarz[200]
in Ambelakia besaß sogar einen Brunnen innerhalb
des Hauses. Durch hölzerne Klappfenster in den Zwi-
schenwänden bestand im obersten Stock mitunter die
Möglichkeit, bei Großveranstaltungen alle Räume zu
einer großen Nutzfläche zu vereinen. So soll das
Haus des Georg Schwarz, dem Chef der Kooperation von
Ambelakia in Wien, im Obergeschoß 500 Menschen bei
Versammlungen und Festen aufgenommen haben. In der
Regel war die Küche außerhalb der Häuser. Neben der
Kochstelle waren wenigstens ein, zumeist drei Zimmer mit offenen Kaminen versehen. Die Holzdecken
waren baldachinähnlich gebildet, reich beschnitzt
und bemalt. Es mag dahingestellt bleiben, ob die
im Haus des G. Schwarz überwiegend rote Farbe von
der am Ort praktizierten Garnfärberei oder aus türkischer Farbsymbolik heraus zu erklären ist[201]. Je
breiter die Fußbodenbretter waren, desto höher war
der gesellschaftliche Stand des Hausbesitzers. Bei
den Fresken waren Blumenmotive und Stadtlandschaf-
ten - hier besonders Konstantinopel - beliebt. Dar-
gestellte Personen waren entweder türkisch gekleidet
oder gänzlich europäisiert. Insgesamt wird man diesem
Haustyp am ehesten gerecht, wenn man in ihm als
Grundstruktur eine Vermischung türkischer und byzantinischer Elemente sieht, die angereichert wurden mit Dekorationsmotiven oder Gegenständen (z.B.
Porzellanofen aus Wien im "Adlerzimmer" des Hauses
G. Schwarz; Kachelnachbildungen im Haus D. Schwarz)
aus dem west- und mitteleuropäischen Raum[202]. Diesen Haustyp kann man heute noch in Ambelakia (teilweise restauriert), Makrinitsa (vielfach restauriert), Portaria, Drakia, Pinakate, Visitsa, Meleae
und sogar in Trikeri beobachten. Ein anderer Haustyp (Photos 4,5 und 6) ist vornehmlich im Ostpelion
nachzuweisen, wo er anscheinend erst nach 1800 auf-
gekommen ist. Es handelt sich um ein massives, mehr
oder weniger kubisches, zweistöckiges Haus mit großen Fenstern und Eingangstüren, zu denen meistens
einige Treppenstufen hinaufführen und deren Rahmen
aus bearbeiteten Marmor- oder Kalksteinbalken bestehen. Die Hauswände sind bis zu einem Meter dick
und aus Naturstein, das Dach ist wie beim Konak und
Archontiko mit Schieferplatten gedeckt. Häufig sind
diese Häuser von einer hohen Mauer umgeben, die von
einem geschmückten schmiedeeisernen Tor unterbrochen wird. Bei diesem Haustyp sind mitunter Schieß-
scharten zu beobachten. Bedienstetenräume, Küche
und Backstube waren in kleinen Gebäuden neben dem
Wohnhaus untergebracht. Eine Vermischung von Elementen des Archontiko und des ostpeliotischen Unter-
nehmerhauses zeigt ein weiterer Haustyp, der ab Mitte des 19. Jahrhunderts in zwei Ausprägungen nachweisbar ist. Typ A (Photo 7) besteht aus einem kubi-
schen bis rechteckigen Haus, bei dem alle Stockwerke große Fenster aufweisen, daß vorkragende Obergeschoß des Archontiko zu einem halbrunden Erker
über dem zentral angelegten Eingang degeneriert ist
und die Gipsstegefenster nur noch durch Bemalung an
den Außenwänden nachgeahmt werden. Hierzu konnte die
Umfunktionierung der Eingangsdiele zu einem Peri-
styl erfolgen, das man über eine dazu im rechten
Winkel angelegte Treppe erreicht. Ausprägung B
(Photo 8) zeigt mit seinem klassizistischen Zier-
rat deutlich mittel- und westeuropäische Einflüsse.
Das Treppenhaus ragt aus der Mauerflucht hervor
und wird durch ein großes, eisenvergittertes, über
beide Stockwerke reichendes Fenster beleuchtet. Neben diesen prächtigen Häusern, die vielfach gestif-
tete Schulen, Bibliotheken und Ratshäuser sein
konnten, muß es weiterhin eine große Anzahl auch
einfacher Wohnhäuser gegeben haben, die aber bis
heute nicht erhalten geblieben sind.

Eine Vielzahl kleiner Kapellen wurde in dieser wohl-
habenden Zeit gestiftet, von denen heute nur noch
ein Bruchteil erhalten geblieben ist. Typisch für
peliotische Gotteshäuser dieser Zeit ist der Hal-
lenhauscharakter mit Krüppelwalmdach aus Schieferplatten und vom Dach abgesetzten ein- bis dreisei-
tigen Peristylen mit Pultdächern (Photos 9 und 10).
Die Kirchen besaßen damals noch keine Glockentürme,
die alle erst eine Zutat des 20. Jahrhunderts sind.
Den Besitz von Glocken, die als Warn- und Verstän-
digungsmittel benutzt werden konnten, hatten die
Türken den Christen untersagt. Zwei schöne Beispiele, jeweils in kleiner und in großer Ausführung,
sind die Kirche von Kissos (Ende 18. Jahrhundert)
und eine Kapelle bei Hag. Demetrios im Ostpelion[203].

In diesen Wohn- und Kulthäusern manifestieren sich
historische Gegebenheiten und wirtschaftliche Potenz. Wenn nach 1830 gebaute Häuser größere Fenster
aufweisen, so ist dieses nicht nur als ein Ergebnis
eines größeren Sicherheitsgefühles anzusehen. Vor
allem die in Zagora um 1880 gebauten Häuser mit ihren übergroßen Fenstern deuten auf holländische Einflüsse.

9. HUNDERT JAHRE ZUGEHÖRIGKEIT ZUM STAATE GRIECHENLAND (1881 BIS 1981)

Die Angliederung Thessaliens brachte zwar dem Staate Griechenland Vorteile der Gebietserweiterung und eine Minderung der Abhängigkeit von Getreidezufuhren, ließ aber Vorteile für die Bevölkerung Ostthessaliens vermissen. Einer Entscheidung über die politische Zugehörigkeit Ostthessaliens folgte keineswegs die erwartete Klärung der Grundbesitzverhältnisse, die eine jahrzehnte andauernde Stagnation und Depression beendet hätte. Nur die türkischen Staatsdomänen gelangten in den Besitz des Neugriechischen Staates, während Besitzrechte der türkischen Grundbesitzer ausdrücklich anerkannt werden mußten. Zudem erfolgte der politische Herrenwechsel Ostthessaliens von einem wieder erstarkten Türkischen Reich zu einem Griechischen Staat, dessen politische und finanzielle Potenz einem immer niedrigeren Niveau entgegenstrebte. Die Jahrhundertwende war für das Land die depressivste Periode seit Erlangung der Unabhängigkeit. Die sozialen Probleme auf dem Lande blieben ungelöst. 1910 forderten thessalische Abgesandte in Athen die Enteignung von Großgrundbesitzern. Zwischen 1907 und 1914 kaufte der Staat in Thessalien 51 Tschiftliks auf, so z.B. Stefanovikeon (benannt nach dem Besitzer Stefanovikis) und verteilte in Gesamtthessalien 105870 Hektar Land an 4898 besitzlose einheimische Bauernfamilien. Weitere Landlose wurden den Flüchtlingsfamilien aus Bulgarien (Folge der Balkankriege 1912/13) zugewiesen[204]. Mit dieser Landzersplitterung in kaum eine Familie ernährende Parzellen wurde das Agrarproblem nicht gelöst und blieb bis in die heutigen Tage hinein in den Ebenen an vielen Stellen bestehen. Seit 1900 führte eine zunehmende Seßhaftigkeit der Hirten zu Siedlungsneubildungen im Raume Velestinos - Dimini - Demetrias (Aromunen) und am Fuße der Ossa (Sarakatsanen)[205]. Diese Trennung beruhte auf der historisch gewachsenen unterschiedlichen Nutzung von Gebieten als Winterweiden und auf einem unterschiedlichen Unterkommen in verschiedenen Berufen. So fanden die Aromunen zumeist in den Handwerks- und Industriebetrieben Arbeit, während die Sarakatsanen sich als Kleinbauern eine neue Existenz aufbauten. Gleichzeitig hielt eine etwa 1890 begonnene Auswanderungswelle weiterhin an, von der vornehmlich die Bergdörfer des Pelion betroffen gewesen sind. Von den 1,5 Millionen Flüchtlingen der "Kleinasiatischen Katastrophe" ließen sich nur etwa 34ooo in Thessalien nieder. Die größte Ansiedlung erfolgte bei Volos (1928: 13773 Flüchtlinge)[206]. Flüchtlingssiedlungen waren Nea Philippopolis bei Larisa, Nea Anchialos und Hag. Demetrios, das als einzige Neusiedlung auf der Ostseite der Gebirge entstand. Die Ansiedlungsschwerpunkte belegen, daß die Flüchtlinge aus dem Handwerks- und Industriesektor kamen und weniger aus der Landwirtschaft. Während der folgenden Jahrzehnte traten die beiden Zentren Larisa und Volos als stetig anwachsende Agglomerationen immer deutlicher hervor. Bei der Errechnung der Bevölkerungsdichte wird dieser Prozeß besonders dann deutlich, wenn man die Bevölkerungsdichte der einzelnen Eparchien einmal ohne und

Tabelle: Bevölkerungsdichte in den ostthessalischen Eparchien (Einw./km²)

Eparchie	Fläche (km²)	1920	1928	1940	1951	1961	1971	1981	ohne die Hauptsiedlung
		36	41	51	47	67	74	93	
Larisa	1504	21	13	27	28	30	26	25	Larisa
		39	41	47	50	58	55	57	
Tirnavos	631	28	29	35	38	41	38	39	Tirnavos
		25	24	27	28	26	24	22	
Ajia	646	21	20	23	23	22	19	17	Ajia
		58	74	80	86	92	94	109	
Volos	1388	36	39	41	44	44	43	39	Volos / Nea Jonnia

Die Flächenangaben der Eparchien nach Angaben des Economic and Social Atlas of Greece, Athen 1964, Nr. 203. Durch leichte Arealveränderungen sind die Angaben nicht in jedem Fall absolut exakt. Auf Stellen hinter dem Komma wurde aus diesem Grunde auch verzichtet und jeweils auf- und abgerundet. Für die Eparchie Tirnavos ist mit dem Zahlenmaterial der Gesamteparchie gearbeitet worden.

einmal unter Berücksichtigung der jeweiligen Haupt-
siedlung berechnet (s. Tab.). Der Zweite Weltkrieg
und der anschließende Bürgerkrieg, in dem Terror-
gruppen die ländliche Bevölkerung drangsalierten,
führten zu einem weiteren Verlassen der Bergdörfer
und einer rascheren Zuwanderung in die Städte Larisa und Volos. Die Steigerung des Elendes und der
Zerstörungen kommt in LIDDELs Mitteilungen über Muresion im Ostpelion zum Ausdruck: "Mouresi was
another such scattered village... . The houses are
often dilapidated: the Germans were here during the
war, wich was bad enough; the E.A.M. followed, wich
was worse; and then came refugees from the villages
still held by the E.A.M., and they were worst of all
for destructivness"[207]. Hier erscheint es nun notwendig, etwas näher auf die beiden großen Agglomerationen Larisa und Volos/Nea Jonnia einzugehen.

Von 1881 behielten Larisa und Volos ihre unterschiedlichen Funktionen und Bedeutungen nicht nur
bei, sondern erfuhren in ihnen auch noch Verstär-
kungen. Larisa besitzt bis heute seinen wirtschaftlichen Schwerpunkt im landwirtschaftlichen Bereich.
Die Zuckerrübenfabrik (fünf Kilometer außerhalb im
Norden von Larisa gelegen) bietet heute vielen Pend-
lern aus den umliegenden Dörfern Arbeit. Hinzu
kommt in Larisa ein Ausbau der Baustoffindustrie
mit Ziegeleien und vor allem der Marmorgewinnung.
Im Handwerksbereich war bis zur Mitte dieses Jahrhunderts besonders die Herstellung von Holzkarren
ausgeprägt, die in der Landwirtschaft Thessaliens
benötigt, aber auch exportiert worden sind. In diesem Zweig hat eine Umorientierung auf das Kfz-Ge-
werbe stattgefunden. War Larisa während der Türkenzeit die dominierende Stadt gewesen, so besaß sie
gegenüber Volos nach 1881 die schlechteren Ausgangs-
positionen und geriet bald ins Hintertreffen. Larisa verlor mit Abzug der Türken wichtige Teile seiner Bevölkerung, Volos erhielt laufend neue Bewohner. Larisa besaß eine Einwohnerschaft, die zum
überwiegenden Teil aus Analphabeten bestand. Die
nach Volos strömenden Bewohner aus dem Pelion kamen aus einem Gebiet mit einer zum Ende des 19.
Jahrhunderts höchsten Bildungsrate in Griechenland.
Da Larisa vom Agrarsektor abhängig war, wirkte sich
ein Hinauszögern der Landreform negativ aus, während in Volos finanzkräftige Bourgeoisie in Fabri-
ken investierte, wo die Zuwanderer Arbeit fanden.
Man hatte in Larisa schon bald damit begonnen, das
typisch türkische, unregelmäßige Gassengewirr durch
ein lineares Straßensystem mit großen Plätzen zu er-
setzen. Die Lehmhäuser wurden abgerissen, ebenso
türkische Kultbauten und es wurden mehrstöckige
Steinhäuser errichtet. Am Westrand der Stadt blieb

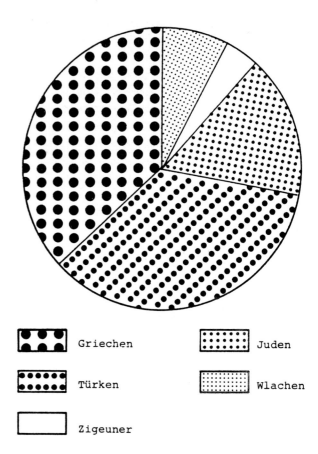

	Griechen		Juden
	Türken		Wlachen
	Zigeuner		

Abb. 27: DIE ETHNISCHE HETEROGENITÄT DER
EINWOHNERSCHAFT VON LARISA 1882
Nach: Sivignon,M. (1977) 387

zunächst das ärmlichere Handwerksviertel erhalten,
im Osten und Süden entstanden in der ersten Jahr-
hunderthälfte Wohnviertel der besser Verdienenden.
Nach Nordwesten wirkte der Penios für die Ausdehnung der Stadt wie ein Riegel. Erst nach dem Zweiten Weltkrieg, in dem Larisa unter Bombenabwürfen
gelitten hatte, dehnte sich die Stadt auch hier weiter aus. Durch die Kriege im Nordbalkan hatte Larisa die Bedeutung als Ausgangsstation für Händler-
karawanen verloren. Da sich der Ausbau eines modernen Landtransportnetzes hinauszögerte, gewann Volos
mit seinem Hafen bei der Größe der griechischen Han-
delsflotte immer mehr an Bedeutung und konnte durchweg die Position des viertgrößten Hafens Griechenlands behaupten. Der Ausbau eines thessalischen Ei-
senbahnnetzes diente schließlich der Hafenstadt Volos mehr, als den Städten Trikala, Farsalos und Larisa. Erst als 1916 Griechenland an das europäische
Eisenbahnnetz angeschlossen wurde und als im zweiten Viertel dieses Jahrhunderts die Nationalstra-
ße 1 von Thessaloniki über Larisa - an Volos vorbei - nach Athen führte, war Larisa verkehrstech-
nisch besser erschlossen und holte gegenüber Volos
auf. Wenn Larisa gegenüber Volos von staatlicher

Seite bevorzugt worden ist, so sind dafür innenpolitische Gründe anzuführen. Larisa beherbergte eine mehr konservative Einwohnerschaft, während in Volos immer eine große sozialistische bzw. sozialliberale Wählerschaft anzutreffen gewesen ist. Erst nach Beseitigung der letzten Diktatur ist es seit 1974 im Stadtrandbereich von Volos zur Einrichtung einer großen Industriezone gekommen, womit in der Zukunft Volos an Bedeutung gegenüber Larisa wieder stark hervortreten dürfte.

Mitte des 19. Jahrhunderts existierten das Kastro Volos (auch Golos), neben ihm ein ärmliches Griechenviertel (Μαγαζεια), in dem die Griechen aus Volos (heute Ano Volos) während der Woche handelten, die soeben genannte Siedlung Volos am Pelionhang und ein ab 1840 neu entstehendes Griechenviertel mit geradlinigen Straßen an der Stelle des heutigen Volos. Das neue Viertel blieb zunächst noch klein, mit einigen Cafes und Läden und erlebte erst nach 1881 einen großen Aufschwung. Mit Villenvierteln dehnte sich die Siedlung rasch bis zum Goritsa-Hügel aus, nach Nordwesten bis zum Bahnhof. Zwischen dem türkischen Kastro Volos und der Siedlung blieb noch lange ein Lücke bestehen. Die Bebauung der Stadt dehnte sich nach Norden in die Ebene und die Hänge hinauf aus. Im Norden und Westen erwiesen sich der Xerjas, im Süden der Goritsa-Hügel als natürliche Hindernisse. Inzwischen trennen Industrieanlagen eines großen Zementwerkes und ein Tanklager die Wohnsiedlungen Volos und Agria. 1897 erschien PHILIPPSON die Stadt als "schmucke europäische Stadt..., in der man allen Komfort des Abendlandes findet", später beurteilte er sie als unfertig und kolonial[208]. Die frühen Eisenbahnverbindungen erschlossen Volos das thessalische Land. 1884 waren die Bahnlinien nach Trikala und Larisa fertiggestellt, 1882 war es bereits eine andere Bahn bis Lechonia. 1903 erreichte der Ausbau dieser Strecke Meleae, wo er nach 29 km endete. 1970 erfolgte auf dieser Strecke die letzte Fahrt. An das große Eisenbahn- und Straßennetz, dessen Hauptstränge an Volos vorbeiführen, ist Volos heute angeschlossen. Westlich von Nea Anchialos wurde ein Flughafen eingerichtet. Die Industrie in Volos entstand sehr rasch. Es waren vor allem Betriebe der Lebensmittelverarbeitung, des Landmaschinenbaus und der Tabakverarbeitung, die als erste aufgebaut worden sind. Kapital investierten die Ende des 19. Jahrhunderts nach Ägypten ausgewanderten und bald wenigstens temporal zurückkehrenden Kaufleute und Gutsherren. Die hohe Zahl der Flüchtlinge nach 1923 gab dem Gewerbe der Stadt großen Aufschwung, die Zahl neuer Betriebsgründungen stieg rasch an. 1930

gab es in Gesamtthessalien 18 Firmen mit mehr als 100 Mitarbeitern, von denen 12 in Volos standen[209] Der Zweite Welt- und der Bürgerkrieg bremsten die Entwicklung, die in den sechziger Jahren langsam wieder fortgeführt wurde. Die Beseitigung der Diktatur, die eine mehrpolige Industrieentwicklung in Griechenland verhindert hatte, ließ ab 1974 die Schaffung einer großen Industriezone nordwestlich von Volos zu. Diese Industriezone und der Hafen haben Volos zur weitaus wichtigsten Stadt zwischen Thessaloniki und Athen werden lassen.

Im Siedlungsbild Ostthessalien zeigten sich in den letzten einhundert Jahren allgemeine Konzentrationsbestrebungen. 1881 existierten eine Unzahl kleiner Siedlungsflecken mit eigenen Namen. In den Ebenen waren sie von natürlichen Wasservorkommen an der Oberfläche und in Brunnen abhängig. Letztere waren auf den Tschiftliks anzutreffen. In den Bergen wurde das Siedlungsbild weniger von den Wasservorkommen, sondern mehr von dem Relief geprägt. Einige Orte waren lockere Haufendörfer, die in den Randbereichen teilweise den Charakter von Streusiedlungen annahmen - z.B. Muresion - andere wiederum waren Haufendörfer mit Viertelbildungen (Makhalas, Machalas) wie z.B. Zagora und Tsangarada, wobei die Hänge stark zerschnitten waren. Wo die Hänge großflächiger erhalten und die Siedlungen insgesamt kleiner waren, da existierten geschlossene Haufendörfer - z.B. Kissos, Pinakate -. An den Küsten gab es nur vereinzelt einige Häuser in den Bereichen, wo Sandstrände das Anlegen von kleinen Booten zuließen. Um 1900 war eine Wanderbewegung aus den überfüllten Bergorten in die Städte Larisa, Volos und in das Ausland zu beobachten. Nicht nur in den Randbereichen begannen die Wohnstätten zu verfallen. In den Ebenen wurden Siedlungsflecken in wasserarmen und in von Überschwemmung und Sumpf bedrohten Gebieten aufgegeben. Eine Ansiedlung von Bergbewohnern in den Ebenen wird nur bei der zu Füßen der Westabdachung des Pelion liegenden Fläche von Lechonia deutlich. Mit den Flüchtlingen der Balkankriege und der "Kleinasiatischen Katastrophe" entstanden geplante Siedlungen mit einem rechtwinkligen Straßensystem, z.B. Nea Anchialos. In der Ebene begannen die Fernverkehrsverbindungen das Siedlungsbild zu beeinflussen. Während des Zweiten Weltkrieges und des Bürgerkrieges kam es zu umfangreichen Zerstörungen der Wohnstätten, wiederholt auch durch Erdbeben. Aus einem Sicherheitsbedürfnis heraus erfolgte in dieser Zeit eine Siedlungskonzentration. In der Nachkriegszeit wurde der Straßenbau in die Gebirge vorangetrieben und Mitte der sechziger Jahre konnte der Ring einer Asphaltstraße im Pelion geschlossen werden. An der

Ossa und in den Mavrovuni sind Straßenbauarbeiten kaum über das Stadium des Schotterweges hinausgekommen. Mit dem Straßenbau war ein neues Kriterium der Standortwahl für den Neubau logistischer Anlagen und nachfolgend für die Wohnstätten gegeben. Von der umlaufenden Pelionstraße zweigen Stichstraßen zu den Hauptplätzen der Siedlungen ab, deren zentrale Funktion damit erhalten werden kann. Es kann aber auch zu einer Verlagerung des Siedlungskernes kommen, wenn die Straße an der Peripherie eines Ortes endet, wie z.B. in Promirion. Makrinitsa zeigt eine solche Verlagerung noch nicht. Hier ist die Plateia Zentrum geblieben, von der sich entlang des Weges zu der am Dorfrand endenden Straße Fremdenverkehrseinrichtungen angesiedelt haben. Die seit einigen Jahren aus der Funktion als Sommerfrische und aus dem Fremdenverkehr entstandene wirtschaftliche Potenz ermöglicht eine weitgehende Erhaltung des Dorfbildes. In den vergangenen sieben Jahren führte der Fremdenverkehr (siehe unten) zu einem weiteren Dorftyp, dem Strandreihendorf. Sehr ausgeprägt findet sich dieser Typ in den Siedlungen Hag. Joannis und Chorefton, mit der Abfolge Meer, Strand, Straße, ein bis zwei Häuserreihen, Steilhang. Diese Siedlungen entstanden aus einer Verdichtung der Kette von alten Einzelhäusern. Alleine sind diese Dörfer nicht lebensfähig, da ihre wirtschaftliche Grundlage nur der Fremdenverkehr ist. Im Winter siedeln die Einheimischen zumeist in die großen Bergdörfer um. Bei der Teilnahme an dem neuen Aktivierungs- und Prosperitätsprozeß sind bisher Unterschiede weniger innerhalb der Dorfgemeinschaften festzustellen, als vielmehr zwischen den Dorfgemeinschaften. Dieses hängt wiederum weniger von dem Willen der Bewohner ab, als vielmehr von der Lage der einzelnen Orte. Begünstigt sind die Dörfer in den von Touristen bevorzugten Gegenden und die, die an das Straßennetz angebunden sind. Orte wie Spelia, Ambelakia und Makrinitsa, Portaria, in denen an Wochenenden nun in Larisa und Volos lebende Griechen ihre Freizeit verbringen, gehören ebenfalls zu den begünstigten Siedlungen. Weitab vom Meer und außerhalb der Gebirge liegende Orte werden ebenso gemieden, wie nur schwer und z.T. auf Umwegen erreichbare. Im Hügelland der Halbinsel Magnesia sind dieses z.B. Liri, Promirion und Neochorion, in den Bergen Pinakate, Drakia, Veneton, Keramidion.

Die Wohnstätte in den Städten sind von geringerem Interesse, da sie sich in ihrer Einförmigkeit von denen anderer griechischer Städte nicht unterscheiden. Interessanter ist die Entwicklung auf dem Lande, respektive in den Bergen. Die Siedlungen in den Ebenen bestehen heute aus Häusern jüngeren Datums.

Gelegentlich zeigt sich eine Ähnlichkeit mit den Plänen, die von der griechischen Regierung nach dem zweiten Welt- und dem Bürgerkrieg entworfen worden sind und die zu einem Programm gehörten, das sich die Wiederbesiedlung der zerstörten und verlassenen Dörfer zum Ziel gesetzt hatte[210]. Ärmliche Hütten der Tschiftliks sind verschwunden, temporäre Hirtenhütten aus Reisig und Schilf kaum noch anzutreffen. Auch in den Bergen sind die ärmlichen Häuser inzwischen zerstört worden. Bestand hatten die Steinhäuser mit massivem Mauerwerk. Die in Ägypten wohnenden und zeitweilig im Pelion sich aufhaltenden Griechen errichteten Häuser im klassizistischen Stil, wie sie bereits behandelt worden sind. In Ambelakia, Makrinitsa, Portaria, Drakia, Pinakate, Visitsa und Meleae blieben türkisch-griechische Wohnhäuser erhalten und bewohnt. Sie sind, da ihre Untergeschosse aus dicken Steinmauern nicht so vergänglich sind wie z.B. die Holzhäuser in Konstantinopel, gut erhalten geblieben und ihre Sommerwohnebenen sind renoviert worden. Die Masse der Häuser von Handwerkern und Kleinbauern hat eine kubische oder kurzrechteckige Form. Die Dächer waren mit Schieferplatten gedeckt, ein Merkmal, das sich heute nur noch in den südlichen Mavrovuni und im Pelion erhalten hat. Das Untergeschoß diente bei Hanglage als Viehstall und Vorratsraum, eine Treppe führte zu dem eigentlichen Wohnbereich hinauf. Als Beispiel wird ein Haus in Muresion gezeigt (Photo 11), das 1894/95 gebaut worden ist. In den Dörfern der niedrigen Lagen auf der Pelionwestseite und am Fuße der Ossa haben moderne Bauten in Betonskelettbauweise Einzug gehalten. In den Bergdörfern blieb die Zahl der Haustypen auf die hier besprochenen beschränkt. Varianten sind dabei nicht eingehender behandelt. In Zagora z.B. sind hohe Häuser mit einer großen Stockwerkhöhe gebaut worden, die sehr große längliche Fenster aufweisen.

Fremdenverkehr ist "die Gesamtheit der friedlichen Beziehungen zwischen vorübergehend an einem Ort sich aufhaltenden nicht ansässigen Menschen und den Einheimischen"[211]. Diese Definition beinhaltet, daß Fremdenverkehr auch eine Art von Siedeln ("sich aufhalten") ist. Es lassen sich belegen: ephemeres und temporales Siedeln, annuell-temporales und semipermanentes. Sieht man nur die jeweiligen Ortsbewohner als Einheimische an, dann sind in Ostthessalien zwei Gruppen von Teilnehmern des Fremdenverkehrs zu unterscheiden:

1. Die Griechen aus den Städten Larisa, Volos und auch Athen.
2. Die Ausländer, die inzwischen vorwiegend aus

Eurcpa anreisen.

Bei den Griechen kann man Untergruppen unterscheiden. Allen gemeinsam ist, daß sie z.T. entfernungsmäßig geringe Ortswechsel vornehmen müssen und daß sie Möglichkeiten der Freizeitgestaltung suchen. Da man allgemein der sommerlichen Hitze der Städte Larisa und Volos entfliehen will, kommen nur zwei Aufenthaltsbereiche während der Freizeit und der Ferien in Frage: Die kühleren Bergregionen und das Meer. Ostthessalier, die aus den Bergdörfern in die Städte gezogen sind, bevorzugen zumeist ihre alten Dörfer und renovieren die alten Häuser, in denen häufig ihre Eltern verblieben sind. An Wochenenden während des Sommers geht es in diesen Dörfern, im Gegensatz zum Winter, sehr lebhaft zu. Betätigungsbereiche sind die Unterhaltung, Feiern, Hausrenovierung und ein bischen Mithilfe bei den Landarbeiten der Eltern. An der Ossa sind es Ambelakia und Spelia, in den Mavrovuni Veneton (das im Winter gänzlich verlassen wird) und im Pelion die Orte an der Westabdachung von Drakia bis Meleae, in denen man dieses besonders gut beobachten kann. Handelt es sich bei den Städtern nicht um alteingesessene Ostthessalier, dann verbringen sie ihre Freizeit am Meer. Dort erfolgt der Aufenthalt in Zelten direkt am Strand, in provisorischen Unterkünften, neu gebauten oder noch im Bau befindlichen Häusern und einigen wenigen Pensionsbetrieben. Stark überlaufen mit dieser Spezies von Urlaubern und Freizeitgestaltern sind an der Ossa die Strandbereiche bei Stomion, Kokkino Nero, von Veliki bis Ajiokambos. Besonders unangenehm fällt das willkürliche Campen am Strand auf. Südlich von Keramidion wird die Ostküste überwiegend von Ausländern besucht. Die Städter aus Volos begeben sich an die Strände des Pagasitischen Golfes. Da es hier eine ausreichende Anzahl von Campingplätzen gibt, ist wildes Campen kaum festzustellen. In Platanidia, Kala Nera, Afissos, Chorton, Melina und Platania expandierte in den letzten Jahren die Wohnungs- und Zimmervermietung. Vielfach haben Städter in diesen Orten Grund erworben und gebaut oder ein Haus gekauft.

Ostthessalien besitzt zwar die bekannten Ausgrabungsstätten Dimini und Seoklo, Pefkakia, Demetrias und ein bedeutsames archäologisches Museum in Volos (in Larisa ist es geschlossen), aber es ist nicht der bildungshungrige Ausländer, der in Ostthessalien seinen Urlaub verbringt. Häufiger als in anderen Gebieten Griechenlands sind in dieser Landschaft reisende Familien zu beobachten. Ihnen stehen Hotels, Pensionen, Appartements, Campingplätze und angemietete Häuser zur Verfügung. Neben

mehreren kleinen Hotels befinden sich von der Xenia-Hotelkette vier Häuser in diesem Raum: in Larisa, in Portaria, in Tsangarada und in Volos (inzwischen geschlossen). Campingplätze gibt es bei Nea Pagase (Pefkakia) und auf der Ostseite zwischen Hag. Joannis und Pappa Nero am Strand. Zwischen Agria und Melina reihen sich die Campingplätze geradezu entlang des Golfes. Im Küstenbereich sind in den Dörfern an der Ostseite des Pagasitischen Golfes stellenweise große Appartementhäuser errichtet worden, von denen die bei Malakion von der Größe und der Umgebung zu den negativen Beispielen gehören. Deutsche Reiseunternehmen vermitteln stellenweise solche Ferienunterkünfte. Bei all diesen Unterkünften überschreitet die Aufenthaltsdauer kaum mehrere Tage oder zwei Wochen. Länger in Ostthessalien verbleibende Urlauber mieten sich eines der alten oder neuen Häuser. Ein Teil der Ausländer hat inzwischen sogar Eigentum im Pelion erworben. Diese Art des Ferienaufenthaltes konzentriert sich heute auf den Bereich des Ostpelion und hier in besonderem Ausmaße auf die Gemeinden Muresion und Tsangarada.

Man muß sich fragen, was die Urlauber veranlaßt, einen solchen Schritt zu tun. Welche Assoziationen verbinden sie mit einer Urlaubslandschaft? Ganz allgemein ist in der Fremdenverkehrsbranche festzustellen, daß Reisen in Gebiete landschaftlicher Schönheit oder Fremdheit bevorzugt werden, bei der Standortwahl das Meer und die Berge an der Spitze stehen. Der Pelion bietet alles: landschaftliche Schönheit, etwas Fremdes, Berge und das Meer. Zudem müssen die Urlaubsbedingungen von solcher Art sein, daß die alltäglichen Lebensgewohnheiten nicht allzu stark verändert werden brauchen. Die Grund- bzw. Urberufe des Menschen wie Hirte, Fischer und Bauer scheinen auf die Urlauber der Industriegesellschaften eine große Anziehungskraft auszuüben. Hier zeigt sich das Bedürfnis nach Sicherheit und Unabhängigkeit. Der Hirte, der Fischer und der Bauer sind ihr eigener Herr und produzieren ihre Nahrung selber bzw. sorgen eigenhändig für sie. Sie leben autark in der Natur und sind von deren Gegebenheiten abhängig, nicht von menschlichem Produktions- und Leistungszwang. Der Mensch der Industriegesellschaft erledigt nur einen kleinen Teil eines Arbeitsprozesses. Das Produkt ist ihm dadurch entfremdet, da durch seine Arbeit ja nur ein Teil von ihm geschaffen wird. Das gilt sowohl für die Arbeiter, als auch für die Akademiker, die heute nur noch auf einem kleinen Gebiet autark sein können, ansonsten laufend auf die Ergebnisse der Denk- und Forschungsprozesse anderer zurückgreifen müssen. Die Urtümlichkeit des eigenen Produzierens, die Selbständigkeit, das Gefühl des Erfolges, das sich bei dem Fischer nach einem guten Fang, bei dem Landwirt nach einer guten Ernte einstellt, wird vom Urlauber des Pelion gesucht. Dieser Erfolg ist nicht im Sinne von Karriere zu verstehen. Karriere kann nur dort stattfinden, wo man Erfolg über andere Mitmenschen hat. Der Erfolg in den Urberufen ist zunächst kein Übertreffen, sondern ein Erringen. Wesentlicher Faktor ist das persönliche Durchhaltevermögen und nicht ein Gegeneinander, sondern ein Miteinander von menschlicher Tätigkeit und dem Wirken der Natur. Der Erfolg wird sichbar in realen Dingen wie dem Netz voller Fische, dem Sack voller Getreide, der Kiste voll Obst, der Milch, dem Fleisch, der Wolle für die Kleidung und den Jungtieren. Der Erfolg ist, was sehr wichtig ist, ein unmittelbarer. In der Industriegesellschaft zeigt sich der Erfolg nur mittelbar in Titeln, Machtbefugnissen, mehr Geld, sozialem Aufstieg. Ein Ergebnis des unmittelbaren Erfolges ist eine zutiefst empfundene Freude und Zufriedenheit, die der Urlauber der Industriegesellschaft sucht. Diese Freude und Zufriedenheit ist eine Teilantwort auf die Frage nach dem Sinn des Lebens.

Der Pelion kann alle diese Voraussetzungen erfüllen. Alle Grundberufe - des Hütens, des Anbauens, des Fischens und des Jagens - sind vertreten. Es gibt Berge und in unmittelbarer Nähe das Meer, den Strand. Diese Bedingungen und das Relief bieten immer wieder neue Blicke, Abwechslung von der Monotonie heutigen Städtebaus. Das Meer bietet dem sich sportlich betätigenden Menschen Möglichkeiten, das Gebirge entspricht mit seiner großartigen Flora und Fauna aus Buchen, Kastanien, Farnen, Moosen und Kräutern, rauschenden Bächen, zwitschernden Vögeln und verfallenen Hausruinen dem mitteleuropäischen Bilde von Romantik. Wiederholt ist der Pelion mit dem Tessin verglichen worden. Mit seinem ausgedehnten alten Wegenetz befriedigt das Gebirge den natursuchenden Wanderer. Wichtig dabei ist, das Wegenetz war vorhanden und ist nicht für die Touristen gebaut worden. Das heißt, der Wanderer bedient sich der Wege, erforscht sie. Das Wegenetz dient nicht, indem es durch viele Hinweisschilder den Begeher ans Ziel bringt, sondern es gibt dem Wanderer am Ziel das Gefühl, etwas erreicht zu haben. Erfolg ist auch hier völlig selbstlos, einem anderen nützt er nicht, auch schädigt er andere nicht, er befriedigt den Abenteuerdrang im Menschen. Es ist ebenfalls ein ureigener Erfolg, der Freude schenkt, ähnlich dem Erfolg des Hirten, des Bauern oder Fischers.

Das Wohnen im Haus innerhalb der Dorfgemeinschaft einer Streusiedlung oder eines Haufendorfes bietet die Möglichkeit, sich zu jedem Zeitpunkt in den Kreis seiner Familie zurückzuziehen. Kein Außenstehender kann stören, wie im Hotel das Zimmermädchen oder der Reiseleiter, auf dem Campingplatz der Platzwart. Das Dorf, die überschaubare Gruppe von Menschen, bietet bei mehrwöchigem Aufenthalt die Möglichkeit, andere Varianten europäischer Kultur intensiv kennenzulernen und an den Grundberufen teilnehmen zu können. Durch die Tatsache des Wohnens in alten Fischer- und Bauernhäusern wird dieses Teilhaben intensiviert. Neben der Anmietung von Häusern für eine Urlaubssaison läßt sich eine wiederholte Anmietung und sogar der Kauf von Häusern durch Ausländer feststellen.

Der Erwerb von Häusern - fast ausschließlich durch Deutsche und Schweizer - hat eine Vorgeschichte, die die Bereitschaft der Koexistenz von Einheimischen und Fremden förderte. Häuser im Pelion, auf der Halbinsel Magnesia und den vorgelagerten Sporadeninseln, die von Städtern aus Volos und Athen und von ausgewanderten und in Ägypten lebenden Griechen bewohnt werden, gibt es seit ca. 80 Jahren. Während sich die in Griechenland verbleibenden Städter auf den gesamten Pelion verteilten, wobei die Athener in Makrinitsa ihre Hochburg bekamen, bauten sich Ägypter ihre Ferienhäuser in Portaria und den Dörfern von Zagora bis Tsangarada. Die Häuser der letzteren sind an ihrem klassizistischen Stil leicht erkennbar, während die Athener in Makrinitsa die alten türkisch-griechischen Häuser renovierten. Hier scheint der Abwanderungsvorgang aus dem 19. Jahrhundert sichtbar zu werden. Nach 1821 ist Makrinitsa das Widerstandsnest im Pelion gewesen und Verfolgte mußten fliehen. Da die Unterstützung bei den übrigen Bergbewohnern zu gering gewesen ist, führte die Flucht nach Athen, wo inzwischen die neue Regierung saß. Auswanderer nach Ägypten rekrutierten sich aus dem Ostpelion. In Ägypten wohlhabend geworden, investierten sie in die Industrie von Volos und siedelten aus diesem Grunde auch oberhalb der Stadt, in Portaria. Von 1928 bis 1933 stieg die Zahl der ihre Heimat besuchenden Griechen aus Ägypten in Gesamtgriechenland von 4500 auf 12000[212]. Zur Regierungszeit Nassers war diese Gruppe von Enteignungsmaßnahmen betroffen, die bei einer Selbstbewirtschaftung der Güter eingeschränkt wurden. So ist der Aufenthalt dieser "Ägypter" im Pelion während der Sommerzeit fast gänzlich zum Erliegen gekommen, soweit sie ihre Besitzungen nicht aufgegeben haben. War dieses der Fall, so arbeiten sie heute in Athen und haben ihre Häuser beibehalten.

In den sechziger Jahren, zur Zeit der Militärdikta-
tur, erfolgte eine Reihe von Neubauten vornehmlich
in Tsangarada, die sich im Besitz athener Familien
aus Regierung, Militär und der Kulturszene befinden.
Vom Militär ist die Straße nach Milopotamos angelegt worden, dem Badestrand von Tsangarada. Die
Häuser der "Ägypter" und Athener standen den Großteil des Jahres über leer, mußten aber beaufsich-
tigt werden, sollten sie nicht verkommen. Es wurden aus diesem Grunde Verträge mit den ortsansässigen Bauern geschlossen, die eine Überwachung und
Pflege des Hauses und der Obstgärten vorsahen. Als
Gegenleistung ging ein Großteil der Obsternte in
den Besitz der Pfleger über. Derartige Verträge werden heutzutage mit den deutschen und schweizerischen
Hausherren geschlossen.

Wie wirkt der Immobilienkauf und der zeitweilige Zuzug von Fremden auf den Baustil des Pelion? Er hat
das Bild der Wohnstätten nicht in dem Ausmaße zerstört, wie man es vermuten könnte. Seit einigen Jahren steht nicht nur der Ort Makrinitsa unter Denk-
malschutz, sondern auch andere Orte des Pelion. Die
Denkmalschutzbestimmungen besagen, daß alte Häuser
nur im alten Stil renoviert werden dürfen und Neubauten nur im Pelionstil erlaubt sind. Was aber
macht den Pelionstil aus? Alle traditionellen Häuser haben gewisse Gemeinsamkeiten. Der Pelionstil
besteht aus diesen übereinstimmenden Merkmalen und
einem Konglomerat von Besonderheiten. Das Pelion-
haus kann definiert werden als ein Haus, das

1. frei steht und nicht in einen Häuserkomplex
   einbezogen ist,
2. eine kubische bis kurzrechteckige Form hat,
3. ein leicht geneigtes Dach aus schweren Schieferplatten,
4. zwei bis drei Wohnebenen
5. und offene Kamine besitzt.
6. Die oberste Wohnebene kann überkragend kon-
   struiert sein.

Ob das Dach mit Schieferplatten oder Dachziegeln
(heute billiger!) gedeckt wird, bleibt den Besitzern freigestellt. Verboten sind Dachausbau und
Flachdach. Ein flaches Walmdach ist bei fast allen
Berghäusern der ostthessalischen Gebirge erhalten
geblieben. An einem Beispiel soll aufgezeigt werden, daß es heute möglich ist, Neubauten zu errichten, die dem Pelionstil nicht in allen Merkmalen
entsprechen. Die auf dem Photo 12 zu erkennende
Häusergruppe in Chorefton kann als von der Bausubstanz dem Pelionstil entsprechend gelungen angesehen werden. Dem Wesen des Pelionhauses ganz und gar
nicht entspricht die Gedrängtheit, der enge Raum

zwischen den Häusern. Leider sind heute an mehreren
Stellen oberhalb von Volos solche Wohnsiedlungen im
Bau. Die Auswirkungen des Fremdenverkehrs auf einzelne Siedlungen wurde bereits angesprochen. In dem
verstärkten Bestreben von Griechen nach Zweithäusern und Altersruhesitzen liegt eine Chance, die
Wohnstätten und damit das Siedlungsbild der Bergdörfer zu erhalten, andererseits besteht bei Neubauten die Gefahr einer Zersiedlung der Landschaft,
wie sie stellenweise in Ostthessalien leider schon
zu beobachten ist.

10. ZUSAMMENFASSUNG

Paläolithische Fundstellen, die teilweise als ephemere Siedlungen anzusprechen sind (Material häufig
verlagert), sind bisher ausschließlich am Penios
nachgewiesen worden. Das deutet auf eine Wirtschaftsweise der Jagd, bei der man den Tieren an der Trän-
ke auflauerte. Obendrein ist die lokale Begrenzung
paläolithischer Fundstellen als ein Hinweis zu werten, daß die Ebenen zu der Zeit noch überschwemmt
gewesen sind. Über wahrscheinlich temporäre Siedlungen des Mesolithikers kam es zu permanenten Siedlungen des Neolithikers bei beibehaltener Nutzung
aquatischer Nahrungsreserven. Bei den neolithischen
Siedlungen fällt eine Reihung in dem schmalen Streifen zwischen den Hügelländern und dem Ufer des kleiner gewordenen Sees auf. Nicht erkennbar ist eine
Abhängigkeit von Frischwasservorkommen, wohl aber
von jahreszeitlich schwankenden hydrologischen Verhältnissen: Die Siedlungen liegen auf kleinen Erhebungen, Magulen, die im Verlaufe mehrerer Generationen höher geworden sind. Siedlungen in Insellage innerhalb des Viviis-See und Nachweise in der Pefkakia-
Magula am Pagasitischen Golf verdeutlichen, daß der
Fischfang im limnischen und marinen Bereich eine
nicht unbedeutende Rolle gespielt hat. MÜLLER-WILLE
hält es für möglich, daß Fischersiedlungen überhaupt
die ersten permanenten Siedlungen gewesen sind[213].
Archäologische Untersuchungen über die Zeitspannen
des Bestehens neolithischer Siedlungen liegen bisher nur für das Spätneolithikum vor[214]. Bereits zu
dieser Zeit sind zwei Schwerpunktbildungen in Ostthessalien zu erkennen, im Süden (Sesklo, Dimini,
Pefkakia) und im Nordwesten der Ebenen (Argissa,
Otzaki, Arapi u.a.). Die spätneolithische Kultur
zeigt sich aber noch als eine Einheit, die in diesem Landschaftsraum entstanden ist. Dieses einheitliche Kulturbild scheint bis zur mittleren Bronzezeit bestanden zu haben. Der Anbau von Getreide wurde während des Neolithikums enorm ausgedehnt. Damit
begann ein intensiver Einfluß des Menschen auf die

Naturlandschaft. Der Fischfang wurde nach und nach eingeschränkt. Das nahe Nebeneinander von Hügelländern, in denen Wildformen einiger Getreidearten wachsen konnten und die breite Überschwemmungsaue entlang des Sees lassen es durchaus möglich erscheinen, daß es in Ostthessalien eine autochthone Entwicklung zum Bauerntum gegeben hat[215]. Diese Hypothese wird durch die Tatsache erhärtet, daß die archäologischen Funde für eine kontinuierliche, weitestgehend landschaftsautarke Keramikentwicklung sprechen[216]. Eine Domestikation des Rindes in Ostthessalien muß nach den bisherigen Funden als sehr wahrscheinlich gelten, ein möglicherweise erfolgter Domestikationsversuch des Hirsches während der Frühbronzezeit ist wieder aufgegeben worden. Die Anordnung der Wohnstätten auf der Otzaki-Magula und die nahezu identische Bauweise von Dimini und Sesklo während des Jungneolithikums lassen ordnende Kräfte erkennen. In der Frühbronzezeit fällt eine Dezimierung der Siedlungsstellen mit Konzentrationen entlang des Penios und unweit des Pagasitischen Golfes auf. Die auf bäuerliche Lebensweise hindeutenden Kulturreste in den Ebenen sind vielleicht in dem Sinne zu deuten, daß es zu einer Siedlungsstreuung von Einzelhöfen mit Großviehhaltung gekommen ist und nur an den Küsten und im Bereich des Penios kam es zu Konzentrationen von Wohnstätten, von wo Kontakte mit dem gesamten Ägäisraum gepflegt wurden. Andere Möglichkeiten, die bisher genausowenig wie die Einzelhoftheorie eindeutig beweisbar sind, sind eine Dezimierung der Bevölkerung in ungünstigen Gebieten der Ebenen durch Seuchen oder (bei den weit verzweigten Handelsbeziehungen) Auswanderungen in andere Bereiche der Ägäis, bei gleichzeitig einsetzendem Druck aus Norden kommender Hirtenvölker, die sich während der mittleren Bronzezeit in diesem Landschaftsraum festgesetzt haben. In der Spätbronzezeit nisteten sich in den Siedlungen am Pagasitischen Golf fremde Dynastien ein, die Achaier, Träger der mykenischen Kultur. Es wurden bedeutende Siedlungen im Küstenbereich okkupiert, Neugründungen sind nicht bekannt. Eine ansonsten für mykenische Siedlungen typische Akropolislage entfiel weitestgehend, kleinräumige Siedlungsgebiete waren bereits vorher ausgebildet. Das erst mit einer Verzögerung von 100 Jahren feststellbare Eindringen mykenischer Kultur in Siedlungen entlang des Penios und die Beschränkung der Zerstörungen in Jolkos auf den Palast, lassen die Problematik der fremden Herrscher an der Peripherie des mykenischen Kulturkreises erkennen. Die Häufung von spätmykenischer Keramik (Späthelladisch III A2 - B) bei einem Fehlen von direkt vorhergehenden oder anschließenden Kulturstufen lassen die Siedlung Petra bei ihrer Insellage im Viviis-

See, umgeben von einer Kyklopenmauer, als Fluchtsiedlung vor erneut aus dem Norden und Nordwesten vordringenden Volksgruppen erscheinen. Ein Ereignis, das in den Bereich der Seevölkerwanderung im östlichen Mittelmeer einzuordnen ist. Die der Dynastien beraubte breite ländliche Bevölkerungsgruppe verharrte in der zuletzt noch mitvollzogenen Entwicklung zu der mykenischen Kulturstufe (Späthelladisch III B), bis neue, allmählich einsickernde Hirtenvölker eintrafen (Gräberfeld von Marmariane). Protogeometrische und geometrische Gräber in den niederen Hanglagen um 200 m üb. NN. deuten auf eine annuell-temporale Siedlungsweise der Menschen im Wechsel zwischen Ebenen und Bergen. Der aus den unsicheren Zeiten entstandene Hang zu beweglichem Viehbesitz, der in den Sommermonaten an den Berghängen geweidet werden mußte, bewirkte eine materiell erstmals nachweisbare weiträumige Einflußnahme des Menschen auf die Naturlandschaft. Dieser Prozeß wiederholte sich in ähnlicher Weise während des 13. Jahrhunderts und zur Türkenzeit, als ehemals seßhafte Ackerbauern zum Wanderhirtentum übergingen - die Sarakatsanengruppen entstanden -, wobei dann aber die Halbinsel Magnesia ausgespart worden ist. Großgrundbesitz in den Ebenen läßt sich mit dem Eindringen der Thessaler im 7./6. Jh. v.Chr. belegen. Es erfolgte unter den Thessalern eine auf die Wehrverfassung beruhende Landaufteilung in Kleroi, die sich in fast identischer Weise zu Beginn der Osmanenzeit (Einteilung in Timare) wiederholte. Aus der anfänglich gleichen Aufteilung kristallisierten sich bald Großgrundbesitzer heraus, die ihren Wohnsitz schließlich nicht mehr irgendwo in den Ebenen, sondern in oder bei Larisa nahmen (Aleuaden, türkische Beys und Tschiftlikbesitzer). Alteingesessene Bevölkerungsteile degenerierten zur verarmten Kleinbauern- und Landarbeiterschicht [217]. Im 5. und 4. Jh. v.Chr. vollzog sich der Prozeß der Verstädterung, ohne daß sich eine so klare Polisausprägung ergab, wie sie in anderen griechischen Landschaften zu beobachten ist. Rund um die Gebirge entstanden bei z.T. älterer Platztradition Siedlungen in wehrhaften Akropolislagen, für die an der Ostküste Kastanea (unterhalb von Keramidion) und Paleo-Damuchari kennzeichnend, für Griechenland aber außergewöhnlich sind. Wo das Gelände es zuließ, erfolgte der Bau von langen Mauern den Hang hinab und eine Trennung von ummauerter Akropolis und ummauerter Unterstadt (z.B. Homolion). Diese Anlageart wiederholte sich während des 13./14. Jahrhunderts (z.B. Kastrion an der Nordwestflanke der Mavrovuni). Die Neuansiedlung geschlossener Menschengruppen durch die Makedonen führte zu den Siedlungen Goritsa und Demetrias, Siedlungen, die durch

ihr starres, geometrisches Muster des Straßenver-
laufes auffallen, bei dessen Anlage man sich weniger an natürliche Gegebenheiten, als an planerische
Ideen hielt. Die Geschlossenheit der Siedlergruppe
und die kurze Zeit, in der angesiedelt wurde, sind
die bestimmenden Faktoren gewesen. Dieser Siedlungstyp der Kolonisation wiederholte sich bei der Ansiedlung von Flüchtlingen der Balkankriege und der
"Kleinasiatischen Katastrophe" (Nea Anchialos, Nea
Jonnia u.a.). Der Versuch Demetrias im 3. Jh. v.Chr.
zum Zentrum eines Flächenstaates zu machen, führte
zu einer Konzentration menschlichen Wohnens und Wir-
kens, Siedlergruppen an den Gebirgsrändern wurden
dezimiert. In dem gestaffelten Verteidigungssystem
innerhalb der Stadt Demetrias und in dem wehrhaften
Wohngebäude der makedonischen Könige (Anaktoron)
manifestierten sich die Spannungen einer polytopi-
schen und polyethnischen Bürgerschaft und den fremden Herrschern. Mit dem Ende der makedonischen Herrschaft ging der mit Demetrias als Zentrum geplante
Flächenstaat in den bereits größeren Flächenstaat
des Römischen Reiches auf; Demetrias verlor an Bedeutung. Die Römer fanden in den Städten Ostthessaliens eine aus verschiedenen Volksgruppen bestehende Bevölkerung vor. Ein gefördertes Handwerker-
und Landwirtschaftswesen führte zu einer Entleerung
der Gebirge und zu einer Verlagerung der Siedlungen
an die Küstensäume und letztendlich auch zu einer
neuerlichen Aufwertung der Landmetropole Larisa, in
der wiederum die Magnaten wohnhaft wurden. In ju-
stinianischer und byzantinischer Zeit lebten an den
alten Siedlungsstellen des 3./2. Jh. v.Chr. in si-
cherer Hanglange neue Befestigungen auf und die ab
dem 6. Jahrhundert einwandernden, ackerbaulich
orientierten Slaven besiedelten die Ebenen und die
Hügelländer, während die Städte in byzantinischer
Hand blieben. Da man die Slaven nicht vertreiben
konnte, ihre Produktionskraft den byzantinischen
Herrschern sogar sehr nützlich war, beließ man sie
in autonomen, aber steuerzahlenden Siedlungsgemein-
schaften. Während des 17. Jahrhunderts wiederholte
sich diese Erscheinung im Verhältnis von autonomen
griechischen Berggemeinden und den Sultanen. Ver-
mittelnde Einzelpersonen der unterliegenden Volksgruppe gelangten sowohl im Frühmittelalter, als
auch in der Neuzeit in bedeutende Positionen. Die
Lateiner trafen 1204 nicht mit einer großen Schar,
sondern - ähnlich wie die Achaier in der Spatbronze-
zeit - mit einer Eliteeinheit in Ostthessalien ein.
Die Ritter bemächtigten sich der Besitzungen in den
Ebenen, den alten kaiserlichen Domänen. Byzantinische Magnaten wichen an die Westflanken der Gebirge
aus. Besitz wurde abgesichert, indem er zu religiösem Besitz deklariert wurde. Ähnliches wiederholte

sich mit der Einrichtung von Vakufia während der Türkenzeit. Klostergründungen und die Vakufia führten
beide Male zu einem neuerlich verstärkten Wirken des
Menschen in den Bergen. Unruhen, bedingt durch Herr-
scherwechsel in den Ebenen, ließen Bevölkerungsschü-
be der einfachen Bauern folgen, beginnend im 13. Jahrhundert und endend am Anfang des 17. Jahrhunderts,
als nach dem mißlungenen Aufstand die Christen vor
der Verfolgung durch die Türken flohen. Die ostthessalischen Gebirge wurden Zufluchtsort auch für die
Bevölkerungsgruppen von Euböa und aus der Othris.
Diese Flüchtlingsschübe aus unterschiedlichen Gegenden und in zeitlicher Abfolge formten das heute noch
dominante Siedlungsbild der Gebirge.

Im Bereich der ostthessalischen Gebirge, der Senke
von Ajia und der Halbinsel Magnesia lassen sich nach
Kleinräumen Unterschiede der Siedlungen feststellen,
sowohl in ihrer Lage, als auch in dem Typ. Bei Trikeri im Süden beginnend, zeigt sich in Adlerhorstla-
ge hoch oben über dem Meer mit verwinkeltem, unüber-
sichtlichem Gassenplan, eine Fluchtsiedlung des 17.
Jahrhunderts. Sie wurde errichtet, als die Piratengefahr ein sicheres Leben auf dem Inselchen Paleo-Trikeri nicht mehr zuließ. Da die Bewohner weiterhin von
der Seefahrt lebten, wurde die Anlage einer kleinen Ha-
fensiedlung (Hag. Kiriake) notwendig. Orte auf der
Halbinsel Magnesia liegen in geschützten Talkesseln
(z.B. Promirion, Liri) oder in immer noch windge-
schützter Lage an den West- bzw. Osthängen der Hü-
gel. Lafkos und Melina bilden ein ähnliches Siedlungspaar wie Trikeri und Hag. Kiriake. Küstensied-
lungen (z.B. Lefokastron, Platania) sind bei iso-
lierter Lage von Süßwasservorkommen abhängig und
erleben in jüngster Zeit jährlich eine durch Badegäste hervorgerufene saisonale Aktivphase. Neben den
namentlich bekannten Gemeindesiedlungen sind auf
der Halbinsel Magnesia eine Reihe kleiner, unselb-
ständiger Siedlungsflecken anzutreffen, deren Zahl
in den letzten einhundert Jahren beträchtlich zu-
rückgegangen ist. Sie sind als Metochien anzusprechen, in ihrer Nähe sind bis heute Klöster nachweisbar, zu deren Besitz sie einstmals zählten. Bei den
Orten des Pelion ist zwischen denen der West- und
denen der Ostabdachung zu unterscheiden. Dörfer auf
der Westseite liegen am Beginn der großen Hauptsam-
melbecken (Ursprungstrichter) in Höhen zwischen 500
und 800 m üb. NN. als geschlossene Haufendörfer (z.B.
Pinakate) oder mit Viertelbildungen (= Machalas),
die übereinander liegen und nicht direkt aneinander
anschließen. Einige Orte liegen in mittleren Höhen
auf breiten Rippen. Dörfer im Ostpelion liegen vielfach in kleinen Nebensammelbecken an den Flanken der
Ursprungstrichter in 300 bis 500 m üb. NN. Bei ihnen

handelt es sich um lockere Haufendörfer oder Dörfer mit Viertelbildungen, wobei die Zahl vier auffällt (vier Viertel in Zagora und in Tsangarada). Diese Viertel liegen mehr nebeneinander, als seitlich versetzt übereinander. Es läßt sich nur z.T. eine Abhängigkeit der Viertelbildung von der Morphologie der Landschaft beobachten. Vielmehr sind hierfür auch die in Zeitabständen eintreffenden Flüchtlingsgruppen als Ursache anzusehen. Das Ansprechen der Viertel als Makhala oder Machala ist Tradition[218], keine künstlich geschaffene Nomenklatur. Ein Zusammenwachsen der einzelnen Machalagruppen zu einer Dorfgemeinschaft erfolgte erst in den letzten Jahrzehnten. Noch zu Beginn des 20. Jahrhunderts konnten Differenzen zwischen den Dörfern oder den Machalas zu bewaffneten Auseinandersetzungen eskalieren[219]. Da die Machalas der Pelionorte nicht aus Einzelhöfen entstanden sind und auch nicht direkt aneinandergrenzen, bereitet die Zuordnung zu dem von WILHELMY an Dörfern Hochbulgariens entwickelten und von BEUERMANN auf Griechenland übertragenden Begriff des Machali-Dorfes Schwierigkeiten[220]. Diesem Problem kann man sich entziehen, indem man die Machali-Dörfer des Pelion als eine Sonderform deklariert. Dieser Weg scheint bei der Bezeichnungstradition der Viertel als Machalas richtiger zu sein, als eine Zuordnung zum Ibar-Dorftyp[221]. Wenn der Ibar-Dorftyp als slavische Dorfform angesprochen wird, so ist diese Bezeichnung für die Pelionorte insgesamt gesehen falsch. Andererseits ist die Beobachtung richtig, daß die Hauptverbreitungsgebiete des Ibar-Types zugleich Räume sind, in "denen Menschen verschiedener Nationalität oder Religionszugehörigkeit zusammen siedelten und sich jeweils in solchen Gruppensiedlungen abschlossen"[222]. Diese Trennung ist aber ein typisches Merkmal byzantinischer Städte, in denen schon früh eine Ghettobildung zu beobachten ist. Wir stehen vor der schwierigen Situation, daß einerseits durch die Namenstradition die Bezeichnung Machala-Dorf notwendig zu sein scheint, mit der aber die bisherige Definition eines Machala-Dorfes nicht sauber in Übereinstimmung zu bringen ist. Andererseits ist eine Zuordnung zum Ibar-Dorftyp wohl vom äußeren Erscheinungsbild her gut möglich, nicht aber mit der Prämisse, daß Ibar-Dörfer auf slavische Siedlungsgebiete deuten. Die Pelionorte scheinen vielmehr zu belegen, daß es eine stringente Ableitung vom Ibar-Dorf auf slavisches Siedlungsgebiet nicht gibt. Eher ist zu vermuten, daß eine Kernsiedlung fest in griechischer Hand geblieben ist und das Andersgläubige oder später Hinzuziehende eine Ansiedlung in dem Kernviertel nicht erlaubt worden ist[223]. Um nicht durch eine abermals verfrühte Begriffsneubildung weitere Verwirrung zu schaffen, möchte

ich vorschlagen, den Begriff Ibar-Dorf für Ostthessalien nicht zu verwenden und statt dessen vorerst zwischen geschlossenen Machali-Dörfern (siehe WILHELMY und BEUERMANN) und lockeren Machali-Dörfern (Ostthessalien) zu unterscheiden. In den Mavrovuni sind wiederum geschlossene und lockere Haufendörfer zu beobachten, die sowohl an den Flanken, als auch am Beginn von Sammelbecken liegen können. Auf der Nordwestseite liegt Kastrion am Fuße einer leicht vorragenden Rippe, auf der sich die mittelalterliche Burg befindet. An der Ossa häufen sich heutige Siedlungen auf den Spitzen von großen Schotterkegeln. Teilweise sind sie aus alten Tschiftliks hervorgegangen, wenn sie in der Ebene liegen. Seit der Mitte des 19. Jahrhunderts siedelten sich in mehreren Schüben Bewohner aus den Bergdörfern (z.B. in Elatia aus Ambelakia), Hirtengruppen der Vlachen, vor allem aber Sarakatsanen in Siedlungen der Ebenen an. Ambelakia zeigt einen ähnlich regellosen Grundriß wie Trikeri, bei allerdings breiteren Gassen. Von einigen Ausnahmen abgesehen, sind Pelionorte entschieden größer als die anderen Berg- und Hügelorte Ostthessaliens. Setzt man die Siedlungen in Bezug zu den Vegetationsklimazonen, so fällt die sich häufende Grenzlage zwischen zwei Zonen auf. Diese Lage läßt sich mit wirtschaftlichen Gepflogenheiten erklären, da die Bergorte keine Monokulturen betrieben oder betreiben. An der Westabdachung kam es zu den ausgeprägtesten annuell-temporalen Aufenthaltsverschiebungen zwischen den Sommerdörfern in den Höhenlagen bei Obst- und Gemüseanbau und zerstreut liegenden winterlichen Wohnstätten in den Olivenbaumwäldern der unteren Hanglagen. Diese Wirtschaftsweise läßt sich mit Sicherheit bis in das 13. Jahrhundert zurückverfolgen. Kato- und Epano-Ortsnamenszusätze (z.B. Kato und Epano Drianovena im Bereich des heutigen Portaria)[224] sind Belege, bei einer festen Bindung von Siedlungs- und Wirtschaftsform. Neben dieser alten Form einer jährlich zwei Mal erfolgten Wohnsitzverlegung in vertikaler Richtung, bei immer am gleichen Ort bleibenden Wohnstätten, ist auf der Ostseite von Nordpelion und Mavrovuni ein horizontal annuell-temporaler Wohnstättenwechsel zu beobachten. Von Purion (Winterwohnort) erfolgt eine sommerliche Umsiedlung in Kalivien (= Hütten) in den Bereich des alten Mitsela und eine Bearbeitung der dortigen Obstbaum- und Gartenbaukulturen. Von Keramidion und Polidendri erfolgt diese Verlegung in den Bereich zwischen diesen beiden Siedlungen. Bei Mitsela werden alte Häuser genutzt, zwischen Polidendri und Keramidion erfolgten an vielen Stellen Neubauten kleiner Häuser. Wenn bei dem horizontalen Wohnstättenwechsel ebenfalls eine Aufenthaltsverlegung in verschiedene

99

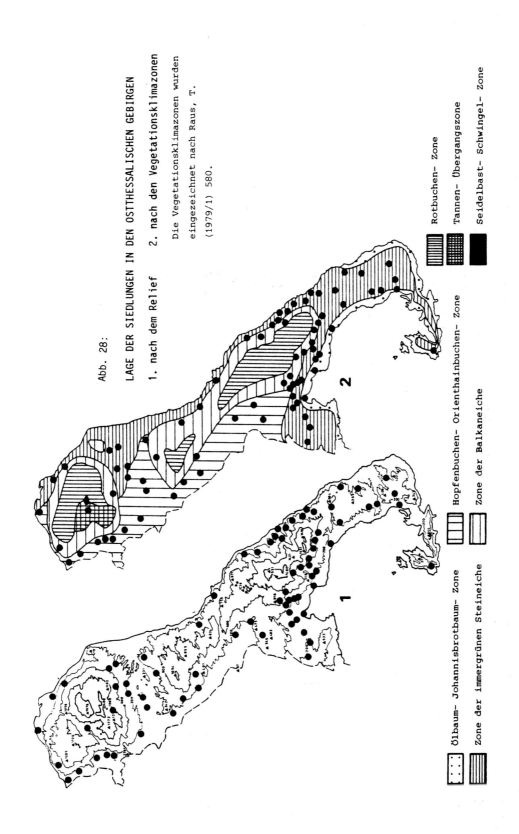

Abb. 28:

LAGE DER SIEDLUNGEN IN DEN OSTTHESSALISCHEN GEBIRGEN

1. nach dem Relief   2. nach den Vegetationsklimazonen

Die Vegetationsklimazonen wurden
eingezeichnet nach Raus, T.
(1979/1) 580.

Rotbuchen- Zone

Tannen- Übergangszone

Seidelbast- Schwingel- Zone

Hopfenbuchen- Orienthainbuchen- Zone

Zone der Balkaneiche

Ölbaum- Johannisbrotbaum- Zone

Zone der immergrünen Steineiche

Vegetationsklimazonen zu beobachten ist, so entspricht diese Form doch nicht dem viehwirtschaftlich orientierten Kalivientyp, wie er von BEUERMANN auf der Peloponnes beschrieben worden ist[225]. Dennoch scheint das von BEUERMANN beschriebene System nicht, wie er meint, auf die Peloponnes beschränkt gewesen zu sein, sondern genau in dieser Form im Raum Volos existiert zu haben. LEAKE überliefert eine Kalivia Volos bei dem antiken Demetrias und den Namen Vlakho-Machala (= Vlachenviertel, Hirtenviertel) als Namen eines Stadtteils von Volos[226], der am Westabhang des Pelion gelegen haben muß. Im Bereich des antiken Demetrias sind Ruinen der Kalivia Halike zu sehen (wahrscheinlich identisch mit der Kalivia Volos). Diese Kaliviensiedlung wird in der Einwohnerstatistik von 1940 unter der Gemeinde Anakasia aufgeführt, die oberhalb von Volos am Pelionhang liegt.

In den Ebenen Ostthessaliens haben sich die älteren Siedlungen nach natürlichen Wasservorkommen gerichtet. Tschiftlikdörfer wurden hiervon unabhängiger, gewannen Wasser aus Brunnen. In den letzten einhundert Jahren ist immer mehr eine Konzentration auf einige verkehrsgünstig gelegene und wirtschaftlich potente Orte festzustellen. Bei den Städten scheint nun für die Stadt Volos schon früh ein planerisches Konzept bestanden zu haben. Der Aufbau des neuen Volos während des 19. Jahrhunderts wurde verzögert, da die Türken aus dem Kastro Volos in Konstantinopel einen Baustop für dieses neue Viertel erwirkt haben[227].

Die Masse der ostthessalischen Wohnbauten ist in den vergangenen 10000 Jahren aus leicht sich aus dem Verband herauslösenden und vergehenden Materialien wie Schilf, Reisig, Zweigflechtwerk mit Lehmverputz, Holz und luftgetrockneten Lehmziegeln gebaut worden und daher fast nur noch nachweisbar durch unterste Bruchsteinschichten, die vor aufsteigender Bodenfeuchtigkeit schützen sollten. Hier zeigt sich auch schon ein auf Permanenz ausgerichtetes Wohnen und man kann ziemlich sicher sein, daß das Vorkommen einer Steinfundamentierung mit der Wirtschaftsweise des Ackerbaues zu verbinden ist. Bei völligem Fehlen von Wohnstättennachweisen, wenn eine menschliche Anwesenheit in diesem Landschaftsraum nur durch sepulkrale Beigaben nachgewiesen werden kann (z.B. ca. 1000 bis 700 v.Chr. in Ostthessalien), ist eine Viehwirtschaft in der Form der Trancehumance oder des Nomadismus anzunehmen. Von den in diesen Zeitspannen bewohnten Reisig- oder Bruchsteinhütten hat sich nichts erhalten. Das bedeutet aber auch, daß bei einem geringer werdenden

Siedlungsnachweis noch nicht auf eine Verringerung der Bevölkerung geschlossen werden kann, da seßhafte Ackerbauern und mobile Hirten nebeneinander existiert haben können, wie das mit hoher Wahrscheinlichkeit in der Frühbronzezeit der Fall gewesen ist oder wie in geometrischer Zeit das Hirtenwesen dominierend gewesen ist. Bestimmtes, im Überfluß vorhandenes Material wie Reisig oder Schilf und Lehm sind immer wieder in den Ebenen zum Wohnstättenbau verwendet worden. Wir stehen heute vor der paradoxen Situation, daß wir mehr aussagefähiges Wohnstättenfundgut aus dem Neolithikum besitzen, als von der großen, auf Tschiftliks lebenden Rayaschicht des 16. bis 19. Jahrhunderts. Soweit eine Beurteilung auf Grund aller Quellen möglich ist, läßt sich die Vermutung äußern, daß der neolithische Bauer vor 6000 Jahren komfortabler gelebt hat, als der ostthessalische Landarbeiter und Kleinbauer vor 100 Jahren.

Die Position des Landschaftsraumes als Durchgangsland scheint neben klimatischen Bedingungen ein wichtiger Faktor für das immer wieder feststellbare Bestreben gewesen zu sein, alle Lebensfunktionen (Speicherung, Nahrungszubereitung, Werken, Wohnen) unter einem Dach zu vereinigen. Bei den neolithischen Megara erfolgte dieses in horizontal additiver Weise. Sobald die technischen Fertigkeiten es zuließen, erfolgte die Anordnung funktional verschiedener Räume in vertikaler Weise. Die zweite Möglichkeit wurde in den Bergen vorherrschend, die erste überwog in den Ebenen, wo einer ebenerdigen Ausbreitung nichts im Wege stand. Bei gesellschaftlichen Spannungen ist eine festungsartige Turmbauweise der oberen Gesellschaftsschichten festzustellen, die sich materiell sicher nachweisen läßt in dem Anaktoron, der Residenz der makedonischen Könige in Demetrias, den Konaks der Türken und den Kaufmannshäusern der Pelionorte und Ambelakias. Für die archaische und klassische Antike darf eine solche Bauweise der Skopaden und Aleuaden angenommen werden. Es ist bei diesen Häusern keine durchgehende Tradition festzustellen. Vielmehr muß diese Bauform des Herrscherturmes, des Konak oder des Archontiko als immer wieder erscheinende Ausdrucksform wiederkehrender ähnlicher Sozialgefüge angesehen werden. Ob im 7./6. Jahrhundert, im 3./2. Jh. v.Chr., im 16. oder 18. und 19. Jahrhundert, nie ist als Ursache für diese Bauform eine von außerhalb bedrohende Völkergruppe eindeutig festzustellen, stets aber hat es soziale Spannungen innerhalb der Gesellschaft Ostthessaliens gegeben. Beobachtungen bei Turmbauten in anderen Mittelmeergebieten (z.B. in der Toscana während des 13. Jahrhunderts, in der Mani vom 13./14. bis 19. Jahrhundert, auf Euböa während des

12. bis 17. Jahrhunderts und in Albanien) bestätigen diese These. Früheste Konakbauten in Ostthessalien sind u.U. von albanischen Geschlechtertürmen (Kula) beeinfluß worden. Das ostthessalische Archontiko zeigt im äußeren Bild neben vom Konak übernommenen Elementen deutliche Einflüsse aus Konstantinopel. Die Vermutung, daß sich damit byzantinische Formen erhalten haben, könnte zutreffen. Klassizistische Bauten der griechischen Gutsbesitzer vom Ende des 19. Jahrhunderts und Neubauten in Tsangarada oder Makrinitsa zeigen, daß die Höhe des Einfamilienhauses auch heute noch Statussymbol sein kann.

Öffentliche Gebäude wie Tempel und Kirchen wurden aus beständigerem, zugehauenem Steinmaterial gebaut, das bei den Siedlungsverlagerungen immer wieder verschleppt worden ist und z.T. aus den Ebenen bis in die Bergdörfer gelangte. Die typischen, offenen, aber überdachten Umgänge peliotischer Bergdorfkirchen werden dem gesellschaftlichen Erfordernis einer Versammlungsmöglichkeit vor oder nach dem Kirchenbesuch gerecht und haben ihre Ursachen in dem, dem übrigen Griechenland gegenüber niederschlagsreicheren Klima.

Die Steinbauweise auch bei Kleinbauernhäusern in den Gebirgen ist eine witterungsbedingte Notwendigkeit, die Dicke der Mauern bei größeren Häusern hat auch fortifikatorische Gründe. Die Verteidigung aus einzelnen, zerstreuten und auch versteckten "Kleinfestungen" heraus war bei der Art des periodischen Auftretens von einzelnen Banden (eine permanente Bedrohung durch feindliche Völker bestand nicht) die vorteilhafteste Art der Verteidigung. In Zeiten, in denen Siedlungen bei der Bedrohung durch große völkische Feindgruppen mit Verteidigungsanlagen umgeben waren, waren die Wohnhäuser aus leichterem Material gebaut und von den antiken Siedlungen zeugen heute zumeist nur noch die hellenistischen und byzantinischen Stadtmauerringe. Die Verwendung von Lehmziegeln in den höheren Schichten der Stadtmauern von Goritsa und Demetrias und die Lehmziegelmauer von Larisa während des 19. Jahrhunderts lassen vermuten, daß man mit dem Einsatz von schwerem Belagerungsgerät zu diesen Zeiten nicht gerechnet hat. Die vertikale Abfolge von unterer Wirtschafts- und Speicherebene und darüber liegender Wohnebene läßt sich bei den Wohnhäusern der Gebirge auch heute noch beobachten. Nur findet man in den Häusern entlang asphaltierter Straßen an Stelle des Stalles oder Vorrates die Autogarage oder ein kleines Geschäft. In den Agglomerationen Larisa und Volos ist es durch die Notwendigkeit möglichst viel Arbeits- und Wohnraum in konzentrierter Form zu schaffen, zu

mehrstöckiger Bauweise gekommen.

Wenn davon ausgegangen werden kann, daß der Mensch in Ostthessalien die Stellen als Siedlungsplatz ausgewählt hat, deren natürliche Dominanten für seine ihm jeweils eigene Wirtschaftsform am günstigsten gewesen sind, dann sind umgekehrt über die Lage der Siedlungsplätze bei einer genaueren Untersuchung auch Rückschlüsse auf die Wirtschaftsform möglich. So ist z.B. zu beobachten, daß neue Völker über die ihrer Wirtschaftsform entsprechenden günstigsten Gebiete eindrangen. Kleinviehhirten drangen über die Gebirge ein, Großviehzüchter und Ackerbauern durch die Ebenen. Von den naturräumlichen Gegebenheiten her ist es mehrmals zu einer Trennung zwischen einem nördlichen und einem südlichen Siedlungszentrum in den niedrigen Zonen gekommen. Unterschiedliche Wirtschaftsweisen sind in den verschiedenen Siedlungstypen der Gebirge deutlich auszumachen und eine von außen in diesen Landschaftsraum hineingetragene wirtschaftliche Komponente - der Fremdenverkehr - hat in den letzten Jahren nicht nur deutlich Einfluß auf die Siedlungsart und die Behausungen, sondern auch auf Siedlungstypen ausgeübt. Die Behausungen schließlich lassen nicht nur Rückschlüsse auf die Wirtschaftsweise zu, sondern geben detaillierte Hinweise auf historisch-politische Prozesse und die soziale Situation. Als besonders schwierig hat sich eine Siedlungsraumbegrenzung bei nomadisierender Wirtschaftsweise gezeigt. Da menschliches Siedeln und Wirtschaften auch eine Einflußnahme auf den jeweiligen Bereich des Landschaftsraumes ist, ist mit dem Hinterlassen von Spuren zu rechnen, die erst in gewissen Zeiträumen, wenn überhaupt, wieder beseitigt werden können. Empfindliche Indikatoren sind die biotischen Geofaktoren und man darf hoffen, daß in Zukunft in diesem Bereich Methoden entwickelt werden, die über die archäologischen und historischen hinausgehen und feinere Abgrenzungen zulassen. Dann mag eine differenzierte Grafik über das zeitliche und räumliche Wirken des Menschen im Landschaftsraum Ostthessalien möglich sein. Bis dahin müssen wir uns mit der hier zum Schluß gegebenen begnügen.

DIE KULTURLANDSCHAFTSENTWICKLUNG IN OSTTHESSALIEN:
Veränderungen der Einflußnahme des Menschen in den
einzelnen Landschaftstypen

DIE KULTURENTWICKLUNG IN OSTTHESSALIEN:
Eigenständigkeit und Einflüsse von außen
E = eigenständig; N,S,O,W = die Himmelsrichtungen.

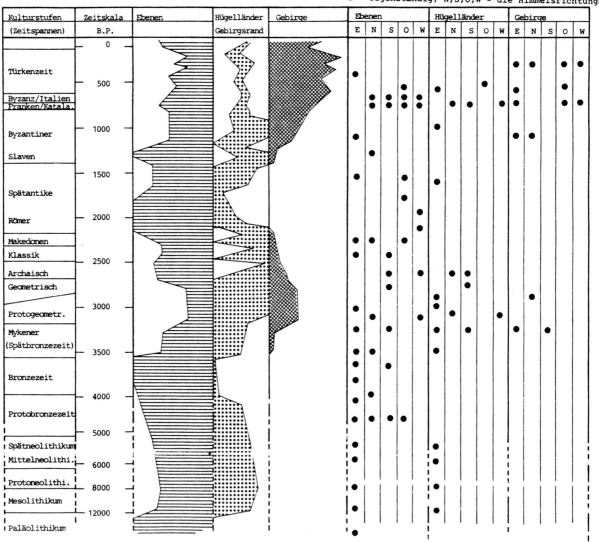

Abb. 29:

11. ANMERKUNGEN

1. MÜLLER-WILLE, W. (1954), 144

2. ebd., 144

3. NIEMEYER, G. (1972), 23. Niemeyer zieht den Begriff Behausung vor, weil ihm der Begriff Wohnstätte zu eng gefaßt ist, da nicht alle Gebäude dem Wohnen dienen.

4. VERGIL, Aeneis 5: 251 f: Purpure Maeandro duplici Meliboia cucurrit; Lucretius 2: 500 f: Meliboeaque fulgens Purpura, Thessalico concharum tincta colore.
   Nach Georgiades, N. (1880) 144, wurde die Purpurgewinnung in Ostthessalien bis in die Neuzeit beibehalten.

5. MILOJCIC, V. u.a. (1965).

6. "Trotz ausgedehnter Suche am ganzen Penios in der östlichen Ebene bis zur Mündung wurden keine neuen Vorkommen mehr entdeckt. Auch die Knochenfunde scheinen auf den gleichen Flußabschnitt beschränkt zu sein". SCHNEIDER, H.E. (1968), 37.

7. THEOCHARIS, D.R. (1968) 255; (1966) 76-82, Taf. IV - IX; (1967).

8. FREUND, G. (1968) 415-418.

9. dies. (1971) 181-194.

10. THEOCHARIS, D.R. (1973) 19, Anm. 2.

11. MILOJCIC, V. (1962); SCHNEIDER, H.E. (1968) 35-36, 44, Taf. 21.

12. KURTH, G. (1964) 29; Abbildung bei CHRISTOPOULOS, G.H. / BASTIAS, J.C. (1974) 45.

13. THEOCHARIS, D.R. (1967) Taf. V, Fundort E in der Abbildung 2.

14. Die Zahl der Rastplätze auf zwei bis drei zu beschränken, ist wohl ein zu rigoroses Vorgehen von FREUND, G. (1971) 194.

15. vgl. MÜLLER-KARPE, H. (1966) 147 ff.

16. THEOCHARIS, D.R. (1969/1) 297 ff; (1967) 40 ff; (1973) 24, Anm. 17.

17. UERPMANN, H.-P. (1979) 35.

18. Für die Südsahara und Sahel-Zone hat SUTTON, J.E.G. (1977) 25-34 die Nutzung der Nahrung aus Gewässern als Ursache für die Entwicklung der örtlichen Keramik angesehen.

19. THEOCHARIS, D.R. (1973) 34, 113.

20. BOESSNECK, J. (1962) 30 f; (1978) 268; UERPMANN, H.-P. (1979) 126 hält den Nachweis domestizierter Tiere für sehr schwierig, da die Lebensbedingungen häufig nicht geändert wurden. Dagegen KORFMANN, M. (1979) 187, Anm. 16.

21. MILOJCIC, V. (1960): "Die bisherigen Ausgrabungsergebnisse zeigten weiter, daß der Ackerbau und die bäuerliche Seßhaftigkeit in diesem Raume begannen, bevor überhaupt Keramik bekannt war, und daß deswegen die Annahme unrichtig sein muß, daß aus der Fremde kommende Ackerbauern mit vollentwickeltem neolithischen Kulturbestand (Sesklo Kultur) das Land erschlossen und kolonisiert haben. Vielmehr ist es möglich, die Entwicklung vom einfachsten präkeramischen Zustande über verschiedene Stufen bis zur vollentwickelten Sesklo-Kultur zu verfolgen, so daß es schwerfällt, von "Einwanderern", "Kolonisten", "Prospektoren" usw. zu sprechen. Dieses schließt eine ständige geistige Befruchtung durch die Kulturen Vorderasiens nicht aus".
   MILOJCIC-v.ZUMBUSCH, J. / MILOJCIC, V. (1971) 150: "Zu sehr ist bisher mit dem Außerordentli-

chen und nicht mit dem Gewöhnlichen, Normalen gearbeitet worden. Sicher ist jedenfalls, daß die thessalische echte Sesklokultur einen eigenen vitalen und schöpferischen Willen erkennen läßt. Die Impulse oder Völkerverschiebungen, die zu ihrer rasch erfolgten Ausbildung geführt haben, verharren vorläufig im Bereich historischer Spekulation, wenngleich der Blick nach Osten gerichtet bleiben muß".

22. Näheres zu solchen Erdgruben in Griechenland bei SINOS, S. (1971) 7-10.

23. BOESSNECK, J. (1962) 50.

24. HOPF, M. (1962) 101.

25. RENFREW, C. u.a. (1965) 237 f, 238, Anm. 28.

26. Eine gute Übersicht über die Forschungsgeschichte des Frühneolithikums in Thessalien, bei der die verwirrende Benennung von Kulturstufen deutlich wird, geben MILOJCIC-v.ZUMBUSCH, J. / MILOJCIC, V. (1971) 111 ff.

27. ebd., 151.

28. GRUNDMANN, K. (1937) 56-69.

29. THEOCHARIS, D.R. (1962) 75, 77 ff.

30. Trotz HÖCKMANN, O. (1975) 282. Die Magula Hadsimissiotiki mit ihren Mauern spricht nicht gegen diese Annahme. Auf der Insel war die Anlage von Gräben zur Verteidigung kaum möglich und zudem unsinnig. Schließlich stützte die Mauer die Anschüttungen; siehe GRUNDMANN, K. (1937) 62.

31. THEOCHARIS, D.R. (1973) 65.

32. ebd., 65.

33. SINOS, S. (1971) 18.

34. ebd., Taf. 11; TSOUNTAS, Ch. (1908) 79-82.

35. SINOS, S. (1971) 11.

36. Dafür sprechen die drei Stützpfeiler im Raum zwei. Hausmodelle zeigen eine solche Öffnung. Siehe Abb. 9.

37. MILOJCIC, V. u.a. (1976) 5.

38. Z.B. vorbildlich erarbeitet von JORDAN, B. (1975) für die Pefkakia Magula am Nordende des Pagasitischen Golfes.

39. BÖKÖNYI, S. (1973) 173.

40. HANSCHMANN, E. / MILOJCIC, V. (1976) 33.

41. MILOJCIC, V. (1973) 45 ff.

42. ebd., Taf. 3, 47 ff; Otzaki-Magula hat rachmanizeitliche Gräben, HANSCHMANN, E. / MILOJCIC, V. (1976) 15; Argissa hat drei frühbronzezeitliche Gräben, ebd., 11.

43. ebd., 154.

44. Argissa: HANSCHMANN, E. / MILOJCIC, V. (1976) 3.2, Taf. E 1;
    Rachmani: WACE, A.J.B. / THOMPSON, M.S. (1912) 38, Abb. 17;
    Chasambali: THEOCHARIS, M.D. (1962) 43.

45. HANSCHMANN, E. / MILOJCIC, V. (1976) 15; SINOS, S. (1971) 13; MILOJCIC, V. (1973) Taf. 1, 2, 45 ff; ders. (1977) 340. Für einen in Argissa nachgewiesenen Getreidekasten errechnete MILOJCIC einen Inhalt von 1300 l Getreide. Diese Menge reichte aus, um eine sieben- bis achtköpfige Familie ein ganzes Jahr zu ernähren.

46. MILOJCIC, V. (1977) 339, Taf. 300 a-b.

47. RENFREW, C. (1972) 281 ff, 285 ff, 396 f.

48. JORDAN, B. (1975) 149, 151 f; Die Rothirsche wurden kleiner. Die Ursachen des kleineren Wuchses sind nicht geklärt, da das Fundgut eine Altersbestimmung nicht zuließ.

49. ebd., 148.

50. HANSCHMANN, E. / BAYERLEIN, P. (1981) 8.

51. HANSCHMANN, E. / MILOJCIC, V. (1976) 225, vgl. 105 f.

52. Zum Problem der Mittelbronzezeit in Argissa siehe HANSCHMANN, E. / BAYERLEIN, P. (1981).

53. ebd., 112.

54. MARINATOS, Sp. (1973/1) 108, 109; Nach JORDAN, B. (1975) 144, lassen sich Pferd und Esel erst in mykenischer Zeit in Pefkakia nachweisen.

55. Um 1400 v.Chr. wurde der Palast von Jolkos bereits einmal durch Brand zerstört, was durch Dynastiestreitigkeiten bedingt gewesen sein könnte. Interessant ist, daß in Mykene, allerdings schon früher, die gleichzeitige Existenz der Gräberrunde A und B mit vornehmen Bestattungen auf ein Doppelkönigtum oder "wenigstens zwei Linien innerhalb des Herrscherhauses" hindeuten. Hierzu MARINATOS, Sp. (1973²/2) 70.

56. Zu Knossos: KILLEN, J.T. (1964) 1-15, HILLER, S. / PANAGL, O. (1976) 126-134, zu Pylos ebd., 135-141.

57. TURNER, J. (1978) 768; GREIG, J.R.A. / TURNER, J. (1974) 191.

58. JORDAN, B. (1975) 148.

59. SINOS, S. (1971) 87.

60. ORLANDOS, K.A. (1961) 57; ders. (1962) 59; HOPE SIMPSON, R. / DICKINSON, O.T.P.K. (1979) 233 ff; THEOCHARIS, D.R. (1958) 18, kurz nach 1500 v.Chr. erfolgte der erste Bau, um 1400 v. Chr. eine Erneuerung und eine dritte Bauphase, die kurz vor 1200 v.Chr. ihr Ende fand.

61. ALIN, P. (1962) 150.

62. KIRSTEN, E. (1956).

63. vgl. LEHMANN, H. (1932) 337, über die geographischen Grundlagen der kretisch-mykenischen Kultur.

64. SCHACHERMEYR, F. (1980) 407 f.

65. Alin, P. (1962) 143.

66. vgl. HAMMOND, N.G.L. (1976) 137.

67. ebd., 152, meint dieses für Marmariane behaupten zu können.

68. WACE, A.J.B. / DROOP, J.P. (1907) 309-327.

69. ORLANDOS, A.K. (1961) 55-61; DRERUP, H. (1969) 265.

70. Zu den Götterkulten, wenn auch überwiegend minoisch und mykenisch, siehe VERMEULE, E.T. (1974).

71. KIP, G. (1910) 119 f.

72. Gonni perrhaibisch, BURCHARDT, C. (1967) 844.

73. SOLMSEN, F. (1903) 598-623, stellt einen geringeren westgriechischen Einfluß in der Sprache Ostthessaliens (Pelasgiotis) gegenüber dem westthessalischen Becken (Thessaliotis) fest. BECHTEL, F. (1921) 1:135: "Neuerdings gewinnt man Anhaltspunkte, daß die Halbinsel Magnesia einen dritten Sprachkreis gebildet hat".

74. HERODOT, 5: 63, 94.

75. Berechnungen von KAHRSTEDT, U. (1925) 146 f, halte ich für verfehlt. Xenophon, Hellenika 6: 1.8 scheint mir so zu interpretieren zu sein, daß es sich um zusätzliche Truppen handelt, die ausgehoben werden konnten, wenn ein Tagos eingesetzt war. War dieses der Fall, so waren die Perióken zur Heeresfolge verpflichtet. Die Flächenangaben Thessaliens bei KAHRSTEDT, U. (1925) 146, Anm. 1, lassen sich absolut nicht mit den Zahlen von FAUST; B. (1973) Tab. 6 und 7.1 in Übereinstimmung bringen.

76. KAHRSTEDT, U. (1925) 140; Aristoteles, Der Staat der Athener, 16.4.

77. THEOKRIT, nach GAERTRINGEN, F.H.v. (1936) 117.

78. STÄHLIN, F. / MEYER, E. / HEIDNER, A. (1934) 172.

79. Zum Problem Stadt und Grundherrschaft siehe KAHRSTEDT, U. (1925) 129 f.

80. HERODOT, 7: 6; 5: 96.

81. Gemeint ist der Isthmus von Korinth, wo man sich auch später versammelte, um dort den Perserangriff abzuwehren. 480 v.Chr. hatte Themistokles, als er die Schlacht bei Salamis plante, gegen diese Idee anzukämpfen, bei der wohl die alte Überlieferung, daß die Dorer an dieser Stelle abgeschlagen worden waren, eine bedeutende Rolle gespielt hat. HERODOT 7: 172 ff.

82. HERODOT 7: 185, 191. Zum Problem der Identifizierung der topographischen Angaben HERODOTs bei der Schilderung des Sturmes und der Schlacht von Artemision siehe TARN, W.W. (1908) 202-233, PRITCHETT, W.K. (1963) 1-6, ders. (1969) 12 ff.

83. PAUSANIAS 3: 7.9; der Bericht des THUKYDIDES (4: 78) über den Durchzug des BRASIDAS durch Thessalien (424 v.Chr.) macht die Parteigegensätze abermals deutlich.

84. FRANKE; P.R. (1970/71) 92.

85. THUKYDIDES 2: 22; dazu Stellungnahme von KAHRSTEDT, U. (1925) 137 f.

86. Z.B. PAUSANIAS 3: 7.9; THUKYDIDES 2: 22.

87. KAHRSTEDT, U. (1925) 135. Der Prozeß der Urbanisierung spiegelt sich auch in den Quellen wieder. HERODOT nennt allgemein die Thessalier und Herrschergeschlechter, nicht selbständig agierende Städte; THUKYDIDES führt einzelne Orte als aktiv handelnde an, eine Berichterstattung, die bei XENOPHON (Hellenika) ihre Fortsetzung findet.

88. 5: 190. Dieser Ort wird heute zwischen Purion und Veneton vermutet. MAC KAY (1976). Vgl. das bei HOMER, Ilias 5: 84-91 benutzte Bild.

89. So KIRSTEN, E. in PHILIPPSON, A. (1950) 266.

90. vgl. die Ereignisse in Athen.

91. Z.B. XENOPHON, Hellenika 6: 1.13-14, zur Charakterisierung des JASON ebd. 6:1 und 6: 4.32.

92. vgl. KIP, G. (1910) 79 ff.

93. KIRSTEN, E. (1940) 1014; GAERTRINGEN, F.H.v. (1936) 126.

94. Der archäologische Befund verifiziert diese Daten; z.B. Keramik aus Grab C vor dem Westtor, BACKHUIZEN, S.C. u.a. (1979/1) 558. Homerische und Megarische Becher wurden in Goritsa nicht gefunden, ders. u.a. (1977/2) 371. Die Funde dieser Keramikgattung aus Demetrias wurden auf Grund der Stratigraphie der Zeit zwischen 217 und 168 v.Chr. zugeordnet, SINN, U. (1979) 37, MARZOLFF, P. (o.J.) 134.

95. Liste der Orte bei STÄHLIN, F. / MEYER, E. / HEIDNER, A. (1934) 181 f; MARZOLFF, P. (o.J.) 130.

96. Z.B. Schwächung des Phthiotischen Thebens, STÄHLIN, F. / MEYER, E. / HEIDNER, A. (1934) 195.

97. Topographie und Darstellung der Schlacht bei KIRSTEN, E. (1940) 1081 ff.

98. Z.B. für Larisa: Tierfries Mitte 6. Jh. v.Chr., BIESANTZ, H. (1965) 31, Nr. L 43, Taf. 46; für Krannon: dorisches Kapitell, spätes 6. Jh. v.Chr., MILOJCIC, V. (1961) 177 f. Abb. 17.

99 Für Goritsa: BACKHUIZEN, S.C. In: HELLY, B. (1979/2), 63-64; ders. u.a. (1977/1), 396-411; ders. u.a. (1977/2), 347-374; ders. u.a. (1979/1), 550-559. Für Demetrias STÄHLIN, F./ MEYER, E. / HEIDNER, A. (1934); MILOJCIC, V. / THEOCHARIS, D.R. (1976); MARZOLFF, P. (1980); ders. (o.J.), 129-144; EIWANGER, J. (1981).

100. Das Heiligtum der Artemis Jolkia wurde übertragen; das Apollon Heiligtum bei Korope von Demetrias aus versorgt: KIP, G. (1910) 102 f; das Zeus Heiligtum auf dem Pleassidi wurde von einem Bundespriester versorgt, ebd., 93.

101. BACKHUIZEN, S.C. u.a. (1977/2), 360; MARZOLFF, P. In: MILOJCIC, V. / THEOCHARIS, D.R. (1976), 11 f.

102. MARZOLFF, P. (o.J.), 134, Anm. 10.

103. BACKHUIZEN,S.C. u.a. (1977/1), 405.

104. MARZOLFF, P. (o.J.), 134, Anm. 10.

105. LIVIUS 35: 31.9; BEYER, I. / GRAEVE, V.v. / SINN, U. In: MILOJCIC, V. / THEOCHARIS, D.R. (1976), 89; Plan des neuesten Standes der Ausgrabungen bei CATLING, C.W. (1981), 27.

106. KRAMOLISCH, H. (1978), 24, Tab. 1, 40.

107. LIVIUS 34: 51.4-6.

108. vgl. NIESE, B. (1893-1903), 2: 666.

109. LIVIUS 42: 64 ff.

110. KRAMOLISCH, H. (1979), 201-219.

111. Näheres bei KIP, G. (1910), 106 ff.

112. STÄHLIN, F. (1924/1), 47.

113. STRABON 9: 5.3.

114. STÄHLIN, F. / MEYER, E. / HEIDNER, A. (1934), 202.

115. LARSEN, J.A.O. (1959), 478.

116. PAUSANIAS 6: 5.1; STRABON 9: 2.40.

117. KIP, G. (1910), 136 f; MARZOLFF, P. (1980), 36. Zur Freiheit des Thessalischen Bundes LARSEN, J.A.O. (1959), 447 f.

118. Preisedikt des DIOKLETIAN, Edition LAUFFER, S. (1971).

119. Zitiert nach ALFÖLDY, G. (1975), 193; Zur Gesellschaft und Wirtschaft der Spätantike: ALFÖLDY, G. (1975), 165-196.

120. MARZOLFF, P. (1980), 39; völliger Wandel bei der Zusammensetzung der Keramik: EIWANGER, J. (1981), 103; ebd., 94: Ph. Theben und Demetrias haben bei der Lampenproduktion im 5. Jahrhundert die gleiche Werkstatt. Die Lampen unterscheiden sich von denen in Athen und Korinth.

121. PROKOP, Aedeficia 4: 3.5; 4: 3.9; 4: 3.13-14.

122. MARZOLFF, P. In: MILOJCIC, V. / THEOCHARIS, D.R. (1976), 13, Anm. 30; ders., (1980), 39, 39, Anm. 98. Diese, jetzt wohl bewiesene These wurde auch schon von ARVANITOPOULOS, A.S. vertreten, von MEYER, E. wurde dem widersprochen. STÄHLIN, F. / MEYER, E. / HEIDNER, A. (1934), 207, Anm. 2.

123. MARZOLFF, P. In: MILOJCIC, V. / THEOCHARIS, D.R. (1976), 15, Anm. 38.

124. HERTZBERG, G.F. (1876) 1: 136: 577 n.Chr.; KODER, J. / HILD, F. (1976) 54: 578 n.Chr.

125. ebd., 271.

126. HERTZBERG, G.F. (1876) 1: 146.

127. KODER, J. / HILD, F. (1976), 56; STÄHLIN, F. / MEYER, E. / HEIDNER, A. (1934), 208, datieren die Hilfslieferungen ca. 634 n.Chr.

128. KODER, J. / HILD, F. (1976), 56.

129. ebd., 67.

130. ebd., 62; vielleicht ein Gutsbesitzer für Besaina (= Viseni) im 11. Jahrhundert belegbar, ebd., 134 sub Besaina.

131. STÄHLIN, F. / MEYER, E. / HEIDNER, A. (1934), 215.

132. Margarete war eine Tochter Bela III. von Ungarn und Witwe des byzantinischen Kaisers Isaak III. Angelos, GERLAND, E. (1905), 7, Anm. 5.

133. KODER, J. / HILD, F. (1976), 69; GERLAND, E. (1905), 105.

134. STÄHLIN, F. / MEYER, E. / HEIDNER, A. (1934), 216, 216, Anm. 5, mit Literatur zu den Maliaseni.

135. BRADFORD, E. (1978), 70.

136. KODER, J. / HILD, F. (1976), 134, 145.

137. GERLAND, E. (1905), 205.

138. Dazu CHARANIS, P. (1961), 121.

139. KODER; J. / HILD; F. (1976), 210 f; STÄHLIN, F. / MEYER, E. / HEIDNER, A. (1934), 221.

140. KODER, J. / HILD, F. (1976), 210.

141. CHARANIS; P. (1961), 124; STÄHLIN, F. / MEYER, E. / HEIDNER, A. (1934), 222 f, 223, Anm. 1.

142. KODER, J. / HILD, F. (1976) 224 f. über klösterlichen Besitz im Byzantinischen Staat: CHARANIS; P. (1948) über die Stellung des Mönches in der Gesellschaft: ders., (1971).

143. Siehe hierzu auch allgemein den Bericht des NICEFORUS FOCAS, auch wenn dieser aus dem 10. Jahrhundert stammt; englische Übersetzung bei CHARANIS, P. (1948), 56-58.

144. KODER, J. / HILD, F. (1976), 150; gegensätzlich: ebd., 107.

145. STÄHLIN, F. / MEYER, E. / HEIDNER, A. (1934), 229.

146. TAFEL; G.L.F. / THOMAS; G.M. (1856) 1: 501.

147. SETTON, K.M. (1966), 428.

148. KODER, J. / HILD, F. (1976), 165 f.

149. Zur albanischen Besiedlung: HASLUCK, F.W. (1910) : 1350 Albaner in Thessalien; Albaner siedelten auch auf Skopelos. Erst 1650 wurde die Insel wieder von Thessaliern, Euböern und West-Epiroten besiedelt.

150. OSTROGORSKY, G. (1963³), 371; KODER, J. / HILD, F. (1976), 71, 145; STÄHLIN, F. / MEYER, E. / HEIDNER, A. (1934), 226, wird die Schlacht in das Jahr 1275 datiert.

151. LAWLESS; R.I. (1977), 507.

152. vgl. die Karte in PITCHER; D.E. (1972).

153. FALLMERAYER, J.Ph. (1913), 188.

154. Zur Problematik dieser Nomadengruppe siehe BEUERMANN, A. (1967), 140-154, besonders 140-148. Die Gebirge Ostthessaliens sind keinesfalls die einzige und auch nicht die bedeutendste Keimzelle dieser Nomaden.

155. MAKRIS, K.A. (1969), 105.

106

156. FALLMERAYER, J.Ph. (1913), 191, 193.

157. Zum Friedensvertrag: STAVRIANOS, L.S. (1958), 191 f.

158. HASLUCK, F.W. (1910), 223 f.

159. BARKAN, Ö.L. (1970), 170 f.

160. BARKAN, Ö.L. (1958), 9-36; (1970), 163-171.

161. ebd. 170 f.

162. STOIANOVICH, T. (1960), 243.

163. SPIRIDONAKIS; B.G. (1977), 113.

164. FALLMERAYER, J.Ph. (1913), 194 f.

165. ZINKEISEN, J.W. (1840-1863), 3: 146 ff.

166. LAWLESS; R.I. (1977), 510.

167. ebd., 510.

168. BUSCH-ZANTNER, R. (1938), 87.

169. STÄHLIN, F. / MEYER, E. / HEIDNER; A. (1934), 236, 237.

170. ebd., 237.

171. ebd., 237, 243.

172. ebd., 243.

173. vgl. LEAKE, W.M. (1835), 3: 353.

174. HOLLMANN (1930), zitiert nach BUSCH-ZANTNER, R.(1938), 92.

175. BUSCH-ZANTNER, R. (1938), 91; LAWLESS, R.I. (1977), 516; KIENITZ, F.K. (1960), 25.

176. WILHELMY, zitiert nach BUSCH-ZANTNER, R. (1938), 101.

177. FALLMERAYER, J.Ph. (1913), 188 f.

178. vgl. NIKONANOS; N. (1973), 59, Karte auf Seite 47.

179. ZINKEISEN, J.W. (1840-1863), 4: 185; 3: 311.

180. ENDERLIN; J. /1688), 65; ZINKEISEN; J.W. (1840-1863), 4: 849 f.

181. PLEHN, Ch. (1969), 19; FALLMERAYER; J.Ph. (1913), 236 gibt nur das Jahr 1669 an.

182. PHILIPPSON, A. (1950), 1: 126

183. WILHARM, J. (1973), 45; zu den Philomusen siehe auch ENEPEKIDES, P.K. (1960), 119-121, 131-145. Nach WILHARM wurde die Gesellschaft im September 1813 in Athen gegründet, nach FINLEY, G. (1971), 98, 1812 in Athen. Nach Dokumenten bei ENEPEKIDES (1960), 119, erfolgte die Gründung in Wien, ebd., 143.

184. BEAUJOUR war französischer Konsul in Thessaloniki Ende des 18. Jh. Er gibt die umfangreichsten authentischen Mitteilungen über Ambelakia (1800/1), (1800/2), (1801).

185. LEAKE; W.M. (1835) 3: 386-390.

186. STOIANOVICH, T. (1960), 257.

187. BEAUJOUR; F. de (1801), 81; LEAKE, W.M. (1835), 4: 408.

188. VOUDONCOURT (1821), nach BUSCH-ZANTNER, R. (1938), 68.

189. FALLMERAYER, J.Ph. (1913), 203 f.

190. INALCIK, H. (1955), 226 f.

191. LEWAK, A. (1935), 144 f.

192. BEAUJOUR, F. de (1801), 46; FALLMERAYER, J.Ph. (1913), 174; LEAKE; W.M. (1835), 3: 353.

193. BEAUJOUR, F. de (1801), 46; GELL, W. (1927), 272; FALLMERAYER, J.Ph. (1913), 2: 193; KIEPERT, H. (1884), Karte.

194. LEAKE, W.M. (1835), 3: 357, 1: 444.

195. LEAKE; W.M. (1835), 1: 435; GELL, W. (1827), 271.

196. FALLMERAYER, J.Ph. (1913), 184 f.

197. ebd., 182, 179; TELLER; F. (1880), 204, Anm. 3.

198. BEAUJOUR, F. de (1801), 173; LEAKE, W.M. (1835), 4: 374: Bei Volos Häuser ohne Fensterscheiben.

199. PELAKANIDES; S. (1973), 131.

200. Eingedeutscht von MAVROS. SCHWARZ war im 19. Jahrhundert eine bekannte Kaufmannsfamilie in Hamburg. Der Familienname Schwarz ist auch aus Wien überliefert.

201. Zu Farbsymbolik und Baldachin: BAMMER; A. (1982), 20, 125, 133-137.

202. Literatur besonders zu diesem Haustyp: BAMMER, A. (1982); MAKRIS; K.A. (1976), 72-87; GOODWIN, G. (1971); MOUTSOPOULOS, N.K. (1975); ASTERIADES, A. (1928). Zur Restauration des Hauses G. Schwarz in Ambelakia: Archaiologikon Deltion 21 (1966) Chronika 457-459, Taf. 492-494; Archaeologikon Deltion 22 (1967) Chronika 550-557, Taf. 407-409.

203. Grundrisse, Ansichten und Ausstattung von Kirchen und Kapellen bei MAKRIS, K.A. (1976), besonders 54-71.

204. MATHIOPOULOS; B.P. (1961), 49.

205. Zu den Siedlungen an der Ossa siehe RIEDL, H. (1981/83), 127 ff.

206. PHILIPPSON, A. (1950), 1: 158, 125; SIVIGNON, M. (1977), 386.

207. LIDDEL, R. (1954), 39; Die Reise erfolgte 1952.

208. PHILIPPSON, A. (1897), 314; ders., (1950), 1: 158.

209. SIVIGNON, M. (1977), 402.

210. Kurzfassung der 1948 vom griechischen Ministerium für Hausbau und Wiederaufbau publizierten Studie von DOXIADES, C.A. / VAFEIADIS, V.J. (1977), 208-213.

211. BENSCHEIDT, W., zitiert nach GEIGANT, F. (1973), 17.

212. MANOU, A. (1935), 348 f.

213. MÜLLER-WILLE; W. (1954), 162.

214. HAUPTMANN, H. (1981), besonders 141-144.

215. Die Nutzung des Überschwemmungsstreifens als Getreideland beschreibt noch LEAKE für den Anfang des 19. Jahrhunderts in Kanalia. LEAKE, W.M. (1835), 4: 424 f.

216. "Wurde eingangs dieses Kapitels aus methodischen Erwägungen darauf hingewiesen, daß die Otzaki-Magula zunächst nur ein forschungsbedingtes Zentrum ist, so kann abschließend als Resultat festgestellt werden, daß Zentralthessalien auf Grund seiner am vielfältigsten und am reichhaltigsten entwickelten Fazies als Zentrum der Sesklo Kultur gelten muß". MOTTIER, Y. (1981), 59.

217. "Sie nannten sie nun Penesten, mit einem Wort, das den griechischen Begriff der Armen (penetes) mit einer in Illyrien und Epirus ... bei Völker und Städtenamen üblichen Endung verband, die sie zu einem Volk oder Stamm stemmpelte". KIRSTEN, E. In: PHILIPPSON, A. (1950), 1: 266.

218. vgl. LEAKE; W.M. (1835), 4: 393.

219. vgl. ebd., 390; ARVANITOPOULOS; A.S. (1911) nach KIRSTEN, E. In: PHILIPPSON, A. (1950), 1: 297.

220. WILHELMY, H. (1935), nach BEUERMANN, A. (1956), 279 f.

221. BEUERMANN, A. (1956), 280.

222. ebd., 280.

223. An dem Paradebeispiel für den Ibar-Dorftyp,
     dem Dorf Trikala am Kyllene, das von seinem
     äußeren Erscheinungsbild gut mit den Pelion-
     dörfern in Übereinstimmung zu bringen ist,
     läßt sich dieses bei historischer Auswertung
     ebenfalls belegen. Vgl. HÖPER, H.-J. (1983),
     242-247.

224. KODER, J. / HILD, F. (1976), 150.

225. BEUERMANN, A. (1967), 92-100.

226. LEAKE, W.M. (1835), 4: 398, 374.

227. STÄHLIN; F. / MEYER, E. / HEIDNER, A. (1934),
     244.

12. LITERATUR

Für die antiken Quellen wurden nach Möglichkeit
zweisprachige Ausgaben benutzt. Weitere zweisprachige Titelaufnahmen weisen auf eine Zusammenfas-
sung in einer zweiten Sprache hin. Die Transkrip-
tion griechischer Autorennahmen folgt der bei den
eigenen Publikationen angegebenen Weise. Auf Ab-
kürzungen von Zeitschriftentiteln wurde verzichtet,
um ihr Auffinden in den verschiedenen Fachbereichen
zu erleichtern.

ALFÖLDI, G. (1975): Römische Sozialgeschichte.
    Wiesbaden

ALIN, P. (1962): Das Ende der mykenischen Fundstät-
    ten auf dem griechischen Festland; Studies in
    Mediterranean Archaeology 1. Lund

ARISTOTELES: Der Staat der Athener; Ausgabe von
    DAMS, P. Stuttgart 1970, Aufl. 1976

ARNAKIS, G.G. (1952): The Greek Church of Constan-
    tinople and the Ottoman Empire. In: Journal of
    Modern Histroy 24 (1952), 235-250

ARVANITOPOULOS, A.S. (1907): Ανασκαφαι εν Θεσσα-
    λια . In: Praktika tes en Athenais Archaiologi-
    kes Hetaireias 1906, 123-130

ders. (1911): Ανασκαφαι και Ερευναι εν Θεσσαλια.
    In: Pràktika tes en Athenais Archaiologikes
    Hetaireias 1910, 168-264

ASTERIADES, A. (1928): Το Σπιτι του Σφαρτς στ'
    Αμπελακια . Athen

AVRAMEA, A.P. (1974): Η βυζαντινη Θεσσαλια
    μεχρι του 1204. Athen

BACKHUIZEN, S.C. / Te Riele, G.-J.-M.-J. (1977/1):
    Goritsa, a new Survey. In: Archaiologikon
    Deltion 27 (1972) Chronika 396-411

BACKHUIZEN, S.C. / NEEFT, C.W. / REINDERS, H.R. /
    FEIJE, J.J. / BOERSMA, J.S. / Te RIELE, G.-J.
    M.-J. (1977/2): Goritsa, a new Survey. In:
    Archaiologikon Deltion 28 (1973) Chronika
    347-374

BACKHUIZEN, S.C. / FEIJE, J.J. / YNTEMA, D.G. /
    VERMEULEN WINDSANT, C. Th. F. (1979/1): Goritsa,
    a new Survey (continues II) 1973. In: Archai-
    ologikon Deltion 29 (1973-74) Chronika 550-559

BACKHUIZEN, S.C. (1979/2): Goritsa, a new Survey.
    In: HELLY, B. (1979), 63-64. Lyon/Paris

BAMMER, A. (1982): Wohnen im Vergänglichen. Graz

BARKAN, Ö.L. (1958): Essai sur les données sta-
    tistiques des registres de recensement dans
    l'empire ottoman aux XVe et XVIe siècles.
    In: Journal of the Economic and Social History
    of the Orient 1 (1958), 9-36

ders. (1970): Research on the Ottoman Fiscal Surveys.
    In: COOK, M.A. (1970), 163-171. London

BEAUJOUR, F. de (1800/1): Tableau du commerce de la
    Greece, forme d'apres une anée moyenne, depuis
    1787 jusqu'en 1797. Paris

ders. (1800/2): A View of the Commerce of Greece,
    formed after an annual average from 1787 to
    1797. London

BEAUJOUR, F. de (1801): Schilderung des Handels von
    Griechenland, besonders der Stadt Thessalonich;
    Übersetzung teilweise gekürzt; SPRENGEL, M.C.,
    Bibliothek der neuesten und wichtigsten Reise-
    beschreibungen 3.2. Weimar

BECHTEL, F. (1921): Die griechischen Dialekte 1.
    Berlin

BENSELER, A. (1965): Das Becken von Thessalien.
    In: Zeitschrift für Wirtschaftsgeographie 9
    (1965), 123-127

BEQUIGNON, Y. (1970): Pharsalos. In: PAULYs Real
    encyclopädie der Classischen Alterstumswissen-
    schaft Supplementband 12, 1038-1083. Stuttgart

BEUERMANN, A. (1954): Kalyviendörfer im Peloponnes.
    In: Festschrift MORTENSEN zum 60. Geburtstag,
    229-238. Bremen-Horn

ders. (1956): Typen ländlicher Siedlungen in Grie-
    chenland. In: Petermanns geographische Mittei-
    lungen 100, 278-285

ders. (1957): Strukturwandel ländlicher Siedlungen
    in Griechenland. In: Verhandlungen des Deut-
    schen Geographentages 30, 409-415. Wiesbaden
    (= Deutscher Geographentag Hamburg 1955)

ders. (1967): Fernweidewirtschaft in Südosteuropa.
    Braunschweig

BIESANTZ, H. (1965): Die Thessalischen Grabreliefs.
    Mainz

BÖKÖNYI, S. (1973): Stock Breeding. In: THEOCHARIS,
    D.R. (1973), 165-178

BOESSNECK, J. (1962): Die Tierreste aus der Argissa-
    Margula vom präkeramischen Neolithikum bis zur
    mittleren Bronzezeit. In: MILOJCIC, V. / BOESS-
    NECK, J. / HOPF, M. (1962), 27-99

ders. (1965): Die jungpleistozänen Tierknochenfunde
    aus dem Peniostal bei Larissa in Thessalien.
    In: MILOJCIC, V. / BOESSNECK, J. / JUNG, D. /
    SCHNEIDER, H. (1965), 42-60

ders. (1978): Osteoarchäologie. In: HROUDA, B.
    (1978), 250-279

BOUZEK, J. (1969): Homerisches Griechenland; Acta
    Universitatis Carolinae Philosophica et Histo-
    rica Monographia 29. Prag

BOWERSOCK, G.W. (1965): Zur Geschichte des römi-
    schen Thessalien. In: Rheinisches Museum für
    Philologie, Neue Folge 108 (1965, 277-289

BRADFORD, E. (1978): Der Verrat von 1208. Berlin

BURCHARDT, C. (1967): Gonnos. In: Der Kleine Pauly
    2: 844-845. Stuttgart

BUSCH-ZANTNER, R. (1938): Agrarverfassung und Sied-
    lung in Südosteuropa. Leipzig

CARTER, F.W. (1977): An Historical Geography of the
    Balkans. London/New York/San Francisco

CATLING, C.W. (1981): Archaeology of Greece 1980-81,
    Demetrias. In: Archaeological Reports for
    1980-81, 26-27

CHALIKIOPOULOS, L. (1905): Wirtschaftsgeographische
    Skizze Thessaliens. In: Geographische Zeit-
    schrift 11, 445-475

CHARANIS; P. (1948): The Monastic Properties and the
    State in the Byzantine Empire. In: Dumberton
    Oaks Papers 4, 53-118, Wiederabdruck in: CHA-
    RANIS, P. (1973), 1

CHARANIS, P. (1951): On the Social Structure and Economic Organisation of the Byzantine Empire in the Thirteenth Century and Later. In: Byzantinoslavica 12, 94-153; Wiederabdruck in CHARANIS, P. (1973), 4

ders. (1961): Town and Country in the Byzantine Possessions of the Balkan Peninsula During the Later Period of the Empire. In: BIRNBAUM, H. / VRYONIS, S. (1961 Aspects of the Balkans Continuity and Change. Mouton, The Hague; Wiederabdruck in: CHARANIS, P. (1973), 5

ders. (1971): The Monk as an Element of the Byzantine Society. In: Dumberton Oaks Papers 25, 63-84; Wiederabdruck in: CHARANIS, P. (1973), 2

ders. (1973): Social, Economic and Political Life in the Byzantine Empire, Collected Studies, London

CHRISTOPOULOS, G.A. /BASTIAS, J.C. (1974): Prehistory and Protohistory. London

CHOURMOUDSIADES, G.Ch. (1979: Το νεολιθικο Διμινη. Volos

DIXON, J.E. / CANN, J.R. / RENFREW, C. (1968): Obsidian and the Origins of Trade. In: Scientific American 218, 3, 38-46

DRERUP, H. (1969): Griechische Baukunst in geometrischer Zeit; Archaeologica Homerica 2 O., Göttingen

DRIESCH, A. von den / ENDERLE, K. (1976): Die Tierreste aus der Agia Sofia-Magula in Thessalien. In: MILOJCIC, V. u.a. (1976), 15-54, Bonn

DOXIADIS, C.A. / VAFEIADIS, V.I. (1977): Hausing: The Key to Greece´s Rural Reconstruction. In: Ekistics 44, Nr. 263, 208-213

EIWANGER, J. (1981): Keramik und Kleinfunde aus der Damokratia-Basilika in Demetrias; Demetrias 4.1, 4.2; Beiträge zur ur- und frühgeschichtlichen Archäologie des Mittelmeer-Kulturraumes 25, 26, Bonn

ENEPEKIDES, P.K. (1959): Griechische Handelsgesellschaften und Kaufleute in Wien aus dem Jahre 1766 (Ein Konskriptionsbuch). Thessalonike

ders. (1960): Beiträge zur kulturellen und politischen Geheimtätigkeit der Griechen in Wien vor dem griechischen Aufstand. Berlin

ENDERLIN, J. (1686): Archipelagus turbatus oder der schönen Griechen-Lands verwüstete und erödete Wasser-Felder. Augsburg

ders. (1688 / 1691, Neudruck 1978): Die Hoche Stein-Klippen und Gebeurge Cyaneae, Olympus und Athos oder Constantinopel, mit deroselben Ringsumbliegenden Meeren und Landen. Augsburg/Lindau

FALLMERAYER, J.Ph. (1913): Fragmente aus dem Orient. In: Schriften und Tagebücher 2; Ausgabe von FEIGL, H. / MOLDEN, E., München/Leipzig

FAUST, B. (1973): Morphologische Entwicklungsphasen und heutige Morphodynamik in der Thessalischen Beckenzone und ihrer Umrahmung. Braunschweig

FERJANCIC, B. (1974): Tesalija y XIII; XIV veku / La Thessalie aux XIIIe et XIVe siecles: Institut d'Etudes Byzantines d l'Académie Serbe des Sciences et des Arts, Monographien 15. Belgrad

FINLEY, G. (1877, Neudruck 1971): History of the Greek Revolution (= Reprint von Bd. 6-7 des Werkes: A History of Greece from its Conquest by the Romans to the Present Time, B.C. 164 - A.D. 1864. Oxford/London

FRANKE, P.R. (1970/71): ΦΕΘΑΛΟΙ - ΦΕΤΑΛΟΙ - ΠΕΤΘΑΛΟΙ - ΘΕΣΣΑΛΟΙ. Zur Geschichte Thessaliens im 5. Jahrhundert v.Chr. In: Archäologischer Anzeiger 1970, 85-93

FREUND, G. (1968): Rezension zu: THEOCHARIS, D., Die Anfänge der thessalischen Vorgeschichte. Ursprung und erste Entwicklung des Neolithikum, Volos 1967. In: Quartär, Jahrbuch für Erforschung des Eiszeitalters und der Steinzeit 19, 415-418

dies. (1971): Zum Paläolithikum Thessaliens. In: Prähistorische Zeitschrift 46 (1971), 181-194

GAERTRINGEN, F.H.v. (1936): Thessalia (Geschichte). In: PAULYs Realencyclopädie der Classischen Altertumswissenschaft, Zweite Reihe 6.1, 111-138. Stuttgart

GEIGANT, F. (1973): Die Standorte des Fremdenverkehrs. München

GELL, W. (1827): Itanary of Greece. With a Commentary on Pausanias and Strabo and an Account of the Monuments of Antiquity at Present Existing in that Country; compiled in the years 1801-06. London

GEORGIADES, N. (1880, 1884[2]):Θεσσαλια. Athen/Volos

GERKAN, A.v. (1924): Griechische Städteanlagen. Berlin/Leipzig

GERLAND, E. (1905): Geschichte des Lateinischen Kaiserreiches von Konstantinopel 1. Homburg v.d. Höhe

GIANNOPOULOS, N.I. (1924): Αι παρα την Δημητριαδα Βυζαντιναι Μοναι 1. In: Epeteris Hetairias Byzantinon Spudon 1 (1924), 210-240

GOODWIN, G. (1971): A History of Ottoman Architecture. London

GREIG, J.R.A. / TURNER, J. (1974): Some Pollen Diagramms from Greece an their Archaelogical Significance. In: Journal of Archaelogical Science 1 (1974), 177-194

GRUNDMANN, K. (1937): Magula Hadzimissiotiki. In: Mitteilungen des Archäologischen Institutes, Athenische Abteilung 62 (1937), 56-69

HAMMOND, N.G.L. (1976): Migrations and Invations in Greece and Adjacent Areas. New Jersey

HANSCHMANN, E. / MILOJCIC, V. (1976): Die deutschen Ausgrabungen auf der Argissa-Magula in Thessalien 3.1, 3.2: Die frühe und beginnende mittlere Bronzezeit; Beiträge zur ur- und frühgeschichtlichen Archäologie des Mittelmeer-Kulturraumes 13, 14. Bonn

HANSCHMANN, E. / BAYERLEIN, P. (1981): Die deutschen Ausgrabungen auf der Argissa-Magula in Thessalien 4.1, 4.2: Die Mittlere Bronzezeit; Beiträge zur ur- und frühgeschichtlichen Archäologie des Mittelmeer-Kulturraumes 23, 24. Bonn

HANSEN, H.D. (1933): Early Civilisation in Thessaly. Baltimore

HASLUCK, F.W. (1910): Albanian Settlements in the Aegean. In: The Annual of the British School at Athens 15 (1908-09), 223-228

HAUPTMANN, H. (1981): Die deutschen Ausgrabungen auf der Otzaki-Magula in Thessalien 3: Das späte Neolithikum und das Chalkolithikum; Beiträge zur ur- und frühgeschichtlichen Archäologie des Mittelmeer-Kulturraumes 21. Bonn

110

HELDREICH, T.v. (1883): Bericht über die botanischen Ergebnisse einer Bereisung Thessaliens; Sitzungsberichte der Königlich-Preußischen Akademie der Wissenschaften zu Berlin, Phys.-math. Classe 6, 155-164. Berlin

HELLY, B. (1979): La Thessaly, Actes de la table-ronde 21-24 Juillet 1975, Lyon; Collection de la Maison de l'Orient Méditerranéen 6. Lyon/Paris

HERODOT: Ιστοριων /Historien; Ausgabe von FEIX, J., München 1980

HERTZBERG, G.F. (1866-1875): Die Geschichte Griechenlands unter der Herrschaft der Römer. Halle

ders. (1876): Geschichte Griechenlands seit dem Absterben des antiken Lebens bis zur Gegenwart, 1. Gotha

HERZFELD, M.v. (1920): Zur Orienthandelspolitik Österreichs unter Maria Theresia in der Zeit von 1740-1771; Akademie der Wissenschaften in Wien, Phil.-hist. Klasse = Archiv für österreichische Geschichte 108, 215-344. Wien

HEUERTLY, W.A. / SKEAT, T.C. (1933): The Tholos Tombs of Marmariane. In: The Annual of the British School at Athens 31 (1930-31), 1-55

HIGGS, E.S. / VITA-FINZI, C. (1966): The Climate, Environment and Industries of Stone Age Greece: Part 2. In: Proceedings of the Prehistoric Society for 1966, New Series 32, 1-29

HILLER, S. / PANAGL, O. (1976): Die frühgriechischen Texte aus mykenischer Zeit. Darmstadt

HÖCKMANN, O. (1975): Wehranlagen der jüngeren Steinzeit. In: Römisch-Germanisches Zentralmuseum, Monographien 1: Ausgrabungen in Deutschland 3, 278-296. Mainz

HÖPER, H.-J. (1983): Jüngere Entwicklungen bereits in der Antike besiedelter Bergdörfer in Griechenland. In: Boreas 6, 238-252. Münster

HOMER: Οδυσσειας /4 Odyssee; Ausgabe von WEIBER, A., München 1974

ders.: Ιλιαδος /4 Ilias; Ausgabe von RUPÉ, H., München 1980

HOPE SIMPSON, R. / DICKINSON, O.T.P.K. (1979): A Gazetteer of Aegean Civilisation in the Bronze Age, 1: The Mainland and the Islands; Studies in Mediterranean Archaeology 52. Göteborg

HOPF, C. (1867-68): B. Griechenland im Mittelalter und in der Neuzeit. In: ERSCH, J.S. / GRUBER, J.G.: Allgemeine Encyclopädie der Wissenschaften und Künste, 1. Sektion (A-G) 85: 67-465; 86: 1-190. Leipzig

HOPF, M. (1962): Bericht über die Untersuchungen von Samen und Holzkohleresten in der Argissa-Magula aus den präkeramischen Schichten. In: MILOJCIC, V. / BOESSNECK, J. / HOPF, M. (1962), 101-103

INALCIK, H. (1955): Land Problems in Turkish History. In: The Muslim World 45, 221-228

JORDAN, B. (1975): Tierknochenfunde aus der Magula Pevkakia in Thessalien. München

KAHRSTEDT, U. (1925): Grundherrschaft, Freistadt und Staat in Thessalien. In: Nachrichten der Gesellschaft der Wissenschaften zu Göttingen aus dem Jahre 1924, Phil.-hist. Klasse, 128-155. Berlin

KIENITZ, F.K. (1960): Existenzfragen des griechischen Bauerntums. Berlin

KIEPERT, H. (1884): Administrativ-Eintheilung und Bevölkerungsstand der nördlichen Provinzen des Griechischen Königreiches. In: Zeitschrift der Gesellschaft für Erdkunde zu Berlin 19 (1884), 55-64 + Karte auf Tafel 2

KILLEN, J.T. (1964): The Wool Industry in the Late Bronze Age. In: The Annual of the British School at Athens 59 (1964), 1-15

KINTIS, P. (1977): Territoriale Verwaltung und Städtebau. Berlin

KIP, G. (1910): Thessalische Studien, Beiträge zur politischen Geographie, Geschichte und Verfassung der thessalischen Landschaften. Halle a.S.

KIRSTEN, E. (1940): Pherai. In: PAULYs Realencyclopädie der Classischen Altertumswissenschaft, Supplementband 7, 984-1026. Stuttgart

ders. (1956): Die griechische Polis als historisch-geographisches Problem des Mittelmeerraumes; Colloquium Geographicum 5. Bonn

KODER, J. / HILD, F. (1976): Tabula Imperii Byzantini, 1: Hellas und Thessalia; Österreichische Akademie der Wissenschaften, Phil.-hist. Klasse, Denkschriften 125. Wien

KORFMANN, M. (1979): Zur Neolithisierung Nord- und Mittelafrikas. In: Beiträge zur allgemeinen und vergleichenden Archäologie 1, 183-200

KRAMOLISCH, H. (1978): Die Strategen des Thessalischen Bundes vom Jahr 196 v. Chr. bis zum Ausgang der römischen Republik; Demetrias 2; Beiträge zur ur- und frühgeschichtlichen Archäologie des Mittelmeer-Kulturraumes 18

ders. (1979): Das Ende des Perrhäbischen Bundes. In: HELLY, B. (1979), 201-219

KURTH, G. (1964): Ein Neanderthaler aus Griechenland. In: Naturwissenschaftliche Rundschau 17 (1964), 29

LARSEN, J.A.O. (1959): Roman Greece. In: An Economic Survey of Ancient Rome 4.3, 259-498. New Jersey

LASER, S. (1968): Hausrat; Archaeologia Homerica 2 P. Göttingen

LAUFFER, S. (1971): Diokletians Preisedikt. Berlin

LAURENBERG, J. (1660, Neudruck 1969): Graecia Antiqua. Amsterdam / Amsterdam

LAWLESS, R.I. (1977): The Economy and Landscapes of Thessaly During Ottoman Rule. In: CARTER, F.W. (1977), 501-533. London/New York/San Francisco

LEAKE, W.M. (1835, Neudruck 1967): Travels in Northern Greece. London/Amsterdam

LEHMANN, H. (1932): Die geographischen Grundlagen der kretisch-mykenischen Kultur. In: Geographische Zeitschrift 38, 334-346

LEPIKSAAR, J. (1975): Fischreste aus der Magula Pevkakia. In: JORDAN, B. (1975), 181-188. München

LEPSIUS; G.R. (1890): Griechische Marmorstudien. Berlin

LEWAK, A. (1935): Dzieje emigracji polskiej w Turcji (1831-1878). Warschau

LIDDEL, R. (1954): Aegean Greece. London

LIPSIC, E.E. (1951): Byzanz und die Slaven. Weimar

LIVIUS: Ab Urbe Condita / From the Founding of the City; Ausgabe von FORSTER; B.O. / MOORE; F.G. / SAGE; E.T. / SCHLESINGER, A.C. Cambridge, Massachusetts, 1926 ff.

MAC KAY, T.S. (1976): Pouri. In: Princeton Encyclo-
pedia of Classical Sites 734. Princeton, New
Jersey

MAKRIS, K.A. (1969): Volkskunst in der Heimat der
Kentauren. In: Merian Heft 10, Jahrgang 22
(1969) 104-107

ders. (1976): Το λαϊκη τεχνη του Πηλιου.
Athen

MANOU, A. (1935): Ο Τουρισμος εν Ελλαδος. In: Tech-
nika Chronika 4.7 (1935) 347-355

MARINATOS, Sp. (1973/1): The First "Mycenaeans" in
Greece. In: CROSSLAND, R.A. / BIRCHALL, A.
(1973) 107-113

MARINATOS, Sp. / HIRMER, M. (1973^2/2): Kreta, Thera
und das mykenische Hellas. München

MARZOLFF; P. (o.J.): Bürgerliches und herrscherli-
ches Wohnen im hellenistischen Demetrias. In:
Wohnungsbau im Altertum, Diskussionen zur Archäologischen Bauforschung 3; Bericht über ein
Kolloquium, veranstaltet vom Architektur-Refe-
rat des DAI in Berlin vom 21.11. - 23.11.1978,
129-144. Berlin

ders. (1980): Demetrias und seine Halbinsel, mit einem Kartenwerk von Werner BÖSER und Peter MAR-
ZOLFF; Demetrias 3; Beiträge zur ur- und frühgeschichtlichen Archäologie des Mittelmeer-
Kulturraumes 19. Bonn

MASSON, P. (1896): Histoire du commerce français
dans le Levant au XVIIe siècle. Paris

MATHIOPOULOS; B.P. (1961, 1974^2): Die Geschichte der
sozialen Frage und des Sozialismus in Griechenland (1821-1961); Schriftenreihe des Forschungs-
institutes der Friedrich-Ebert-Stiftung 7. Han-
nover/Bonn-Bad Godesberg

Merian Heft 10, Jahrgang 22 (1969): Thessalien.
Hamburg

MEZIÈRES, M.A. (1853): Mémoire sur le Pélion et l'
Ossa. Paris

MILOJCIC, V. (1960): Ergebnisse der deutschen Ausgrabungen in Thessalien (1953-1958). In: Jahrbuch des Römisch-Germanischen Zentralmuseums
Mainz 6 (1959) 1-56

MILOJCIC, V. / BIESANTZ, H. (1960): Bericht über die
Ausgrabungen in Thessalien 1958. In: Archäologischer Anzeiger 1959, 36-107

MILOJCIC, V. (1961): Bericht über die Ausgrabungen
und Arbeiten im Herbst 1959. In:
Archäologischer Anzeiger 1960, 150-178

ders. (1962): Überblick über die deutschen Ausgrabungen und Forschungen in Thessalien 1953-1959.
In: Archaiologicon Deltion 16 (1960), Chronika
186-194

MILOJCIC, V. / BOESSNECK, J. / HOPF, M. (1962): Die
deutschen Ausgrabungen auf der Argissa-Magula
in Thessalien, 1: Das präkeramische Neolithikum sowie die Tier- und Pflanzenreste; Beiträge zur ur- und frühgeschichtlichen Archäologie
des Mittelmeer-Kulturraumes 2. Bonn

MILOJCIC, V. / BOESSNECK, J. / JUNG, D. / SCHNEIDER,
H. (1965): Paläolithikum um Larissa in Thessa-
lien; Beiträge zur ur- und frühgeschichtlichen
Archäologie des Mittelmeer-Kulturraumes 1. Bonn

MILOJCIC, V. (1973): Bericht über die deutschen archäologischen Ausgrabungen in Thessalien 1973.
In: Archaiologike Analekta ex Athenon 7 (1974),
43-75

MILOJCIC, V. / THEOCHARIS, D.R. (1976): Demetrias 1;
Beiträge zur ur- und frühgeschichtlichen Archäologie des Mittelmeer-Kulturraumes 12. Bonn

MILOJCIC, V. / DRIESCH, A. von den / ENDERLE, K. /
MILOJCIC-v.ZUMBUSCH, J. / KILIAN, K. (1976):
Die deutschen Ausgrabungen auf Magulen um La-
risa in Thessalien 1966. Bonn

MILOJCIC, V. (1977): Bericht über die deutschen archäologischen Ausgrabungen in Thessalien. In:
Archaiologikon Deltion 28 (1973), Chronika
339-347

MILOJCIC, V. / THEOCHARIS, D.R. (1980): Demetrias 3;
Beiträge zur ur- und frühgeschichtlichen Ar-
chäologie des Mittelmeer-Kulturraumes 19. Bonn.
(= MARZOLFF, P. 1980)

MILOJCIC-v. ZUMBUSCH, J. / MILOJCIC, V. (1971): Die
deutschen Ausgrabungen auf der Otzaki-Magula
in Thessalien, 1: Das frühe Neolithikum: Beiträge zur ur- und frühgeschichtlichen Archäologie des Mittelmeer-Kulturraumes 10, 11. Bonn

MOTTIER, Y. (1981): Die deutschen Ausgrabungen auf
der Otzaki-Magula in Thessalien 2: Das mittlere Neolithikum; Beiträge zur ur- und früh-
schichtlichen Archäologie des Mittelmeer-Kulturraumes 22. Bonn

MOUTSOPOULOS, N.K. (1975): Τα Θεσσαλικα Αμπελακια.
Thessaloniki

MÜLLER-KARPE, H. (1966): Handbuch der Vorgeschichte,
1: Altsteinzeit. München

MÜLLER-WILLE, W. (1954): Arten der menschlichen Siedlung. In: Festschrift MORTENSEN zum 60. Geburts-
tag, 141-163. Bremen-Horn

Naval Intelligenz Division (1944): Greece. Cambridge/
Norwich

NIEMEIER, G. (1972): Siedlungsgeographie. Braunschweig

NIESE, B. (1893-1903, Neudruck 1963): Geschichte der
griechischen und makedonischen Staaten seit der
Schlacht bei Chaironeia. Gotha/Darmstadt

NIKONANOS, N. (1973): Ερευνες στην Επαρχια Αγιας
Λαρισης. Forschungen in der Gegend von Agia.
In: Archeion Thessalikon Meleton (= Archive of
Thessalian Studies) 2 (1973) 39-59

ORLANDOS, A.K. (1961): 10.Ιωλκος. In: To Ergon 1960,
5-61

ders. (1962): 8.Ιωλκος. To Ergon 1961, 51-60

OSTROGORSKY, G. (1963^3): Geschichte des Byzantinischen Staates; Handbuch der Altertumswissenschaft, 12. Abt., 1. Teil, 2. Band. München

PAPADOPOULOS, S.A. (1972): The Greek Mercant Marine
(1453-1850). Athen

PAPALEKAS, J.Ch. (1962): Zur Problematik der griechischen Sozialstruktur. In: SERAPHIM, H.J.
(1962), 13-25

PARRY, V.J. / YAPP, M.E. (1975): War, Technology
and Society in the Middle East. London

PAUSANIAS: Graecia Descriptio; Ausgabe ROCHA-PEREI-
RA, M.H. Leipzig 1973 ff.

PEKARY, T. (1976): Die Wirtschaft der griechisch-rö-
mischen Antike. Wiesbaden

PELAKANIDES, S. (1973): Die Kunstformen der nachby-
zantinischen Zeit im nordgriechischen Raum. In:
Südosteuropa Jahrbuch 10 - Beiträge zur Kunst
des christlichen Ostens 7, 125-144

PHILIPPSON, A. (1897): Thessalien. In: Geographische
Zeitschrift 3, 305-315

ders. (1950): Die Griechischen Landschaften, Eine
Landeskunde, 1.1: Thessalien und die Spercheios-
Senke. Frankfurt a.M.

PIPPAN, T. (1976): Überblick über die Geologie Fest-
griechenlands und des Peloponnes. In: RIEDL, H.
(1976), 59-89

PITCHER, D.E. (1972): An Historical Geography of
the Ottoman Empire. Leiden

PLEHN, Ch. (1969): Zwischen Pilion und Pindos. In:
Merian Heft 10, Jg. 22, 16-19

PRITCHETT, W.K. (1963): Xerxes Fleet at the "Ovens".
In: American Journal of Archaeology 67 (1963),
1-6

ders. (1969): Studies in Ancient Greek Topography,
Part 2: Battlefields. Berkly/Los Angeles

PROKOP: Aedificia / Bauten; Ausgaben von VEH, O./
PÜHLHORN, W., München 1977

RAUS, T. (1979/1): Die Vegetation Ostthessaliens
(Griechenland) 1; Vegetationszonen und Höhenstufen. In: Botanische Jahrbücher für Systematik, Pflanzengeschichte und Pflanzengeogra-
phie 100 (1979), 564-601

ders. (1979/2): Die Vegetation Ostthessaliens (Griechenland) 2: Querceta ilicis und Cisto-Micro-
merietea. In: Botanische Jahrbücher für Systematik, Pflanzengeschichte und Pflanzengeogra-
phie 101 (1980), 17-82

ders. (1980): Die Vegetation Ostthessaliens (Griechenland) 3: Querco-Fragatea und azonale Gehölz-
gesellschaften. In: Botanische Jahrbücher für
Systematik, Pflanzengeschichte und Pflanzengeo-
graphie 101 (1980), 313-361

ders. (1981): Human Interference With Zonal Vegetation
in the Thessalian Coastel Section of the Aegean.
In: FREY, W. / UERPMANN, H.P.: Beiträge zur Um-
weltgeschichte des Vorderen Orients; Beihefte
zum Tübinger Atlas des Vorderen Orient, Reihe A,
Nr. 8, 40-50. Wiesbaden

RENFREQ, C. / CANN, J.R. / DIXON, J.E. (1965):
Obsidian in the Aegean. In: The Annual of the
British School at Athens 60 (1965), 225-247,
Plate 62-63

RENFREW, C. (1972): The Emergence of Civilisation.
London

RIEDL, H. (1981/83): Das Ossa-Bergland, eine land-
schaftskundliche Studie zur regionalen Geographie der ostthessalischen Gebirgsschwelle. In:
RIEDL; H.: Beiträge zur Landeskunde von Griechenland II, 79-159. Salzburg

SCHACHERMAYER, F. (1980): Die ägäische Frühzeit, 4:
Griechenland im Zeitalter der Wanderungen;
Österreichische Akademie der Wissenschaften,
Phil.-hist. Klasse, Sitzungsberichte, 372 Bd.
Wien

SCHNEIDER, H.E. (1963): Beobachtungen an Kalkkrusten
in Thessalien (Griechenland). In: Annales Uni-
versitatis Sarviensis, Scientia 10 (1962), 61-63

ders. (1968): Zur quartärgeologischen Entwicklungsge-
schichte Thessaliens (Griechenland); Beiträge
zur ur- und frühgeschichtlichen Archäologie des
Mittelmeer-Kulturraumes 6. Bonn

SETTON, K.M. (1966): The Latins in Greece an the
Aegean from the Fourth Crusade to the End of
the Middle Ages. In: The Cambridge Mediaval
History 4.1, 388-430; Neudruck in Setton (1974),
2

ders. (1974): Europe and the Levante in the Middle
Ages and the Rennaissance. London

SINN, U. (1979): Die Homerischen Becher; Mitteilungen
des Deutschen Archäologischen Instituts, Athenische Abteilung, 7. Beiheft. Berlin

SINOS, S. (1971): Die vorklassischen Hausformen in
der Ägäis. Mainz

SIVIGNON, M. (1975): La Thessalie. Lyon

ders. (1977): The Demographic and Economic Evol-
ution of Thessaly (1881-1940). In: CARTER,
F.W. (1977), 379-407

SOLMSEN, F. (1903): Thessaliotis und Pelasgiotis.
In: Rheinisches Museum für Philologie, Neue
Folge 58, 598-623

SPIRIDONAKIS, B.G. (1977): Essays on the Historical
Geography of the Greek World in the Balkans
During the Turkokratia. Thessaloniki

STÄHLIN, F. (1924/1, Neudruck 1967): Das hellenische Thessalien. Stuttgart/Amsterdam

ders. (1924/2): Larisa 3 (Λαρισα Πελασγις). In:
PAULYs Realencyclopädie der Classischen Altertumswissenschaft 12.1, 845-871. Stuttgart

STÄHLIN, F. / MEYER, E. / HEIDNER, A. (1934): Paga-
sai und Demetrias. Berlin/Leipzig

STAVRIANOS; L.S. (1958): The Balkan Since 1453.
New York

STOIANOVICH, T. (1960): The Conquering Balkan Ortho-
dox Merchant. In: Journal of Economic History
20 (1960), 234-313

STRABON: Στραβονος Γεογραφικων /The Geography of
Strabo; Ausgabe von JONES, H.L., London 1917 ff.

SUTTON, J.E.G. (1977): The African Aqualithik. In:
Antiquity 51 (1977), 25-34

TAFEL, G.L.F. / THOMAS, G.M. (1856, Neudruck 1964):
Urkunden zur älteren Handels- und Staatsge-
schichte der Republik Venedig. Wien/Amsterdam

TARN, W.W. (1908): The Fleet of Xerxes. In: Journal
of Hellenic Studies 28 (1908), 202-233

TELLER, F. (1880): Geologische Beschreibung des südöstlichen Thessaliens; Denkschriften der Kaiserlichen Akademie der Wissenschaften, Math.-
nat. Klasse, 40, 183-208. Wien

THEOCHARIS, D.R. (1958): Jolkos. Whence Sailed the
Argonauts. In: Archaeology 11 (1958), 13-18

ders. (1962): Απο τη νεολιθικο Θεσσαλια 1 /From
Neolithic Thessaly 1.- In: Thessalika 4 (1962),
63-83

ders. (1966): Η παλαιολιθικι Τεχνι στο Πηλιο
Paläolithic Art on Mt. Pelion. In: Thessalika 5
(1966), 76-82

ders. (1967): Η Αυγη της Θεσσαλικις Προιστοριας.
In: Thessalika Meletima 1. Volos

ders. (1968): Τυχαια Ευρηματα. In: Archaiologikon
Deltion 21 (1966), Chronika, 254-255

ders. (1969/1): Τυχαια Ευρηματα. In: Archaiologikon
Deltion 22 (1967), Chronika, 296-298

ders. (1973): Neolithic Greece. Athen

THEOCHARIS, M.D. (1962): Δοκιμαστικη Ανασκαφη εις
Χασαμπαλι Λαρισης./Trial Excavation at Chasambali. In: Thessalika 4 (1962), 35-50

THUKYDIDES: Geschichte des Peloponnesischen Krieges;
Ausgabe von LANDMANN, G.P., München 1973

TSOUNTAS, Ch. (1908): Αι προιστορικαι Ακροπολεις
Διμινου και Σεσκλου. Athen

TURNER, J. (1978): The Vegetation of Greece During
Prehistoric Times: The Palynological Evidence.
In: DOUMAS; C. (1978), 765-773

UERPMANN, H.-P. (1979): Probleme der Neolithisierung
des Mittelmeerraumes; Beihefte zum Tübinger Atlas des Vorderen Orients, Reihe 2 (Geisteswis-
senschaften) 28. Wiesbaden

VASMER, M. (1941): Die Slaven in Griechenland; Ab-
handlungen der Preußischen Akademie der Wis-
schaften, Phil.-hist. Klasse 12. Berlin

VERGIL: Aeneis; Ausgabe von GÖTTE, M. /₂GÖTTE, J.
(lateinisch-deutsch), München 1965².

VERMEULE, E.T. (1974): Götterkult; Archaeologica
Homerica 3 V. Göttingen

WACE, A.J.B. / DROOP, J.P. (1907): Excavations at
Theotokou, Thessaly. In: The Annual of the
British School at Athens 13 (1906-07), 309-327

WACE, A.J.B. / TOMPSON, M.S. (1912): Prehistoric
Thessaly. Cambridge

WESTLAKE, H.D. (1935, Neudruck 1969): Thessaly in
the Fourth Century B.C. London/Groningen

WILHARM; I. (1973): Die Anfänge des griechischen
Nationalstaates 1833-1843. München/Wien

WOLTERS, P. (1889): Mykenische Vasen aus dem nördlichen Griechenland. In: Mitteilungen des Kai-
serlich Deutschen Archäologischen Institutes,
Athenische Abteilung 14 (1889), 262-270

XENOPHON: Ελληνικα/Hellenika; Ausgabe von STRAS-
BURGER, G. München 1970

ZINKEISEN, J.W. (1840-1863): Geschichte des Osmanischen Reiches in Europa; Geschichte der europäischen Staaten 15.1. - 15.7., herausgegeben
von HEEREN, H.L. / UKKERT, F.U. Hamburg/Gotha

Benutzte Karten:

Nomos Karten von Magnesia und Larisa, Ausgabe 1972

13. BILDANHANG

(alle Photos vom Verfasser)

Photo 1.   Konak in Ano Lechonia (Februar 1979)

Photo 2.   Haus in Visitsa (Februar 1979)

Photo 3.   Archontiko in Visitsa (Februar 1979)

Photo 4.   Ölmühle unterhalb von Drakia

Photo 5.   Haus in Muresion, 1830 erbaut (Februar 1979)

Photo 6.   Ruinen eines Hauses in Tsangarada (August 1980)

Photo 7.   Altes Rathaus in Meleae (Februar 1979)

Photo 8.   Ruinen eines Hauses in Muresion (August 1980)

Photo 9.   Kapelle bei Hagios Demetrios (Ostpelion, Februar 1979)

Photo 10.   Kirche in Kissos, Ende 18. Jahrhundert,
              Turm 20. Jahrhundert (Februar 1979)

Photo 11.   Haus eines Kleinbauern von 1894/95 in Muresion
             (Ostpelion, August 1980)

Photo 12.   Moderne Häusergruppe in Chorefton
             (Ostpelion, Februar 1979)

Volker Born

Kreta – Gouves: Wandel einer Agrarlandschaft in ein Fremdenverkehrsgebiet

Aus:

HEMPEL, Ludwig (Hrsg.) :
Geographische Beiträge zur Landeskunde Griechenlands.
Paderborn: Ferdinand Schöningh 1984, S. 121 - 214
(Münstersche Geographische Arbeiten 18)

I n h a l t

Der Beitrag von Volker Born wurde von der Philosophischen Fakultät der Westfälischen Wilhelms-Universität Münster als Dissertation 1983 angenommen. 1. Gutachter war Professor Dr. Ludwig Hempel, 2. Gutachter war Professor Dr. Julius Werner.

Anschrift des Verfassers:

Dr. Volker Born

Tilsiter Straße 8
D-4400 Münster

1. EINLEITUNG

Diese Arbeit untersucht am Beispiel einer Landgemeinde an der Nordküste der Insel Kreta die Auswirkungen des modernen Fremdenverkehrs auf die traditionelle Kulturlandschaft und Wirtschaftsstruktur der Insel. Zur Fragestellung liegen periphere Anmerkungen bei ALLBAUGH (1953, S. 310), VATTER (1972, S. 226) und TANK (1977, S. 345) vor; eine ethnologisch orientierte Beachtung fand das Thema exkursorisch bei VUIDASKIS (1977, S. 385-422).

Mit JÄGER (vgl. 1953, S. 43 ff) wird im folgenden unter Fremdenverkehr/Tourismus sowohl das mit gewisser Regelmäßigkeit wiederkehrende Zu- und Abströmen von Personen, die anderwärts ihren ständigen Wohnsitz haben und sich zur Befriedigung ihrer Bedürfnisse und persönlichen Wünsche in irgendeinem Ort, Gebiet oder Land vorübergehend aufhalten und für den betreffenden Wirtschaftskreis zahlende Konsumenten von Gütern und Dienstleistungen sind als auch jener Personenkreis verstanden, der nebenbei oder ausschließlich zu beruflichen oder geschäftlichen Zwecken kurze Zeit an einem bestimmten Ort verweilt.

Zum Ausgleich seiner negativen Zahlungsbilanz ist Griechenland auf die Nutzung seines fremdenverkehrswirtschaftlichen Potentials angewiesen (vgl. CHRISTIDIS-FROHNE 1980, S. 151-158), und die Entwicklung auf der Insel Kreta ist ein eindrucksvolles Beispiel für eine Erschließungspraxis, die wenig Rücksicht auf lokale, durch Jahrhunderte gewachsene Strukturen nimmt. An diesem Beispiel soll im folgenden gezeigt werden, wie sich eine nahezu planlos und unkontrolliert entwickelnde touristische Expansion auf ein ursprünglich rein agrarisch strukturiertes Landschaftsbild und Wirtschaftsgefüge auswirkt.

Der eigentlichen Betrachtung touristisch bedingter Folgewirkungen war deshalb eine Analyse der naturräumlichen Gegebenheiten und des insularen Wirtschaftsraumes voranzustellen, bevor die Ergebnisse einer Feldstudie aus einem Zentrum aktueller touristischer Erschließungsaktivitäten, der Gemeinde Gouves an der Nordküste des Nomos Iraklion, vorgelegt werden. Anschließend werden die lokalspezifischen Beobachtungen in den größeren Zusammenhang der allgemeinen wirtschaftlichen Weiterentwicklung der Insel zu stellen sein.

2. KRETA - AGRARWIRTSCHAFT UND FREMDENVERKEHR
2.1. NATURRÄUMLICHE AUSSTATTUNG

Kreta, Griechenlands größte Insel, liegt im östlichen Mittelmeer unter den Koordinaten 34°55' bis 35°41' nördlicher Breite sowie 23°30' bis 26°19' östlicher Länge.

Mit einer Küstenlinie von 1 046 km und einer Fläche von 8 305 qkm ist sie nach Sizilien, Sardinien, Zypern und Korsika die fünftgrößte Insel im mediterranen Raum. Der West-Ost-Ausdehnung von rd. 260 km stehen eine größte Breite von nur 52 km, eine geringste Nord-Süd-Erstreckung von knapp 12 km gegenüber, wodurch Kreta die Gestalt eines die südliche Ägäis abschließenden Querriegels erhält (vgl. auch Karte 1).

Kap Spatha ist als nordwestlicher Inselpunkt etwa 100 km von Kap Males, der Südostspitze des Peloponnes entfernt; zwischen dem Nordostkap Kretas und dem kleinasiatischen Festland liegen rd. 200 See-Kilometer und die Südküste der Insel trennen etwa 290 km vom afrikanischen Kontinent. Somit erlauben Gestalt und Lage Kretas auch den kulturgeschichtlich treffenden Vergleich mit einer Brücke zwischen den drei Kontinenten Europa, Asien und Afrika.

Im Großrelief beherrschen die auf der Längsachse der Insel liegenden, von Tiefländern und Fast-Ebenen unterbrochenen vier zentralen Gebirgsstöcke der Lefka-, Ida-, Dikti- und Sitia-Ori mit von West nach Ost abnehmenden mittleren Höhenlagen von 2 400 m bis 2 000 m das Landschaftsbild; höchste Erhebung ist mit 2 456 m Gipfelhöhe der Psiloritis im mittelkretischen Ida-Massiv.

Nach Norden schließt sich an die Zone der Hochgebirge die der talreichen Vorberge mit Höhen zwischen 1 000 m und 600 m an, die in der Regel sanft zu den vorgelagerten Küstenhöfen abdachen und damit die Insel verkehrsmäßig zur Ägäis hin öffnen.

Demgegenüber bieten die schroffen Steilabbrüche der ebenso kliffreichen wie buchtenarmen Südküste bei gleichzeitiger Nord-Süd-Zerschluchtung eine nur geringe Verkehrsdurchlässigkeit.

Durch die beiden breitenparallel verlaufenden Küstengebirge der nördlichen Talea-Ori und der südlichen Asterousia-Ori sowie durch Einschaltung von Einzelbergen zwischen breitere Gebirgslücken wird das dominierende Landschaftsbild Kretas als einer orogra-

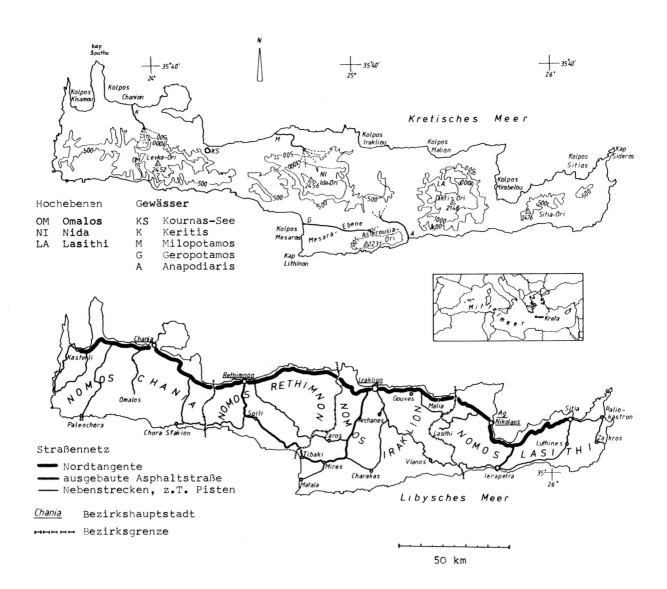

Karte 1:   Orographische Übersicht und administrative
           Gliederung der Insel Kreta

phisch reich ausgestatteten, bergigen Insel abgerundet.

Das Großrelief Kretas spiegelt nach CREUTZBURG
(1958, S. 9) den durch Tektogenese geformten geologischen Bau des Inselkörpers. Während die scharf-
konturierte Hochgebirgsregion aus Kalken präneoge-
ner Sedimentation besteht, sind die Fast-Ebenen und
Tiefländer als von Epirogenetischen Vorgängen weniger stark beanspruchte Gebiete noch überwiegend
von den marinen und limnischen Schichten des Jung-
tertiärs bedeckt.

Geotektonisch ist Kreta als Restscholle eines Fal-
tenzuges der alpidischen Orogenese anzusprechen,
der die dinarische Gebirgskette über den Peloponnes weiträumig zwischen dem Südrand der alten, kri-
stallinen Kykladen-Masse und dem Nordrand der Afrikanischen Platte mit dem Südwesten Kleinasiens, den
Tauriden, verband. Wahrscheinlich gegen Ende des
Miozäns wurde dieser Faltensockel vom südägäischen
Festland isoliert, danach im Pliozän transgressiv
in mehrere Fragmente gegliedert, bevor die Insel im
Pleistozän zu ihrer heutigen Gestalt zusammenwuchs.
Festlandsverbindungen bestanden nach GREUTER (1971,
S. 142) letztmalig im obersten Miozän durch Aus-
trocknen des Mittelmeeres im Verlauf des Messiano;
nach WURM (1950, S. 207) beweisen Funde diluvialer
Fossilien von Tieren (Zwergflußpferde und -elefan-
ten), die auf einem größeren Festland gelebt haben müssen, großräumige Einbrüche in geologisch jüngerer Zeit.

Seit Ende des Miozäns ist der ostmediterrane Raum
ein Gebiet tektonischer Unruhe mit reger Bebentä-
tigkeit. Kreta liegt im Scharungsbereich großer
Bruch- und Verwerfungszonen mit Linien hoher Ener-
gieleitfähigkeit. Die jonisch-rhodesische Linie
zieht als makroseismische Leitlinie erster Ordnung
quer durch den Inselkörper. Infolge der andauernden
epirogenetischen Bewegungen sind Strandhebungen in
Meterbeträgen seit historischer Zeitrechnung ebenso
anzutreffen wie Ingressionsküsten. HAFEMANN (1965)
wies mit seiner Untersuchung der 'Niveauveränderungen an den Küsten Kretas seit dem Altertum' das Zu-
sammenwirken von tektonischen Ereignissen mit eustatischen Meeresspiegelschwankungen nach, als dessen
Folge antike Häfen im Westen der Insel trockenfie-
len, im Osten dagegen versanken.

Innerhalb des geologischen Schichtenbaues unterscheidet CREUTZBURG (1966, 1975) nach dem Zeitpunkt ihrer Bildung präneogene, neogene und quartäre Sedi-

mente. Von den präneogenen, verfalteten Schichtver-
bänden bildet die 'Plattenkalk-Serie' ein in ganz
Kreta vorwiegend im Hochgebirge verbreiteter Verband plattiger bis gebankter Karbonatgesteine das
tiefste und markanteste tektonische Element, für
das mindestens permisches Alter angenommen wird.

Von den nach oben folgenden Decken des Präneogens
ist hier die 'Tripolitza-Serie' hervorzuheben, deren jurassische und kretazische, unter Wasser sedi-
mentierten Massenkalke und Dolomite das Bergland
und die Nordküste des östlichen Mittelkreta aufbauen.

Neogene Sedimente füllen die Tiefländer der Insel;
diese horizontal lagernden marinen und limnischen
Schichten aus weichen Gesteinen heller Färbung bestehen vorwiegend aus Tonen, Mergeln, Sandsteinen
und kalkigen Konglomeraten.

Großräumige quartäre Absetzungen sind in den Schwemmfächern der Tieflandsregion sowie in den abflußlosen
Karstdepressionen der Hochgebirge anzutreffen. Im
Küstenbereich wechseln fossile und rezente Dünenbil-
dungen mit rein littoralen Anlagen von Sandstrand
und Poros, dem porösen Brandungskonglomerat aus Frag-
menten kalkproduzierender mariner Organismen.

Die insulare morphologische Grobgliederung - zentrale Gebirgsstöcke mit steilem Küstenabbruch im Süden,
Vorbergzone im Norden und dazwischengeschalteten
schotterreichen Talungen - läßt sich mit CREUTZBURG
(1928a, S. 158) in 'Kalkmassive, Schieferbergländer,
Neogenhügelländer,Tal- und Plateau-Landschaften'
feindifferenzieren.
Im für Kreta charakteristischen Wechsel von Hoch-
mit Tiefländern dominieren als Formengruppen hochgelegene Ebenheiten, in welche aus der Küsten- oder
Fußregion Schluchten und Täler erosiv einschneiden.
Die Hochgebirgs-Kalkmassive zeigen infolge einer
tiefgreifenden Verkarstung den typischen schroffen
und gezackten Formenschatz, durch den sie sich deutlich von den mehr gerundeten Oberflächen der eingelassenen Schieferbergländer abheben. Die nach Nord
abdachenden, schwach reliefierten und von flachen
Talungen durchzogenen tertiären Hügelländer bieten
der Gipfelflur morphographisch den stärksten Kontrast.
Die größte Tiefebene der Insel, die Mesara im Süden
Mittelkretas mit einer West-Ost-Erstreckung von rd.
50 km und einer Breite bis 10 km wird von CREUTZ-
BURG (1928a) als tektonisch angelegte und von Gebirgen eingerahmte 'Tal-Landschaft' angesprochen.

Letztes morphologisches Element sind die Plateau-Flächen, deren Kennzeichen horizontal lagernde Karbonate sind, die ähnlich den Neogen-Hügel-Ländern der Hochgebirgszone vorlagern.

In die Kalkmassive sind zahllose Karst-Hohlformen jeder Größenordnung eingesenkt, die von kleineren, perlschnurartig aufgereihten Dolinen bis zu Poljes mit mehreren Kilometern Durchmesser reichen. In diesen abflußlosen Hochbecken sind durch das von den Hängen eingespülte Lockermaterial agrarwirtschaftlich wertvolle Böden abgesetzt worden, die hier zur Bildung abgeschlossener Kleinkulturlandschaften geführt haben. Kretas größte Poljes sind die Omalos-Ebene im Westen der Insel in 1 140 m Höhe und einem Durchmesser von 5 km, die Nida-Ebene im Ida-Massiv mit einer Fläche von 8 qkm in 1 667 m über NN und das Lasithi-Becken in den Dikti-Bergen in 860 m Höhe und 15 km im Durchmesser.

Da das geologische Material des Inselkörpers hauptsächlich aus Karbonatgesteinen besteht, ist die Vernetzung des Gebirgsinneren und des gesamten Untergrundes mit zahllosen Höhlen, Gängen und Katavothren kaum verwunderlich. Speläologen (vgl. FAURE 1976, S. 63 f) haben bisland rd. 3 000 Höhlen gezählt, von denen allerdings mehr als zwei Drittel nur Tiefen unter zehn Metern haben. Die zwölf größten Höhlen weisen Ganglängen von 200 m bis 400 m auf; von der Tsani-Höhle im Omalos-Becken, einem Riesenponor, ist bisher nur eine Länge von 2 km erforscht.

Auf klimamorphologisch bedingte Formengegensätze weisen die Arbeiten von POSER (1957) und HEMPEL (1982) hin: In den Tiefländern kontrastieren die weichen und gerundeten Linien der pleistozänen Schotterkörper mit den scharf profilierten, durch periodische Starkregen herausmodellierten holozänen Kastentälern.

Kretas Klima entspricht der insularen Breitenlage. Allgemeines Kennzeichen sind subtropische Wärme mit hohen Sommer- und abgemilderten Wintertemperaturen, Konzentration der Niederschläge auf das Winterhalbjahr und eine beinahe absolute, etwa sieben Monate andauernde sommerliche Trockenheit.
Als Monatsmitteltemperaturen aus den Jahren 1951 bis 1970 werden für die Nordküste Mittelkretas, Station Iraklion, folgende Werte angegeben:

Jahresmitteltemperaturen Kreta, Station Iraklion, 1951 bis 1970

Januar	12,2^{o}C	Mai	20,5^{o}C	September 23,6^{o}C
Februar	12,7^{o}C	Juni	24,6^{o}C	Oktober 20,1^{o}C
März	13,7^{o}C	Juli	26,3^{o}C	November 17,1^{o}C
April	16,7^{o}C	August	26,5^{o}C	Dezember 13,9^{o}C

(Flughafen Iraklion)

Das Jahresmaximum lag in Iraklion 1979 bei 35,4^{o}C, das Temperaturminimum bei 2,2^{o}C; die Jahresmitteltemperatur beträgt rd. 19,0^{o}C. Die west-östlich verlaufende Schranke der zentralen Gebirgsstöcke Kretas bewirkt eine klimatische Zweiteilung: An der Nordküste herrscht das typische Etesienklima mit sommerlichen, aus Nord-Nordwest angreifenden Windregimen vor, während die subtropisch geprägte Süd- und vor allem Südostküste im Einflußbereich heißer Winde aus Nordafrika liegt. Im langjährigen Mittel betragen die Januar-/Julitemperaturen in Nordwest-Kreta, Station Chania, 11,3^{o}C / 26,2^{o}C, in Iraklion 12,2^{o}C / 26.3^{o}C und an der Südostküste bei Ierapetra 13,0^{o}C / 28,1^{o}C.
Ierapetra ist damit der winterwärmste Ort Griechenlands.

Außerhalb der Hochgebirgsregion ist Kreta frostfrei. Die Winterregen bringen dem Bergland durchschnittlich 1 200 mm bis 1 600 mm Jahresniederschlag, das Küstenland West-Kretas erhält rd. 750 mm, Iraklion etwa 500 mm, Ost-Kreta 450 mm und Ierapetra rd. 200 mm. Von Mai bis September sind Regentage die Ausnahme; die durchschnittliche Sonnenscheindauer bei wolkenlosem Himmel liegt in dieser Jahreszeit zwischen 10 und 13 Stunden pro Tag (alle Angaben: Flughafen Iraklion 1982).

Die Konzentration der Niederschläge auf das Winterhalbjahr und die weiträumige Verbreitung wasserdurchlässigen Karbonatgesteins determinieren den Wasserhaushalt der Insel. Die weitaus meisten der zahlreichen Quellen und Wasserläufe spenden und fließen nur periodisch. Der Mangel an wasserspeichernder Bodenbedeckung beschleunigt die Abfuhr des jährlichen Regenangebotes über ein weitverzweigtes Torrentennetz häufig direkt ins Meer. Die wenigen perennierenden Gewässer queren im Sommer als schmale Bäche die Ebenheiten oder entwässern in tiefen Schluchten die Gebirgsstöcke nach Süden. Quellhorizonte treten insbesondere an den Grenzflächen von Schiefern und Mergeln mit Kalkgesteinen auf, in größeren Tiefen bergen solche Kontaktzonen nicht selten beachtliche

Grundwasservorräte.

Kretas einziger See, der Limni Kournas in West-Kreta (vgl. Karte 1) mit einer Uferlänge von 3,5 km, hat seinen natürlichen Abfluß zum Meer erst in historischer Zeit verloren; Brunnen in Ufernähe fördern inzwischen leicht salziges Wasser.

Die petrographischen Ausgangsmaterialien der Bodenbildung sind in Kreta die Karbonate und karbonatfreie Gesteine. NEVROS/ZVORYKIN (1938/39) unterscheiden bei den kalksteinauflagernden Bodentypen dunkelgraue, steinige Rendzinen in der Gipfelflur, überwiegend 'Terra rossa-Böden' in den Bergländern, helle Rendzinen auf Mergel im neogenen Hügelland sowie Alluvialböden in der Mesara-Ebene bzw. transportierte Roterden auf den Schwemmfächern der Küstenhöfe.

Bis auf einen großflächigen Zusammenhang im äußersten Westen der Insel sind rote Erden und steinige Zersetzungsprodukte als Bodenbildungen von karbonatfreiem Schiefergestein nur als kleine Provinzen in die Abfolge der Karbonatböden zwischengeschaltet.

In den vegetationsarmen Hochlagen finden sich neben anstehendem Fels nur Skelettböden. Vollständig ausgebildete Profile zeigen lediglich die Rendzinen auf neogenen Sedimenten. Umgelagerte Roterden füllen als typische Verwitterungsprodukte kompakten Karbonatgesteins nicht nur die rezenten Schwemmfächer des Tieflandes, sondern auch die Karstwannen und Poljes.

Wurden die Neogenlandschaften als ursprünglicher menschlicher Siedlungsraum (FAURE 1976) agrarwirtschaftlich weitgehend erschöpft, stellen in der Gegenwart die Schwemmböden der Küstenebenen, die Alluvialböden der Mesara und die Poljesfüllungen die wichtigsten Agrarflächen der Insel.

Neben den anthropogenen Einwirkungen war und ist das Klima in Kreta ein wesentlicher pedogenetischer Faktor: Die periodischen Trockenzeiten des gegenwärtigen Klimas unterbinden einerseits die chemischen Verwitterungsprozesse, andererseits wird das bereits angesetzte Lockermaterial durch Austrocknung in erhöhtem Grad erosionsanfällig. Die bodenbildenden Vorgänge können also nur sehr langsam ablaufen und mit den degradierenden klimatischen Einflüssen kaum Schritt halten.

Von der in der Antike gerühmten üppigen Vegetationsbedeckung Kretas ist in der Gegenwart nur wenig festzustellen. Insbesondere der Waldreichtum ist seit dem Altertum auf schüttere Bestände zusammengeschrumpft. Der Grund ist in Klimaveränderungen in

Verbindung mit anthropogenen Eingriffen zu suchen. Anstelle der Auffassung, daß überwiegend menschliche Siedlungstätigkeit an der Vegetationsvernichtung und Bodenzerstörung die Schuld trage, tritt heute die durch neuere Untersuchungen gefestigte Annahme, daß die Ausbreitung der Kulturlandschaft im östlichen Mittelmeer in einem durch Klimawechsel abtragungslabil gewordenen Naturraum stattgefunden haben muß (HEMPEL 1982, S. 54).

Die heutige Waldgrenze liegt in etwa 1 700 m Höhe; waldbildend sind vor allem mediterrane Eichen, Ahorn, Aleppokiefer und die wilde Zypresse. In geschlossenen Beständen bedecken sie kleinräumig die Flanken des südwestkretischen Berglandes sowie die Südabdachung des Dikti-Massivs. Im übrigen ist anstelle der ehemaligen Waldflächen als Sekundärbewuchs die niedere Buschwaldformation, die Macchie oder die noch anspruchslosere Phrygana getreten, deren oft nur fußhohe Zwergsträucher nicht selten direkt im weichen Muttergestein wurzeln.

Wenngleich Oleanderbüsche, Platanen und Palmen das Landschaftsbild vielerorts bereichern, bilden doch die Macchien die vorherrschende Vegetationsdecke auf der Insel.

An Bodenschätzen sind in Kreta Lagerstätten von Braunkohle, Gips, Schwefel und Talkum sowie von Metallen wie Mangan, Kupfer, Zink und Eisen bekannt. Abbauwürdig sind allerdings nur die Vorkommen von Kalk und Gips.

2.2. SOZIALGEOGRAPHISCHE STRUKTUREN

Die politisch-administrative Gliederung des von Athen aus zentralistisch geführten neugriechischen Staates erfolgte in Anlehnung an venezianische und türkische Gebietsaufteilungen; sie umfaßt gegenwärtig 52 Regierungsbezirke (Nomi), denen Präfekten vorstehen, die direkt den Ministerien in Athen verantwortlich sind. Jeder Nomos ist in Kreise (Eparchien) unterteilt, in denen die Stadtgemeinden (Dimi), Landgemeinden (Kinotites) und Streusiedlungen (Ikismi) liegen. An der Gemeindespitze steht in den Städten der Dimarchos, in den Dörfern der Proedros. Als Dimi gelten allgemeine Städte mit mehr als 10 000 Einwohnern, jedoch auch kleinere Orte, sofern sie Verwaltungsspitze sind. Kinotites haben mindestens 300, Ikismi weniger als 300 Einwohner.

Die Insel Kreta, die seit 1913 dem griechischen Staatsverband angehört, untersteht einem Generalgouvernement mit einem Vorstand, der vom Minister-

rat in Athen auf unbestimmte Zeit ernannt wird und
als Beamter dem Innenministerium angehört. Kreta
ist in vier Nomi mit insgesamt 20 Eparchien und
zahlreichen Gemeinden aufgeteilt (vgl. auch Karte 1):

Verwaltungsgliederungen Kreta

Nomos (Hauptstadt)	Fläche (qkm)	Epar- chien	Dimi	Kino- tites	Ikis- mi
Iraklion (Iraklion)	2 641	7	3	191	409
Lasithi (Ag.Nikolaos)	1 823	4	4	86	283
Rethimnon (Rethimnon)	1 496	4	2	131	254
Chania (Chania)	2 375	5	2	161	456
Kreta (Iraklion)	8 335	20	11	569	1 402

(SEE 1980)

Sitz der Bezirksverwaltungen (Nomarchien) ist jeweils die Hauptstadt.

Die Besiedlungsgeschichte der Insel reicht bis in
die Jungsteinzeit, aus der die ältesten archäologischen Funde stammen. Der Beginn der minoischen
Kultur, der ersten Hochkultur mit städtischen Sied-
lungsformen, wird in die Zeit um 2600 v. Chr. datiert. Für die Blüteperiode des Neopalatikums - ca.
1500 v. Chr. - nimmt FAURE (1976, S. 131) nach vor-
sichtigen Schätzungen eine Populationsdichte von
23 Einwohnern pro Quadratkilometer an, was einer damaligen kretischen Gesamtbevölkerung von etwa
185 000 Menschen entspricht.

Offensichtlich ist in der wechselvollen Geschichte
Kretas bis ins 19. Jahrhundert - wie venezianische
und türkische Volkszählungen belegen - die Bevölkerungszahl nie über 300 000 hinausgewachsen; 1881
zählte die türkische Inselverwaltung 279 165 Einwohner in insgesamt 1 092 Orten (FAURE 1976, S. 130).

KOLODNY (1974, S. 266 f) gibt für das Jahr 1900 eine Gesamtbevölkerung von 303 500 und für 1920 bereits 346 600 Kretern an. Im Jahr 1923 vollzog sich
der sozialpolitisch wie volkswirtschaftlich gleichermaßen folgenreiche Bevölkerungsaustausch, bei dem
22 802 Türken die Insel verlassen und 33 900 klein-
asiatische Griechen auf Kreta eine neue Heimat finden mußten. Seit der 1940/41 alle zehn Jahre durchgeführten Volkszählung zeichnet sich für Kreta folgende Populationsentwicklung ab:

Kreta: Bevölkerungswachstum von 1940 bis 1981
(Einwohner / Veränderung in % / Einw. pro qkm)

	1940	1951	1961	1971	1981
K r e t a	438 239	462 124	438 258	456 642	502 165
		+5,5	+4,6	-5,5	+10,0
	52,6	55,4	58,0	54,8	60,2
N. Iraklion	168 644	189 637	208 374	209 670	243 622
		+12,4	+9,9	+0,6	+16,2
	63,9	71,8	78,9	79,4	92,2
N. Lasithi	71 172	73 784	73 880	66 226	70 053
		+3,7	+0,1	-10,4	+5,7
	39,1	40,5	40,5	36,3	38,4
N. Rethimnon	72 230	72 179	69 943	60 949	62 634
		-0,1	-3,1	-12,9	+2,8
	48,3	48,2	46,8	40,7	41,9
N. Chania	126 093	126 524	131 061	119 797	125 856
		+0,3	+3,6	-8,6	+5,1
	53,1	53,3	55,2	50,4	53,0

(ESYE Athen 1982)

Von der allgemeinen sozialen Erosion im Jahrzehnt
zwischen 1961 und 1971 war lediglich der wirt-
schaftsstarke Nomos Iraklion ausgenommen. Grund für
den stetigen Bevölkerungsschwund war in erster Linie die Abwanderung von Arbeitsemigranten aus den
überwiegend ländlichen Gemeinden der Insel in die
Küstenstädte und von dort weiter zum griechischen
Festland oder ins europäische bzw. überseeische Ausland. Zwischen 1951 und 1961 verließen 36 809 ar-
beitsuchende Kreter die Insel, von 1961 zu 1971
wanderten bereits 80 293 Personen aus kretischen
Dörfern ab, von denen sich rd. 6 800 in den wachsenden Agglomerationen Groß-Iraklion und Groß-Cha-
nia niederließen (YPAK 1982).
Die Zuwachsraten der Dekade 1971-1981, die sich vor
allem im Urbanisierungsprozeß an der kretischen
Nordküste bemerkbar machen, lassen sich einmal mit
der wirtschaftlichen Rezession in den arbeitgeben-
den Industrienationen erklären, die sowohl den Ab-
wanderungstrend bremst als auch die Remigration fördert, zum anderen mit einer vom Festland einsetzen-
den Binnenwanderung von Arbeitskräften in die Zentren des florierenden Tourismus auf Kreta, der mittlerweile für viele Festlandsgriechen zum direkten
oder indirekten Arbeitgeber geworden ist. Allein im
Jahr 1981 wurden in Kreta rd. 30 000 griechische
Rück- und Zuwanderer registriert (YPAK 1982).

Nach Siedlungslage und Siedlungsgröße differenziert,
zeigt Kreta folgende Bevölkerungsverteilung (Differenzierung nach Maßgabe der nationalen Statistik in
Ebenen bis 800 m Höhenlage, Hügelländer und Bergre-
gion):

Kreta: Bevölkerungsverteilung nach Siedlungs-
Höhenlage, 1971

	Ebene	Hügelland	Bergland
K r e t a	266 139 =58,3%	90 552 =19,8%	99 951 =21,9%
N. Iraklion	145 013 =69,1%	31 586 =15,1%	33 071 =15,8%
N. Lasithi	16 349 =24,7%	31 170 =47,0%	18 707 =28,3%
N. Rethimnon	26 637 =43,7%	7 922 =13,0%	26 390 =43,3%
N. Chania	78 140 =65,2%	19 874 =16,6%	21 783 =18,2%

(SEE 1980)

Kreta: Verteilung der Kleinstädte und Landgemeinden nach Höhenlage, 1981

	Ebene	Hügelland	Bergland
K r e t a	212	157	211
N. Iraklion	96	42	53
N. Lasithi	11	46	35
N. Rethimnon	38	29	66
N. Chania	67	40	57

(YPAK 1982)

In der griechischen Statistik zählt die Wohnbevölkerung in Orten mit mehr als 10 000 Einwohnern als
'urban population', die in Orten mit 2 000 bis
10 000 Bewohnern als 'semi-urban population' und
solche in Orten unter 2 000 Einwohnern als 'rural
population'. Für Kreta folgt daraus die nachstehende Bevölkerungsverteilung nach Siedlungsgröße:

Kreta: Bevölkerungsverteilung nach Siedlungsgröße
1961/1971 (in %)

	urban	semi-urban	rural
K r e t a	26,8 / 33,5	9,2 / 10,7	64,0 / 55,8
N. Iraklion	33,6 / 40,4	6,9 / 8,5	59,5 / 51,1
N. Lasithi	- / -	30,2 / 38,1	69,8 / 61,9
N. Rethimnon	22,4 / 25,2	3,6 / 4,6	74,0 / 70,2
N. Chania	33,6 / 44,3	3,8 / 2,5	62,6 / 53,2

(SEE 1965 u. 1980)

Die in Kreta weiterhin anhaltende Landflucht wird
im Prozentanteil der Nomos-Bevölkerung erkennbar,
die in den Agglomerationen Iraklion, Chania und zunehmend auch Rethimnon ihren ständigen Wohnsitz hat.
Nach der Volkszählung von 1981 lebten allein in den
urbanen Zentren Groß-Iraklion 110 958, in Groß-Cha-
nia 61 976 und in Rethimnon 18 190 Kreter, insgesamt
entspricht dies einem Anteil von 38,1 % an der Gesamtbevölkerung.
Abbildung 1 veranschaulicht die demographische Stellung der Hauptstadt Iraklion innerhalb des Nomos
Iraklion und im Vergleich mit der Gesamtentwicklung
der kretischen Bevölkerung.

Nach den jüngsten verfügbaren Zahlen (Census 1971)
lag der Anteil der amtlich registrierten Erwerbsbe-
völkerung in Kreta mit 186 104 Personen bei 40,8 %;

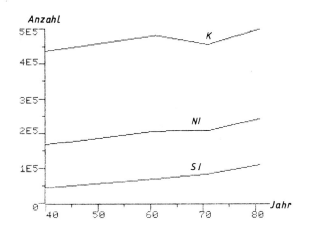

Anzahl

Abb. 1: Bevölkerungswachstum und -verteilung: Kreta (K),
Nomos Iraklion (NI) und Stadt Iraklion (SI)
(nach SEE 1965, 1970, 1979 und ESYE Iraklion
1982)

Kreta: Anteil der Stadtbevölkerung an der
Nomospopulation (in %)

	1940	1951	1961	1971	1981
N. Iraklion	26,5	30,7	33,6	40,4	45,6
N. Lasithi	-	-	-	-	15,4
N. Rethimnon	-	-	22,4	25,2	29,0
N. Chania	23,8	28,3	33,6	44,3	49,2

(ESYE Athen 1982)

wirklich beschäftigt waren allerdings nur 182 644
Erwerbstätige, davon 123 702 (= 67,7 %) männlichen
Geschlechts (SEE 1980).
Auf die Sektoren 'Landwirtschaft' (I), 'Industrie
und Handwerk' (II) und 'Dienstleistungen' (III) verteilt, zeigte die arbeitende Bevölkerung Kretas folgende Differenzierung:

Kreta: Sektorale Verteilung der Erwerbstätigen
1961, 1971, 1981 (in %)

	I	II	III
1961	70,9	11,4	17,7
1971	62,5	15,8	21,7
1981	56,3	20,2	23,5

(ESYE Iraklion u. YPAK 1982)

Bei der Diskussion der kretischen Beschäftigtenzahlen sollte berücksichtigt werden, daß durch den immer noch hohen Anteil an Unterbeschäftigten vor allem im primären Sektor die verdeckte Arbeitslosig-

keit eine nicht unerhebliche Rolle spielt. Eindeutig
ist jedoch die nachlassende Kräftebindung im Agrar-
bereich, die gegenwärtig die beiden anderen Sektoren
stärkt.

Zweifellos eine Folge des expandierenden Ferienrei-
severkehrs ist die in den vergangenen Jahren erheblich forcierte Verbesserung der insularen Verkehrsanbindung und -erschließung. Auf dem internationalen Anforderungen angepaßten Airport von Iraklion
landen heute täglich acht Linienmaschinen. Vom Festland ist Kreta etwa 40 Flugminuten, für die Charter-
maschinen aus mitteleuropäischen Ländern ca. drei
bis vier Stunden entfernt. Drei Fährschiffe im Li-
niendienst tragen neben dem Personenverkehr die
Hauptlast des täglichen Frachttransportes zwischen
der Insel und Piräus. Die 1973 fertiggestellte Nordtangente, die wichtigste Verkehrsader Kretas, ver-
bindet über 292 Kilometer autobahnähnlicher Strecke
die städtischen Zentren an der Nordküste. Das die
mittleren und südlichen Bezirke der Insel erschlie-
ßende Straßennetz ist soweit ausgebaut, daß heute
nahezu jeder Ort durch täglichen Busverkehr erreicht
werden kann. Insgesamt bedienen auf der Insel 78 ur-
bane und 240 Überlandlinien ein Streckennetz von rd.
1 470 Kilometern (Bus-Organisation KTEL Iraklion
1982). Sie kompensieren das Fehlen des Schienenver-
kehrs, dessen Einführung aufgrund der insularen Topographie zu hohe Kosten verursacht hätte.

Kretas infrastrukturelle Kapazitäten hatten im Jahr
1982 einen Ansturm von über 600 000 Touristen aufzufangen, die mit über 4 000 Charterflugankünften
allein am Iraklion-Airport, sowie mit den täglichen
Fähren und zahlreichen Kreuzfahrt-Schiffen die Insel erreichten, wo für sie etwa 700 Taxis, 250 Ex-
kursionsbusse und ca. 1 800 Mietfahrzeuge bereit-
standen (EOT Iraklion 1982).

Der Mittelkreta einnehmende Nomos Iraklion ist mit
2 641 qkm nicht nur der flächengrößte Inselbezirk,
hier konzentrieren sich auch 48,5 % der kretischen
Gesamtbevölkerung. Seine naturgeographisch günstige Ausstattung - großflächige und fruchtbare Kul-
turareale bei gleichzeitiger meridionaler Verkehrs-
durchgängigkeit - hat schon früh die Entstehung
landwirtschaftlicher Schwerpunkte, vor allem in der
südlich gelegenen Mesara-Ebene und den Küstenhöfen
im Norden gefördert, deren Produktivkraft neben dem
wachsenden Faktor 'Fremdenverkehr' das wirtschaftliche Rückgrat dieses Bezirks bildet. Die Ansiedlung
von Handwerksbetrieben und kleinindustriellen Unternehmen folgte und folgt weitgehend den agrarwirt-

schaftlichen Erfordernissen. 1978 hatten rd. 51 %
aller kretischen Betriebe des sekundären Sektors
hier ihren Sitz (SEE 1980).

Zu der ökonomischen Bedeutung des Nomos kommt die
administrative und kulturelle Zentralität der Hauptstadt Iraklion, die zugleich wichtigstes Handelstor
im insularen Güterverkehr mit dem Fest- und mit dem
Ausland ist. Rd. 65 % der kretischen Exporte und
75 % des Export-Warenwertes verlassen Kreta über
Iraklion; die Einfuhren der Insel gingen in den Jahren 1970 bis 1980 zu etwa 60 % mengen- und rd. 65 %
wertmäßig durch den Hafen der Hauptstadt (ESYE
Athen, Außenhandelsstatistik 1970-1980).
Mit 93 750 Kilowatt werden im Nomos Iraklion über
Wärmekraftwerke 76 % der gesamten Elektrizitätska-
pazität der Insel bereitgestellt, und 52 % des Ener-
giekonsums werden hier abgeführt (TEE Iraklion
1982).
Weniger naturlandschaftliche als mehr kulturhistorische Sehenswürdigkeiten des Bezirks Iraklion sind
mit der weitverzweigten Verkehrsanbindung über die
Hauptstadt der Grund, warum sich der Auslandstourismus von Anfang an auf diesen Nomos konzentriert
hat und inzwischen hier das einzige nahezu vollständig ausgebaute infrastrukturelle Gerüst der Insel vorfindet.
Im Schatten dieser Entwicklung steht der westliche
Nachbar Rethimnon. Während sich in den Bezirken
Chania und Lasithi durch Förderungsmaßnahmen im Bereich der Sonderkulturen agrarwirtschaftliche Produktionsformen stabilisieren konnten, ist der Nomos Rethimnon aufgrund seiner wirtschaftsgeographischen Benachteiligung auch heute noch ein soziales
Entleerungsgebiet. Der geringe Bevölkerungszuwachs
von 1971 zu 1981 macht sich im wesentlichen in der
Hauptstadt Rethimnon bemerkbar, wo wirtschaftspo-
litische Eingriffe erste Erfolge zeigen. Neben der
Verlegung staatlicher Einrichtungen - Militär, Fach-
schulen und Fakultäten der im Aufbau begriffenen
Universität Kretas - gilt der Erschließung der Naturlandschaft für den Fremdenverkehr zur Zeit ein
erhöhtes Interesse bei den Versuchen, diesen ster-
benden Nomos bevölkerungsmäßig und wirtschaftlich
zu sanieren.
Demgegenüber begann der Nomos Iraklion und hier
vor allem die Agglomeration Groß-Iraklion im
Hinblick auf Wachstumszahlen und Wirtschaftskon-
zentration für Kreta die zentralistische Rolle
einzunehmen, die der Großraum Athen für das
griechische Festland spielt.

2.3. WIRTSCHAFTSGEFÜGE

Bis zum Ende der venezianischen Herrschaft im 17.
Jahrhundert war Kreta agrarwirtschaftlich autark.
Bis auf Getreide, das seither in wachsenden Mengen
importiert wird, haben die wichtigsten Anbauprodukte der Antike - Oliven, Reben, Hülsenfrüchte - im
heutigen Trockenfeldbau der Insel an Bedeutung
nicht verloren.
Die zunehmende Verdrängung des Getreideanbaus ist
im Zusammenhang mit der Intensivierung der Garten-
bau- und Sonderkulturwirtschaft zu sehen, durch die
im letzten Jahrzehnt die agrare Produktivität Kretas erheblich gesteigert werden konnte.
Zum Export gelangen heute vor allem Agrumen, Tafeltrauben, Sultaninen und Frühgemüse aus Warmbeetkulturen. Daß der Agrarsektor der wichtigste Wirtschaftsfaktor der Insel ist, beweist u.a. sein Beitrag zum Bruttosozialprodukt: 1981 wurden allein
im Nomos Iraklion mit rd. 13 Milliarden Drachmen
45 % des regionalen BSP im primären Bereich erwirtschaftet; für ganz Kreta wird der Anteil mit rd.
40 % angegeben (YPAK 1982).
Allerdings zeichnet sich in der rapiden Entwicklung
des Fremdenverkehrs eine echte Konkurrenz zur kretischen Landwirtschaft als dem bislang wichtigsten
Erwerbszweig ab.
Gegenüber den zur Zeit tragenden volkswirtschaftlichen Säulen Landwirtschaft und Fremdenverkehr voll-
zieht sich der Ausbau des sekundären Sektors eher
schleppend. Ressourcenmangel beschränkt die Grund-
stoff-Industrie auf die Ausbeutung von Kalk- und
Gipsvorkommen. Die zahlreichen Kleinbetriebe der
Nahrungsmittel- und Konsumgüterindustrie verarbei-
ten Landesprodukte zu Spirituosen und Getränken
oder sind in der Leder- und Holzverarbeitung tätig.

Die touristische Nachfrage nach Folkloreartikeln
hat stellenweise dem handwerklichen Kleingewerbe
der Textil- und Keramikherstellung beachtlichen Auf-
trieb gegeben.
Als Folge der EG-Mitgliedschaft stehen auch in Kreta Mittel bereit, im Zuge der Anpassung an die
agrarwirtschaftlichen Produktionsformen der Gemeinschaft den agroindustriellen Sektor auszubauen und
die Kapazitäten für eine marktgerechte Produktauf-
bereitung zu erhöhen. Mit rd. 1,5 Milliarden Drachmen, die der Insel jährlich aus dem EG-Regional-
fond zufließen werden, soll die Effektivitätsstei-
gerung der kretischen Landwirtschaft mit dem Wachstum der agraren Verwertungsindustrie gekoppelt werden (KEPE 1982). Das Ziel der jetzt eingeleiteten

Strukturumbildungen ist in erster Linie die Anpassung der pflanzlichen Agrarproduktion an die Anforderungen der ausländischen Märkte, eine Produktionskostenverringerung, Verbesserung der Erntequalität und die allgemeine Heraufsetzung der Wettbewerbsfähigkeit. Gleichzeitig sollen die fehlkalkulierten Überschußproduktionen der Vergangenheit vermieden werden und die Realeinkommen der Landwirte erhöht werden.

Diese mittelfristigen Ziele eines 1982 vom Landwirtschaftsministerium verabschiedeten Fünfjahres-Sonderprogramm haben Priorität vor der Subventionierung der Fremdenverkehrswirtschaft nicht zuletzt deshalb, weil den negativen Folgewirkungen dieser weitgehend unkontrollierten Expansion zunehmend mehr Beachtung geschenkt wird (KEPE 1982).

2.3.1. AGRARWIRTSCHAFT
2.3.1.1. NATÜRLICHE BEDINGUNGEN

Jahresniederschlagsmengen zwischen 500 und 800 mm, die sich zu 85 % auf die Monate von Oktober bis Februar konzentrieren, Januar- und Juli-Temperaturen von 11°C bzw. 26°C und ein außerordentlich hohes Strahlungsangebot in den trockenen Sommermonaten sind die wichtigsten klimatischen Determinanten der kretischen Agrarwirtschaft.

Sind diese Bedingungen generell als günstig zu bezeichnen, weil sie bei Frostfreiheit eine Vielfalt von Anbausorten, insbesondere von hochwertigen Sonderkulturen mit großen Wärmeansprüchen und frühreifenden Gemüsevarietäten erlauben und sich die intensive Besonnung vorteilhaft auf Geschmack und Aussehen der meisten Feldfrüchte auswirkt, so erwachsen aus dem nur periodischen Niederschlagsangebot, das gerade in die Zeit der pflanzlichen Wachstumsruhe fällt, Wasserversorgungsprobleme zur Zeit der pflanzlichen Aktivität, die nur mit einem mehr oder weniger großen Aufwand an künstlicher Bewässerung zu lösen sind.

Wo die Topographie der Insel nicht nur terrassierte Olivenkulturen, sondern großflächige Bewirtschaftung zuläßt, erweist sich die Mineralarmut kretischer Böden als zusätzlicher restriktiver Faktor. Nach der Untersuchung von ALLBAUGH (1953, S. 48 f) sind nur 7 % der Gesamtwirtschaftsfläche Kretas als 'best soils for cultivation' zu bezeichnen, von denen wiederum mehr als zwei Drittel in der südkretischen Mesara liegen. Alle anderen Böden weisen neben genereller Humusarmut oft erhebliche Stickstoff- und Phosphat-Mangel auf, der mit Zufuhr von Handelsdünger kompensiert werden muß, da Tierdung kaum zur Ver-

fügung steht. So stieg der Verbrauch von Stickstoffdünger von rd. 6,5 kg pro Stremma Kulturboden im Jahr 1970 auf über 8,7 kg 1980, der Bedarf an Phosphatdünger von 3,5 kg auf 7,2 kg (PYGK 1982).

Die Begrenztheit der natürlichen Ressourcen Wasser, Wirtschaftsfläche und Bodenmineralien wird durch die Hanglage vieler Fluren in der reliefreichen Inseltopographie infolge unzureichender Schutzmaßnahmen bei der Kultivierung noch verschärft, da die Bodenerosion in unbefestigten Terrassen oft ungehindert eingreifen kann.

Von der landwirtschaftlichen Nutzfläche Kretas liegen 28,3 % in hügeligem Gelände, 34,3 % im Bergland mit Höhen über 800 m über NN, und nur 37,4 % der Wirtschaftsfläche entfallen auf die agrotechnisch leicht zu bestellenden Ebenheiten (Agrar-Census ESYE Athen 1971).

In der Skala der restriktiven Faktoren bleibt aber der Minimumfaktor Wasser das zentrale Problem der kretischen Landwirtschaft.

2.3.1.2. BODENNUTZUNG

Mit 3 133 200 Stremmata$^{*)}$ sind in Kreta 37,6 % der Gesamtfläche landwirtschaftlich kultivierbar, dies entspricht einem Anteil von 7,9 % an der gesamtgriechischen Agrarfläche. Eine weitere Differenzierung gibt die folgende Übersicht:

Kreta: Flächenverteilung (in %)

	Kreta	N.Irakl.	N.Las.	N.Reth.	N.Chan.
Kulturland einschl. Brache	37,6	53,8	30,4	35,1	26,7
Weide und Dauergrünland	52,4	37,9	57,3	59,3	60,4
Forst	4,8	1,5	8,4	2,2	7,2
Wasserflächen	1,0	1,7	0,6	0,7	0,8
Siedlungs- und Verkehrsflächen	3,3	4,8	2,8	2,2	2,9
Ödland	0,9	0,3	0,5	0,5	2,0

(n. Agrar-Census ESYE 1971)

---

*) Stremma (gr. "Morgen" = 10 ar = 1000 m^{2}

'Kulturland' schließt Acker- und Gartenland sowie
die Flächen für Oliven-, Obst- und Weinbau ein. Hier
entsprechen die von der offiziellen Statistik aufgeführten Flächengrößen in der Regel nicht den tatsächlichen Verhältnissen, da die Flächen von Unterkultu-
ren bzw. Mehrfacherntern dazu addiert werden. In Kreta wird zur Zeit von einem Nettowert von rd.
3 135 000 Stremmata ausgegangen (PYGK 1982).
'Brachland' ist in Kreta immer seltener die Folge
strikt ökonomischer Notwendigkeiten. Durch den Einsatz produktionssteigernder Mittel, vor allem von
relativ hoch subventioniertem Handelsdünger, ist der
Zwang zur Einschaltung von mehrjährigen Brachen in
den agraren Produktionszyklus so gut wie aufgehoben.
Die auf der Insel zu konstatierende Ausbreitung von
brachgefallenem Kulturland ist in der Regel auf andere Gründe, entweder auf Arbeitskräfteabwanderung
oder aber auf bevorstehende Nutzungsänderung als Bauland zurückzuführen. Insbesondere in den touristisch
interessanten Regionen der Insel sind die dort brachliegenden Flächen fast immer Bauerwartungsland.

Unter 'Dauergrünland' fallen in Kreta die macchien-
und phryganaüberzogenen Berghänge, an denen oft nur
extensive Weidewirtschaft möglich ist.
Die Verteilung der Brachflächen in Kreta geht aus
folgender Aufstellung hervor:

Kreta: Brachflächenanteil am Kulturland
      1970 und 1981 (in %)

	1970	1981
K r e t a	21,8	20,6
N. Iraklion	17,5	17,5
N. Lasithi	30,4	33,5
N. Rethimnon	35,4	26,9
N. Chania	12,3	11,4

(n. GSE 1970 u. PYGK 1982)

Die Entwicklung der Bodennutzung in Kreta zeigte
von 1970 zu 1981 folgende Veränderungen:

Kreta: Bodennutzung 1970 und 1981
    (in Stremmata und %)

	1970	1981
Ackerflächen	605 992 (18,6)	441 650 (13,6)
Gartenland	89 001 (2,7)	84 602 (2,6)
Rebland	519 290 (15,9)	507 851 (15,6)
Baumkulturen	1 339 820 (41,0)	1 544 778 (47,6)
Brache	712 508 (21,8)	671 189 (20,6)
Kulturfläche	3 266 611 (100)	3 250 070 (100)

(n. GSE 1970 u. PYGK 1982)

Abbildung 2 verdeutlicht die Flächennutzungs-Bewe-
gung von 1970 bis 1981.

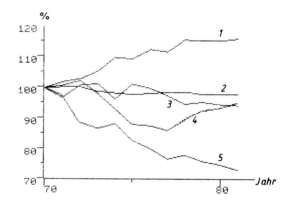

Abb. 2:

Kreta: Flächennutzung 1970 bis 1981; relative
Trenddarstellung: Stand 1970 = 100 % (nach GSE
1970 und PYGK 1982)

1: Baumkulturen; 2: Brache; 3: Rebland;
4: Gartenland; 5: Ackerflächen

Deutlich erkennbar ist das rapide Abfallen des Ak-
kerflächen-Anteils, während sich die Gartenländerei-
en nach einem Tief Mitte der Siebziger Jahre wieder
aufwärts bewegen. Stetig erweitert wurden die Obst-
und vor allem die Olivenkulturen, während sich der
Brachflächenanteil statistisch nur unwesentlich verringert hat. Die Veränderungen im Rebenanbau signalisieren noch keinen bedeutenden Rückgang der kretischen Traubenproduktion.
Mit rd. 1 427 000 Stremmata liegen im Nomos Iraklion
46 % der kultivierbaren Nettofläche Kretas; sie stand
1970 und 1981 in folgender Nutzung:

Nomos Iraklion: Bodennutzung 1970 und 1981
(in Stremmata und %)

	1970	1981
Ackerflächen	278 072 (18,5)	190 853 (12,4)
Gartenland	38 930 (2,6)	37 352 (2,4)
Rebland	388 120 (25,9)	395 971 (25,8)
Baumkulturen	533 416 (35,5)	644 386 (41,9)
Brache	262 401 (17,5)	268 102 (17,5)
Kulturfläche	1 500 939 (100)	1 536 664 (100)

(n. GSE 1970 u. PYGK 1982)

Auch in den anderen Verwaltungsbezirken der Insel
sind die Flächennutzungsschwerpunkte Baumkulturen
- überwiegend Oliven - in geschlossenen Plantagen.
Die Anteile belaufen sich im Nomos Chania auf 68,3 %,
im Nomos Rethimnon auf 46,4 % und im Bezirk Lasithi
auf 44,6 % (PYGK 1982).
Die Anbaufläche für Getreide verringerte sich in
Kreta von 307 015 Stremmata im Jahr 1970 um gut 40 %
auf 182 748 Stremmata 1981. Im übrigen Ackerfruchtbau zeichnete sich im gleichen Zeitraum ein Flächenrückgang von 41,3 %, bei Melonen und Kartoffeln dagegen eine Zunahme von 14,3 % ab (ESYE Iraklion
1982).
Die regressive Entwicklung im Getreideanbau hat mehrere Gründe: sie hängt sicher zusammen mit der Flä-
chenausweitung für Sonderkulturen, ist aber auch eine Folge der steigenden Importe von Getreide und
Mehl aus billiger produzierenden Ländern (vgl. dazu PAPAIOANNOU 1980, S. 173 u. 338), auf die auch
der kretische Landwirt mit einem Wechsel zu gewinn-
bringenderen Anbausorten reagiert. Nach der Untersuchung von HEINRITZ/JACOB (1982, S. 122) besetzen
in wachsendem Umfang auch die bis zu 70 % staatlich
subventionierten Neuanlagen von Ölbaumkulturen ehemalige Getreideflächen.
Unter den Gemüsevarietäten des Gartenbaus lagen in
Kreta 1981 die Tomaten mit rd. 30 % der Flächenbeanspruchung vor Gurken (10 %), Kohl (8 %), Bohnen
(7,5 %) und Zwiebeln (7 %) an der Spitze; kleinere
Areale nahmen Auberginen, Zucchini, Erbsen, Lauch,
Paprika ein (ESYE Iraklion 1982).
Während sich die bewässerte Produktionsfläche für
Tomaten seit 1970 von 25 712 Stremmata nach einem
Maximum von 27 742 Stremmata im Jahr 1971 auf etwa
24 000 Stremmata 1982 eingependelt hat, wurde die
Anbaufläche für Gurken nach einem Tiefstand von
2 110 Stremmata 1976 kontinuierlich auf 10 143 Strem-

mata bis zum Jahr 1982 erweitert (ESYE Iraklion
1982). Die relativ starken Flächenbewegungen innerhalb des Gartenbaus spiegeln zumeist die Reaktionen
auf Absatzschwierigkeiten auf den EG-Märkten. Dennoch haben die außerordentlich günstigen klimatischen Anbaubedingungen für Wintergemüse - Tomaten,
Gurken, Paprika - und neuerdings auch Blumen, insbesondere Nelken, die Ausbreitung von Folien-Ge-
wächshäusern in Kreta seit 1970 stetig gefördert,
wie aus der nachstehenden Übersicht hervorgeht:

Kreta: Sonderkulturen in Gewächshäusern

Jahr	Fläche (Stremmata)	%-Anteil an Gartenland	Zuwachs-rate (%)
1970	1 852	2,1	
1971	3 049	3,4	+ 64,6
1972	4 069	4,5	+ 33,5
1973	6 106	7,0	+ 50,1
1974	7 449	9,0	+ 22,0
1975	6 861	8,8	- 7,9
1976	7 147	9,2	+ 4,2
1977	8 696	11,4	+ 21,7
1978	11 999	15,0	+ 38,6
1979	12 332	15,0	+ 2,8
1980	13 508	16,3	+ 9,5
1981	14 287	16,9	+ 5,8
1982	15 678	-	+ 9,7

(n. GSE 1970 - 1979 u. PYGK 1982)

Mit 14 287 Stremmata befanden sich 1981 rd. 40 %
der griechischen Sonderkulturflächen unter Folie in
Kreta. Der laufende Fünfjahresplan sieht für Kreta
eine Warmbeetflächensteigerung bis zum Grenzwert von
20 000 Stremmata vor, der 1987 erreicht sein soll.
Nach den Vorstellungen der Planer liegen dann rd.
9 000 Stremmata im Nomos Lasithi mit dem Schwerpunkt
Frühgemüseerzeugung und ebenfalls 9 000 Stremmata
im Nomos Iraklion, wo die Blumenproduktion besonderes Gewicht erhält (YPAK 1982).

Die Blumenzucht, vor allem auf Nelken konzentriert,
stieg flächenmäßig von 26 Stremmata im Jahr 1970
auf ein bisheriges Maximum von 146 Stremmata im Jahr
1977, fiel dann bis auf 97 Stremmata ab und erreichte 1979 107 Stremmata. Ihr Zentrum liegt mit 57 %
Flächenanteil in den nördlichen Küstensäumen des Nomos Iraklion (n. GSE 1970 - 1979).
Zur Zeit sind die insularen Warmbeetkulturen zu 59 %
auf die Südküste um Ierapetra, zu 31 % auf die Nordküste sowie die Mesara im Nomos Iraklion, zu 8 % im

Küstensaum der Provinzhauptstadt Chania und mit 2 %
im Nomos Rethimnon verteilt (PYGK 1982).

Im Wirtschaftsjahr 1980/81 entfielen je 39 % der
Ernteflächen unter Folie auf die Gurken- und Toma-
ten-Erzeugung, 10 % auf Honigmelonen, 5 % auf Auberginen und rd. 3 % auf Paprika (PYGK 1982).

Wenngleich in der kretischen Produktvielfalt unter
anderem auch Bananen in Warmhäusern herangezogen
werden, sind Tomaten und Gurken die bedeutendsten
Warmbeeterzeugnisse der Insel.
Bei den agrotechnischen Anstrengungen der vergangenen Jahre ist es nach landwirtschaftlichen Kriteri-
en erstaunlich, daß der Brachflächenanteil für ganz
Kreta statistisch nur unwesentlich abgenommen hat.
Angesichts der vielen abgeschlossenen und der noch
laufenden, mit staatlichen Mitteln durchgeführten
Meliorationsarbeiten, die den Mangel an Landreserven aufzufangen versuchen, ist der Grund für das
Brachliegen von rd. 20 % des kretischen Kulturbo-
dens in den kommerziellen Spekulationen vieler Landwirte zu suchen. Vor allem in der Nähe der urbanen
Zentren und im Bereich der touristisch bedeutenden
Ferienküsten sind die als Schwarzbrache deklarierten Flächen mit Sicherheit Bauerwartungsland, in dem
die Einschränkung oder Aufgabe der landwirtschaftlichen Tätigkeit sichtbar wird (YPAK u. YEB 1982).

Mit rd. 3 150 000 Stremmata dürfte die oberste Grenze der agrarwirtschaftlichen Nutzflächen Kretas erreicht sein. Landgewinnungsversuche im Bereich der
umfangreichen Hutungen, die über die Hälfte der gesamten Inselfläche einnehmen, haben sich langfristig
als wenig erfolgreich erwiesen, da umgepflügtes Weideland nur geringe Bodenfruchtbarkeit besitzt und
sehr erosionsanfällig ist. Nur in Ausnahmefällen geben ehemalige Hutungen befriedigende Standorte für
Baumkulturen ab. Eine Aufstockung der kretischen
Agrarflächen ist damit nur auf indirektem Weg über
verbesserte Produktionsmittel und vor allem ausreichende Wasserzufuhr zu erreichen.

2.3.1.3. BEWÄSSERUNG

Wichtigster Faktor der indirekten Flächensteigerung
ist in Kreta das Wasser. Unbewässerte Böden erlauben
nur Trocken- bzw. Regenfeldbau mit Getreide- sowie tiefwurzelnden Oliven- und Rebenkulturen. Die
günstigen natürlichen Produktionsfaktoren der Insel
- Wärme, Sonnenscheindauer - bleiben ohne ausreichende Wasserversorgung ungenutzt. So ist der für

die moderne kretische Landwirtschaft lebenswichtige
exportorientierte Anbau von Sonderkulturen ohne Bewässerung nicht denkbar und als die treibende Kraft
für die Ausweitung der bewässerten Feldflächen in
den vergangenen Jahren anzusehen:

Kreta: Bewässerte Agrarflächen 1970-1979

Jahr	Fläche (Stremmata)	%-Anteil an Kulturland	Zuwachs-rate
1970	369 246	11,3	
1971	369 296	11,7	+ 0,0
1972	386 146	12,3	+ 4,6
1973	389 053	12,4	+ 0,8
1974	418 776	13,3	+ 7,6
1975	438 182	13,9	+ 4,6
1976	424 965	13,5	- 3,0
1977	414 949	13,2	- 2,4
1978	435 661	13,8	+ 5,0
1979	468 711	14,9	+ 7,6

(GSE 1970 - 1979)

Mit 14,9 % Flächenanteil am Kulturland liegt Kreta
um etwa 10 % unter dem gesamtgriechischen Wert
(1979: rd. 25 %) für bewässerbares Kulturland. Re-
gionales Planungsziel ist daher u.a. die bessere
Nutzung des vorhandenen Wasserpotentials - vor allem der Grundwasserbestände -, um die gesamte Fläche auf etwa 1 000 000 Stremmata zu bringen. Wurde
bislang das Bewässerungspotential der Insel auf
820 000 Stremmata geschätzt (TEE 1982), so besteht
seit der Entdeckung umfangreicher Grundwasservorräte im westkretischen Bergland die Hoffnung, das Planungsziel auf ca. 1 500 000 Stremmata erhöhen zu
können, sofern die nötigen Tiefbohrungen bis 500 m
niedergebracht und ein weitgehend verlustfreier
Transport zu den weit entfernt liegenden Bedarfsflä-
chen gewährleistet sind. Wenngleich zahllose Quellen in die Bewässerungssysteme integriert sind, lie-
fern doch die Brunnen mit Schöpftiefen von ca. 200 m
etwa 60 % des benötigten Wassers (YPAK 1982). Anlagen dieser Größenordnung sind - ebenso wie die ge-
planten Staubecken im mittelkretischen Bergland zur
Wasserversorgung der Frühgemüseplantagen an der Südküste - auf staatliche Planungs- und Finanzhilfe angewiesen.
Der überwiegende Teil kleinerer Förderanlagen, die
mit Windkraft, Brennstoff oder Elektromotoren betrieben werden, ist in der Regel auf Kosten des Klein-
unternehmers installiert und bestimmt in seiner Verbreitung weit stärker das agrarlandschaftliche Bild.
Das geförderte Wasser wird entweder in einfachen Erd-

gräben, häufiger in betonierten Einfassungen, zumeist jedoch in Kunststoffschläuchen entweder direkt aus dem Brunnen oder über Speicherbecken den
Parzellen zugeleitet und hier in Form der Flächen-
bewässerung in Furchen zwischen die Feldfrüchte oder
in Einzelbewässerung in die Fußzonen der Bäume verteilt.

Vermehrt werden auch Beregnungsanlagen eingesetzt,
und die moderne Plantage verfügt über ein halbauto-
matisch arbeitendes Netz von perforierten Leitungen,
die eine genauere Dosierung bei optimaler Flächen-
deckung ermöglichen.

Da aus agrarstrukturellen Gründen - Verdreifachung
der Gemüseproduktion gegenüber unbewässerten Flächen, Verdreifachung des Bruttoeinkommens der Landwirte, Vervierfachung des Arbeitsbedarfs (YPAK u.
PYGK 1982) - die Ausweitung der Bewässerungsflächen
auch auf administrativer Seite sehr erwünscht ist,
werden dafür zinsgünstige Kredite von der Agrarbank
gewährt. Der Kostenaufwand für eine Brunnenbohrung

500 bis 700 cbm pro Stremma für Gemüseanbau mit brak-
kigem Grundwasser, wie es häufig in Küstennähe gefunden wird, versorgte Wirtschaftsfläche ist nach
drei bis vier Jahren für die Erzeugung von Quali-
tätsprodukten verbraucht. Die natürliche Entsalzung
durch Niederschläge würde zwei bis drei Jahre dau-
ern. Erfahrungen dieser Art haben insbesondere die
Gewächshauslandwirte an der Nordküste zu einem Wechsel von der Gemüseproduktion zu brackwasserresisten-
ten Pflanzen, vor allem zur Blumenerzeugung veranlaßt (PYGK u. Erzeugerangaben 1982).

Die Verteilung der Bewässerungsflächen auf die kretischen Verwaltungsbezirke und die Bodennutzung gibt
die folgende Übersicht wieder:

Kreta: Verteilung und Nutzung bewässerter Flächen
(1979)

	Fläche (Stremmata)	Acker (%)	Garten (%)	Reben (%)	Baumkulturen (%)
K r e t a	468 711	20,1	15,1	17,7	47,1
N. Iraklion	213 490	18,3	14,7	32,8	34,2
N. Lasithi	110 886	22,6	15,7	8,4	53,3
N. Rethimnon	37 465	36,6	20,8	2,4	40,2
N. Chania	106 870	15,6	13,1	2,4	68,9

(n. GSE 1979)

mit 180 m Tiefe belief sich 1982 auf rd. eine Million Drachmen, sofern der Auftrag von einem privatwirtschaftlichen Unternehmen ausgeführt wurde; das
Amt für Bodenmelioration (YEB) hätte dafür nur etwa
300 000 Drachmen verlangen dürfen, hätte den interessierten Landwirt oder die Gemeinde aber wegen Ka-
pazitätsüberlastung etwa drei bis vier Jahre warten
lassen müssen. Da sich den hohen Kapitaleinsatz für
eine schnelle Erschließung nur wenige Betriebe leisten können, geht die volle Ausschöpfung des kretischen Bewässerungspotentials allgemein nur langsam
voran.

Neben der Quantität der Wasserressourcen ist vor allem für die Gemüseproduktion auch die Qualität des
Grundwasserangebots ausschlaggebend. So wirkt sich
salzhaltiges Wasser sehr nachteilig auf den Geschmack der exportierbaren Gemüsesorten aus und min-
dert langfristig auch die Bodenqualität. Eine bei
einem durchschnittlichen jährlichen Wasserbedarf von

Der hohe Anteil von Baumkulturen darf nicht darüber
hinwegtäuschen, daß der Gartenbau aufgrund der In-
tensivbewirtschaftung die höchste Flächenproduktivität besitzt.

2.3.1.4. MECHANISIERUNG

Neben den allgemeinen betrieblichen Strukturschwächen in der griechischen Landwirtschaft verschärft
in Kreta vor allem die Geländeungunst eine effekti-
vere Mechanisierung dieses Produktionszweiges. Da
nur rd. 37 % der landwirtschaftlichen Nutzfläche in
Ebenheiten liegen, ist im Hügel- und Berglande der
Insel noch sehr häufig der Einsatz von tierischer
Zug- und Tragkraft bei der Landbearbeitung zu beobachten. Größere zusammenhängende Wirtschaftsflächen
- Voraussetzung für rationellen Maschineneinsatz -

sind in Kreta auch aufgrund der vorherrschenden Be-
sitz- und Betriebsstrukturen nur selten anzutreffen.

Als typischer Landmaschinenbesitz des kretischen
Bauern darf der einachsige Schlepper mit durchschnittlich 10 bis 15 PS gelten, ein Vielzweckgerät,
das in Anschaffungs- und Betriebskosten den landwirtschaftlichen Einkommensverhältnissen ebenso entspricht wie den Einsatzmöglichkeiten in topographisch schwierigem Gelände.

Der Ausbau von Bewässerungssystemen erweiterte in
Kreta den Landmaschinenpark um Pump- und Sprinkler-
anlagen. Von 1970 bis 1979 veränderte sich der Ma-
schinenbestand der Insel wie folgt:

Kreta: Landmaschinenpark 1970 und 1979 (Auszug)

	1970	1979
Schlepper über 18 PS	1 292	2 772
Schlepper unter 18 PS	13 547	25 953
Pumpanlagen		
brennstoffbetrieben	24 119	24 105
elektrisch betrieben	1 487	3 998
windbetrieben	15 160	11 051
Sprinkleranlagen	433	3 417

(GSE 1970 u. 1979)

Die Verteilung der Landmaschinen auf Kretas Verwaltungsbezirke geht aus folgender Aufstellung hervor:

Kreta: Verteilung der Landmaschinen je
    Verwaltungsbezirk 1979

	N.Irak-lion	N.Lasi-thi	N.Rethim-non	N.Cha-nia
Schlepper				
über 18 PS	1 647	336	279	510
unter 18 PS	16 784	2 191	2 519	1 387
Pumpanlagen				
brennstoffbetrieben	12 357	8 672	1 347	1 729
elektrisch betrieben	1 441	1 149	530	878
windbetrieben	121	10 843	80	7
Sprinkleranlagen	2 136	510	52	719

(GSE 1979)

Nach den Ergebnissen einer bei BOUGIOUKOS (1977,
S. 89) zitierten Untersuchung wächst in Kreta der
landwirtschaftliche Mechanisierungsgrad mit der Ausweitung der Intensivkulturen und dem Zuwachs an Be-
wässerungsfläche.

Der Verbrauch an elektrischer Energie für agrarwirtschaftliche Zwecke lag im Jahr 1970 mit 4,4 Millionen kWh bei 3,6 % des kretischen Gesamtkonsums; bis
1979 war die Nachfrage um das Sechsfache auf rd.
26 Millionen kWh und einen Prozentanteil von 6,5 %
am Gesamtverbrauch gestiegen (n. SEE 1971 u. 1980).

2.3.1.5. BETRIEBLICHE ORGANISATION

Einer durchgreifenden Mechanisierung der Landwirtschaft steht auch in Kreta das generelle griechische Problem des Kleinbauerntums entgegen, dessen
Merkmale geringe Betriebsgrößen bei Aufsplitterung
in zahlreiche, oft weit auseinanderliegende Parzellen und ein Mangel an überbetrieblichen Kooperationsformen sind.
Nach dem Agrar-Census von 1971 beträgt die durchschnittliche landwirtschaftliche Betriebsgröße in
Griechenland 35 Stremmata, die in sieben Parzellen
in Gemengelage mit Entfernungen von 2,2 bis 2,8 km
aufgeteilt sind (ESYE Athen 1982). Die landesübli-
che Trennung der Wohn- und Wirtschaftsgebäude von
den Kulturflächen hat zusätzlich lange Fahrzeiten
zur Folge.
Die Betriebsgrößenstruktur für Kreta sieht noch un-
günstiger aus: nach einer Studie der YPAK (1980, in-
tern) beträgt der durchschnittliche bäuerliche Kleinbesitz hier 29 Stremmata, aufgesplittert in 10 bis
12 Parzellen mit Entfernungen zwischen 3 und 3,5 km.
Der Weg von der Siedlung zum Arbeitsplatz, der vielfach noch mit einem Reittier zurückgelegt werden
muß, nimmt von der täglichen Arbeitszeit etwa zwei
bis vier Stunden in Anspruch.
Die unwirtschaftliche Flurzersplitterung hat ihre
historische Ursache in der letzten großen griechischen Bodenreform von 1923, bei der alle Latifundien verstaatlicht und unter besitzlose Landarbeiter, insbesondere unter die aus Kleinasien zugewanderten griechischen Flüchtlinge aufgeteilt wurden.
Vorrangiges Ziel dieser Agrarreform war die sozial-
politische Lösung des Flüchtlingsproblems, weniger
die langfristige Planung leistungsstarker und le-
bensfähiger Betriebseinheiten.
Restaurativer Faktor des Fortbestehens der Kleinst-
parzellierung ist die in Griechenland übliche Realerbteilung, bei der der Landbesitz gleichmäßig unter die Nachfahren des Erblassers aufzuteilen ist.
Land ist außerdem fester Bestandteil der Mitgift bei
der Verheiratung der Töchter aus bäuerlichen Familien.
Die Beibehaltung dieses Brauchtums macht auch wieder die bescheidenen Erfolge der ohnehin selten in
Kreta durchzuführenden Flurbereinigungen zunichte.

Nach der Untersuchung der YPAK (1980) bewirtschafteten insgesamt 93 550 landwirtschaftliche Vollerwerbsbetriebe mit zusammen 233 364 Arbeitskräften (einschließlich unbezahlt mitarbeitender Familienangehöriger) eine Gesamtfläche von 2,75 Millionen Stremmata, woraus rechnerisch die Durchschnittsgröße von 29 Stremmata und ein Arbeitskräftebesatz von 2,5 Personen pro Betrieb resultiert. In der Nomosverteilung entsteht damit folgendes Bild für Kreta (Daten von der YPAK gerundet):

Ursache dieser Bewegung ist einerseits die Aufgabe der unrentablen Kleinstflächenwirtschaft und ein Wechsel zur Nebenerwerbslandwirtschaft, andererseits vergrößern sich funktionierende Betriebe durch Kauf oder Zupachtung freigewordener Flächen. Da seit 1961 die Bodenpreise um das Fünfzehnfache gestiegen sind (YPAK 1982), wird auch in Kreta immer häufiger Land zugepachtet als käuflich erworben.

Nach dem Agrar-Census von 1971 hatten von den 97 500 befragten Betrieben Kretas 93,4 % Baumkulturen, 76,3 % Rebland und 61,2 % Acker- und Gartenflächen

Kreta: Landwirtschaftliche Betriebsgröße 1980

(1: Wirtschaftsfläche in Stremmata; 2: Betriebe; 3: durchschnittliche Betriebsgröße in Stremmata; 4: Gesamtzahl Beschäftigte; 5: durchschnittliche Beschäftigte je Betrieb)

	1	2	3	4	5
K r e t a	2 745 000	93 550	29,3	233 360	2,5
N. Iraklion	1 300 140	37 850	34,4	94 120	2,5
N. Lasithi	415 320	18 510	22,4	51 250	2,8
N. Rethimnon	429 300	15 710	27,3	33 250	2,1
N. Chania	600 240	21 480	27,9	54 740	2,5

(YPAK 1982)

Eine Klassifizierung der kretischen Agrarbetriebe nach Besitzflächengröße geben die folgende Tabelle und als graphische Veranschaulichung Abbildung 3 wieder. Ein Vergleich der Betriebsgrößenverteilung aus dem Jahr 1971 mit der von 1980 zeigt, daß sich die Zahl der Klein- und Kleinstbetriebe in Kreta verringert, die der Betriebe ab 50 Stremmata Wirtschaftsfläche dagegen vergrößert, die Anzahl landwirtschaftlicher Unternehmen sich insgesamt jedoch verkleinert hat.

Kreta: Betriebsgrößenverteilung 1980

Strem-mata	Betriebe	Betriebs-fläche	%-Anteil Betriebe	%-Anteil Betr.fläche
1 - 9	25 240	116 990	27,0	4,3
10 - 29	35 550	646 620	38,0	23,6
30 - 49	16 790	636 780	17,9	23,2
50 - 99	12 810	828 550	13,7	30,1
100 - 200	2 580	327 740	2,8	12,0
über 200	580	188 320	0,6	6,8
Summe	93 550	2 745 000	100,0	100,0

(YPAK 1980)

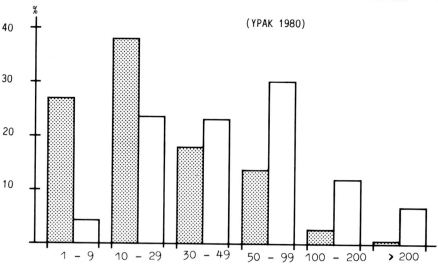

Abb. 3:   Kreta: Vergleich der Betriebsgrößen und Wirtschaftsflächen 1980 (nach YPAK 1980)

in Bewirtschaftung; 35,1 % der Unternehmer hatten
Land brachfallen lassen (n. SEE 1973). Nach Ansicht
des Landwirtschaftlichen Dienstes in Iraklion haben
sich diese Größenordnungen bis heute nicht wesentlich verschoben.

Kreta: Betriebsgrößenverteilung 1971 und 1980

Stremmata	Betriebe	
	1971	1980
1 - 9	27 120	25 240
10 - 29	38 280	35 550
30 - 49	17 580	16 790
50 - 99	12 340	12 810
100 - 200	1 840	2 580
über 200	340	580
Summe	97 500	93 550

(SEE 1973 u. YPAK 1980)

Zum Abbau der unproduktiven Agrarbetriebsstrukturen
sind in Kreta Mittel bereitgestellt und Verfahren
eingeleitet worden, die durchschnittliche Betriebs-
flächengröße bis zum Jahr 1987 auf 50 bis 55 Stremmata zu erhöhen und gleichzeitig die in der Landwirtschaft tätigen Arbeitskräfte auf rd. 100 000 zu
reduzieren. Die freigewordenen Kräfte sollen im agroindustriellen und touristischen Sektor eine neue Beschäftigung finden (YPAK 1982).
Ob dieses Planungsziel erreicht werden kann, hängt
nicht zuletzt von der Mentalität der kretischen Landbevölkerung ab, die im lokalen Brauchtum noch stark
verwurzelt ist und Rationalisierungsversuchen wie
Flurbereinigungsmaßnahmen erfahrungsgemäß starke Wi-
derstände entgegensetzt. VUIDASKIS (1977, S. 251)
charakterisiert in seiner Untersuchung 'Tradition
und sozialer Wandel auf der Insel Kreta' seine Lands-
leute im angesprochenen Zusammenhang wie folgt: "Der
Kreter besitzt sein Land (...) nicht in erster Linie, um es in rationaler, technisierter und möglichst gewinnbringender Weise zu bewirtschaften,
sondern weil es einen Faktor der 'Sicherheit' darstellt und traditionell zum Status des Kreter-Seins
gehört, der durch seinen Landbesitz in elementar-
ster Form mit der Geschichte und Gegenwart seiner
Insel verbunden ist."
Das von Individualismus geprägte kleinbäuerliche Bewußtsein sperrt sich grundsätzlich auch gegen eine
dauerhafte Organisation von überbetrieblichen Ko-
operationsgemeinschaften. Wenngleich Nachbarschafts-
hilfe und Zusammenarbeit unter Verwandten traditionell selbstverständlich sind, finden auf Genossen-
schaftsbasis organisierte Zusammenschlüsse nur sehr
langsam Eingang in den agraren Produktionsprozeß.

Der griechische Staat hat zwar als Initiator des Genossenschaftswesens (vgl. dazu PAPAIOANNOU 1980,
S. 97 f) die Entstehung zahlreicher Agrargenossen-
schaften eingeleitet und gefördert, die Effizienz
dieser Zusammenschlüsse muß aber bis heute als un-
befriedigend bezeichnet werden. Insbesondere auf
der Produktionsstufe sind die Anregungen zu Betriebs-
und Betriebsmittelgemeinschaften in Kreta kaum über
Ansätze hinausgekommen. Größeres Interesse unter
den Landwirten besteht an Kreditgenossenschaften,
die mit der Verteilung der von der Agrarbank gewähr-
ten Darlehen beauftragt sind, sowie an Absatzgenossenschaften, die die Bauern von der Abhängigkeit des
oft parasitären Zwischenhandels befreien.

Im Jahr 1981 waren von 8 563 griechischen Agrarge-
nossenschaften 709 in Kreta registriert. Weil auch
hier die Erfolge nicht befriedigen, sieht der aktuelle Fünfjahresplan u.a. eine gezielte Werbung
für Nutzen und Vorteile von Kooperationsformen innerhalb der fachlichen Ausbildung des landwirtschaftlichen Kräftenachwuchses vor(PYGK 1982).

2.3.1.6. ENTWICKLUNG DER PFLANZLICHEN AGRARPRODUKTION

Nach Kategorien geordnet, bietet die landwirtschaftliche Produktionspalette Kretas die folgende Vielfalt (ohne Futterpflanzen):

Im Ackerfruchtbau:

Weizen, Gerste, Hafer, Roggen, Mais, Dicke Bohnen,
Linsen, Erbsen, Wasser- und Honigmelonen, Kartoffeln.

Im Gartenbau:

Tomaten, Gurken, Zwiebeln, Grüne Bohnen, Kohlsor-
ten, Zucchini, Auberginen, Artischocken, Chicoree,
Spinat, Feinerbsen, Okra, Paprika und singulär Bananen.

Im Weinbau:

Keltertrauben, Tafeltrauben und Sultaninen.

In Baumkulturen:

Oliven, Agrumen (Orangen, Zitronen, Mandarinen),
Kernobst (Äpfel, Birnen), Steinobst (Pfirsiche,
Aprikosen, Kirschen), Schalenobst (Mandeln, Wal-
nüsse), Karuben und Feigen.

Unter den aromatischen und pharmazeutischen Pflanzen hat das Diktamon (Origanum dictamus) als Heil-
kraut und Exportprodukt größere Bedeutung. Von der
griechischen Jahresproduktion von rd. 40 t werden
etwa 85 % auf Kreta gesammelt (PYGK 1982).

Unbedeutend ist demgegenüber der Anbau von Industrie-
pflanzen: 1979 standen auf der ganzen Insel 1 214
Stremmata unter Baumwoll- und 763 Stremmata unter
Sesampflanzungen (GSE 1979).
In erster Linie exportorientiert ist die Erzeugung
von Früh- und Frischgemüse (Tomaten, Gurken), von
Tafeltrauben, Sultaninen, Agrumen und zunehmend
auch Blumen. Die Ausfuhr von kretischen Olivenpro-
dukten wird in den nächsten Jahren durch die EG-
Vollmitgliedschaft Griechenlands größeres Gewicht
bekommen als bisher.
Einen Überblick über die Entwicklung wichtiger kretischer Anbauprodukte von 1970 zu 1979 geben die
folgenden Tabellen:

Kreta: Produktion ausgewählter Feldfrüchte 1970 und 1979
(1: Gesamtertrag in t; 2: kg-Ertrag pro Stremma;
 3: %-Anteil an griechischer Gesamternte)

	1970			1979		
	1	2	3	1	2	3
Weizen	10 880	107	0,6	8 378	133	3,5
Gerste	12 445	118	1,7	13 749	191	1,6
Dicke Bohnen	2 879	106	25,6	2 554	137	29,6
Melonen	16 218	1 134	2,3	36 068	1 954	4,8
Kartoffeln	56 684	873	7,5	70 281	1 055	7,3

(n. GSE 1970 u. 1979)

Kreta: Produktion von Tomaten und Gurken 1970 und 1979
(1: Gesamtertrag in t; 2: kg-Ertrag pro Stremma,
 3: %-Anteil an griechischer Gesamternte)

	1970			1979		
	1	2	3	1	2	3
Tomaten (bewässert)	47 038	1 829	4,8	69 854	3 068	4,1
Gurken	27 311	3 428	19,0	55 536	5 744	46,1

(n. GSE 1970 u. 1979)

Kreta: Produktion von Trauben 1970 und 1979
(1: Gesamtertrag in t; 2: %-Anteil an griechischer Gesamternte)

	1970		1979	
	1	2	1	2
Keltertrauben	94 848	13,3	76 110	11,0
Tafeltrauben	25 045	12,9	24 905	11,5
Sultaninen-Trauben	63 445	68,8	65 339	95,0

(n. GSE 1970 u. 1979)

Trotz des Flächenrückgangs bei Weizen um rd. 38 % und bei Gerste um rd. 32 % konnte die Flächenproduktivität von 1970 zu 1979 gesteigert werden. Hier kommt der Einsatz produktionssteigernder Mittel, in erster Linie Düngung und Verwendung von hochwertigem Saatgut zum Tragen.

Der relativ hohe Anteil von Dicken Bohnen am griechischen Gesamtertrag kennzeichnet den Rang dieser Frucht als Volksnahrungsmittel in der kretischen Landbevölkerung.

Während Tomaten zumeist in verarbeiteter Form als Konserven ausländische Märkte erreichen, ist der enorme Anstieg der kretischen Gurkenproduktion das Ergebnis der wachsenden mitteleuropäischen Nachfrage nach preiswertem Wintergemüse. 80 bis 85 % des kretischen Gesamtexportes an Gurken gehen jährlich in die Bundesrepublik Deutschland (PYGK u. TC 1982).

Kreta ist Griechenlands größter Sultaninenproduzent. Infolge türkischer Preisunterbietung konnten die Ernten der letzten zwei Jahre auf europäischen Märkten kaum abgesetzt werden.

Die Weinerzeugung der Insel betrug 1970 mit 76 863 t rd. 17 %, mit 70 263 t im Jahr 1979 15,7 % der griechischen Gesamtabfüllung.

Die Ausweitung der Agrumenkulturen im Plantagenbau ist auf die gute Nachfrage aus den Ostblockländern zurückzuführen, die zwischen 60 und 70 Prozent der jährlichen Ernte Kretas aufkaufen. Der relative Anstieg der Karuben-Ernte (Johannisbrot) hängt mit einem Ernterückgang im übrigen Griechenland zusammen. Diese an Zucker und Proteinen reiche Schotenfrucht findet heute zumeist Verwendung als Viehfutter-Zusatz und Getränke-Gärmittel. Das für den Export geerntete Kontingent gelangt häufig als Mehl oder Harz in den Handel und wird als Stabilisator in der Nahrungsmittel- oder als Celluloid in der Photoindustrie verwandt.

Kreta: Produktion ausgewählter Baumfrüchte 1970 und 1979
(1: Anzahl fruchttragender Bäume; 2: Gesamtertrag in t;
 3: %-Anteil an griechischer Gesamternte)

	1970			1979		
	1	2	3	1	2	3
Orangen	1 730 107	44 933	10,9	1 964 873	70 396	20,4
Zitronen	218 915	4 383	3,1	265 694	5 323	4,0
Mandarinen	295 574	5 971	17,9	339 380	6 817	23,8
Aprikosen	91 437	913	2,1	161 594	2 027	2,4
Mandeln	1 538 079	2 853	11,7	1 612 869	3 137	9,0
Karuben	3 475 336	16 538	72,9	3 075 368	19 611	76,8

(n. GSE 1970 u. 1979

Kreta: Produktion von Oliven und Olivenöl 1970 und 1979

	1970	1979
Plantagenfläche (Stremmata)	1 155 389	1 360 369
Tragende Bäume (Anzahl)	18 192 240	24 263 144
%-Anteil am griechischen Gesamtbestand	18,7	20,6
Olivenertrag (in t)	152 679	294 478
davon Speiseoliven (in %)	1,7	0,8
Ölproduktion (in t)	61 578	67 214
%-Anteil an griechischer Gesamtproduktion	39,4	28,0

(n. GSE 1970 u. 1979)

Mit 1 360 369 Stremmata nahmen die Olivenplantagen im Jahr 1979 flächenmäßig 88,1 % des gesamten kretischen Kulturbaumbestandes ein. Bedeutendster Anbaubezirk für Olivenprodukte ist mit 45,1 % der Plantagenfläche, 41,7 % des Baumbestandes und 43,7 % der Ölerzeugung (Wirtschaftsjahr 1978/79) der Nomos Iraklion.

Charakteristisch für die Olivenproduktion sind die in der Botanik des Ölbaums begründeten starken jährlichen Ertragsschwankungen. Auf reiche Ernten folgen geringe oder gar keine, so daß von einem zweijährigen Erntezyklus gesprochen wird. Diese Schwankungen fallen besonders stark aus in wenig gepflegten Kulturen, bei mangelhaftem Baumschnitt und unzureichender Düngung und auch Bewässerung (vgl. MORETTINI 1962, S. 34), ein Zustand, der in zahlreichen überalterten Olivenkulturen Kretas mit nur suboptimalen Ernten anzutreffen ist.

Zur Quantifizierung der Schwankungen wurde für Griechenland eine jährliche Variation in der Ölerzeugung von 14,3 % errechnet, damit werden allerdings die Werte der anderen bedeutenden Olivenölproduzenten Italien (23,3 %), Portugal (22,1 %) und Spanien (16,0 %) unterschritten (vgl. SCHUMACHER/WÖHLKEN 1982, S. 79).

Zur agrotechnischen Verbesserung von Produktivität und Beerntbarkeit der Ölbäume kommt in Kreta seit Mitte der Siebziger Jahre immer häufiger das italienische Palmeta-System zur Anwendung: anstelle von etwa 15 Bäumen pro Stremma werden in den Neupflanzungen doppelt so viele Oliven gesetzt und durch regelmäßigen Beschnitt niedrig gehalten. Nach vier bis sieben Jahren gelangen die frühesten Sorten zur Ertragsfähigkeit; die Vollertragsfähigkeit beginnt allerdings erst nach 10 bis 12 Jahren und hält erfahrungsgemäß etwa 100 Jahre an. Das Ertragsoptimum liegt zwischen dem 30. und 120. Jahr.

Die Anlage von Ölbaumkulturen ist also eine langfristige Investition, und der merkantilen Flexibilität gegenüber Marktveränderungen sind enge Grenzen gesetzt. Dieser Nachteil kann jedoch durch die lange und unkomplizierte Lagerfähigkeit von Olivenöl zum Teil wieder kompensiert werden.

Da der kretische Ölverbrauch pro Kopf der Bevölkerung bei 25 bis 30 kg pro Jahr anzusetzen ist (PYGK 1982), bleibt schon aus Gründen der Eigenversorgung ein beträchtlicher Teil der Jahresproduktion auf der Insel. Dazu kommt die Auffassung vieler Kreter vom Vorrat an Olivenöl als einer Spar- und Guthabenrücklage für Zeiten wirtschaftlicher Not bzw. als kurzfristig einlösbare Kapitalreserve. Eine Erhöhung des Exportkontingents, das zur Zeit

zwischen 100 und 500 t pro Jahr schwankt, dürfte nach dem EG-Beitritt Griechenlands vor allem als Folge der Einfuhr von preiswerteren pflanzlichen Ölen zu erwarten sein, die die Erzeugergewohnheiten auch in Kreta zugunsten einer profitablen Auslandsvermarktung dieses qualitativ hochwertigen Nahrungsfettes verändern dürften.

Auf einen gesundheitsfördernden Aspekt des Olivenölkonsums macht MATHIOUDAKIS (1967, S. 81) aufmerksam, der erwähnt, daß die Kreter bei durchschnittlich höchstem Olivenölverbrauch pro Kopf der griechischen Bevölkerung den niedrigsten Prozentsatz an Herzkranken im Weltdurchschnitt aufweisen, wobei die Kardiologen diesen Umstand auf den verträglichen Genuß des Olivenöls in Verbindung mit dem heilsamen Klima der Insel zurückführen.

Die subtropischen Temperaturgänge Kretas erlauben in einigen Anbauprovinzen die Kultivierung der Banane. Bis auf einen Küstenstreifen im Süden der Insel und in der mikroklimatisch begünstigten Bucht von Malia an der Nordküste ist der rentable Anbau von diesem wärmeliebenden, aber windanfälligen Exoten jedoch kaum erweiterbar. Durch ihre relative Anspruchslosigkeit wenig arbeitsintensiv und durch staatliche Importrestriktionen gegen ausländische Marktkonkurrenz geschützt, bot die Banane als alternatives Anbauprodukt für viele kretische Landwirte in den Jahren 1977 bis 1980 vermehrt Anreize zur Einkommensverbesserung, zumal die Umstellungskosten durch zinsgünstige Darlehen der Agrarbank gesenkt wurden. Es hat sich aber in wenigen Jahren herausgestellt, daß vor allem der Aufwand an Windschutzmaßnahmen und der unumgängliche Bau von großen und stabilen Warmhäusern auf den meisten neuen Plantagenflächen die Einnahmen aus dem Ernte-Absatz erheblich überschritt, zumal der Absatz von Bananen eine genaue Marktbeobachtung voraussetzt. Gegenwärtig hat sich die kretische Bananenproduktion wieder auf die naturgünstigen Standorte der Insel zurückgezogen. Die Jahresernte in der Bucht von Malia beträgt rd. 800 Tonnen (YPAK u. PYGK 1982).

Die kretische Blumenproduktion konzentriert sich mit rd. 60 % Flächenanteil in den nördlichen Küstenhöfen des Nomos Iraklion. 1981 bewirtschafteten hier 143 Unternehmer eine Gesamtfläche von 34 Stremmata mit Rosen und 462 mit Nelken (PYGK 1982). Die Gesamtfläche des Blumenanbaus in Folientreibhäusern hätte sich demnach gegenüber 1979 von 61 Stremmata (GSE 1979) auf 496 Stremmata allein im Nomos Iraklion verachtfacht. Die Ernte betrug hier

1980 1,3 Millionen Rosen und 55 Millionen Nelken;
Absatzmärkte sind Kretas Städte, Festlandsgriechen-
land und immer häufiger auch Mitteleuropa.
Nach Erzeugerangaben stehen auf einem Stremma etwa
16 000 Pflanzen, die in der Vegetationsperiode
durchschnittlich acht Blüten tragen, so daß der Flä-
chenertrag auf rd. 130 000 Stück pro Stremma ver-
anschlagt werden kann. Als saisonabhängiges, markt-
sensibles und zugleich sehr arbeitsintensives Gar-
tenbauprodukt - man rechnet in Kreta mit einer Vollarbeitskraft pro Stremma und Arbeitstag - stellt
der Blumenanbau in der Palette der kretischen Wirtschaftspflanzen besonders hohe betriebswirtschaftliche Anforderungen. Die meisten der blumenprodu-
zierenden Kleinbetriebe Kretas verfügen in der Regel nicht über die zu einer wirklichen Selbständigkeit unabdingbare und nur durch fortgesetzte genaue-
ste Marktbeobachtung zu erreichende Einsicht in
die absatzregulierenden Mechanismen, von denen der
hohe Lohnkostenfaktor und die besonders scharf ausgeprägte Saisonalität in der Produktnachfrage die
gewichtigsten sind; die Betriebe stehen daher in
Vertrag und oft auch in Abhängigkeit von Kommissionären in Athen, die Vertrieb und Vermarktung übernehmen (PYGK 1982).
Die in der pflanzlichen Agrarproduktion aufzuwen-
dende Arbeitskraft wird für Kreta wie folgt angegeben:

Kreta: Arbeitszeitbedarf ausgewählter Kulturen
(Maßeinheit: Eine männliche Vollarbeitskraft im
Achtstundentag)

	Jährliche Arbeitstage pro 10 Stremmata
Getreide	30
Melonen	70
Treibhausgemüse	80-100
Kelter-/Tafeltrauben	75
Sultaninen	100-120
Oliven	25- 30
Agrumen	150-170
Blumen	10 Kräfte an 360 Tagen

(n. YPAK u. PYGK 1982)

Ein nur auf Regelfeldbau - Getreide und Oliven -
beschränkter durchschnittlicher kretischer Kleinbetrieb käme auf rd. 90 Arbeitstage pro Jahr und
wäre ohne zusätzliche Einnahmen nicht lebensfähig.
Häufig gibt erst die Aufnahme von Sonderkulturen
auf bewässerbaren Flächen solchen Betrieben eine
Existenzgrundlage (YPAK 1982).

Die Beiträge der einzelnen Verwaltungsbezirke zu
der agraren Produktivkraft Kretas gibt für das
Wirtschaftsjahr 1979 die folgende Übersicht wieder,
aus der auch regionale Produktionsschwerpunkte ersichtlich sind.

Zweifellos ist der Nomos Iraklion auch agrarwirtschaftlich der bedeutendste Produzent unter Kretas
Verwaltungsbezirken, wenngleich einzelne Erzeugerzentren - Gurken, Agrumen - auch in anderen Inselregionen liegen. Der Mangel an gewinnbringenden Sonderkulturen und das Überwiegen des ertragsarmen Trok-
kenfeldbaus im Nomos Rethimnon kennzeichnen dieses
Gebiet als das agrarökonomisch schwächste Wirtschafts-
glied der Insel.

2.3.1.7. ENTWICKLUNG DER TIERISCHEN AGRARPRODUKTION

Gegenüber der Bodennutzung spielt die Viehwirtschaft
in Kreta eine untergeordnete Rolle. Hauptvertreter
der Nutzviehhaltung sind Schafe und Ziegen, die überwiegend in Wanderschäferei und Wechselweidewirtschaft
gehalten werden; die Transhumanz ist auch heute noch
weit verbreitet in Kreta.

Die Großviehhaltung konzentriert sich auf die be-
wässerten Tiefländer mit Ackerfutterbau, während
Schweinemastanlagen auch schon in Bergländern bzw.
Hochebenen anzutreffen sind. Zur Verbesserung der
Fleischversorgung ist die Schweinezucht und -mast
seit 1970 in ganz Griechenland ein mit staatlichen
Mitteln geförderter Produktionszweig, in welchem die
Stückzahlen zwar beachtliche Zuwachsraten zeigen, obgleich in Kreta das Konsumverhalten der Bevölkerung
offensichtlich den traditionellen Fleischlieferanten
Schaf, Ziege, Geflügel und Kaninchen den Vorzug gibt.
Hauptabnehmer des heute in Kreta über Mastanlagen
erzeugten Fleisches ist das Hotel- und Restaurations-
gewerbe der Insel. Im übrigen hat sich gezeigt, daß
Kleinbetriebe mit einem Viehbestand zwischen 20 und
40 Schweinen langfristig rentabler arbeiten können
als Großanlagen, die in den vergangenen Jahren vielfach wieder den Betrieb einstellen mußten (Erzeugerangaben und PYGK 1982).

Der Rückgang in der Zahl der Tragetiere ist zwar eine zu erwartende Folge der steigenden Mechanisierung im Transportbereich der kretischen Landwirtschaft, jedoch kann auf den Einsatz von Muli und
Esel als Zugtier bei Feldarbeiten und Lastentrans-
port im Bergland der Insel auch heute nicht verzich-

146

Agrare Produktivität der Nomi Kretas, 1979
(Auswahl, Angaben in % der Gesamtproduktion(t))

	Nomos Iraklion	Nomos Lasithi	Nomos Rethimnon	Nomos Chania	Kreta
Weizen	55,7	18,2	21,4	4,7	100,0
Gerste	73,8	10,1	11,3	4,8	100,0
Dicke Bohnen	45,8	24,8	15,7	13,7	100,0
Melonen	67,0	4,4	12,8	15,8	100,0
Kartoffeln	36,8	37,6	13,1	12,5	100,0
Tomaten	49,8	22,2	5,7	22,3	100,0
Gurken	24,8	71,2	2,4	1,6	100,0
Keltertrauben	59,2	5,8	7,3	27,6	100,0
Tafeltrauben	86,4	1,9	3,0	8,7	100,0
Sultaninentrauben	89,2	5,9	4,0	0,9	100,0
Wein	71,0	3,6	3,7	21,7	100,0
Orangen	6,7	2,0	2,6	88,7	100,0
Zitronen	36,6	11,6	14,8	37,0	100,0
Mandarinen	13,3	6,5	2,9	77,3	100,0
Aprikosen	60,6	18,5	7,1	13,8	100,0
Mandeln	30,2	33,4	7,6	28,8	100,0
Karuben	22,4	23,2	38,0	16,4	100,0
Feigen	33,6	7,2	25,3	33,9	100,0
Speise-Oliven	20,6	6,0	16,8	56,6	100,0
Press-Oliven	40,0	22,5	8,7	28,8	100,0
Olivenöl	43,7	17,9	18,1	20,3	100,0

(n. GSE 1979)

tet werden. In den Jahren 1970 und 1979 entfielen auf je 1 000 Stremmata bewirtschafteter Agrarfläche der Insel:

	1970	1979
Schlepper über 18 PS	0,5	1,0
einachsige Traktoren unter 18 PS	5,3	10,0
Mulis	6,2	4,0
Esel	18,2	13,6

(n. GSE 1970 u. 1979)

Der Verdoppelung der Maschinenkraft pro Flächeneinheit steht eine Abnahme von nur einem Drittel bzw. einem Viertel der Tierkraftnutzung von Muli und Esel im gleichen Zeitraum gegenüber.
Die Entwicklung des kretischen Viehbestandes gibt die folgende Tabelle wieder:

Kreta: Viehbestand 1970 und 1979 (Auszug)

	1970	1979
Mulis	15 902	10 512
Esel	46 510	35 144
Rinder	22 682	17 440
Schafe	493 673	625 638
Ziegen	288 867	316 477
Schweine	29 057	92 142
Hühner	1 577 118	1 616 750
Kaninchen	486 123	737 587

(GSE 1970 u. 1979)

Von Kretas Schafen und Ziegen wurden 1979 21 % bzw. 40 % auf dem Hof gehalten; 64 % bzw. 49 % der Tiere

zogen in Herden der Wanderschäferei durch wechseln-
de Weidegebiete, während 15 % bzw. 11 % des Bestan-
des in den Bergregionen der Insel 'nomadisierend'
sich weitgehend selbst überlassen blieb (GSE 1979).

Schafe und Ziegen sind Kretas wichtigste Milchlie-
feranten, wie aus der folgenden Tabelle ersichtlich
ist:

Kreta: Milchproduktion 1970 und 1979
1: Gesamtertrag in t; 2: Jahresertrag pro Tier in kg

	1970		1979	
	1	2	1	2
Kühe	3 385	1 860,9	3 173	1 934,8
Schafe	27 113	69,3	39 339	77,1
Ziegen	38 316	162,1	39 819	163,1
Gesamt-produktion	68 814	-	82 331	-

(n. GSE 1970 u. 1979)

In der Fleischerzeugung Kretas macht sich das staatliche Förderungsprogramm für Schweinehaltung deutlich bemerkbar. Allerdings ist bei den Angaben der
folgenden Übersicht zu berücksichtigen, daß auch
der Anteil von importiertem Schlachtvieh enthalten
ist:

Kreta: Fleischproduktion 1970 und 1979
(1: Gesamtertrag in t; 2: Schlachtgewicht in kg)

	1970		1979	
	1	2	1	2
Rinder	1 960	157,3	2 545	202,4
Schafe	3 719	9,4	6 048	17,5
Ziegen	2 500	8,4	3 488	19,7
Schweine	3 728	53,7	11 747	67,2
Geflügel und Kaninchen	4 152	-	7 111	-
Gesamt-produktion	16 060	-	30 939	-

(n. GSE 1970 u. 1979)

1970 betrug die Eiererzeugung in Kreta 5,8 %, die Kä-
seproduktion 3,5 % und der Anteil an Honig 7,8 % der
griechischen Gesamterzeugung, 1979 lagen die Werte
bei 4,8 %, 3,9 % und 8,0 % .

Kreta: Produktion von Eiern, Käse und Honig
1970 und 1979
(Eier in 1000 Stück, Käse und Honig in t)

	1970	1979
Eier	112 062	124 738
Weichkäse	753	956
Hartkäse	3 277	4 414
Honig	543	863

(n. GSE 1970 und 1979)

Im Vergleich mit dem übrigen Griechenland ist festzustellen, daß die Ertragsleistungen des Milchviehs
pro Tier im Wirtschaftsjahr 1979 bei Kühen um 8 %
über, bei Schafen um 16,6 % unter und bei Ziegen um
33,3 % über dem Durchschnitt lagen. Bei den Schlacht-
tieren hatten nur die Ziegen mit 8,2 % mehr Schlachtgewicht einen höheren als den Durchschnittsertrags-
wert, Rind, Schaf und Schwein unterschritten ihn
mit 2,0 %, 1,7 % bzw. 14,9 % (n. GSE 1979).

Da die Viehhaltung in Griechenland generell nicht in
den Ackerbau integriert ist, ist auch die kretische
Landnutzung durch viehlose Wirtschaftsweise ohne
Stalldung gekennzeichnet. Dieser Mangel machte deshalb früher die Einschaltung von Brachejahren in die
Feldbestellung erforderlich; heute wird der Boden-
nährstoffbedarf über die Zufuhr von Handelsdünger ge-
regelt.

Eine Folge der in Kreta üblichen Wanderschäferei
- des Führens von Schaf- und Ziegenherden durch immer wieder gleiche Gebiete - ist die Überweidung und
Vegetationsvernichtung durch Viehverbiß, was die Bodenzerstörung zusätzlich fördert. Diese Entwicklung
ist um so bedenklicher, als die stetige Vergrößerung
des kretischen Schaf- und Ziegenbestandes in erster
Linie mit der Ausweitung der Wanderschäferei gleichzusetzen ist: Von den rd. 940 000 Schafen und Ziegen, die 1979 auf Kreta gezählt wurden, gehörten
559 000 Tiere - rd. 60 % - zu wandernden Herden;
etwa 14 % wurden als 'nomadisierend', d.h. unbeauf-
sichtigt im Gelände sich selbst überlassen angegeben.
Da sich das Freßverhalten beider Gruppen nicht unterscheidet, erhöht sich damit der landschaftsbedro-
hende Anteil in Kretas bedeutendstem Viehbestand auf
über 70 Prozent.

2.3.1.8. ABSATZ UND VERMARKTUNG

Der zügige Absatz der weitgehend kleinbäuerlichen
Agrarproduktion ist - abgesehen vom Marktbedarf -
in Kreta eine Frage des Zwischenhandels, der Transportkapazitäten und der Leistungsfähigkeit agroindustrieller Verwertungsbetriebe.

Der in der Regel mehrstufige Zwischenhandel mit Ge-
winnspannen nicht unter 50 % (PYGK 1982) ist trotz
behördlicher Preiskontrollen noch immer der größte
Teuerungsfaktor zwischen Erzeuger- und Marktpreis.
Schon deshalb bieten die Kleinbauern ihre Waren häufig auch im mobilen Straßenverkauf an.

Während der Frühgemüse-Erntesaison sind die lokalen
Transportkapazitäten weitgehend überlastet, es bieten sich dann für die Fuhrunternehmen nicht selten
profitable Gelegenheiten bei der bevorzugten Erzeu-
gerabfertigung, zumal für die leichtverderblichen
Gemüsesorten so gut wie keine geeigneten Lagermög-
lichkeiten gegeben sind. Auch hier versuchen bäuerliche Selbsthilfeorganisationen über Vermarktungs-
genossenschaften Transportwege zu verkürzen und Lagerraum aufzubauen. Als staatliche Vermarktungsor-
ganisation tritt in Kreta die KSOS auf, die die Sultaninenproduktion der Insel zu Festpreisen ankauft
und sie in den Handel bringt.
Wachsende Bedeutung gewinnt auch die Vertragsland-
wirtschaft, bei der agrare Verwertungs- und Verede-
lungsbetriebe den Kleinbauern die Abnahme bestimmter Obst- und Gemüsekontingente garantieren, sofern
bestimmte Anbautechniken und Bodennutzungsformen eingehalten werden. Ähnlich organisiert ist der Anbau
von Blumen im Auftrag von Kommissionären, die ihre
Büros in Athen haben.

Außer den Ernten aus Sonderkulturen dient der überwiegende Teil der kretischen Agrarerzeugung der
Selbstversorgung sowie der Belieferung von Lokal-
märkten; bei entsprechender Nachfrage gehen Obst und
Gemüse auch in den Großraum Athen.
1982 mußten auf den städtischen Märkten Kretas folgende Durchschnittspreise für landwirtschaftliche
Erzeugnisse der heimischen Produktion bezahlt werden:

Von den wichtigsten Agrarexporten Kretas - Agrumen,
Frühgemüse, Tafeltrauben und Sultaninen - sind die
Orangen und Zitronen beinahe regelmäßig zu rd. 70 %
der Jahresernte in den Ostblock abzusetzen, der auch
wachsende Kontingente der Sultaninenproduktion (50
bis 60 %) in Zahlung nimmt für die Lieferung von In-
dustriegütern. Der Verkauf von Sultaninen stößt durch

Kreta: Lokalmarktpreise ausgewählter Landesprodukte
(1982)
(Drachmen pro Kilo; in ( ) Erzeugerpreise nach
PYGK 1982)

Kartoffeln	30	Wassermelonen	20 (11)
Dicke Bohnen	80	Tafeltrauben	50
Tomaten	45 (20)	Sultaninen	140 (95)
Gurken	40 (21)	Mandeln	250
Paprika	55 (35)	Olivenöl	200
Honigmelonen	85 (42)	Rindfleisch	450

Nelken (Stück) 7 (4)
Rosen (Stück)20 (12)

(n. PYGK 1982)

die Konkurrenz der billiger produzierenden Türkei
auf zunehmende Schwierigkeiten. So sank allein der
westdeutsche Importanteil von rd. 17 000 t im Jahr
1971 auf 4 705 t 1980 (EBEH 1982).

Bei den begehrten kretischen Tafeltraubensorten Sul-
tana und Rosaki halten die EG-Länder seit Jahren sta-
bile Importanteile von rd. 60 % der Inselausfuhr.

Wichtigstes Käuferland für kretische Frühbeetgurken
ist mit rd. 80 % Anteil an der Exportmenge die Bundesrepublik Deutschland. Wurde vor dem EG-Beitritt
Griechenlands der Absatz von Billig-Gurken aus Kreta
auf dem europäischen Wintergemüse-Markt durch holländische Forderungen nach Ausgleichsabgaben zum Schutz
der eigenen Marktchancen oft so stark behindert, daß
ganze Ernten vernichtet werden mußten, entsteht nach
der Vollmitgliedschaft dasProblem der Unterbringung
der wachsenden Produktionsmengen auf dem nahezu ge-
sättigten Gemeinsamen Markt.
Der Transportweg per LKW aus den Gurken-Produktions-
zentren Mesara (Ernte von Oktober bis Dezember) und
Ierapetra (Ernte ab Januar) zum Großmarkt München
dauert einschließlich Sortieren, Verpacken, Verschif-
fen und Umladen in Athen etwa eine Woche. Dem Erzeu-
gerpreis von rd. 21 Drachmen (ca. 0,80 DM) pro Kilo
Ware stand im Frühjahr 1982 ein bundesdeutscher End-
verbraucherpreis zwischen 1,30 DM und 1,65 DM pro
200 bis 400 Gramm schweren Einzelstück gegenüber. Darin waren für den Transport Athen-München 10 bis 20
Drachmen Frachtkosten je Kilo Gurken anzusetzen (PYGK
u. TC 1982).

Wichtigste Abnehmerländer kretischer Agrarprodukte waren im Jahr 1980 (Warenwert in Millionen Drachmen) :
die Bundesrepublik Deutschland (848,9), die DDR
(659,2), Polen (480,5), die CSSR (367,3), Großbri-

Kreta: Agrar-Exporte FOB Iraklion Hafen 1971 und 1980 (Auszug)

(1: Menge in t; 2: Wert in 1 000 Drachmen)

| | 1971 | | 1980 | |
	1	2	1	2
Tafeltrauben	9 637,3	38 548,2	16 844,2	361 556,7
Sultaninen	58 731,1	506 800,6	37 065,9	2 799 624,7
Tomaten	328,6	2 730,7	-	-
Gurken	164,7	1 594,2	8 839,4	286 545,1
Wassermelonen	23,6	87,4	289,3	5 446,9
Nelken (1 000 Stück)	-	-	2 436,8	10 809,3

(EBEH 1982)

tannien (261,0), Frankreich (248,2), Italien (218,9) und Holland (199,2). Unter 100 Millionen Drachmen Exportwarenwert blieben die skandinavischen Länder, Österreich, Ungarn, Rumänien, Bulgarien, Jugoslawien, Israel, Libanon, Ägypten, Kenia, Kanada, Argentinien und Japan.

Von den im Jahr 1980 über Iraklion in die Bundesrepublik ausgeführten Agrarerzeugnissen waren mengenmäßig am bedeutendsten (in t): Gurken (7 935,4), Tafeltrauben (7 473,6), Sultaninen (4 705,2), Kartoffeln (299,1), Karuben (244,1) und Wassermelonen (101,0).

Wertmäßig (in Millionen Drachmen) lagen an der Spitze: Sultaninen (357,9), Gurken (258,0), Tafeltrauben (162,8). Die rd. 1,3 Millionen nach Deutschland exportierten Nelken hatten einen Warenwert von rd. 4,3 Millionen Drachmen (alle Angaben: EBEH 1982).

Zusammenfassend können folgende Merkmale der kretischen Agrarwirtschaft festgehalten werden:

- Trotz klimatisch günstiger Anbaubedingungen schränken Bodenqualität und natürlicher Wasserhaushalt die Kultivierungsmöglichkeiten erheblich ein.

- Aus Mangel an Landreserven sind Ertragssteigerungen in der Regel nur durch Steigerung der Flächenproduktivität - Bewässerung, hochwertiges Saatgut, Düngemittel - zu erzielen.

- Einer durchgreifenden Mechanisierung der Landwirtschaft steht außer der topographischen Ungunst auch das individualistisch geprägte betriebswirtschaftliche Verhalten des kretischen Bauern entgegen.

- Historisches Erbe und Folge der Realerbteilung ist die allgemeine Flurzersplitterung: der landwirtschaftliche Durchschnittsbetrieb in Kreta verfügt über 29 Stremmata Besitzfläche, die in 10 bis 12, häufig weit auseinanderliegende Parzellen aufgeteilt ist. Die durchschnittliche Beschäftigtenzahl liegt bei 2,5 Personen pro Betrieb.

- Kleinbäuerliches Besitzdenken hindert den Ausbau überbetrieblicher Organisationsformen wie Betriebsmittel- und Absatzgenossenschaften.

- Der bäuerliche Kleinbetrieb ist in der Regel nur durch Aufnahme bewässerter Sonderkulturen wirtschaftlich lebensfähig.

- Im Vergleich mit der Bodennutzung ist die intensive Viehwirtschaft kaum verbreitet. Die übliche Trennung von Acker- und Viehwirtschaft macht Tierdung zur Mangelware.

- Durch den Anbau exportorientierter Sonderkulturen ist die kretische Landwirtschaft über die bloße Subsistenzwirtschaft hinausgelangt. Der Absatz von Agrumen und Wintergemüse auf ausländischen Märkten ist jedoch noch durch verbesserungsbedürftige Vermarktungsstrukturen behindert.

Die planerischen Anstrengungen der regionalen wie überregionalen Entwicklungsdienste gehen dahin, die Schlüsselstellung der Landwirtschaft durch Intensivierung der Produktionstechnik einerseits und durch Abbau der verdeckten Arbeitslosigkeit im Agrarsektor andererseits zu stabilisieren. Die dazu erforderlichen Maßnahmen - Flurbereinigung, Betriebsvergrößerungen, Mechanisierung, bessere Ausbildung, Arbeitskräfte-Umverteilung - stoßen gegenwärtig jedoch noch auf Skepsis und Widerstand in weiten Teilen der kretischen Landbevölkerung. Die Erfahrung der letzten Jahre hat gezeigt, daß neue Arbeitsplätze im Dienstleistungssektor, vor allem im Fremdenverkehrsgewerbe zu suchen sind und weniger in dem kaum erweiterbaren handwerklich-technischen Berufsbereich (YPAK u. PYGK 1982).

2.3.2. INDUSTRIELLER ERWERBSZWEIG

Mit 6 757 handwerklichen und kleinindustriellen Betrieben, die insgesamt 17 899 Beschäftigte zählten, hatte Kreta im Jahr 1978 einen Anteil von 5,2 % bzw. 2,7 % am gesamtgriechischen Aufkommen. Gegenüber der

Kreta: Handwerklich-technische Betriebe 1963, 1973 und 1978
(1: Anzahl Betriebe; 2: Anzahl Beschäftigte)

	1963		1973		1978	
	1	2	1	2	1	2
K r e t a	8 093	17 252	6 764	17 385	6 757	17 899
N.Iraklion	3 344	8 574	3 234	8 572	3 437	9 124
N.Lasithi	1 195	1 698	907	1 721	858	1 783
N.Rethimnon	1 292	1 724	909	1 818	855	1 706
N.Chania	2 262	5 256	1 714	5 274	1 607	5 286

(SEE 1980)

durchschnittlichen Beschäftigtenzahl von 5,2 Personen pro Betrieb in ganz Griechenland war der regionale Wert Kretas mit 2,6 Personen nur halb so groß. Entwicklung und Nomos-Verteilung der kretischen Betriebe zeigt die obenstehende Aufstellung:

Mit über 50 % aller kretischen Betriebe und der dort Beschäftigten ist der Nomos Iraklion auch hier der bedeutendste Unternehmerstandort. Der touristische Andrang hat das Baugewerbe der Insel zu einer Wachstumsbranche werden lassen. Acht Großbetriebe decken zur Zeit den zwischen 500 000 und 600 000 t liegenden Jahresbedarf an Fertig- bzw. Schnellbeton.

Auch die Zahl der handwerklichen Klein- und Kleinstbetriebe (Ein-Mann-Unternehmen) im Baugewerbe expandiert. Maurer und Installateure finden Auftraggeber vor allem im Beherbergungs- und Gastronomiesektor.
Das durch den Fremdenverkehr belebte Kunsthandwerk der Insel sieht sich zunehmender Konkurrenz mit ostasiatischer Souvenirware ausgesetzt, die sich bereits spürbar auf den Absatz lokaler Erzeugnisse auswirkt. Langfristig wird die industriewirtschaftliche Zukunft Kretas jedoch in der Ankoppelung agroindustrieller Verarbeitungsbetriebe an die Wachstumsraten der landwirtschaftlichen Intensivproduktion liegen müssen.

2.3.3. FREMDENVERKEHR
2.3.3.1. ENTWICKLUNG DES FERIENREISE-VERKEHRS SEIT 1970

Klimagunst, Landschaft und kulturgeschichtliche Monumente sind die maßgeblichen Gründe, die Kreta zu einem immer häufiger besuchten Zentrum des Bildungs- und Erholungsreiseverkehrs im östlichen Mittelmeer werden ließen. Die Insel lockt mit ihren rd. 300 Sonnentagen pro Jahr, mit 140 Kilometern Sandküste und mit ihrer Fülle von Baudenkmälern aus minoischer, römischer, byzantinischer, venezianischer und osmanischer Zeit.
War Kreta nach Ende des Zweiten Weltkrieges, als es vom Auslandstourismus allmählich entdeckt wurde, bis Anfang der Siebziger Jahre ein Reiseziel vornehmlich für den Bildungstourismus, der den Erholungseffekt den kulturhistorischen Eindrücken nachordnete und sich als mobiler Bestandteil des Touristenstroms bei häufigem Ortswechsel den gegebenen Reisebedingungen anpaßte, verlagerte sich seither mit ständig wachsenden Besucherzahlen der Akzent stärker auf den stationären Erholungstourismus, der Klima, Landschaft und kulturelle Kulisse der Insel in einem dem heimischen Lebensstandard angemessenen Rahmen zu genießen trachtet (siehe Karte 2).

Die Zahl der ausländischen Kreta-Besuche vor dem Zweiten Weltkrieg wird mit 5 000 Personen jährlich angegeben, den Nationalitäten nach waren es überwiegend Nord- und Mitteleuropäer (ALLBAUGH 1953, S. 311).
Der Beginn der massentouristischen Invasion der Gegenwart wird dagegen mit der Landung der ersten Charterflugmaschine auf dem Flughafen von Iraklion im Jahr 1971 gleichgesetzt (EOT Iraklion 1982). In

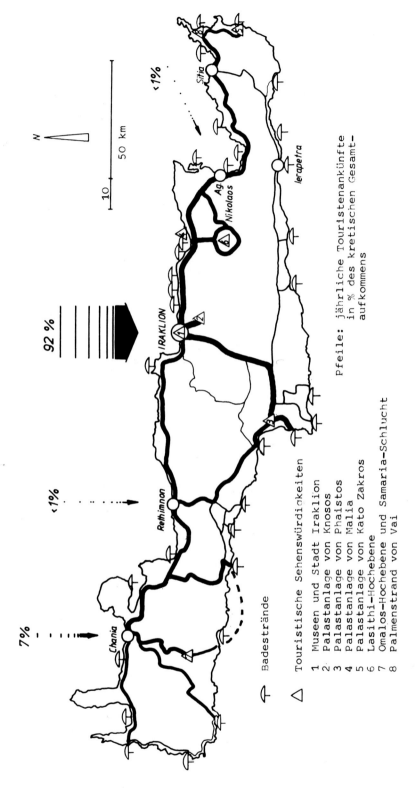

92 %

7%

<1%

<1%

<1%

Chania

Rethimnon

IRAKLION

Ag. Nikolaos

Ierapetra

Sitia

N

10

50 km

Pfeile: jährliche Touristenankünfte
in % des kretischen Gesamt—
aufkommens

Badestrände

Touristische Sehenswürdigkeiten

1 Museen und Stadt Iraklion
2 Palastanlage von Knosos
3 Palastanlage von Phaistos
4 Palastanlage von Malia
5 Palastanlage von Kato Zakros
6 Lasithi—Hochebene
7 Omalos—Hochebene und Samaria—Schlucht
8 Palmenstrand von Vai

Verteilung der saisonalen Touristenströme: Strichstärke entspricht mobiler Intensität,
größte Strichbreite: ca. 90—95% aller ausländischen Besucher,
unterbrochene Linie: Schiffspassage

(nach Angaben von YPAK, EOT u. Touristenpolizei Iraklion,
Agios Nikolaos, Rethimnon und Chania, 1982)

Karte 2:   Kreta: Verteilung der saisonalen Touristenströme

jenem Jahr erreichten 93 604 Kreta-Touristen per
Schiff und erstmals 546 Reisende per Charterflug
die Insel.

Bis zum Jahr 1982 hatten sich die Anreisearten umgekehrt und die Besucherzahlen versechsfacht: Von
den 1982 über Iraklion eingereisten 603 569 Touristen wurden 458 041 Personen eingeflogen, während
sich nur 145 528 Reisende der zwischen Iraklion und
Piräus pendelnden Fähren bedienten.

Kretas Hauptstadt ist zugleich auch das touristische Einfallstor der Insel geworden, durch welches
jährlich 92 % bis 95 % aller Kreta-Urlauber kommen
(EOT Iraklion 1982). Als touristische Terminals weniger bedeutend sind Hafen und Airport von Chania
sowie die Bezirkshauptstädte Rethimnon und Agios
Nikolaos. Zur verkehrsmäßigen Entlastung des trotz
ständiger Erweiterungsbauten überlasteten Internationalen Flughafens von Iraklion soll künftig der
bisher nur militärisch genutzte Flugplatz bei Tibaki in der Mesara auch für den Charterflugverkehr
ausgebaut werden. Dies ist nötig, da die Kapazitäts-
anpassungen mit dem sprunghaft wachsenden touristischen Flugverkehr nach Iraklion nicht Schritt halten können. Von 1972 zu 1982 stieg die Zahl der
Charterfluglandungen hier von 284 auf 4 011, wobei
gut 95 % der Flüge in die jährliche Feriensaison
von Mai bis Oktober fallen. Zusammen mit den täglichen acht Linienflügen aus Athen und der Auflage,
nächtlichen Flugverkehr zu vermeiden, ergeben sich
gerade in den Saisongipfeln Juli und August Verkehrs-
engpässe, die von der Flughafenleitung als bedenk-
lich bezeichnet werden.

Der beschleunigte Ausbau des Straßennetzes, insbesondere der Nordtangente, Kretas wichtigster Städte-
verbindung, erlaubt dagegen einen befriedigenden
Verkehrsdurchfluß und eine weitreichende touristische Beweglichkeit.

1982 bedienten 40 Reiseagenturen mit zusammen 250
Exkursionsbussen und 130 Mietwagenunternehmen mit
rd. 1 800 Fahrzeugen zusätzlich zu den Linienbussen
und Taxis den Fremdenverkehr (EOT Iraklion 1982).

Die quantitative Entwicklung des internationalen
Reiseverkehrs geben die nachstehende Tabelle und
Graphik wieder:

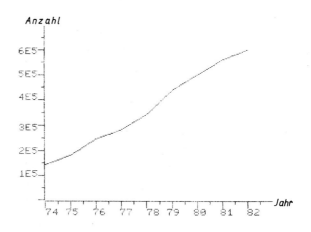

Abb. 4:

Jährliche Touristenankünfte auf Kreta (Iraklion)
1970 bis 1982 (nach EOT Iraklion 1983)

Kreta: Ankünfte von Auslandstouristen in Iraklion 1970 bis 1982
(1: Flug-Touristen; 2: Fähr-Touristen; 3: Touristen gesamt)

	1	2	3
1970	–	91 456	91 456
1971	546	93 604	94 150
1972	27 434	97 832	125 266
1973	44 491	96 906	141 397
1974	41 421	101 593	143 014
1975	76 498	106 386	182 884
1976	135 522	112 139	247 661
1977	171 795	111 953	283 748
1978	231 104	114 829	345 933
1979	323 045	117 834	440 879
1980	389 296	114 464	503 760
1981	438 690	123 381	562 071
1982	458 041	145 528	603 569

(n. EOT Iraklion 1983)

Einen Vergleich zwischen den Wuchstumskurven des kretischen mit dem gesamtgriechischen Touristenaufkommen von 1970 bis 1982 bietet die folgende Abbildung:

Skandinavier, Briten und Bundesdeutsche sind offensichtlich die am häufigsten in Kreta anzutreffenden europäischen Gäste. Über den Anteil an überseeischen Touristen können keine gesicherten Angaben gemacht werden, da diese in der Regel mit innergriechischen Linienmaschinen einfliegen und am Flughafen von Iraklion im Unterschied zu den Charter-Touristen, die in Kreta erstmals griechischen Boden betreten, nicht mehr registriert werden.

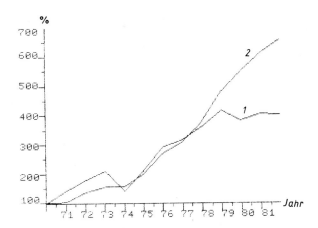

Abb. 5:

Jährliche Touristenankünfte in Griechenland und Kreta 1970 bis 1982. Relativer Vergleich:
100 % = 1 252 875 Touristen Griechenland
100 % =   91 456 Touristen Kreta
(nach EOT Iraklion 1982)

1: Griechenland; 2: Kreta

Die folgende Tabelle und Abbildung 6 veranschaulichen am Beispiel des Charterflug-Tourismus die Saisonalität des kretischen Fremdenverkehrs:

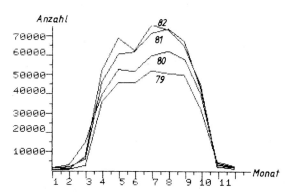

Abb. 6:

Monatliche Touristenankünfte in Iraklion (Flughafen) 1979 bis 1982 (nach EOT Iraklion 1983)

Das Kurven-Tief in den Jahren 1974/75 repräsentiert die Krisenanfälligkeit des Fremdenverkehrs: Im Juli 1974 vollzog sich in Athen der Machtwechsel von der Militärregierung zur parlamentarischen Demokratie vor dem Hintergrund des griechisch-türkischen Cypern-Konfliktes.
Die Nationalitätenverteilung der Kreta-Besucher ist in der nachstehenden Tabelle wiedergegeben:

In den Kurven entspricht der erste, kleinere Saisongipfel der Reisewelle um die Osterfeiertage, der zweite dem Aufkommen in der sommerlichen Reisezeit.

Kreta: Nationalitäten der Charterflug-Touristen, Ankunft Iraklion
1972 bis 1982 (in %; Skan=skandinavische Länder)

	Skan	GB	NL	F	D	CH	A	andere	100 % =
1972	31,9	39,3	7,5	-	17,2	-	-	4,1	27 434
1973	36,3	31,8	7,0	-	20,5	-	-	4,4	44 491
1974	29,1	36,6	3,7	-	24,7	2,0	2,4	1,5	41 421
1975	36,9	24,1	4,2	-	28,3	3,0	2,8	0,7	76 498
1976	38,5	21,9	2,6	2,0	26,9	3,2	3,6	1,3	135 552
1977	44,8	18,3	2,6	2,2	23,3	5,2	3,0	0,6	171 795
1978	43,2	21,7	3,6	2,6	19,3	4,8	3,9	0,9	231 104
1979	29,3	32,6	4,8	2,4	20,1	4,6	4,7	1,6	323 045
1980	20,0	35,3	4,6	1,5	25,4	6,6	3,9	2,7	389 296
1981	15,1	35,5	5,8	1,7	27,9	7,3	3,0	4,0	438 690
1982	18,3	34,1	6,6	2,1	26,9	5,5	3,3	3,2	458 041

(n. EOT Iraklion 1983)

Kreta: Monatliche Touristenankünfte, Iraklion-Airport 1979 bis 1982

	1979	1980	1981	1982
Januar	925	1 732	1 520	859
Februar	910	3 196	2 117	1 146
März	2 920	15 004	6 404	7 845
April	36 028	39 879	46 728	52 815
Mai	45 909	52 792	60 790	69 066
Juni	45 742	51 726	61 765	62 511
Juli	51 906	59 636	71 379	75 679
August	50 599	61 967	73 604	73 103
September	49 715	57 922	67 054	67 840
Oktober	31 825	34 720	42 793	44 527
November	4 355	3 765	3 093	1 848
Dezember	2 211	1 830	1 439	802

(EOT Iraklion 1983)

Eines der Hauptprobleme der insularen Fremdenverkehrswirtschaft war die Bereitstellung ausreichen-
der Bettenkapazitäten für die jährlich anschwellen-
den Touristenströme. Da geeignete Planungsgrundlagen fehlten, konnte sich das spekulative und wilde
Bauen im Beherbergungsgewerbe nahezu ungehemmt ent-
falten. Meßbarer Ausdruck ist dafür u.a. der Zuwachs
an neuen Touristenbetten, die in der folgenden Tabelle für Kreta im Vergleich mit Gesamtgriechenland
und der Entwicklung im Nomos Iraklion aufgeführt
werden:

Touristenbetten im Beherbergungsgewerbe, Griechenland, Kreta,
Nomos Iraklion, 1970 bis 1981

	Griechen-land	Kreta	Nomos Iraklion
1970	118 859	6 845	3 149
1971	135 377	8 650	4 065
1972	151 420	10 176	4 783
1973	166 552	11 693	5 613
1974	175 161	13 368	6 818
1975	185 275	15 614	8 276
1976	213 431	18 641	9 886
1977	231 979	19 609	10 409
1978	247 040	22 624	12 167
1979	265 552	26 932	14 515
1980	278 045	30 353	16 412
1981	286 247	33 316	18 382

(SEE 1971 - 1980 u. EOT Iraklion 1982)

Im Jahr 1981 standen demnach 11,6 % aller griechischen Touristenbetten in Kreta und 6,4 % der Gesamtkapazität allein im Nomos Iraklion. In Abb. 7 sind
die Zuwachsraten vergleichend zusammengestellt.

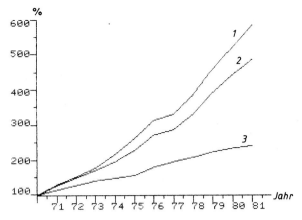

Abb. 7:

Touristenbetten-Zuwachs:
1970 bis 1981. Relativer Vergleich:
100 % = 118 859 Betten Griechenland
100 % =   6 854 Betten Kreta
100 % =   3 149 Betten Iraklion
1: N.Iraklion; 2: Kreta; 3: Griechenland
(nach SEE und EOT Iraklion 1982)

Über die Hälfte der touristischen Unterbringungska-
pazität Kretas konzentriert sich also im Nomos Iraklion, zusammen mit dem Anteil im Nachbarbezirk Lasithi erhöht sich dieser Wert auf über 75 %, so daß
drei Viertel der gesamten insularen Beherbergungseinrichtungen - Hotels aller Kategorien, Bungalow-
Dörfer, einfache Fremdenzimmer - im Nordküstenbereich der östlichen Hälfte Kretas akkumuliert sind.
Zu nennen wären in diesem Zusammenhang die Hotel-Agglomerationen östlich der Hauptstadt, die Touristenzentren Limani Chersonisos und Malia sowie die Feri-
enküste der Mirabelo-Bucht von Elouda über Agios Nikolaos bis Pachia Amos.

Der Wirtschaftsstruktur der Insel entsprechend ver-
lief der Ausbau der Beherbergungskapazitäten ebenfalls mit regionalen Schwerpunkten:

Alle zur Expansion des Beherbergungsgewerbes ange-
führten Werte sind behördlich gemeldete Zahlen (EOT,

Touristenbetten im Beherbergungsgewerbe, Nomosverteilung Kreta
1977 bis 1981 (in ( ): % der kretischen Gesamtkapazität)

	N.Iraklion	N.Lasithi	N.Rethimnon	N.Chania	Kreta
1977	10 409	4 556	2 477	2 167	19 609
	(53,1)	(23,2)	(12,6)	(11,1)	(100,0)
1978	12 167	5 255	2 629	2 573	22 624
	(53,8)	(23,3)	(11,6)	(11,3)	(100,0)
1979	14 515	6 430	2 789	3 198	26 932
	(53,9)	(23,9)	(10,3)	(11,9)	(100,0)
1980	16 412	7 457	2 946	3 538	30 353
	(54,1)	(24,6)	(9,6)	(11,7)	(100,0)
1981	18 382	8 017	3 303	3 614	33 316
	(55,2)	(24,1)	(9,9)	(10,8)	(100,0)

(EOT Iraklion 1982)

Kreta: Deviseneinnahmen am Charterflug-Tourismus 1971 bis 1981

(1: Pro-Kopf-Ausgaben Griechenland-Tourist in US-Dollar;
 2: Anzahl Charterflug-Touristen Iraklion
 3: Produkt von 1,2 in 1 000 US-Dollar)

	1	2	3
1971	171	546	93,4
1972	176	27 434	4 828,4
1973	197	44 491	8 764,7
1974	253	41 421	10 479,5
1975	244	76 498	18 665,5
1976	225	135 522	30 492,5
1977	248	171 795	42 605,2
1978	293	231 104	67 713,5
1979	318	323 045	102 728,3
1980	361	389 296	140 535,9
1981	369	438 690	161 876,6

(n. EOT Athen u. EOT Iraklion 1982)

Touristenpolizei). Nicht meßbar ist die Dunkelziffer an nicht registrierten Kapazitäten - Gelegenheitsvermietung, vermietete Ferienhäuser und Appartements, als Zweitwohnsitz deklarierte Bungalows etc. - die von amtlichen Stellen (EOT, YPAK, Touristenpolizei) immerhin so hoch eingeschätzt wird, daß die Zahl der effektiv vermieteten Touristenbetten 1981 in Kreta bei rd. 50 000 gelegen haben dürfte.

Zur Höhe der Devisen, die die Kreta-Touristen der Insel jährlich bringen, können nur grobe Berechnungen angestellt werden. Nach den Unterlagen der EOT stiegen die Pro-Kopf-Ausgaben des Griechenlandbesuchers (ohne Kreuzfahrt-Passagiere) von 155 Dollar im Jahr 1970 auf 369 Dollar im Jahr 1981. Nimmt man diese für jedes Jahr berechneten Angaben als Ausgangswerte und wendet sie nur auf die über Iraklion nach Kreta eingereisten Charterflug-Touristen an, so ergeben sich die auf der Vorseite zusammengestellten Deviseneinnahmen am Fremdenverkehr.

Diese Berechnungen können als untere Richtwerte gelten, denn nicht mitaufgenommen sind die Ausgaben der per Schiff/Fähre einreisenden Urlauber, deren Reisebudget in der Regel schmaler als das der Chartertouristen ist, die der Kreuzfahrt-Passagiere und der mit innergriechischen Linienmaschinen eingeflogenen Touristen. In den amtlichen Stellen Iraklions geht man davon aus, daß allein Kreta im Jahr 1981 Deviseneinnahmen durch den Auslandstourismus in Höhe von mindestens 160 Millionen US-Dollar bzw. 8,9 Milliarden Drachmen (1981: 1 US-Dollar = 55,43 Drachmen) hatte, was einem Anteil von 8,6 % an den gesamtgriechischen Deviseneinnahmen durch Fremdenverkehr (1,9 Milliarden Dollar) im selben Jahr entspricht (EOT Athen 1982).

Zur volkswirtschaftlichen Nutzung dieser Einnahmen sind u.a. dem Hotelgewerbe in Kreta folgende Auflagen gemacht worden: Bei der Genehmigung von Hotel-Neubauten der Kategorien A bis C müssen für die Bauplatzanmeldung 10 000 bis 30 000 Drachmen, für jedes geplante Hotelbett 75 bis 150 Drachmen und für eine dreijährige Betriebserlaubnis 750 bis 2 000 Drachmen pro Hotelzimmer an die Nationale Touristenorganisation entrichtet werden. Die EOT verwendet die Einnahmen außer zur Verwaltungskostendeckung vorrangig für die Landschaftspflege und zur Erhaltung der touristischen Attraktivität der Insel. Neben den EOT-Abgaben hat jeder Beherbergungsbetrieb in Kreta 4,5 % seiner Einnahmen pro vermietetem Touristenbett an die Kasse der Gemeinde abzuführen, auf deren Gelände er wirtschaftet (EOT Iraklion u. XEE

Athen 1982).

Gesicherte Angaben zur allgemeinen quantitativen Entwicklung des Binnentourismus in Kreta lassen sich nicht machen. Diese statistisch nicht dokumentierte Bewegung läuft parallel zur Expansion des Auslandstourismus, nimmt aber auf der Insel andere Wege als dieser. Begünstigt wird seine Ausbreitung durch die wachsende Mobilität und Freizeitverfügung in den urbanen Zentren; die wichtigsten saisonalen Entleerungsgebiete sind der Großraum Athen, Thessaloniki und auch Kretas Hauptstadt. Anders als der Auslands-Urlauber läßt sich ein Grieche als Wochenend-, Naherholungs- oder Ferien-Tourist seltener in Hotels als bevorzugt in eigenen Zweitwohnungen nieder und nutzt in erster Linie die lokalen Erholungsmöglichkeiten. Sein kulturelles Interesse gilt weniger den musealen Attraktionen der Insel als mehr ihren saisonalen Gedenkstätten oder Wallfahrtsorten. Zumeist mit eigenem Kraftwagen ausgestattet, nutzt er kaum die für den Auslandstouristen bereitstehenden infrastrukturellen Angebote und meidet - eigenen Beobachtungen zufolge - auch die Vergnügungszentren des touristischen Massenbetriebs.

2.3.3.2. ÖKONOMISCHE AUSWIRKUNGEN DES FREMDENVERKEHRS

Zur Abschätzung der durch den Ausbau des Fremdenverkehrssektors bislang neugewonnenen Arbeitsplätze kann der Berechnungsschlüssel der griechischen Hotelgewerbekammer (XEE Athen 1982) herangezogen werden. Demnach wird eine Vollarbeitskraft für 3,7 Touristenbetten in der Hotelkategorie Lux/A, für 4,5 Betten in der Kategorie B, 6,0 Betten in der Kategorie C und für 10,0 Betten in den Kategorien D und E benötigt. Für das Hotelgewerbe im Nomos Iraklion ließ sich damit für das Jahr 1981 ein Arbeitskräftebedarf von 3 976 Personen errechnen.

Eine auf amtlichen Erhebungen beruhende Gesamtbilanz der Beschäftigten im Fremdenverkehrsgewerbe zeigt die folgende Aufstellung:

(n. EOT u. YPAK 1982)

Kreta: Arbeitskräfte im Fremdenverkehr 1971 und 1981

	1971	1981
Beherbergungsgewerbe	1 380	10 800
Zulieferbetriebe	-	2 000
Gastronomie	860	1 850
Reiseagenturen	100	910
Souvenirhandel	-	1 600
Transport	-	200
	2 340	17 360

Mit rd. 17 000 Beschäftigten waren 1981 rd. 40 % der Arbeitskräfte des Tertiären Sektors im Fremdenverkehr tätig. Die Grobgliederung der gesamten Arbeitskräfte im Nomos Iraklion zeigte 1982 etwa gleiche Anteile für die Bereiche Landwirtschaft und Fremdenverkehr, beide Arbeitgeber banden hier zwischen 30 % und 35 % der Erwerbstätigen (YPAK Studie 1982).

Ganz allgemein hat der Tourismus die Abwanderung von Arbeitskräften aus den Bergregionen Kretas in die Küstenzonen und in die urbanen Zentren der Insel belebt und lokal auch verstärkt. Neben den eingangs zitierten Zahlen zur demographischen Entwicklung wird am Beispiel der Nordküste östlich der Hauptstadt gezeigt werden, daß der Populationsanstieg mit einer Zuwanderung von Berufsgruppen gleichzusetzen ist, die ihren Haupterwerb im Dienstleistungsgewerbe erzielen.

Auf die fremdenverkehrsbedingte Expansion des Baugewerbes wurde schon hingewiesen. Die Folgen des Bau-Booms werden am deutlichsten im Landschaftsbild sichtbar, wo agrare Kulturflächen geradezu sprunghaft in die Hauptnutzungsform 'Freizeit' und 'Erholung' überführt werden. Besonders in Hauptstraßen- und Strandnähe der nordöstlichen Küstenlinie wuchern die Kleinbauten des regionalen Fremdenverkehrs zwischen den Großanlagen und Folgeeinrichtungen des Hotel-Tourismus und beanspruchen Flächen, die für kretische Verhältnisse agrarisch zu den fruchtbarsten der Insel gehören.

Mit jährlich rd. 1 000 Neubauten, etwa gleich vielen Erweiterungsbauten und einem Anteil von rd. 50 % am gesamtkretischen Bausubstanz-Zuwachs ist der Nomos Iraklion Kretas größtes Baugelände. Die vorgenannten Zahlen geben die offiziell registrierten, behördlich genehmigten Projekte wieder. Diese Wachstumsraten entsprechen jedoch nicht der Realität, da der faktische Substanzzuwachs durch 'wildes', d.h. unerlaubtes Bauen bedeutend erhöht wird. Nach einer Untersuchung der YPAK (1980) liegt der tatsächliche Raumzuwachs allein bei Neubauten um 37 % (1974) bis 54 % (1979) über den offiziellen Werten. Das Problem des 'Schwarzbauens' ist ein gesamtgriechisches, in Kreta wird allerdings als stimulierende Kraft einhellig der expandierende Fremdenverkehr genannt (YPAK, EOT, TEE Iraklion 1982). Zwar sind die Grenzen zwischen notwendiger Selbsthilfe - so herrscht im Großraum Iraklion aufgrund verfehlter Raumplanung echte Wohnraumnot - und profitorientierter Dreistigkeit fließend, in den touristischen Ballungsgebieten der Nordküste sind jedoch nach Behördenschätzungen die meisten der sich epidemisch vermehrenden Kleinbauten nicht gemel-

dete Zweitwohnsitze oder halbkommerzielle Beherbergungsbetriebe. Die mit den Touristenzahlen steigende Nachfrage an Bettenkapazitäten ist ein virulenter Anreiz gerade für kleinere Land- oder Kapitalbesitzer, mit schnell errichteten, schlichten Unterkünften kurzfristig am Fremdenverkehrs-Boom zu partizipieren. Angesichts der einfachen Wege, die bestehende Baugesetzgebung zu umgehen und der unzureichenden - administrativen wie exekutiven - Repräsentanz des Gesetzgebers auf dieser Ebene ist mit einer wirksamen Eindämmung der unerlaubten Bau-Aktivitäten auf Kreta vorerst nicht zu rechnen (YPAK, EOT Iraklion 1982). Auch dadurch wird, wie eingangs schon betont, die Entwicklung des insularen Fremdenverkehrs weit weniger von regionalplanerischen Überlegungen als vorrangig von privatwirtschaftlichen Unternehmerinteressen bestimmt.

Es konnte nicht ausbleiben, daß in den Zonen des anhaltenden Touristenzustroms Baulandspekulationen und Baugrundverknappung die Bodenpreise in die Höhe trieben. Für die Nordküste des Nomos Iraklion - hier konzentrieren sich 55 % der gesamten kretischen Beherbergungskapazität - hat sich der Quadratmeterpreis für Bauland im Bereich Hauptstraße/Strandlinie wie folgt entwickelt:

Nomos Iraklion: Bodenpreisentwicklung, Nordküste

1971	100 Drachmen pro Quadratmeter Bauland
1976	300 Drachmen pro Quadratmeter Bauland
1981	3 000 Drachmen pro Quadratmeter Bauland
1982	10 000 Drachmen pro Quadratmeter Bauland

(YPAK 1982)

Von 1981 zu 1982 stiegen die Baulandpreise im Nomos Iraklion um rd. 350 %, im Nomos Lasithi um rd. 300 %, und in den Nomi Chania und Rethimnon um je 30 % (YPAK 1982). Außerhalb der touristischen Ballungsgebiete betrugen die durchschnittlichen Bodenpreise in Kreta im Jahr 1982 zwischen 700 und 1 200 Drachmen je Quadratmeter (YPAK 1982).

In den touristischen Hochburgen Limani Chersonisos und Malia wurden 1982 für günstige Lagen zwischen 12 000 und 14 000 Drachmen pro Quadratmeter Baugrund verlangt (Gemeindeverwaltung).

Da die Bauland-Nachfrage in der Regel agrarwirtschaftlich nutzbare Flächen betrifft, ist bei den gegenwärtigen Spitzenpreisen verständlich, daß bäuerliche Grundbesitzer entgegen der kretischen Tradition Land verkaufen, die Feldarbeit einschränken oder sogar ganz aufgeben. Diese Erscheinung, die in den Küstenhöfen zwischen Iraklion und Malia ihren

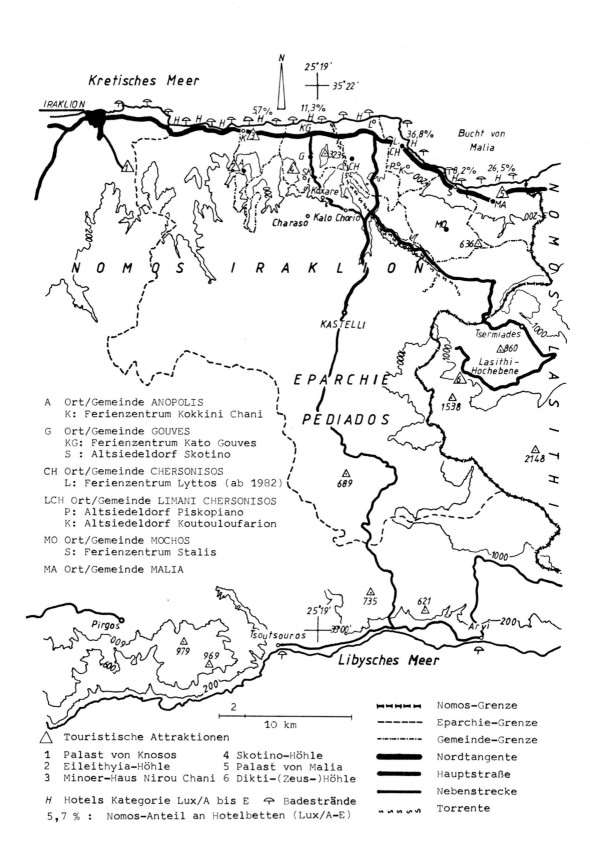

A   Ort/Gemeinde ANOPOLIS
    K: Ferienzentrum Kokkini Chani

G   Ort/Gemeinde GOUVES
    KG: Ferienzentrum Kato Gouves
    S : Altsiedeldorf Skotino

CH Ort/Gemeinde CHERSONISOS
    L: Ferienzentrum Lyttos (ab 1982)

LCH Ort/Gemeinde LIMANI CHERSONISOS
    P: Altsiedeldorf Piskopiano
    K: Altsiedeldorf Koutouloufarion

MO Ort/Gemeinde MOCHOS
    S: Ferienzentrum Stalis

MA Ort/Gemeinde MALIA

△ Touristische Attraktionen

1 Palast von Knosos   4 Skotino-Höhle
2 Eileithyia-Höhle   5 Palast von Malia
3 Minoer-Haus Nirou Chani   6 Dikti-(Zeus-)Höhle

H Hotels Kategorie Lux/A bis E   ⚲ Badestrände

5,7 % : Nomos-Anteil an Hotelbetten (Lux/A–E)

├──┤ Nomos-Grenze
───── Eparchie-Grenze
─·─·─· Gemeinde-Grenze
━━━━━ Nordtangente
━━━━━ Hauptstraße
───── Nebenstrecke
∿∿∿∿ Torrente

Karte 3:   Kreta: Nomos Iraklion (Ausschnitt)

Ausgang genommen hat, greift mit dem Touristenstrom allmählich auch auf die anderen Küstenebenen der Insel über (YPAK 1982).

Zusammengefaßt sind für die Entwicklung des Fremdenverkehrs in Kreta folgende Faktoren kennzeichnend:

- Aufgrund des 'Kapitals' an Klima, Landschaft und Kunstschätzen und unter dem Druck der wachsenden touristischen Südmigration hat Kreta sich seit Anfang der Siebziger Jahre in immer schnellerem Tempo zu einem relativ geschlossenen, mediterranen Erholungsraum gewandelt.
- Bevorzugtes Ziel des Auslands- wie Binnenreiseverkehrs sind die Küstenebenen der Insel.
- Die planmäßige Erschließung und infrastrukturelle Öffnung der meisten insularen Zielregionen konnte mit der massentouristischen Invasion nicht Schritt halten.
- Der Mangel an Planung und behördlicher Kontrolle erleichterte die Entwicklungslenkung durch privatwirtschaftliche Unternehmerinitiative und begünstigt den seit Mitte der Siebziger Jahre grassierenden Bau-Boom im Beherbergungsgewerbe wie Ferienwohnungsbau, deren regionale Schwerpunkte im Nomos Iraklion, dem bedeutendsten Fremdenverkehrsstandort der Insel liegen.
- Das Anwachsen von Freizeit und persönlich verfügbarem Einkommen in den griechischen Agglomerationen Athen, Thessaloniki u.a.m. ist in Verbindung mit der sinkenden Lebensqualität in diesen Ballungsräumen der Grund für die steigende Mobilität des Binnentourismus und das erhöhte Interesse an Zweitwohnungen in landschaftlich ansprechender Umgebung.
- Baulandverknappung und steigende Grundstückspreise in den touristischen Kerngebieten animieren die dort ansässigen Landwirte immer häufiger zu Flächenverkäufen und zur Einschränkung der agraren Tätigkeit.
- Die durch den Fremdenverkehr neu geschaffenen Arbeitsplätze - in ganz Kreta etwa 17 000 (1981/82) - haben im Nomos Iraklion mit rd. 30 % Anteil an den Vollerwerbsmöglichkeiten annähernd Gleichstand mit den im Primären Sektor Beschäftigten (ca. 35 %).

Die vom Fremdenverkehr ausgelöste Arbeitskräfte-Mobilität läßt sich indirekt auch an den Zuwachsraten der ortsfesten Bevölkerung in den touristisch attraktiven Gemeinden ablesen. In der Küstenzone zwischen Iraklion und der Bucht von Malia ist die Entstehung neuer Siedlungskerne in den anliegenden Gemeinden zu beobachten. Die hier situierten Gemarkungen (vgl. Karte 3) Anopolis, Gouves, Chersonisos, Limani, Chersonisos, Mochos und Malia haben ihre dörflichen Zentren alle im Gemeinde-Hinterland, während die Schwemmlandfächer der Küstenhöfe als ertragreiche Böden landwirtschaftlich unter Kultur genommen sind bzw. waren. Die 1973 fertiggestellte Nordtangente verläuft in einer Distanz von 200 bis 1 800 m von der Strandlinie entfernt und zerschneidet damit die Gemeindefluren in einen strand-nahen und einen strand-abgewandten

Bereich. Diese wichtigste Verkehrsader der Insel beschleunigte naturgemäß die Entwicklung der strandnahen Bezirke zu Erholungsgebieten, und mit dem Zustrom der Touristen entfalteten sich an der Peripherie der Hauptstraße neue Siedlungseinheiten, die sich im Fall Limani Chersonisos (Gemeindeteil von Piskopiano/Koutouloufarion) und Stalis (Gemeindeteil von Mochos) inzwischen zu bekannten Ferienzentren entwickelt haben. In den Gemeinden Anopolis, Gouves und Chersonisos sind die straßennahen Siedlungskomplexe Kokkini Chani, Kato Gouves und Lyttos im Wachstum begriffen.

Die genannten Kinotites liegen im Eparchie Pediados des Nomos Iraklion. Zur besseren Vergleichbarkeit des Bevölkerungswachstums in diesem Gebiet ist der Populationsanstieg von 1961 zu 1981 in Nomos und Eparchi dem der Gemeinden vorangestellt:

Nomos Iraklion und Eparchie Pediados:
Bevölkerungswachstum 1961 bis 1981

	1961	1971	1981
Nomos Iraklion	208 374	209 670	243 622
Eparchie Pediados	38 700	34 733	38 574

(ESYE Iraklion 1982)

Gemeinden Anopolis, Gouves, Chersonisos, Limani Chersonisos und Malia:
Bevölkerungswachstum 1961 bis 1981
(in ( ): neue Siedlungen in Hauptstraßen-/Strandnähe)

	1961	1971	1981
Anopolis	1 608	1 940	2 318
(Kokkini Chani)	77	129	528
Gouves	740	640	1 257
(Kato Gouves)	-	-	770
Chersonisos	655	810	986
(Lyttos)	-	-	104
Piskopiano/Koutouloufarion	939	785	2 467
(Limani Chersonisos)	448	465	2 183
Malia	1 465	1 395	3 008

(ESYE Iraklion 1982)

Es überrascht nicht, die höchsten Zuwachsraten bei den voll entwickelten Urlaubszentren Limani Chersonisos und Malia zu finden. Von den drei übrigen in der Entwicklung begriffenen Gemeinden steht Gouves im Mittelpunkt der folgenden Untersuchung, weil hier die Durchmischung der verschiedenen Erscheinungsformen des insularen Fremdenverkehrs und ihr landschafts-

verändernder Einfluß deutlicher zu beobachten sind
als in den Nachbargemeinden, die diese Vielfalt im
Prozeß der Umstrukturierung einer Agrarlandschaft
in ein Erholungsgebiet nicht mehr oder noch nicht
erkennen lassen.

3. GEMARKUNG GOUVES - UNTERSUCHUNGEN ZUM EINFLUSS DES FREMDENVERKEHRS AUF EIN KRETISCHES DORF

3.1. GEMEINDELAGE, SIEDLUNG UND BEVÖLKERUNG

Die 37 km lange Küste zwischen Iraklion und Malia
(vgl. Karte 3) ist in ihrem morphologischen Bild
durch die Abfolge zahlreicher flacher Bogenbuchten
bestimmt, die durch kurze Steilküstenabschnitte von
einander getrennt sind. Ins Landesinnere schließen
ebene Tieflandsbuchten an, die häufig in ein altes
Kliff mit littoralen Verfestigungen übergehen und
damit die alten Meeresspiegelhöhen dokumentieren.
Diese im Miozän/Pliozän angelegten, heute landfe-
sten Küstenhöfe zwischen Kokkini Chani und Stalis
sind Zeugen der quartären Epirogenese, die an diesem mittelkretischen Nordküstenabschnitt gleichermaßen reliefbildend war wie die eustatischen Prozesse seit Ende der Glazialzeit, die negative Strand-
versetzungen hinterlassen haben (vgl. PAPADIMITRIOU
1971, S. 9 f u. HAFEMANN 1966).

Die hier auftretenden, vorwiegend roten bis rotbrau-
nen Böden sind nach NEVROS/ZVORYKIN (1938/39), S.
263) allochthone, aus dem gebirgigen Hinterland ein-
geschwemmte Sedimente; als umgelagerte Roterde-Akku-
mulationen bieten sie sehr fruchtbare, leicht zu be-
arbeitende Kulturböden, die schon in minoischer Zeit
in agrarer Nutzung standen (vgl. FAURE 1966).

Etwa 18 km östlich von Iraklion liegt zwischen den
Gemeinden Anopolis und Chersonisos die rd. 18 000
Stremmata umfassende Flur der Gemarkung Gouves
(vgl. Karte 3). Ihre Nordgrenze bildet die Strandlinie mit dem Kretischen Meer, eine vier Kilometer
lange, nahezu buchtenlose, geröllreiche Flachküste
mit zwischengeschalteten Kleinkliffs und Sandstreifen. Sie ist Randzone eines durch Kalkinfiltration
verfestigten Schotterfächers, dessen kalk- und do-
lomitreiche Akkumulationsmassen torrentiell aus der
Hochgebirgsregion ins Küstenvorland verfrachtet und
hier zu Konglomeratbänken wechselnder Mächtigkeit
und Korngröße verdichtet wurden (vgl. HEMPEL 1982,
S. 31). In der Nähe der zwischen 800 und 1 000 m
südlich der Strandzone verlaufenden Hauptstraße Iraklion-Malia erreicht dieser marin verebnete Schwemm-

fächer die 20 m - Isohypse; hinter der Nordtangente setzt sich der flache Anstieg nach Süden etwa
2,5 km bis zum Dorf Gouves fort, wo das belebtere
Relief des die Küstenbucht abschließenden tertiären
Hügellandes beginnt. Das Dorf selbst hat eine Höhenlage zwischen 100 und 120 m (vgl. Karte 4) und erstreckt sich nordexponiert hangaufwärts in die hel-
len Mergel der fossilen Riffkalke, die mit Höhen
zwischen 140 und 200 m die Übergangszone zu den Plateau-Landschaften der westlichen Lasithi/Dikti-Abda-
chung bilden.
Markanteste Relieferscheinung ist mit 323 m Gipfelhöhe der im Osten der Gemarkung bugartig in die Ebene hineinragende Rücken des Etheri, der das weiter
östlich beginnende Küstengebirge der Bucht von Malia mit Höhen zwischen 600 und 800 m ankündigt und
aus den massigen Karbonaten und Dolomiten der 'Tripolitza-Serie' (CREUTZBURG 1975, S. 363) aufgebaut
ist (vgl. Bild 6).

Das natürliche Abflußregime der Gemarkung wird von
zwei Torrenten beherrscht, deren sommertrockene Betten von Süden bzw. Süd-Ost aus der nordwestlichen
Dikti-Flanke kommend Hügelland und Schwemmfächer me-
ridional zerschneiden. Während die mehr westlich
orientierte der beiden Abflußrinnen das Meer in einem breiten, jedoch flachen Geröllfächer erreicht,
ist die periodische Materialakkumulation des mit der
östlichen Gemeindegrenze identischen Aposelemis immerhin so erheblich, daß durch die fluviatil errichtete Geröllbarriere der ursprünglich nordgerichtete
Mündungseintritt stetig nach West umgebogen wird
(vgl. Karte 4).

Wasserdurchlässige Kalkgesteine bestimmen zusammen
mit wechsellagernden Ton- und Mergelschichten den
lokalen Grundwasserhaushalt. Der im Bereich der Tri-
politza-Karbonate des Berges Etheri sehr tiefliegende Grundwasserspiegel wird zur Gemarkungs-Mitte hin
zwar durch die Zunahme wasserstauender Schichten gehoben, das aus niedrigem Niveau geförderte Wasser
ist jedoch aufgrund seines Mineralgehaltes für menschlichen Konsum nicht und für agrarwirtschaftliche Zwe-
ke nur bedingt geeignet. Durch geologische Ungunst
werden außerdem die nordwärts gerichteten Grundwas-
ser-Ströme des Lasithi-Berglandes an der Gemarkung
vorbei in den Küstenhof von Malia geleitet, so daß
der kommunalen Wasserversorgung in Gouves bedeutende Ressourcen entzogen sind, die den östlichen Küstenanrainern reichlich zur Verfügung stehen (vgl.
Hydrographische Karte v. Mittelkreta, TEE Iraklion
1981).

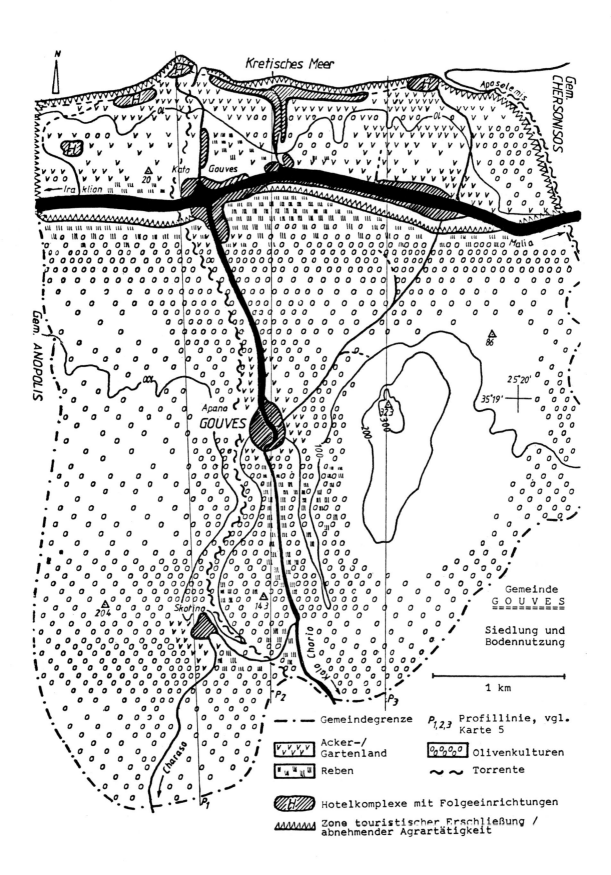

Karte 4:   Kreta: Siedlung und Bodennutzung der Gemeinde
Gouves (1982)

Sandige Mergel und transportierte Roterden sind auch in der Flur von Gouves das pedogenetische Ausgangsmaterial der Kulturböden, wobei die Rotsedimente in den Ebenheiten des Schwemmfächers stärker vertreten sind als im hügeligeren Gemeinde-Hinterland, in dem die Mergelböden auf marinen Kalken dominieren. Diese bieten auf zahlreichen schmalen Terrassenbändern in Steilhanglage ebenso wie auf den Plateaukuppen die traditionellen Standorte für den Olivenanbau, nur in Ausnahmefällen tragen sie Rebenkulturen. Der Traubenanbau und die Acker- und Gartenländereien der Gemeinde konzentrieren sich demgegenüber auf die rotlehmreichen küstennahen Fluren des Schwemmfächers (vgl. Karten 4 und 5).

Zwischen Strandlinie und südlicher Gemeindegrenze mißt die durchschnittliche Nord-Süd-Erstreckung der Gemeinde Gouves rd. fünf Kilometer, die mittlere West-Ost-Ausdehnung überschreitet kaum vier Kilometer, so daß der Gemeindeflächen-Grundriß annähernd quadratisch ausfällt. Etwa in der Mitte und 2,6 km von der Küste entfernt liegt als rurales Siedlungszentrum das Haufendorf (Apano-)Gouves.

Eine weitere zur Gemarkung gehörende Siedlungseinheit bildet das auf einer Kuppe an der südlichen Gemarkungsgrenze situierte Dorf Skotino. Seit 1978 entwickelt sich in rasantem Tempo als neuer und dritter Siedlungsschwerpunkt entlang der Hauptstraße Iraklion-Malia das in amtlichen Kartenwerken noch nicht verzeichnete Kato Gouves. Aufgrund des rapiden Bevölkerungs- und Siedlungswachstums als unmittelbare Folge der Ferienverkehrserschließung in diesem Gemeindeteil wurde inzwischen die verbale Abgrenzung von Kato (= Unter-) zu Apano (= Ober-) Gouves, dem Altsiedeldorf, erforderlich.

Die Nordtangente schneidet aus der Gemeindeflur von West nach Ost ein rd. 3 400 Stremmata großes Flächenstück aus und schuf damit Voraussetzungen, die bei der wachsenden touristischen Frequenz in dieser Region zu einer Teilung der ursprünglich geschlossenen Agrarlandschaft in zwei Zonen unterschiedlicher Entwicklung führen mußten: die strandnahe Zone mit einer strukturellen Ausrichtung auf den Fremdenverkehr und die überwiegend bis rein agrarisch genutzte Zone südlich der Hauptstraße bis zur südlichen Gemarkungsgrenze (vgl. Karte 4).

Das Dorf Apano Gouves trägt die charakteristischen Merkmale der ländlichen Siedlungen Kretas, wie sie bereits von CREUTZBURG (1933) beschrieben wurden. Beidseitig einer Asphaltstraße, die von der Nordtangente abzweigend nach etwa 1,5 km die in Terrassen-

stufen angelegte Siedlung in einer Höhenlage von 80 m über NN erreicht, diese mit einer Steigung von 10 % bis 12 % zentral durchzieht und am südlichen Dorfausgang als in den weichen Mergel eingeschnittener Hohlweg in einem Höhenniveau von 120 m wieder verläßt, zweigen kleine, zum Teil unbefestigte Wege und Gassen zu den eng zusammenstehenden, meist zweigeschossigen Wohn- und Wirtschaftsgebäuden ab. Zentrum der etwa 40 Stremmata umfassenden dörflichen Siedlungsfläche ist die 'Platia' mit der Dorfkirche, um die sich die Kafenia gruppieren (vgl. auch Bild 1). Die einfachen, weißgetünchten Häuser sind je nach Alter aus Bruchsteinen oder Ziegeln errichtet und tragen entweder mit Rundschindeln gedeckte Giebel- oder, vor allem bei jüngeren Bauten, betonierte Flachdächer. Das Erdgeschoß ist zumeist Wirtschaftsfläche entweder für ein Gewerbe (Kafenion, Gemischtwarenladen) oder Bergeraum, Vorratslager oder Stallung für das Kleinvieh. Im oberen Stockwerk, das in der Regel mit einer offenen Terrasse ausgestattet ist, spielt sich in zwei bis drei einfach möblierten Räumen das dörfliche Familienleben ab. Terrassen und Flachdächer werden nicht selten multifunktional als zusätzlicher Bergeraum, Trockenboden oder Schlafstelle während der heißen Jahreszeit genutzt.

In den dörflichen Neu- und Erweiterungsbauten macht sich seit 1976 sowohl in der Architektur als auch in der Wahl des Konstruktionsmaterials der Einfluß der modernen Fertigbauweise geltend, die in den dichtbesiedelten und urbanisierten Inselregionen bereits zum Charakteristikum des neuzeitlichen Siedlungsbildes geworden ist. Unter Beibehaltung der üblichen Geschoßaufteilung - Erdgeschoß als Wirtschafts-, Stockwerk(e) als Wohnfläche - folgen die neuerrichteten Wohngebäude in Apano Gouves offensichtlich dem Vorbild der Stahlbeton- und Skelettbau-Technik, die im tourismusorientierten Kato Gouves fast ausschließlich zur Anwendung kommt. Durch die Verwendung von vorgefertigten Elementen und dem neuerdings leicht und schnell verfügbaren Gießbeton verstrichen beispielsweise zwischen Fundamentlegung und Bezugsfertigkeit eines zweigeschossigen Wohnhauses in Apano Gouves nur etwa drei Wochen.

Während das Untergeschoß solcher Neubauten zumeist keine oder nur provisorische Wände aus Metallgittern erhält, werden in dem oder den oberen Geschossen zwischen die tragenden Betonpfeiler Ziegelwände gezogen. Häufig führt eine Freitreppe von außen in die oberen Wohnräume. Die nicht selten über die Dachterrasse oder an den Hausflanken herausragenden Moniereisen lassen offen, das Gebäude bei sich bietender Gelegenheit aufzustocken oder zu erweitern.

Mit dieser nicht nur auf Gouves und nicht nur auf die Küstenbereiche beschränkten Entwicklung scheint Kreta

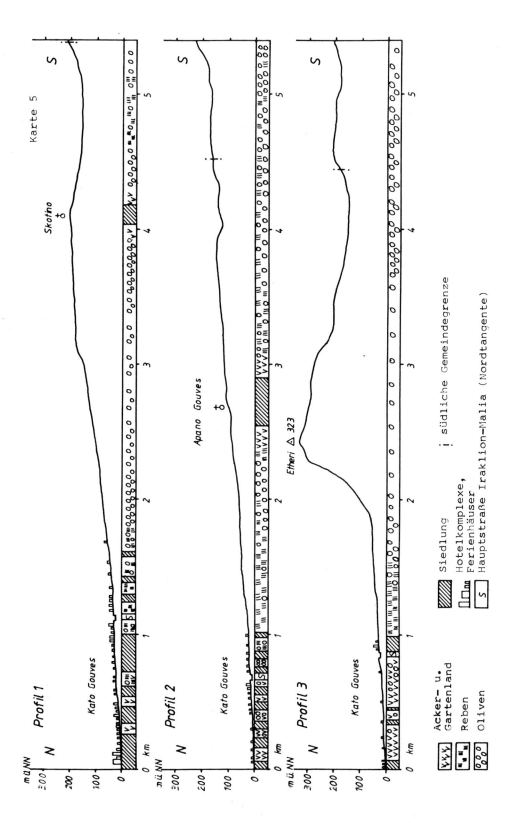

Karte 5:   Kreta: Bodennutzungsprofile durch die Gemeinde
Gouves (Profillinien siehe Abb. 4)

phänotypisch von jenem Baumuster abzuweichen, das LIENAU (vgl. 1982, S. 232) für die jüngste Siedlungsentwicklung in Süd- und Inselgriechenland festgestellt hat und das sich u.a. durch Fehlen des wirtschaftlich nutzbaren Untergeschosses auszeichnet. In Apano Gouves ist das zeitliche Zusammentreffen des Einzugs modernisierter Hausbautechnik mit der baulichen Erschließung in Kato Gouves seit Mitte der Siebziger Jahre gleichzeitig ein Indiz für fremdenverkehrswirtschaftliche Folgewirkungen auf die Struktur einer ländlichen Gemeinde.

Die offen über die Straßen und Wege und an den Hauswänden entlang geführten Versorgungsleitungen für Wasser, Strom und Kommunikation verweisen auf den relativ späten Anschluß des Dorfes an einen komfortableren Wohnstandard.

Eingestreut zwischen die Wohnkomplexe und zur Peripherie hin zunehmend sind kleine Gartenterrassen, die je nach Jahreszeit den täglichen Bedarf an Frischgemüse, Obst und Kräutern in den Familien ergänzen. Hier finden sich auch Stallungen für Mulis und Esel, die nicht selten in Hausruinen untergebracht sind.

Ins Agrargelände führen aus der Siedlung schmale, z.T. tief in den Mergel eingeschnittene und nur schwer befahrbare Wege heraus, die meist mit Tragetieren begangen werden. So sind viele der an den westlichen und östlichen Hangleisten des Mergelrückkens von Apano Gouves gelegenen, zwischen fünf und acht Meter breiten Oliventerrassen nur durch Saumpfade zu erreichen. In den Steilböschungen zwischen den einzelnen Terrassenbändern sind jedoch noch Reste jener Kavernen in Benutzung, die der Siedlung einst den Namen gaben:

Gouves, neugriechisch Γούβες wird von γούβα, einem Synonym für κοίλωμα mit der Bedeutung von 'Vertiefung', 'Gewölbe' hergeleitet (vgl. PAPADIMITRIOU 1971, S. 536). Gemeint sind die auch heute noch unter den älteren Häusern von Apano Gouves in Benutzung stehenden, gewölbeartigen Unterkellerungen, die beachtliche Mengen an Vorräten aufnehmen können, in früheren Zeiten fast nur Getreide, heute in erster Linie Olivenöl. In Krisenzeiten dienten diese versteckt gelegenen Höhlungen auch als Zufluchtsorte, zuletzt während des Bombardements um Iraklion im Kriegsjahr 1941.

Das erste gesicherte Datum aus der Ortsgeschichte von Apano Gouves entstammt einer türkischen Volkszählung aus dem Jahr 1583, bei der 252 abgabepflichtige Einwohner gezählt wurden (vgl. PAPADIMITRIOU 1971, S. 536). Die Siedlungsgründung fällt wahrscheinlich in die Zeit der venezianischen Inselkolonisation im 13./14. Jahrhundert. Belege dafür sind Malereien im ältesten noch erhaltenen Bauwerk des Dorfes, der Kapelle Agios Ioannis sowie Hinweise in venezianischen Dokumenten auf eine 'busa' (= Senke, Keller) genannte Ansiedlung im Gebiet der heutigen Gemarkung (vgl. PAPADIMITRIOU 1971, S. 536).

Die ältesten heute noch genutzten Siedlungsteile stammen aus dem 17. Jahrhundert; sie liegen an der südwestlichen Dorfperipherie und scheinen mit der Kapelle Agios Toannis als Zentrum dem Altsiedlungskern von Gouves zu entsprechen.

Den Anschluß an den zivilisatorischen Standard der Gegenwart fand das Dorf im Jahr 1967 mit dem Ausbau der Stromversorgung. 1970 wurde das erste Telefon der Gemeinde installiert (1982: 76 Anschlüsse), 1973 bekam die Dorfstraße eine Asphaltdecke, im gleichen Jahr wurde der erste Kühlschrank (1982: ca. 80), im folgenden Jahr der erste Fernseher (1982: 35) in Gouves aufgestellt. 1975 konnte sich ein im Ausland wohlhabend gewordener Gouviote den ersten Pkw der Gemeinde leisten.

An öffentlichen Einrichtungen besitzt Gouves eine ärztliche Notversorgungsstation, eine sechsklassige Volksschule und ein Gemeindehaus, das seit Ende 1981 zugleich lokale Parteizentrale geworden ist. In Gemeindebesitz befindet sich außerdem eine Ölpress-Anlage, die allerdings seit 1980 nicht mehr genutzt wird. Drei kleine Läden - Pantopolia - bieten Güter des täglichen Bedarfes in bescheidenem Umfang an, die sieben Kafenia von Apano Gouves sind die lokal wichtigen, traditionellen Treffpunkte der Dorfbevölkerung.

Die Siedlungskartierung erbrachte rd. 320 separate Bauwerke jeder Größe und Nutzung, von denen 211 (66 %) permanent von den insgesamt 162 Familien des Ortes (1982) bewohnt werden. 29 dieser Häuser sind seit 1976 neu hinzugekommen und heben sich im Siedlungsbild eben durch die Verwendung moderner Bautechniken von der sonst homogenen dörflichen Architektur deutlich ab. Die Eigentümer von 23 Wohngebäuden haben ihren Hauptwohnsitz entweder in Iraklion oder sind nach Kato Gouves abgewandert; sie nutzen ihren Besitz als episodische Zweitwohnung oder als Lagerraum.

87 aller erfaßten Wohngebäude und damit rd. 27 % der Häuser waren aufgegeben und verfielen bzw. wurden noch als Stall, Abstellraum oder Steinbruch genutzt. Als häufigster Grund für den Hausverfall werden Tod oder Umzug und Ortswechsel des Besitzers/der Familien angegeben. So standen auch die Anwesen

jener 15 Auswanderer leer, die zwischen 1951 und
1979 Gouves als Arbeitsemigranten verließen.

In der Verkehrsanbindung sind für die Gemeinde seit
1979 bedeutende Verbesserungen eingetreten. 1982
verkehrten auf der asphaltierten Strecke zwischen
der Nordtangente, Apano Gouves und Skotino täglich
sechs Linienbusse. Die Haltestellen an der Hauptstraße in Kato Gouves werden täglich von 7.00 bis
20.00 Uhr halbstündlich von den zwischen Iraklion
und Sitia verkehrenden Bussen angefahren. Auf Kosten der amerikanischen Streitkräfte, die auf dem
Gipfel des Etheri eine Radarstation unterhalten,
wurde von Apano Gouves aus in nordöstlicher Richtung eine breite Piste angelegt, die zugleich das
kommunale Wegenetz in die östlichen Flurstücke bis
zur Hauptstraße erweiterte und für Landmaschinen
und Kleintransporter befahrbar ist.
Ebenfalls verbreitert, aber noch nicht asphaltiert
wurde 1978 die Zufahrt zum Dorf Skotino, die rd.
1,5 km hinter dem südlichen Ortsausgang von Apano
Gouves von der befestigten Straße nach Westen ab-
zweigt. Dieses Dorf im Gemeinde-Hinterland, dessen
Name (= 'dunkel') mit der im Jahr 1639 am Eingang
der hier gelegenen Grotte erbauten Kapelle Agios
Nikolaos Skotinos in Verbindung gebracht wird, ist
urkundlich erstmals 1671 mit 17 steuerpflichtigen
Einwohnern in einer türkischen Volkszählung erfaßt
worden (PAPADIMITRIOU 1971, S. 536). Heute liegt
dieser Ikismos mit seinen 114 Dorfbewohnern nicht
nur räumlich im Schatten jener Entwicklungen, deren
strukturumbildende Eingriffe zur Entstehung des neu-
en Siedlungsbildes Kato Gouves geführt haben.

Diese planlos expandierende Streusiedlung zwischen
Hauptstraße und Strandlinie ist eine nahezu reine
Schöpfung des Fremdenverkehrs, der insbesondere seit
1978 das nördliche Gemeindegebiet verstärkt beansprucht. 1971 noch nicht existent, war die Einwohnerschaft von Kato Gouves im Jahr 1981 mit 770 gemeldeten Personen bereits größer als die der Alt-
siedelgebiete Apano Gouves und Skotino zusammen, und
der Zuwachs an Bausubstanz betrug ein Vielfaches der
Bebauung in diesen beiden Dörfern.
Methodisch war aufgrund dieser Entwicklung für den
Gang der Untersuchung die gesonderte Betrachtung
von Kato Gouves im Vergleich mit Apano Gouves und
Skotino zwingend.
Die demographische Entwicklung der drei Siedlungs-
schwerpunkte zeigt die folgende Übersicht:

Von 1971 zu 1981 hat sich die Gemeindebevölkerung
also nahezu verdoppelt, obwohl die Dorfbevölkerung

Gemeinde Gouves: Einwohner 1961, 1971 und 1981

	1961	1971	1981
Apano Gouves	598	513	373
Skotino	142	127	114
Kato Gouves	-	-	770
Gemeinde Gouves	740	640	1 257

(ESYE Iraklion 1982)

von Apano Gouves um 27,3 %, die von Skotino um
10,2 % abgenommen hat. Dieser Rückgang korreliert
direkt mit dem Populationsanstieg in Kato Gouves,
denn der überwiegende Teil der mobilen Bevölkerung
hat das Gemeindegebiet nicht verlassen, sondern sie-
delt in neuen Wohnbauten an der Peripherie der Hauptstraße bzw. im Kreuzungsbereich von Nordtangente
und Zufahrt nach Apano Gouves. Diese Umzugsbewegung
hielt auch im Beobachtungszeitraum 1982 unvermindert an, wobei die neuen Wohnhäuser infolge der dichten Verbauung mittlerweile südlich der Hauptstraße
immer weiter in den Bereich der Baumkulturen grei-
fen.
Der Besiedlungsdruck wird noch verstärkt durch die
Zuwanderung von Familien aus Nachbargemeinden und
aus dem Lasithi-Bergland, die in Kato Gouves nach
neuen Erwerbsmöglichkeiten suchen und diese bislang
auch noch fanden. Die lokale wie regionale Fremdenverkehrswirtschaft bietet dem Kleingewerbe in Handwerk und Dienstleistung günstige Einnahmequellen, so
daß die meisten in Kato Gouves neu angesiedelten Arbeitskräfte entweder vom landwirtschaftlichen Vollerwerb auf den agraren Nebenerwerb bzw. reine Selbstversorgung übergegangen sind oder aber als spezialisierte Kleinbetriebe des Bau- oder Dienstleistungs-
sektors überhaupt keine Flächen mehr unter Kultur
und kaum noch Grundbesitz haben.

Eine neuere Erscheinung ist der saisonale Arbeitskräftezustrom aus Iraklion und Athen: Etwa 80 bis
100 Erwerbstätige beziehen jedes Jahr in der Zeit
von Mai bis September/Oktober mit ihren Familien eigene oder gemietete Quartiere in Kato Gouves, um
hier im Bereich Fremdenverkehr diversen Beschäfti-
gungen nachzugehen. Auch von der ortsfesten, im
landwirtschaftlichen Vollerwerb stehenden Gemeindebevölkerung haben jährlich etwa 80 Personen - zumeist Frauen - als saisonale Hilfskräfte im Hotelgewerbe zusätzliche Einkünfte.

Die folgenden Übersichten geben Einblick in die kommunale Sozialstruktur:

Gemeinde Gouves: Sozial- und Erwerbsstruktur 1981
1: Einwohner; 2: Haushalte; 3: Haushalte im agraren Vollerwerb; 4: Anzahl der Familienmitglieder

	1	2	3	4
Apano Gouves	373	141	128	2,6
Skotino	114	42	39	2,7
Kato Gouves	770	230	62	3,3
Gemeinde	1 257	413	229	3,0

(ESYE Iraklion u. e.E. 1982)

Der Durchschnittswert der Familiengröße gibt einen Hinweis auf das Altersgefälle innerhalb der Gemeinde: Während in der Dorfbevölkerung von Apano Gouves und Skotino die 50- bis 60-jährigen überwiegen, haben die jungen Familien von Kato Gouves in der Altersgruppe der 30- bis 35-jährigen in der Regel ein bis zwei Kleinkinder.
Bei der Ermittlung der Arbeitskräfteverteilung in der erwerbstätigen Gemeindebevölkerung wurde das Kriterium des Nationalen Statistischen Dienstes (vgl. SEE 1980, S. 54) übernommen, wonach als 'ökonomisch aktiv' solche Personen eingestuft werden, die mehr als zehn Stunden pro Woche in einem Betrieb arbeiten. Bei den landwirtschaftlichen Betrieben der Gemeinde sind auch die unbezahlt mitarbeitenden Familienangehörigen einberechnet.

Gemeinde Gouves: Arbeitskräfteverteilung 1981
1: Einwohner; 2: Erwerbstätige; 3: Landwirtschaftlich Erwerbstätige; 4: saisonal im Fremdenverkehr beschäftigte landw. Erwerbstätige; 5: handwerklich-technische Berufe; 6: Dienstleistungssektor

	1	2	3	4	5	6
Apano Gouves	373	314	308	67	-	6
Skotino	114	88	86	7	-	2
Kato Gouves	770	430	156	12	113	161
Gemeinde Gouves	1 257	832	550	86	113	169

(e.E. 1982)

Von den 113 im handwerklichen Bereich Tätigen standen 27 in einem festen Angestelltenverhältnis mit dem 'American Forces Radio and Television Service' in der Nachbargemeinde Anopolis, sie wurden deshalb bei der Berechnung der durchschnittlichen Betriebsbeschäftigtenzahl in der folgenden Tabelle nicht berücksichtigt:

Gemeinde Gouves: Betriebe und Beschäftigte 1981
1: Zahl der Betriebe; 2: Zahl der Beschäftigten

	Agrar		Handwerk		Dienste	
	1	2	1	2	1	2
Apano Gouves	128	2,4	-	-	6	1,0
Skotino	39	2,2	-	-	1	2,0
Kato Gouves	62	2,5	52	1,7	53	3,0
Gemeinde Gouves	229	2,4	52	1,7	60	2,8

(e.E. 1982)

Die für Kreta typische bäuerliche bzw. halbindustrielle Kleinbetriebsstruktur ist also auch in der Gemeinde Gouves anzutreffen. In Einzelfällen sind hier die handwerklich-technischen Unternehmen motorisierte Ein-Mann-Betriebe der Bau- und Installationsbranche, die sich Aufträge in Kato Gouves und den benachbarten Fremdenverkehrszentren suchen.

Zur Summe der Agrarbetriebe wären noch zwei Schweine- und eine Hähnchen-Mastanlage zu rechnen, die zwar im Gemeindegebiet liegen, jedoch nicht für die Gemeinde produzieren und von Besitzern bewirtschaftet werden, die nicht in Gouves wohnen.
Von den mehr oder weniger selbständigen 341 bzw. 344 Unternehmen in der Gemarkung waren 1981/82 229 bzw. 232 agrarwirtschaftliche Vollerwerbs-, 112 Unternehmen nichtagrare bzw. landwirtschaftliche Nebenerwerbsbetriebe. Die Summe der nichtagraren Unternehmen setzte sich aus 52 Handwerks-, 29 Gastronomie-, 27 Kleinhandels- und vier Fuhrbetrieben zusammen.
Von den 832 Erwerbstätigen der Gemarkung hatten 5 Personen (0,6 %) den Status von Arbeitgebern, 322 (38,7 %) waren Kleinunternehmer auf eigene Rechnung, 255 (30,7 %) hatten Einnahmen als Lohnarbeiter bzw. Angestellte und 250 (30,0 %) Personen arbeiteten als zum Teil bezahlte Kräfte im Familienbetrieb.

Auf die Beschäftigungssektoren verteilt waren von allen Erwerbstätigen 550 Personen (66,1 %) im primären, 113 (13,6 %) im sekundären und 169 (20,3 %) im tertiären Bereich aktiv.
Gesicherte Vergleichswerte aus früheren Jahren liegen nicht vor, allerdings darf davon ausgegangen werden, daß erst mit der forcierten Entwicklung des Fremdenverkehrs im Siedlungsbereich von Kato Gouves die Arbeitskräfteumverteilung innerhalb der anfänglich rein agrarisch wirtschaftenden Gemeinde eingesetzt hat.

3.2. AGRARWIRTSCHAFT
3.2.1. BODENNUTZUNG

Von der gesamten Flurgröße - rd. 18 000 Stremmata -
der Gemarkung Gouves waren im Jahr 1971 13 000
Stremmata unter Kultur genommen; bis zum Jahr 1975
wurde diese Fläche auf den heutigen Stand von rd.
14 000 Stremmata erweitert, dies entspricht einem
Anteil von 78 % am Gemeindegebiet.

Als Weide- und Grasland im eingangs definierten
Sinn werden ca. 3 800 Stremmata genutzt, 200 Stremmata verteilen sich auf Ödland, Torrenten, Siedlungsfläche und Wegenetz.
Mit 3 140 Stremmata liegen 22,4 % der landwirtschaftlich nutzbaren Fläche im Küstensaum nördlich
der Hauptstraße im Bereich der Neusiedlung Kato
Gouves.
In der folgenden Übersicht sind die Bodennutzungen
aus den Jahren 1971, 1976 und 1981 gegenüberge-
stellt:

Gemeinde Gouves: Bodennutzung 1971, 1976, 1981

(in Stremmata)

	1971	1976	1981
Ackerflächen	2 200	2 000	615
Gartenland	550	780	223
Baumkulturen	6 500	7 500	7 695
Rebland	450	550	600
Brachland	3 300	3 170	4 867
Kulturland	13 000	14 000	14 000
davon bewässert	2 100	2 440	848

(n. ESYE Iraklion u. GvG 1982)

Der Topographie der Gemeindelage entsprechend nahmen und nehmen Acker- und Gartenländereien die
leichter zu bearbeitenden und auch ergiebigeren Böden der küstennahen Ebenheiten ein, während sich
der Rebenanbau und vor allem die Baumkulturen in
der mittleren Zone und auf den terrassierten Flächen des hügeligen Hinterlandes konzentrieren (vgl.
Karten 4 u. 5).
Auf den Ackerflächen von Gouves standen hauptsächlich Weizen, Gerste, Hafer, Dicke Bohnen, Melonen,
Kartoffeln und Futterpflanzen. Der starke Flächenrückgang von 1971 zu 1981 betrifft insbesondere
den Getreideanbau und ist im Gebiet von Kato Gouves,
wo gut 90 % dieser Fluren liegen, eine direkte Folge der fremdenverkehrswirtschaftlichen Erschließung.

Die folgende Übersicht zeigt die Anbauflächen der
wichtigsten Feldfrüchte für die Jahre 1971, 1976
und 1981:

Gemeinde Gouves: Produktionsflächen im Ackerbau
1971, 1976, 1981 (in Stremmata)

	1971	1976	1981
Weizen	340	430	5
Gerste	350	320	200
Hafer	280	220	-
Dicke Bohnen	120	170	160
Wassermelonen	460	150	30
Honigmelonen	240	300	100
Kartoffeln	150	130	100
Futterpflanzen	260	280	20
Ackerflur gesamt	2 200	2 000	615

(n. ESYE Iraklion u. GvG 1982)

Auch im intensiven Gartenbau, dessen Flächen zu
100 % in Kato Gouves liegen, sind die Stremmatazah-
len regressiv, nachdem sie im Jahr 1976 ihr bisheriges Maximum von 780 überschritten haben. Auf diesen Gipfel führte der zu Beginn der Siebziger Jahre
forcierte Ausbau der Warmbeetkulturen, der im gleichen Jahr hier 120 Stremmata erreicht hatte.

Die Anlage von Gewächshäusern für Gemüse-Sonderkul-
turen war und ist in Kato Gouves durch Verwendung
einfacher Bautechniken und -materialien nicht sehr
kostenintensiv: auf einer Fläche von durchschnittlich 50 m x 20 m wird mit in Zweimeterabständen
knapp in den Boden eingelassenen Holzlatten oder
-pfählen eine Giebelkonstruktion mit einer First-
höhe zwischen zwei und drei Metern errichtet. Anschließend wird das ganze Gerüst mit transparenter
Folie überzogen, wobei die Seitenwände zur Belüf-
tung einrollbar bleiben. Weil solide Fundamente fehlen, müssen zur Stabilisierung meistens schwere Ge-
wichte - Steine, Eisenteile etc. - in die tragenden
Elemente gehängt werden. Die Folienbedeckung hält
den Witterungseinflüssen selten länger als ein Wirtschaftsjahr stand und ist deshalb immer wieder zu
erneuern. Da die verbrauchten Bahnen so gut wie nie
abgeräumt und beseitigt werden, sind die in die
Landschaft vom Wind verteilten und in Torrenten ak-
kumulierten Fetzen und Reste der Treibhausabdeckung
inzwischen in allen Warmbeetfluren der Insel zu einem agrarlandschaftlichen Syndrom geworden.
Wo es die Bodenverhältnisse erlauben, sind in Kato
Gouves die bedeckten Sonderkulturen zu Komplexen
zwischen 1,5 und 2,5 Stremmata zusammengefaßt.

Wichtigster Grund für die Aufgabe des Gemüseanbaus unter Folie war die Qualität des im Küstenbereich von Kato Gouves geförderten Grundwassers, das sich nachteilig auf den Geschmack von Gurken, Tomaten und auch Paprika auswirkt. Eine Alternative bot der Wechsel zum Nelkenanbau in Warmhäusern, der jedoch einen erheblich höheren Arbeitskräfteeinsatz erfordert. Daß inzwischen auch hier die Flächenzahlen allgemein rückläufig sind, ist eine Folge der durch steigende Arbeitslöhne erhöhten Produktionskosten.

Die Veränderungen der Gartenbaufläche sind folgender Tabelle zu entnehmen:

Gemeinde Gouves: Produktionsflächen im Gartenbau 1971, 1976, 1981 (in Stremmata)

	1971	1976	1981
Tomaten	200	240	-
Zwiebeln	50	70	26
Grüne Bohnen	120	150	80
Kohl	30	70	-
Zucchini	70	90	10
Artischocken	30	40	20
Treibhausgemüse	50	90	60
Nelken	-	30	27
Gartenfläche gesamt	550	780	223

(n. ESYE Iraklion u. GvG 1982)

Der relativ sichere Absatz von Rebenprodukten - insbesondere Sultaninen - hat die Anbaufläche seit 1970 langsam aber stetig wachsen lassen. Dichtere Kulturen bilden beidseitig der Hauptstraße in Kato Gouves den Übergang von den Ackerbau- und Gartenflächen des Küstensaums zu den Olivenplantagen im mittleren Gemeindegebiet; als disperse Kleinkulturen finden sich Reben im terrassierten Hinterland zwischen und vermischt mit dem Olivenanbau.

Kultiviert wird bis auf wenige Ausnahmen die Sultana-Rebe, die sowohl Tafeltrauben als auch Sultaninen liefert. Keltertrauben werden in Gouves nicht mehr angeboten.

Den Flächenzuwachs an Rebland zeigt die folgende Übersicht:

Gemeinde Gouves: Produktionsfläche für Trauben 1971, 1976, 1981 (in Stremmata)

	1971	1976	1981
Tafeltrauben und Sultaninen	450	550	600

(n. ESYE Iraklion u. GvG 1982)

Gegenüber dem Flächenzuwachs von rd. 33 % bei den Reben ist die Ausweitung der Baumkulturen um etwa 18 % im gleichen Zeitraum zwar verhältnismäßig gering, agrarlandschaftlich jedoch bedeutender, da die Baumflächen von der gesamten kultivierten Flur 67,0 % (1971) bzw. 84,3 % (1981) einnehmen und die Ackerländereien nach und nach brachfallen. Der Flächengewinn zwischen 1971 und 1981 betrifft allerdings nur mit wenigen Stremmata ehemalige Getreideareale in Kato Gouves; die weitaus meisten Neukulturen sind in den Hutungen bzw. durch Terrassierung neu erschlossenen Hängen im Gemeinde-Hinterland angelegt. So wurden im Mai 1982 an der Ostflanke des Etheri im Bereich ehemaliger extensiver Weidewirtschaft rd. 70 Stremmata Baumland durch Rodungsarbeit für die Inkulturnahme vorbereitet.

Aufteilung und Entwicklung der Baumkulturen in der Gemarkung gibt die nachstehende Übersicht wieder:

Gemeinde Gouves: Produktionsflächen für Baumfrüchte 1971, 1976, 1981 (in Stremmata)

	1971	1976	1981
Agrumen	50	50	30
Aprikosen	-	-	60
Mandeln	10	30	15
Karuben	50	40	10
Oliven	6 390	7 380	7 580
Baumland gesamt	6 500	7 500	7 695

(n. ESYE Iraklion u. GvG 1982)

Die Gesamtzahl der Ölbäume in Gouves wird mit rd. 76 000 angegeben (Gemeindeverwaltung), von denen rd. 65 000 fruchttragend sind; die ältesten Bestände haben ein Alter von etwa 400 Jahren. Mit rd. 98 % der Nutzfläche für Baumkulturen und über 50 % der gesamten kultivierbaren Flur der Gemeinde geben in Gouves die Olivenplantagen der Agrarlandschaft das entscheidende Gepräge. Zitronen, Karuben und Mandeln sind in schütteren Beständen in Dorfnähe zu finden oder als Saumbäume an Terrassenkanten oder Wegerändern verteilt. Seit zwei Jahren gewinnt der Aprikosenanbau, der im Rahmen eines Förderprogramms für die Edelobsterzeugung subventionierbar ist, flächenmäßig an Bedeutung. Infolge der fast vollständigen Beilegung der Weidewirtschaft sind in der südöstlichen Gemeindeflur tragfähige Böden frei geworden, die nach umfangreicheren Rodungsmaßnahmen befriedigende bis gute Standorte auch für Steinobstkulturen bieten, sofern sie ausreichend bewässert werden können. Da die wenigen Brunnen des Hinterlandes aus-

schließlich zur Trinkwasserversorgung der Gemeindebevölkerung genutzt werden müssen, können die hoch-
gelegenen Neukulturen nur mit Grundwasser aus dem
östlichen Torrentenbett des Aposelemis beregnet werden, das aus zwei bis drei Kilometern Entfernung
über eine Höhendifferenz von 100 bis 150 Metern her-
aufzupumpen ist.

Einfacher und weniger kostenaufwendig sind demgegenüber die Bewässerungsanlagen auf den ebenen Fluren
im Gebiet um Kato Gouves, wo aus zahlreichen Brunnen mit Schachttiefen zwischen 20 und 40 m durch
Wind- oder Motorkraft küstennahes Grundwasser zunächst in kleinere Speicherbecken gefördert und von
dort mit Kunststoffschläuchen in die jeweiligen Ak-
ker- oder Gartenparzellen geleitet wird. Allerdings
ist der Transportverlust bei den offen verlegten ungeschützten Pipelines oft erheblich, was um so pro-
blematischer wird, je mehr die Bohrtiefen zur Erreichung des Grundwasserspiegels in der nördlichen
Gemeindeflur zunehmen. Um eine für die nächsten
zwei Jahre ausreichende Schöpfleistung zu gewähr-
leisten, mußte ein agrartechnisches Bohrprojekt in
Kato Gouves 1982 bereits auf eine Tiefe von 140 m
gebracht werden.

Während die meisten der kleinen Brunnenanlagen von
Kato Gouves in Privatbesitz sind, gehören die beiden großen Pumpstationen der Kommune. Die ältere
dieser Anlagen speist das in der östlichen Hangfuß-
zone von Apano Gouves geförderte Wasser in ein Lei-
tungsnetz ein, das zu beiden Seiten der Dorfstraße
nach Kato Gouves verläuft und aus dem über Hydranten die benötigten bzw. kontingentierten Mengen in
die Parzellen abgeführt werden können. Da die Versorgung infolge des sinkenden Grundwasserniveaus im
gesamten Gemeindegebiet nicht mehr ausreichte, mußte eine zweite Pumpanlage in Hauptstraßennähe dazu-
geschaltet werden, die seit 1982 dasselbe Leitungs-
netz in umgekehrter Flußrichtung beliefert. Die Qualität dieses Wassers ist allerdings weit geringer
und eignet sich nur zu Bewässerung der Baum-, Reben-
und Blumenkulturen; Gemüseprodukte mit Marktquali-
tät sind damit nicht zu erzeugen.

Die ausreichende Trinkwasserversorgung in den Sommermonaten ist für die Gemeinde Gouves in den letzten Jahren zu einem ernsten Problem geworden, das
mit den wachsenden Zahlen der Wohn- wie insbesondere der Saisonbevölkerung der Ferienzeit steigt. Zur
Bedarfsdeckung müssen immer größere Mengen aus den
Nachbargemeinden bezogen werden. So bekam Gouves aus
der Trinkwasser-Pipeline Malia-Iraklion von Mai bis
September 1982 täglich 35 cbm zugeteilt, die den Ta-

gesbedarf der dörflichen Bevölkerung ergänzen sollten. Von vielen Gemüsebauern wurde das qualitativ
hochwertige und sehr geschätzte Wasser aus Malia
jedoch nicht als Trinkwasser konsumiert, sondern
zur Bewässerung in die Gartenparzellen geleitet, so
daß in verschiedenen Haushalten zeitweilig Mangel-
situationen auftraten. Es ist in der Gemeinde allgemein bekannt, daß die sommerliche Trinkwasserverknappung direkt mit dem wachsenden touristischen
Konsum in Kato Gouves zusammenhängt.

Die Entwicklung der Bewässerungsflächen in der Gemarkung zeigt folgenden Verlauf:

Gemeinde Gouves: Kulturland und bewässerte Fläche
1971, 1976, 1979 bis 1981

	Kulturfläche	bewässert	%
1971	9 700	2 100	21,7
1976	10 830	2 440	22,5
1979	9 152	722	7,9
1980	9 296	756	8,1
1981	9 133	848	9,3

(n. ESYE Iraklion u. GvG 1982)

Da die bewässerten Areale der jeweiligen Jahre zu
fast 100 % in Kato Gouves lagen, ist auch in diesem
Fall der Flächenrückgang mit der Fremdenverkehrswirtschaft in einen direkten Zusammenhang zu bringen.
Unter Berücksichtigung der potentiellen indirekten
Flächenaufstockung durch Mehrfachernten auf bewäs-
serbarem Kulturland, die in der Gemarkung etwa 500
Stremmata pro Wirtschaftsjahr betrug, gehen mit dem
Anteil von rd. 400 Stremmata in Kato Gouves mehr als
80 % dieses agrarwirtschaftlichen Potentials allmählich verloren.

Von den brachliegenden Flurstücken befanden sich im
Jahr 1971 rd. 13 % im Bereich des heutigen Kato Gouves, 1981 war dieser Anteil auf rd. 43 % hochge-
schnellt. Es ist keine Frage, daß die früher als
Weidegebiete genutzten Schwarzbrache-Flächen in der
touristischen Erschließungszone gegenwärtig weit weniger agrar- als vielmehr bauwirtschaftlich interessant sind. Deutliche Hinweise sind die Neubauten z.B.
auf Flächen, die noch die Spuren aufgegebener Ge-
wächshauskulturen tragen (vgl. Bilder 2 u. 3). Im
übrigen ist davon auszugehen, daß die in der Gemein-
destatistik als ein- bis fünfjährige Brachflächen
deklarierten Flurstücke zum größten Teil bereits eine Nutzungsänderung durch stillschweigende wilde
Überbauung erfahren haben oder zumindest als Bauflä-

chen vorgesehen sind, wie zahlreiche Einfriedungen und eingeleitete Bauaktivitäten belegen. Bei Baulandpreisen zwischen 3 000 und 10 000 Drachmen pro Quadratmeter ist der Trend zur definitiven Aufgabe der besten Wirtschaftsflächen der Küstenflur zur Zeit auch kaum verwunderlich. Rentabilitätserwägungen haben inzwischen eine nahezu feste Reihenfolge in der Auflösung der küstennahen Kulturländereien festgelegt: die eindeutig größten Flächeneinbußen sind im Getreideanbau zu beobachten, mit Abstand folgen Oliven- und Rebenkulturen, an letzter Stelle stehen Gartenland und Intensivkulturen (PYGK Iraklion 1982).

Da in Kato Gouves die Bodengüte und damit die Produktqualität durch die langjährige Bewässerung mit salzhaltigem Grundwasser gelitten hat, das Ausweichen auf Alternativkulturen aber arbeits- und lohnkostenintensiv ist, stehen hier als lokale Besonderheit die Gartenländereien gleich an zweiter Stelle im Prozeß der agrarlandschaftlichen Auflösung.

Der Flurverfall in dem 3 140 Stremmata großen Wirtschaftsgelände um Kato Gouves geht aus der folgenden Übersicht hervor:

Gemeindeteil Kato Gouves: Flächennutzung 1971, 1976, 1981 (in Stremmata)

	1971	1976	1981
Ackerflächen	2 000	1 900	570
Gartenland	550	780	223
Baumkulturen	50	100	160
Rebland	100	100	110
Brachland	440	260	2 077
Kulturland	3 140	3 140	3 140
davon bewässert	2 050	2 440	728

(e.E. n. GvG 1982)

Aus der Tabelle ist ersichtlich, daß die ehemals intensiv bewirtschafteten Flurstücke der Gemeinde Gouves zur Zeit den stärksten landwirtschaftlichen Nutzungsrückgang aufweisen. Im Beobachtungszeitraum April bis Oktober 1982 konnte eine aktuelle Bodennutzungsverteilung der Gemarkung ermittelt werden (siehe folgende Spalte).

Die Erweiterung der Baumkulturen von 1981 zu 1982 betraf mit 10 Stremmata Brachland, mit 55 Stremmata Neurodungen in ehemaligen Hutungen; die Reben-Neupflanzungen stehen mit 5 Stremmata in aufgegebenen Warmbeeten, 25 Stremmata sind aus Weideland hinzugekommen. Im Wirtschaftsjahr 1981/82 entfielen da-

mit 2,8 % der gesamten Nutzfläche auf den Ackerbau, 1,4 % auf Gartenland, 55,4 % auf Baum- und 4,5 % auf Rebkulturen; 35,9 % der kulturfähigen Fläche lagen brach bzw. waren verbaut. Von den Ackerflächen entfielen auf die Fluren in Kato Gouves 98,7 %, von den Intensivkulturen des Gartenbaus 100,0 %, von den Baumplantagen 2,1 % und von den Traubenkulturen 18,3 %. Mit 860 Stremmata waren 9,6 % der Agrarflächen bewässert, davon wiederum lagen 76,7 % im küstennahen Bereich nördlich der Hauptstraße.

Gemeinde Gouves: Bodennutzung 1982 (Stand Oktober) (1: Stremmata; 2: davon bewässert)

			Anteil Kato Gouves	
	1	2	1	2
Ackerflächen	385	290	380	290
unter Getrei-de:	75	-	75	-
Gartenland	200	200	200	200
Warmbeet-Gemüse	47	47	47	47
Warmbeet-Nelken	25	25	25	25
Baumkulturen	7760	280	165	125
Reben	630	90	115	45
Brache (z.T.Bauland)	5025		2280	
Kulturfähige Fläche	14000	860	3140	660

(e.E. u. GvG 1982)

Die prozentuale Nutzflächenverteilung für die Jahre 1971 bis (Oktober) 1982 in der Gemarkung Gouves ist in der folgenden Abbildung wiedergegeben:

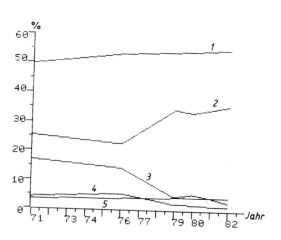

Abb. 8:

Prozentuale Bodennutzungsverteilung in der Gemeinde Gouves 1971 bis 1982 (Oktober)
1: Baumkulturen; 2: Brache; 3: Acker;
4: Reben; 5: Gartenland
(nach ESYE Iraklion und eigene Erhebungen 1982)

Während die Anteile und damit der landwirtschaftliche Nutzwerk der Baum- und Rebkulturen stabil blieben bzw. Wachstumstendenzen erkennen lassen, ist der rapide Anstieg der Brachflächen mit dem ebenso starken Abfall der Feldkulturen synoptisch besonders auffallend. Der Zeitpunkt der Divergenz beider Kurven fällt nicht zufällig mit der ersten großen Phase von Landkäufen bauwilliger Hoteliers und kleingewerblicher Beherbergungsbetriebe in der Gemeinde Gouves zusammen. Weniger dramatisch nimmt sich demgegenüber der langsame Rückgang der Sonderkulturen im Gartenbau nach einer Wachstumsperiode zwischen 1974 und 1977 aus, als die Hoffnung auf Teilhabe am allgemeinen kretischen Frühgemüse-Boom auch viele Landwirte von Gouves zur Anlage von Warmbeetkulturen animierte.

Der wachsende Brachflächenanteil in Kato Gouves signalisiert die Totalaufgabe landwirtschaftlicher Nutzung im Schwemmlandfächer der Gemeinde, nachdem genau diese Zone noch bis Mitte der Siebziger Jahre zu rd. 90 % unter Kulturen stand.
Dem Flächenverlust an der nördlichen Gemarkungsgrenze steht gegenwärtig eine erhöhte Rodungsaktivität an den Macchien- und Phrygana-Hängen im Gemeindehinterland gegenüber, die allerdings nur zur Ausweitung der Baumkulturen beitragen wird.

3.2.2. MECHANISIERUNG

Der Landmaschinenpark der Gemeinde Gouves wurde von 1971 zu 1981 wie folgt erweitert:

Gemeinde Gouves: Landmaschinenpark 1971, 1976, 1981

	1971	1976	1981
Schlepper über 18 PS	-	3	9
Schlepper unter 18 PS	20	29	47
Mähdrescher	-	2	2
Wasserpumpen			
brennstoffbetrieben	-	52	80
elektrisch betrieben	-	-	12
windbetrieben	45	24	6
Sprinkleranlagen	-	-	4

(ESYE Iraklion u. GvG 1982)

Die Mähdrescher der Gemeinde sind seit 1980 nicht mehr zum Einsatz gekommen, 1982 konnte wiederholt beobachtet werden, daß die Getreideparzellen in Kato Gouves in Handarbeit abgeerntet wurden.

Der Zuwachs an Kleintraktoren entspricht dem schon erwähnten, allgemeinen Interesse der kretischen Landwirte an diesen praktischen und auf ihre Bedürfnisse hin konstruierten Vielzweckgeräten, während die geringe Zunahme an Schleppern über 18 PS in erster Linie auf die wachsende Verbreitung von agrartechnisch spezialisierten Kleinunternehmen zurückzuführen ist, die mit ihren schweren Traktoren in Lohnarbeit die anfallenden Feldvorbereitungen übernehmen. So wird auch in der Gemeinde Gouves vielfach das notwendige Pflügen der Olivenkulturen und das Umbrechen der Ackerfluren im Auftrag der Landeigentümer von besonders qualifizierten Landarbeitern der Nachbargemeinden durchgeführt. Sie füllen damit jene Lücke, die bei den meisten Bauern durch Kapitalmangel und durch den geringen Ausbau genossenschaftlicher Kooperation entstanden ist.

Der verstärkte Einsatz von Motor- bzw. elektrisch betriebenen Pumpanlagen hat die windkraftbetriebenen Brunnen nicht nur wegen der größeren Witterungsunabhängigkeit verdrängt, sondern ist auch zwingende Konsequenz der wachsenden Fördertiefen bei stetig sinkendem Grundwasserspiegel.

3.2.3. BETRIEBLICHE ORGANISATION

Die Verteilung der 229 in der Gemarkung Gouves ansässigen und hier wirtschaftenden agraren Vollerwerbsbetriebe auf die einzelnen Siedlungseinheiten, ihr zugehöriger Flächenbesitz und die daraus resultierende durchschnittliche Betriebsgröße gibt für das Wirtschaftsjahr 1981/82 die folgende Aufstellung wieder:

Gemeinde Gouves: Betriebslage, -fläche und -größe 1981/82

(1: Anzahl der Betriebe; 2: gesamte Wirtschaftsfläche in Stremmata; 3: durchschnittliche Betriebsgröße; 4: durchschnittliche Beschäftigtenzahl)

	1	2	3	4
Apano Gouves	128	4 550	35,5	2,4
Skotino	39	1 450	37,2	2,2
Kato Gouves	62	1 650	26,6	2,5
Gemeinde Gouves	229	7 650	33,4	2,4

(e.E. 1982)

Die für die Gemeinde errechnete durchschnittliche
Betriebsgröße liegt mit 33,4 Stremmata leicht über
dem kretischen Mittelwert von 29 Stremmata, dieser
wird aber bei genauerer Differenzierung - wie die
Aufstellung zeigt - von Betriebslagen in Küstennähe unter-, von den Betrieben mit überwiegendem Flächenbesitz im Baumbestand südlich der Hauptstraße
zum Teil erheblich überschritten. Diese Beobachtung
weicht von den Ergebnissen einer kretischen Erhebung
aus dem Jahr 1970 (PYGK 1972, unveröffentlicht) ab,
die eine genau umgekehrte Vergrößerung der landwirtschaftlichen Besitzflächen vom Bergland zur Küstennähe konstatierte. Bei der Gemeindeverwaltung von
Gouves wird jedoch betont, daß das lokale Gefälle,
das aus dem Verhältnis der Betriebsanzahl zur Gesamtfläche der agrarisch wertvolleren Böden resul-
tierte, hier schon seit Jahrzehnten bestehe.

Die Verteilung der Wirtschaftsfläche nach Kategori-
en der Besitzgröße verdeutlicht die kleinbäuerliche
Betriebsstruktur in der Gemarkung Gouves:

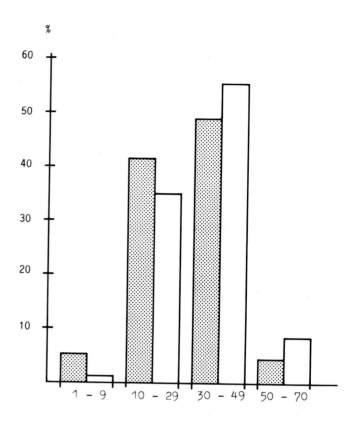

Abb. 9: Gemeinde Gouves: Vergleich der Betriebsgrößen und
Wirtschaftsflächen 1981/82 (nach eigenen Erhebungen 1982)

Gemeinde Gouves: Betriebsgrößenverteilung 1981/82

Stremmata	Betriebe	Betr.-Fläche (Stremmata)	%-Anteil Betriebe	%-Anteil Betr.-Fläche
1 - 9	12	90	5,2	1,2
10 - 29	94	2 680	41,1	35,0
30 - 49	112	4 240	48,9	55,4
50 - 70	11	640	4,8	8,4
Gemeinde	229	7 650	100,0	100,0

(e.E. 1982)

Abbildung 9 zeigt diese Verteilung graphisch veranschaulicht. Die Abweichungen vom kretischen Gesamtbild von 1980 (vgl. S. 140) demonstrieren ebenfalls
die lokale Überschreitung der durchschnittlichen insularen Unternehmensgrößen, erklären sich andererseits aber aus dem Fehlen von Betrieben mit 100 und
mehr Stremmata Wirtschaftsfläche. Die größte landwirtschaftliche Eigentumsfläche betrug im Jahr 1982
in Gouves 66 Stremmata, die kleinste 7 Stremmata.

Die mittlere Parzellenzahl pro landwirtschaftlichem
Unternehmen entspricht in Gouves der oberen Grenze
der für Kreta ermittelten Durchschnittswerte von 10
bis 12, die Wegeentfernung zwischen zwei Parzellen
überschreitet in der Gemeinde selten drei Kilometer
und liegt im Mittel bei zwei Kilometern.

Gemeinde Gouves: Parzellierung der Betriebsflächen
1981/82

Stremmata	Betriebe	Gesamtzahl Parzellen	durchschn. Parz.größe (Stremmata)	durchschn. Parzellen pro Betrieb
1 - 9	12	60	1,5	5
10 - 29	94	1 034	2,6	11
30 - 49	112	1 462	2,9	13
50 - 70	11	187	3,4	17
Gemeinde	229	2 743	2,8	12

(e.E. 1982)

Der durchschnittliche bäuerliche Kleinbesitz betrug
nach den Erhebungen im Jahr 1982 in Gouves also 33,4
Stremmata, aufgeteilt in 12 Parzellen, die von 2,4
Arbeitskräften bewirtschaftet wurden. Mit diesen Daten fügt sich die agrare Betriebsstruktur der Gemarkung ohne gravierende Abweichungen in das Gesamtbild
der kleinbetrieblichen Wirtschaftsstruktur Kretas.

Allerdings sind mit 7 650 Stremmata nur 54,6 % der
gesamten kultivierbaren Gemeindeflächen im Besitz
der agraren Vollerwerbsbetriebe von Gouves. Die Bodennutzung dieser von permanent Ortsansässigen bearbeiteten Gemeindeflur zeigte von 1981 zu 1982 die
folgenden Verschiebungen:

Gemeinde Gouves: Besitzfläche und Bodennutzung der
ortsansässigen Agrarbetriebe, 1981 und 1982

(in Stremmata)

	1981	1982
Ackerflächen	600	370
Gartenland	150	130
Baumkulturen	6 000	6 060
Reben	500	530
Brachland	400	560
Kulturland gesamt	7 650	7 650

(e.E. u. GvG 1982)

Gemeinde Gouves: Besitzflächenverteilung 1981/82

(in Stremmata; 1: kultivierte Fläche; 2: Brache;
3: gesamte Wirtschaftsfläche; 4: %-Anteil an ge-
samter landwirtschaftlicher Nutzfläche)

	1	2	3	4
gemeindeansässige Vollerwerbsbetriebe	7 090	560	7 650	54,6
gemeindeansässige Nebenerwerbsbetriebe	1 030	2 220	3 250	23,2
außerhalb der Gemeinde wohnende Grundeigentümer	850	2 250	3 100	22,2
gesamte Nutzfläche			14 000	100,0

(e.E. u. GvG 1982)

Mit rd. 6 350 Stremmata befinden sich 45,4 % der kulturfähigen Fläche im Besitz von Nebenerwerbslandwir-
ten und Eigentümern, die ihren ständigen Wohnsitz
nicht in der Gemeinde haben. In der Regel sind es ab-
gewanderte Dorfbewohner, die ihren Grundbesitz entweder vollständig oder partiell agrarisch nutzen,
aber fremdbearbeiten lassen, oder aber, was häufiger
zu beobachten ist, die Flächen für private oder kom-
merzielle Freizeit- und Erholungsnutzung strukturell
umwandeln. Der Brachflächenanteil von 4 465 Stremmata (Gesamtbrache 1982: 5 025 Stremmata abzüglich 560
Stremmata Brachland bei den Vollerwerbsbetrieben) ist
daher in dieser Grundeigentümergruppe mit 88,9 % nicht
unerwartet hoch. Das rapide Brachfallen großer Flurstücke in der Gemarkung Gouves ist demnach offenbar
weniger die Folge nachlassender landwirtschaftlicher
Tätigkeit der ortsansässigen Bauern, sondern weit
mehr das Ergebnis einer profitorientierten Nutzungsverschiebung durch Grundbesitzer, die entweder neben-
erwerblich Landwirtschaft betreiben oder von Athen,
Thessaloniki, Iraklion, Chersonisos oder Malia aus
ihren ererbten oder rechtzeitig erworbenen Landbesitz
nur noch fremdenverkehrswirtschaftlich nutzen.

Die nicht von den Vollerwerbsbetrieben kultivierte
Flur der Gemarkung Gouves betrug im Jahr 1982 rd.
1 880 Stremmata, die zu 90,2 % unter Baumkulturen,
zu 5,3 % unter Reben, zu 3,7 % unter Intensivkulturen des Gartenbaus (Nelken) und zu 0,8 % unter Acker-
frucht standen. Die Besitzflächenverteilung geht aus
der folgenden Übersicht hervor:

Zur Frage der jährlichen Arbeitstage in den kleinbäuerlichen Vollerwerbsbetrieben wurden in Gouves
sehr abweichende Angaben gemacht, so daß nur Richtwerte festgestellt werden konnten. Demnach liegt
der landwirtschaftliche Arbeitsaufwand zwischen
130 und 160 Tagen pro Wirtschaftsjahr - den intensiven Blumenanbau in den wenigen spezialisierten
Betrieben nicht eingerechnet -, die sich zu etwa
60-70 % auf die Monate September bis Januar/Febru-
ar konzentrieren. In diesen Zeitraum fallen die Oli-
ven- und Rebenernte sowie die Vorbereitungen für
den Gemüseanbau, dessen erste Ernte im Frühjahr ein-
gebracht wird. In die Sommermonate fallen die zweite Gemüseernte und die weniger aufwendigen Arbeiten
auf den Ackerbauparzellen, so daß in dieser Phase
des agraren Zyklus relativ viel Zeit für nebener-
werbliche Tätigkeiten bleibt. Gefragt sind Anstel-
lungen im Fremdenverkehrsgewerbe der Gemeinde, denn
der saisonale 'Arbeitgeber Tourismus' läßt den bäuerlichen Hilfskräften arbeitszeitlich so viel Spiel-
raum, daß die im Sommer anfallenden Feldarbeiten
- Bewässerung, Düngung, Rebenschnitt, Ernten - pro-
blemlos miterledigt werden können.

Verläßliche Angaben über die Höhe der rein landwirtschaftlichen Einkommen zu erhalten, ist nicht zuletzt aufgrund der Mentalität des kretischen Bauern
sehr schwierig. Es kann davon ausgegangen werden,
daß der gegenwärtige bäuerliche Lebensstandard in
der Gemeinde Gouves kaum mit den Gewinnen aus dem
Verkauf landwirtschaftlicher Produkte zu bestreiten
ist und die diversen Nebeneinnahmen - über die aus
verschiedenen Gründen nicht viel zu erfahren war -
in den meisten Haushalten finanziell die Hauptrolle
spielen. Nach den Angaben des Regionalen und Landwirtschaftlichen Entwicklungsdienstes wurden im Nomos Iraklion im Jahr 1981 rd. 13 Milliarden Drachmen von rd. 37 850 Agrarbetrieben mit rein landwirtschaftlicher Tätigkeit erwirtschaftet (YPAK u. LWD
Iraklion 1982), woraus rechnerisch ein Betriebsein-

kommen von rd. 343 000 Drachmen resultiert. Auf den kretischen Durchschnittswert von 2,5 Arbeitskräften pro Betrieb umgerechnet, hätte der landwirtschaftliche Erwerbstätige im Jahr 1981 im Nomos Iraklion ein Jahreseinkommen von etwa 137 000 Drachmen gehabt. Von den Landwirten der Gemeinde Gouves wurden demgegenüber maximale Jahreseinkommen zwischen 80 000 und 120 000 Drachmen genannt, so daß für alle weiteren Überlegungen von einem durchschnittlichen Jahresverdienst von etwa 110 000 Drachmen pro landwirtschaftlicher Vollerwerbsperson in der Gemeinde Gouves ausgegangen wird.

3.2.4. ENTWICKLUNG DER PFLANZLICHEN UND TIERISCHEN AGRARPRODUKTION

Art und Umfang der pflanzlichen Agrarproduktion in der Gemeinde Gouves geht - für ausgewählte Jahre - aus der folgenden Aufstellung hervor:

Gemeinde Gouves: Pflanzliche Agrarproduktion 1971, 1976, 1979 bis 1981 (in t)

	1971	1976	1979	1980	1981
Weizen	27,2	32,7	3,5	2,0	0,9
Gerste	56,0	58,2	40,2	45,1	24,6
Hafer	48,0	41,0	-	-	-
Dicke Bohnen	16,2	19,3	20,2	19,8	22,5
Wassermelonen	290,0	98,0	15,0	25,0	23,0
Honigmelonen	140,0	186,0	72,0	126,0	81,6
Kartoffeln	83,0	74,0	55,0	62,0	81,2
Futterpflanzen	47,0	56,0	13,0	6,5	4,0
Tomaten	240,0	300,0	35,3	20,2	-
Zwiebeln	21,0	34,0	20,0	16,0	12,0
Grüne Bohnen	44,0	57,0	45,0	30,0	33,4
Kohl	25,0	60,0	11,0	8,0	-
Zucchini	67,4	88,0	17,0	12,0	10,0
Artischocken	20,8	24,8	8,0	15,0	9,5
Treibhausgemüse (Gurken, Tomaten, Paprika)	58,0	256,5	110,1	97,0	93,1
Tafeltrauben u. Sultaninen	102,0	113,0	156,0	110,0	112,0
Agrumen	40,0	42,0	27,3	34,5	31,6
Aprikosen	-	-	18,0	25,0	24,0
Mandeln	2,6	3,0	3,5	2,2	2,5
Karuben	68,0	62,0	20,0	30,0	30,0
Oliven	315,0	1370,0	350,0	1800,0	400,0

(ESYE Iraklion u. GvG 1982)

Die Agrumen-Ernte in der Gemeinde kam im Jahr 1981 von 2 000 Zitronen-, 80 Orangen- und 40 Mandarinenbäumen. Die Anzahl der tragenden Aprikosenbäume be-

trug im gleichen Jahr 200 Stück, die der Mandeln und Karuben 1 500 bzw. 4 000 und die der Ölbäume 65 000 Stück. Aus den Oliven wurden im Wirtschaftsjahr 1978/79 rd. 100 t, im Wirtschaftsjahr 1979/80 rd. 300 t Öl gewonnen (ESYE Iraklion u. GvG 1982).

Aus dem Vergleich der jährlichen Fruchterträge pro Stremma in der folgenden Übersicht können Rückschlüsse auf die Intensivierung der landwirtschaftlichen Produktionstechniken gezogen werden:

Gemeinde Gouves: kg/Stremma-Erträge ausgewählter Agrarprodukte, 1971, 1976, 1979 bis 1981

	1971	1976	1979	1980	1981
Weizen	80	76	142	116	178
Gerste	160	182	158	122	123
Dicke Bohnen	135	114	144	140	141
Honigmelonen	583	620	729	964	816
Kartoffeln	553	569	561	612	812
Tomaten	1 200	1 250	1 000	670	-
Grüne Bohnen	367	380	396	408	417
Treibhausgemüse	1 160	1 253	1 770	1 590	1 550
Trauben	227	205	260	198	187

(n. ESYE Iraklion u. GvG 1982)

Eine echte Produktivitätssteigerung zeichnet sich nur bei Weizen, Honigmelonen und Kartoffeln ab. Der leichte Anstieg bei den Bohnen bestätigt zwar die lokale Bedeutung dieses Selbstversorgungsproduktes, die Anbaumethoden haben sich hier aber nicht entscheidend verbessert. Die sonst in Kreta üblicherweise mit Wachstumsraten bezifferten Sonderkulturen zeigen in Gouves seit 1979 sinkende Produktionsmengen, in denen das nachlassende Interesse an der Intensivwirtschaft zum Ausdruck kommt. Das Flächenpotential wird häufig nicht mehr voll ausgenutzt, seit der Fremdenverkehrs-Boom den Frühgemüse-Boom abzulösen begonnen hat.
Zur Einschätzung der regionalen landwirtschaftlichen Produktivkraft der Gemeinde Gouves ist in der folgenden Übersicht ein Vergleich der kg/Stremma - Erträge mit den Nachbargemeinden aufgestellt:

Vergleich der landwirtschaftlichen Produktivkraft 1979 und 1980, Gemeinden Gouves (G), Anopolis (A), Malia (M) und Nomos Irak- lion (NI: nur 1979) (kg/Stremma)

	1979				1980		
	G	A	M	NI	G	A	M
Weizen	142	160	300	147	116	180	330
Gerste	158	167	200	244	122	150	200
Dicke Bohnen	144	111	210	137	140	123	160
Honigmelonen	729	640	1 500	1 229	964	765	1 600
Kartoffeln	561	490	1 875	1 017	612	584	2 100
Tomaten	1 000	2 560	3 000	3 185	670	2 140	3 190
Trauben	260	372	706	317	198	397	788

(n. GSE 1979 u. ESYE Iraklion 1982)

Im Nomos-Vergleich sind die Ertragsergebnisse der Gemeinde Gouves eher unterdurchschnittlich; sie wer- den weit übertroffen von den jährlichen Rekordern- ten in der Nachbargemeinde Malia, deren Landwirte auf den sehr fruchtbaren Rotlehmen in mikroklima- tisch begünstigter Lage bei reichlichem Wasserange- bot aus dem Küstenbergland wirtschaften können. Es überrascht daher nicht, daß der Brachlandanteil hier nur rd. 14 % beträgt gegenüber 35 % in Anopolis bzw. 34 % in Gouves (EYSE Iraklion 1982).

Der Viehbestand in der Gemeinde nimmt seit dem Jahr 1971 langsam, jedoch stetig ab, wie aus der folgen- den Aufstellung hervorgeht:

Gemeinde Gouves: Viehbestand 1971, 1976, 1981 (Stückzahlen)

	1971	1976	1981
Pferde	4	2	-
Mulis	62	50	43
Esel	58	46	37
Rinder	8	5	2
Schafe	1 200	1 200	960
Ziegen	150	100	70
Hühner	1 700	1 400	1 000
Kaninchen	2 000	1 900	1 600

(ESYE Iraklion u. GvG 1982)

Während die Ziegen als Hoftiere gehalten werden, be- findet sich etwa die Hälfte des Schafbestandes pe- riodisch auf den sommerlichen Fernweiden in den Hoch- ebenen der Dikti-Berge; etwa 400 bis 500 Tiere blei- ben ganzjährig in eingezäunten Hutungen auf den Pla- teaus des Gemeinde-Hinterlandes bzw. auf 'Mietwei- den' der Nachbargemeinden.

Die auf dem Gemeindegebiet wirtschaftenden Schweine- mastbetriebe haben einen Durchlauf von jährlich 2 000 bis 3 500 Stück Schlachtvieh. Von der Geflü- gelmastanlage wird eine Jahresproduktion von 12 000 bis 16 000 Hähnchen angegeben. Alle drei Betriebe produzieren ausschließlich für die Großmärkte Kre- tas.

Im Jahr 1972 wurde im Gebiet des heutigen Kato Gou- ves von einem in Iraklion ansässigen Unternehmer ei- ne Kälberaufzucht begonnen, die jedoch infolge ei- ner Tierseuche bereits 1975 ihr Ende fand. Die ver- waisten Großställe dienen heute als Lager für Bau- material

Die Milch- und Fleischversorgung der Gemeinde Gou- ves wird wie in den meisten kretischen Dorfgemein- den auch heute noch überwiegend von Schaf und Ziege bzw. Hühnern und Kaninchen bestritten:

Gemeinde Gouves: Milchproduktion 1971, 1976 und 1981

(1: Stückzahl; 2: Jahresertrag in t; 3: Jahresertrag pro Tier in kg)

	1971			1976			1981		
	1	2	3	1	2	3	1	2	3
Schaf	1 000	42,5	42,5	1 000	39,8	39,8	780	36,6	46,9
Ziege	136	24,7	181,6	90	15,7	174,4	65	13,0	200,0
Gesamtpro-duktion		67,2			55,5			49,6	

(n. ESYE Iraklion u. GvG 1982)

Gemeinde Gouves: Fleischproduktion 1971, 1976, 1981

(1: Stückzahl; 2: Jahresertrag in t; 3: Schlachtgewicht pro Tier in kg)

	1971			1976			1981		
	1	2	3	1	2	3	1	2	3
Schaf	860	7,4	8,6	920	8,2	8,9	540	4,5	8,3
Ziege	110	0,8	7,3	80	0,6	7,5	96	0,8	7,9
Geflügel	1 000	2,0	2,0	1 000	2,0	2,0	850	1,7	2,0
Kaninchen	1 000	2,5	2,5	800	2,0	2,5	620	1,3	2,1
Gesamtpro-duktion		12,7			12,8			8,3	

(n. ESYE Iraklion u. GvG 1982)

Gemeinde Gouves: Produktion von Eiern, Käse und Honig 1971, 1976, 1981

(Eier in 1 000 Stück, Käse und Honig in kg)

	1971	1976	1981
Eier	136	112	80
Hartkäse	380	350	-
Weichkäse	110	100	-
Honig	800	800	760

(n. ESYE Iraklion u. GvG 1982)

Die im Vergleich mit den kretischen Mittelwerten (vgl. S. 147) insgesamt unterdurchschnittliche tierische Erzeugung in der Gemeinde Gouves bestätigt ihren Rang als reine Subsistenz-Erzeugung, wobei nach eigenen Beobachtungen der Fleischkonsum in den meisten Familien überraschend niedrig ist und auf Feier- bzw. Festtage beschränkt bleibt. Die Durchschnittskost der Dorfbevölkerung ist überwiegend vegetarisch, so daß kein Bedarf an der Ausweitung der tierischen Produktion besteht.

3.2.5. VERMARKTUNG VON AGRARPRODUKTEN

Der agrare Selbstversorgungsgrad ist in der Gemeinde immer noch sehr hoch. In den Sommermonaten 1982 konnte allerdings beobachtet werden, daß Frischgemüse, Bohnen und Obst bei fahrenden Händlern gekauft wurde, obgleich trotz der Nutzungsverschiebung in Kato Gouves noch ausreichend Anbaufläche zur Eigenversorgung mit diesen Gütern zur Verfügung stände. Die nachlassende Wirtschaftstätigkeit im Gartenbau scheint damit für die Zukunft noch stärkere Einbußen im traditionell hohen Selbstversorgungspotential der Gemarkung Gouves anzukündigen.

Die weitgehende Aufgabe des Getreideanbaus hat inzwischen dazu geführt, daß in Gouves seit 1980 kein Brot mehr gebacken wird; die Belieferung mit Teigwaren aller Art erfolgt ebenfalls durch fahrende Händler.
Überschüsse in der pflanzlichen Agrarproduktion werden bei Wintergemüse, Kartoffeln, Melonen, Dicken Bohnen und Oliven erzielt, marktorientiert ist die Erzeugung von Tafeltrauben und Sultaninen sowie von Nelken, und nur diese Produkte erreichen regelmäßig regionale bzw. überregionale Absatzmärkte. Die jährliche Sultaninen-Ernte kann zu Festpreisen an die erwähnte Vermarktungskooperation KSOS abgeführt werden, die Nelken sind als Kommissions-Ware auf den Märkten von Iraklion, Athen und mitunter auch in Mitteleuropa zu finden.
Trotz wachsender Konkurrenz aus der Nachbargemeinde Malia sind die Honigmelonen noch relativ gut abzusetzen, für die Gouves über die Nomosgrenzen hinaus in Kreta bekannt ist; sie werden in den Sommermonaten mit gutem Erfolg über den mobilen Straßenhandel in Kato Gouves verkauft.
Demgegenüber sind auftretende Überschüsse an Wintergemüse, Hülsenfrüchten und Feldgemüse aufgrund ihrer Qualitätsmängel auf bedeutenderen Märkten nicht konkurrenzfähig und erreichen diese allenfalls bei Versorgungsengpässen.
Für jene Agrarprodukte, die im Jahr 1982 in kleineren Mengen verkauft werden konnten, gaben die Landwirte aus Gouves folgende durchschnittliche Erlöse an:

Gemeinde Gouves: Handelspreise für Agrarprodukte 1982 (Drachmen pro Kilo)

Weizen/Gerste	14
Dicke Bohnen	60
Honigmelonen	70 - 90
Wassermelonen	30 - 40
Kartoffeln	30
Tomaten	30
Gurken	20
Trauben	20 - 30
Olivenöl	170
Nelken (Stück)	2 - 15

(e.E. 1982)

Die Untersuchung der durchschnittlichen Marktpreise von Iraklion (vgl. S. 148)resultiert häufig aus dem Direktverkauf ohne Zwischenhandel.
Insgesamt ist die Landwirtschaft der Gemarkung Gouves als überwiegende Subsistenzwirtschaft mit nur sehr geringen und kaum ausbaufähigen Marktchancen einzustufen. Es ist daher verständlich, daß die Gemeindeverwaltung große Hoffnungen auf den Ausbau des Fremdenverkehrs in ihrem Gebiet setzt.

3.3. ENTWICKLUNG UND AUSWIRKUNGEN DES LOKALEN FREMDENVERKEHRS

3.3.1. NATÜRLICHE VORAUSSETZUNGEN

Entsprechend ihrer Lage an der meistfrequentierten Badeküste Kretas sind - abgesehen vom Klima - die Strände das wichtigste fremdenverkehrswirtschaftliche Potential der Gemarkung Gouves. Zwar sind die begehrten Sandstreifen in der überwiegend geröllführenden Uferregion die Ausnahme, die zunehmende touristische Verdichtung in den mit attraktiveren Stränden ausgestatteten Ferienzentren Kokkini, Chani, Limani Chersonisos und Malia förderte jedoch die Integration von Kato Gouves in den jetzt nahezu geschlossenen Ferienstrand-Verlauf von Iraklion bis in den Osten der Bucht von Malia. Das an naturgeographischen Reizen relativ arme Hinterland südlich der Hauptstraße bietet dem landschaftlich interessierten Touristen die Grotte von Skotino - deren Bekanntheitsgrad allerdings weit hinter dem der weniger eindrucksvollen 'Zeus-Höhlen' der Insel zurücksteht -, den Gipfel des Berges Etheri, der einen Panoramablick über das gesamte Küstenvorland erlaubt sowie zahlreiche Möglichkeiten zu Wanderungen durch die Fluren der Gemarkung und das südlich angrenzende Bergland.

Entscheidend für die touristische Erschließung dürfte jedoch die Verkehrslage von Gouves gewesen sein, die sowohl einen schnellen Anschluß zur Hauptstadt als auch zu den gefragten Urlaubsattraktionen und Sehenswürdigkeiten der Region ermöglicht: die minoischen Denkmäler von Knossos, Anopolis und Malia, die Hochebene von Lasithi und der Mirabelo-Golf mit den Shopping- und Folklorezentren Agios Nikolaos und Kritsa sind nur wenige Kilometer und Fahrminuten entfernt (vgl. Karten 1,2,3).

Allein dieser Standortvorteil der Gemarkung war für die inzwischen in Kato Gouves etablierten Hotelunternehmen zusammen mit den vergleichsweise günstigen Grundstückspreisen das ausschlaggebende Kriterium für die Ansiedlung.

3.3.2. RAUMVERÄNDERNDE EINGRIFFE FREMDEN-VERKEHRSWIRTSCHAFTLICHER NUTZUNG

Im Jahr 1972 eröffnete das erste Hotel in Kato Gouves seinen Betrieb mit einer Kapazität von damals 300 Betten in der Kategorie Lux/A auf einer Unternehmensfläche von 100 Stremmata in Strandlage an der östlichen Gemeindegrenze. Abgesehen von etwa 90 kleinen, zum Teil als periodischer Wohnraum genutzten Feld- und Arbeitshütten war dieser Hotelkomplex zusammen mit zwei Kapellen, vier Großställen einer Kälbermastanlage und einer Ölmühle bis zum Jahr 1977 die einzige größere Bebauung im Bereich des heutigen Kato Gouves (vgl. Karte 6).

Bis zum April 1982 hatten sich sechs weitere Hotels, eines der Kategorie Lux/A, drei der Kategorie B und zwei der Kategorie C etabliert, so daß die Flächenbeanspruchung dieser zwei- bis vierstöckigen Hotelgroßbauten und ihrer Nebeneinrichtungen auf insgesamt rd. 218 Stremmata anstieg. Zu den betriebsnotwendigen Nebeneinrichtungen zählen Stellflächen, Parkanlagen, Liegewiesen, Ent- und Versorgungstrakte, Zier- und Nutzgärten sowie Flächenreserven zur Betriebsvergrößerung.

An kleineren Beherbergungsunternehmen haben sich seit 1977 28 Bungalows- und Appartementbetriebe mit einer Nutzungsfläche von insgesamt rd. 12 Stremmata niedergelassen. Solche Kleinanlagen sind bei Touristen immer häufiger gefragt, weil sie vor allem für Familien preisgünstigere Ferienunterkünfte und zugleich eine unabhängigere Urlaubsgestaltung bieten. Die in der Regel zweigeschossigen Gebäude bestehen aus vier bis acht separat zugänglichen Wohneinhei-

ten, die möbliert und mit den zur Selbstversorgung notwendigen Küchen- und Sanitäreinrichtungen versehen sind. Im Unterschied zum reinen Selbstversorgungsbetrieb in den Bungalows bieten die Appartement-Vermieter ihren Gästen noch einen mehr oder weniger umfangreichen Service an.

Der Zweitwohnungsboom ließ die Zahl der Ferienhäuser in Kato Gouves von 0 im Jahr 1977 auf 362 bis zum April 1982 hochschnellen. Je nach Vermögenslage der Eigentümer variieren diese Bauten zwischen laubenähnlichen, aus vorgefertigten Teilen einfachen Materials zusammengesetzten Konstruktionen und mehrgeschossigen Villen in aufwendiger Architektur und kostspieliger Dekoration (vgl. Bild 4). Auch alte Bausubstanz ehemaliger Agrarnutzung - Hütten, Ställe, Lager - wird als Zweitwohnsitz restauriert. Ausnahmslos alle Ferienwohnungen sind von mehr oder weniger großen Zier- und Nutzgärten eingerahmt. Für die Kategorie der einfacheren Zweithäuser konnte als Kartier- und Meßergebnis eine durchschnittliche Gebäudefläche von rd. 53 qm und eine mittlere Grundstücksgröße von 221 qm ermittelt werden. Die villenähnlichen Wohnungen hatten einen Grundriß von rd. 128 qm, die gesamte Besitzfläche betrug hier im Durchschnitt 892 qm, so daß die Ferienhaus-Bebauung in Kato Gouves im April 1982 rd. 200 Stremmata umfaßte.

Die 46 Anfang Mai 1982 gezählten hotelunabhängigen touristischen Folgeeinrichtungen - Tavernen, Discotheken, Shops, Mietfahrzeug-Stationen - nahmen inklusive der Park- und Terrassenflächen insgesamt rd. 11 Stremmata ein. Hier stehen sich die oft nur wenige Quadratmeter großen und häufig in ehemaligen agraren Wirtschaftsbauten eingerichteten Verkaufsstände der Souvenir-Kleinhändler und Fahrzeug-Vermieter mit den modern ausstaffierten, meist zweigeschossigen Neubauten von Tavernen und Supermärkten, die sich an den auslandstouristischen Konsum-Maßstäben zu orientieren versuchen, nicht selten in scharfem Kontrast gegenüber (vgl. Bild 3). Eine genaue Funktionstrennung ist bei diesen Sondereinrichtungen kaum möglich, da in Tavernen auch Waren aus dem Supermarktsangebot zu bekommen sind, Supermärkte Mietfahrzeuge vermitteln, Souvenirshops Getränke ausschenken etc. Im übrigen dürfen bei den lokalen Vorstellungen von einem 'Supermarkt' weder in Quantität noch Vielfalt des Warenangebotes mitteleuropäische Maßstäbe angelegt werden.

Charakteristisch für die gegenwärtige kretische Ferienlandschaft ist die überwältigende Zahl an unfertigen oder halbfertigen Roh- und Neubauten, Beton-

179

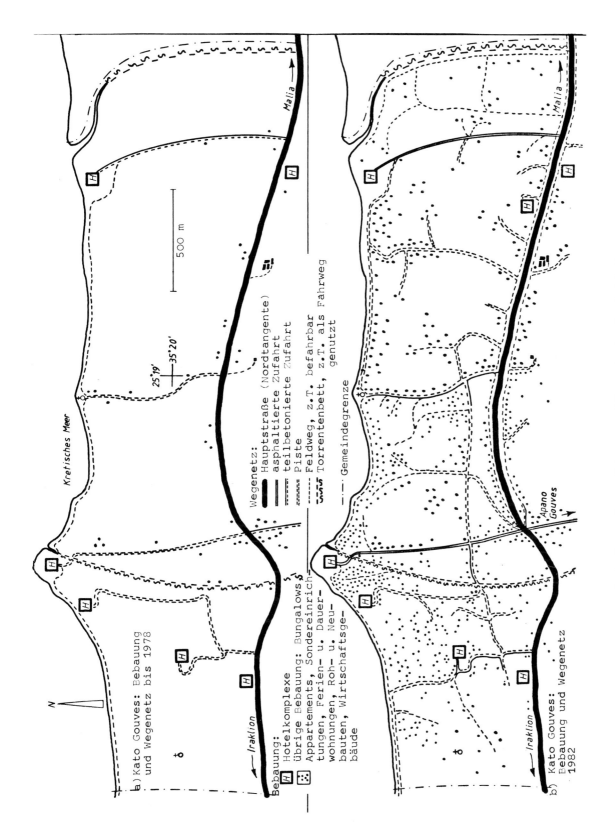

Karte 6: Kreta: Bebauung und Wegenetz des Gemeindeteils
          Kato Gouves (a: bis 1978; b: 1982)

Skeletten aller Größen, an denen die Arbeit aus unterschiedlichen Gründen ruht oder auf unbestimmte Zeit eingestellt wurde. In Kato Gouves gab es 1982 108 solcher unvollendeten Projekte auf einer Gesamtfläche von etwa 18 Stremmata. Darunter waren acht zwei- bis dreigeschossige, offensichtlich als Hotelbetriebe geplante Großbauten. Der überwiegende Teil der kleineren, zwischen 60 und 180 qm großen Bauskelette ist oder war für Bungalows und Zweitwohnsitze vorgesehen (vgl. Bilder 2 u. 6).

Eingefriedet und an den eingeleiteten Arbeiten zweifellos als Baugrundstücke erkennbar waren zur Zeit der Kartierung in Kato Gouves insgesamt 32 Stremmata.

Durch den Umzug von Gemeindebewohnern in die Küstenzone und durch den Zuzug von Familien aus den Nachbargemeinden hat sich die Zahl der Dauerwohnsiedlungen in Kato Gouves bis April 1982 auf 149 Häuser und eine Siedlungsfläche von rd. 15 Stremmata erhöht. Gegenüber den älteren Gebäuden mit einer Wohnfläche zwi-

schen 50 und 70 qm liegt die der Neubauten bei rd. 120 qm.

Im Beobachtungszeitraum Mai bis Oktober begannen das siebte Hotel (Kategorie C), drei neue Appartements und fünf weitere Sondereinrichtungen erstmals ihren Betrieb in Kato Gouves; an Ferienwohnungen kamen sieben neue Häuser, an Dauerwohnungen vier weitere Gebäude hinzu. Für zwei neue Großbauten wurden Fundamente gelegt und Stockwerke eingezogen.

Demgegenüber betrug der Gebäudezuwachs in Apano Gouves nur zwei neue Häuser und zwei Erweiterungsbauten; das Dorf Skotino verzeichnete keinen Zuwachs an Bausubstanz.

Aufgrund der Siedlungskartierung konnte für Kato Gouves die folgende Bebauungsbilanz (Stand Oktober 1982) aufgestellt werden (vgl. auch Karte 7):

Kato Gouves: Gebäude und Flächenbedarf 1977 und 1982
(1: Gebäudezahl; 2: beanspruchte Fläche in Stremmata)

	1977		1982	
	1	2	1	2
Hotels				
Kategorie Lux/A	1	100	2	168,0
Kategorie B	-	-	3	36,0
Kategorie C	-	-	2	14,0
Bungalows	-	-	24	8,4
Appartements	-	-	7	5,2
Zweithäuser, einfach	-	-	188	41,5
Zweithäuser, Villen	-	-	181	161,5
Sondereinrichtungen				
Tavernen/Diskotheken	-	-	28	10,7
Souvenirshops	-	-	14	0,7
'Supermärkte'	-	-	4	13,1
Mietfahrzeugstationen	-	-	5	0,2
Roh-/Neubauten				
groß	-	-	10	7,0
mittel	-	-	58	9,8
klein	-	-	42	2,0
Dauerwohnsiedlungen	ca. 20	ca. 2	153	15,1
sonstige geschlossene Steinbauten	7	3	9	4,6
Eingefriedetes Bauland	-	-	-	32,0
Summe	ca. 28	ca.105	730	529,8

(e.E. 1982)

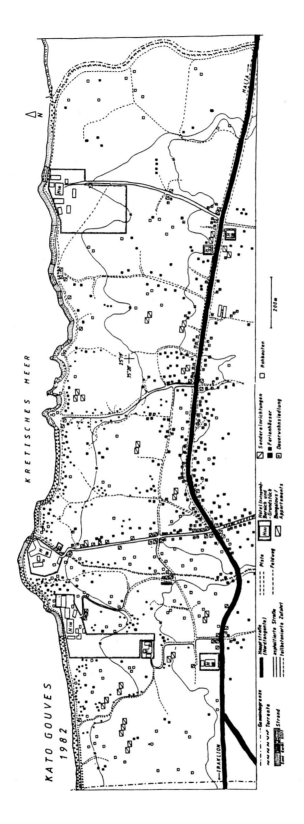

Karte 7:   Kreta: Siedlungsdichte und Hausfunktionen im
            Gemeindeteil Kato Gouves 1982

182

Die in der griechischen Baugesetzgebung festgeschrie-
bene maximale Gebäudehöhe von elf Metern für Hotelkomplexe durfte in Kato Gouves bei einigen Anlagen
mit Genehmigung um ein bis zwei Stockwerkshöhen überschritten werden; mit insgesamt fünf Geschossen ist
der Haupttrakt des Hotels Marina das zur Zeit höchste Bauwerk der Gemarkung (vgl. Bild 2). 31 der übrigen Neubauten in Kato Gouves tragen zwei Stockwerke
und 84 sind zweigeschossig. Durch die relativ hohe
Anzahl der mehrgeschossigen Gebäude in der Bebau-
ungsmasse wird der optische Eindruck der landschaftlichen Überfremdung durch die touristische Nutzung
weiter verstärkt.

In der Gegenüberstellung von Gebäudekategorie und
Flächenbeanspruchung werden die Größenordnungen der
einzelnen Fremdenverkehrseinrichtungen im Siedlungsbild von Kato Gouves deutlich:

Kato Gouves: Gebäudekategorie und Flächenbeanspruchung 1982

	Anzahl	%	Fläche (Stremmata)	%
Hotels	7	1,0	218,0	43,8
Bungalows/Apparte-ments	31	4,2	13,6	2,7
Ferienhäuser	369	50,5	203,0	40,8
Sondereinrichtungen	51	7,0	24,7	5,0
Roh-/Neubauten	110	15,1	18,8	3,8
Dauerwohnsiedlungen	153	21,0	15,1	3,0
Sonstige	9	1,2	4,6	0,9
	730	100,0	497,8	100,0

(e.E. 1982)

Die geschlossen wirkenden Großbauten des Hotelgewerbes beanspruchen zwar den größten Teil der verbauten
Fläche, weit stärker wird die ehemalige Agrarflur
jedoch von der Masse der Ferien-Kleinbauten zersie-
delt, die die Hälfte aller Gebäude in Kato Gouves
bei einem Flächenbedarf ausmachen, der den der großen Beherbergungsunternehmen fast erreicht hat. Insgesamt stehen nach dieser Bilanz (Summe Hotels, Bun-
galows/Appartements, Ferienhäuser und Sondereinrichtungen) 62,7 % aller Baukörper und 92,3 % der Siedlungsfläche von Kato Gouves in direkter fremdenverkehrswirtschaftlicher Nutzung.

Mit rd. 530 Stremmata hat die verbaute bzw. als Bauland vorgegebene Fläche zwar nur einen Anteil von
16,9 % an der 3 140 Stremmata umfassenden Küstenflur, es sollte aber berücksichtigt werden, daß
durch die weitgehend planlose und ungeordnete bauliche Erschließung die Masse der Kleinbauten regel-
los über die gesamte Agrarflur in Kato Gouves verstreut ist und auf diese Weise die alten Landschafts-

strukturen durchdringt und in ihrem Gefüge auflöst
(vgl. Karten 6 u. 7). Ein gewisses, organisch ge-
wachsenes Bebauungsmuster läßt sich allenfalls in
der zonalen Abfolge der vier touristischen Gebäude-
Kategorien erkennen: Die drei Hotels der Spitzenklasse haben unmittelbare Strandlage und hier auch
die wenigen größeren Sandstreifen der Küstenlinie
vor ihren Liegewiesen, die übrigen vier Betriebe und
die meisten Bungalows- und Appartementunternehmen
liegen näher zur bzw. an der Hauptstraße Iraklion-
Malia. Die Ferienwohnhäuser reihen sich zwischen den
Hotels entlang der Strandlinie auf und dringen von
dort zum Teil akkumulativ Richtung Nordtangente vor
und stellenweise schon darüber hinaus in die Oliven-
flur des mittleren Gemeindegebietes. An der Peripherie der Hauptstraße konzentrieren sich die neueren
Wohnsiedlungen der Bevölkerung von Kato Gouves, Siedlungsschwerpunkt ist der Kreuzungsbereich der Hauptstraße mit der nach Apano Gouves und Skotino führenden Dorfstraße. Die touristischen Sondereinrichtungen - Shops, Tavernen, Mietfahrzeugunternehmen - suchen naturgemäß die Nähe des touristischen Publikums-
verkehrs im Bereich der Hotels und sind vor allem im
Bereich der stärker frequentierten Wegekreuzungen anzutreffen. Im übrigen folgt die Kleinbebauung häufig
den Verzweigungen des Wegenetzes, das sich seit 1977
ebenfalls verdichtet hat (vgl. Karte 7). Hauptachsen
und Initiallinien für die weitere Vernetzung sind dabei die stichstraßenähnlichen Anfahrten von der Hauptstraße nordwärts zu den drei Hotelkomplexen am Küstensaum. Nur zwei dieser Zufahrten sind bislang befestigt,
die übrigen Hauptwege sind als verbreiterte Feldwege
oder Bau-Zufahrten zum Teil mit einer Betondecke verstärkt, im übrigen aber unbefestigt und als Pisten zu
bezeichnen, deren Zustand für den LKW- und Busverkehr
ein erhebliches Hindernis, für den Personenverkehr einen wenig einladenden und nachts wegen mangelhafter
oder fehlender Ausleuchtung auch gefährlichen Geh-
weg darstellen. Von den größeren Verbindungslinien
zweigen kleine und schmalste, zum Teil aber noch be-
fahrene Saumpfade zu den vereinzelt oder in Ballun-
gen stehenden Ferienhäuser, Bungalows und Appartements ab - einzelne dieser Verdichtungen tragen in
Kato Gouves bereits klangvolle Eigennamen ähnlich
den 'Feriendörfern' in den Nachbargemeinden - oder
führen als Feldwege in die sporadisch verstreuten
Agrarkulturen. Diese einfachen, höchstens mit Bauschutt provisorisch befestigten Anfahrten werden außerhalb kommunaler Planungen je nach Bedarf privater
Interessen gelegt und zerschneiden in wachsendem Umfang die brachgefallenen Ackerländereien der nördlichen Gemeindeflur. Auch die sommertrockenen Torrentenbetten sind in ihrem Unterlauf als Fahrwege in

das Wegenetz von Kato Gouves integriert. Insgesamt entsprechen Qualität und Kapazität der lokalen Verkehrslinien nicht den saisonalen fremdenverkehrswirtschaftlichen Anforderungen; von seiten der Kommune wird erwartet, daß die Hotelbetriebe selbst für Abhilfe sorgen, die etablierten Tourismusbetriebe klagen dagegen über die falsche Verwendung der jährlichen Gewinnbeteiligung, die der Gemeinde von den Hotels über die Nomosverwaltung zweckgebunden zur Verfügung gestellt werden muß und die auch in die Verbesserung der Infrastrukturen fließen soll.

Die geltende griechische Baugesetzgebung bindet die Erteilung einer Genehmigung für den Hausbau in ländlicher Gegend an einen zusammenhängenden Grundbesitz von mindestens vier Stremmata; der Abstand zweier Gebäude darf allseitig 15 m nicht unterschreiten, als Mindest-Distanz zu Hauptstraßen und Küsten-/Wasserlinie müssen mindestens je 40 m eingehalten werden (n. YPAK 1982). Bereits eine kurze Geländebegehung in Kato Gouves zeigt, daß diese Bestimmungen kaum eingehalten sind: der Abstand zum Meeresufer ist bei den Hotelgroßbauten (mit Genehmigung) um bis zu 20 m unterschritten, die Ferienhäuser und Sondereinrichtungen rücken stellenweise bis 15 m an die Wasserlinie heran (Bild 5), ähnliches ist bei den neuen Dauerwohnsiedlungen zu beobachten, die von der Nordtangente häufig nur durch einen etwa 20 m breiten, als Piste befahrenen und von Oleanderbüschen gesäumten Streifen getrennt sind. In den günstigen Baulagen von Kato Gouves ist auch der vorgeschriebene Gebäudeabstand nicht selten um mehr als 50 % unterschritten.

Besonders auffällig ist aber die Mindestflächenunterschreitung bei den Kleinbauten, die mit Besitzgrößen zwischen 220 qm und etwa 1 000 qm nicht annähernd die gesetzlich festgelegten 4 000 qm Eigentumsfläche erreichen. Obwohl damit fast alle Zweitwohnsitze in Kato Gouves keine offizielle Baugenehmigung hätten erhalten haben dürfen, sind sie ausnahmslos an die kommunale Strom- und fast alle an die Wasserversorgung angeschlossen. Die Erklärung ist in der folgenden Überlegung und Strategie der Ferienhausbesitzer zu finden: bei Baulandpreisen zwischen 2 000 und 3 000 Drachmen pro Quadratmeter würden in Kato Gouves allein die Kosten für das Baugrundstück in vorgeschriebener Mindestgröße die des eigentlichen Hausbaus bei weitem übersteigen. Deshalb kauft man nur eine kleine Parzelle und beantragt die Bauerlaubnis für einen Lagerraum, eine Garage o.ä. mit provisorischer Unterkunft. Diese ist bislang noch ohne Schwierigkeiten zu bekommen, sie ist gleichzeitig die offizielle Genehmigung zum

Anschluß an das kommunale Versorgungsnetz für Strom, Wasser, Telefon etc. und damit der übliche Beginn zur Etablierung eines Zweitwohnsitzes oder eines Bungalow- oder Appartementbetriebes. Es ist in Kato Gouves bisher kein Fall bekannt geworden, in dem diese Form der Gesetzesumgehung mit einem Baustopp oder gar einem Abriß geahndet worden wäre.

Eine Variante der Baulandgewinnung auf naturgeschütztem Gelände konnte im Beobachtungszeitraum an der östlichen Gemeindegrenze mitverfolgt werden: Hier hatte ein Bauer aus Apano Gouves einen knapp zwei Stremmata umfassenden Karubenbestand auf seinem in Hauptstraßennähe gelegenen Grundbesitz. Johannisbrotbäume fallen nach dem griechischen Forstgesetz, da sie in der Regel nicht in Plantagenkulturen gepflegt und bearbeitet werden, unter 'Wildwuchs' und unterliegen damit einer begrenzten, von den Flurhütern kontrollierten Nutzung. Holzschlag oder Abholzung sind nicht gestattet. Wenn nun, wie im beobachteten Fall, ein geschütztes Wildwuchsareal als Baugelände attraktiv wird, hat der Eigentümer eine einfache Möglichkeit, dem geltenden Gesetz derart auszuweichen, daß er kurzfristig zwischen diesen Bäumen pflügt und den Bestand anschließend als agrare Kulturfläche deklariert. Einer Nutzungsänderung von Kulturland in Bauland steht aber prinzipiell nichts im Wege. Auf diese Weise wurde in dem erwähnten Karubenhain eine 600 qm große Fläche für einen Bungalowbetrieb freigeräumt.

Zur Veranschaulichung des Bautempos in Kato Gouves sei noch einmal erwähnt, daß das Altsiedeldorf Apano Gouves im Jahr 1982 320 Gebäude (jede Nutzung) auf einer 40 Stremmata umfassenden Siedlungsfläche zählte, in der Straßen, Plätze, Höfe etc. miteingerechnet sind. Demgegenüber stieg die Zahl der massiven Bauten in Kato Gouves von rd. 28 im Jahr 1977 auf 730 im Jahr 1982, die bauliche Flächennutzung von 105 Stremmata auf 530 Stremmata, d.h. innerhalb von nur fünf Jahren hat sich hier, gemessen am Altsiedelgebiet, die Bausubstanz mehr als verdoppelt, die Siedlungsfläche mehr als verzehnfacht. Der enorme Zuwachs an Kleinbauten, der gerade durch den Einsatz modernen Baumaterials erheblich beschleunigt wird, ist der zur Zeit gravierendste, raum- und landschaftsverändernde Faktor im küstennahen Gemeindegebiet. Mit der starken Zersiedlung durch die Masse an Zweithäusern, den Hotel-Hochbauten, den zahlreichen brachliegenden Parzellen, den aufgegebenen Gewächshäusern neben noch bewirtschafteten Intensivkulturen, den veröderten Windkraft-Bewässerungsanlagen gegenüber modernen Wärmekollektoren auf Fertigbau-Häusern, den Hochbau-Skeletten und Bauruinen in

Getreidefeldern und Olivenhainen bietet Kato Gouves gegenwärtig das Bild einer planlosen und überstürzten Auflösung des alten agrarlandschaftlichen Gefüges.

3.3.3. DIE FERIENBEVÖLKERUNG

Die Frage nach der touristischen Population in einem Zielgebiet ist nicht zuletzt die Frage nach Quantität und Qualität der lokalen Beherbergungskapazität. In der folgenden Übersicht sind daher zunächst die wichtigsten Kennziffern der Hotelbetriebe von Kato Gouves für das Wirtschaftsjahr 1981 zusammengestellt (ohne Hotel X, das als siebter Betrieb erst 1982 eröffnet hat):

nachtungen dieses Jahres herangezogen. Nach Angaben des Hotelmanagements in Kato Gouves erstreckt sich die jährliche Feriensaison von Mai bis Oktober über einen Zeitraum von rd. 210 Tagen; in die Monate Juni bis September fällt die Hauptsaison, die etwa 100 Tage andauert. In dieser Saisonspitze ist die Hotelbettenkapazität von Kato Gouves - im Jahr 1981 insgesamt 1 972 Betten - zu 95 bis 100 Prozent ausgelastet, während die Belegquoten in der übrigen Urlaubszeit zwischen 80 und 90 Prozent schwanken. Im Vergleich der Gesamtzahl registrierter Übernachtungen - 367 500 - mit der verfügbaren Bettenkapazität entfielen im Jahr 1981 auf jedes Bett rd. 186 Übernachtungen; bei einer Saisondauer von 210 Tagen entspricht dies einer mittleren Kapazitätsauslastung in Kato Gouves von 88,6 %.

Kato Gouves: Hotelbetriebe 1981

Name	CANDIA	MARINA	APHRODITE	CHRISTI	MARIGI ANNA	MON REPO
Kategorie	Lux/A	Lux/A	B	B	B	C
Grundbesitz (Stremmata)	100	68	25	12	3	5,5
Stockwerke	3	4	3	3	2	2
Eigentümer	Gesellschaft	Privat	5 Aktionäre	Privat	Privat	2 Teilhaber
Sitz	Iraklion	Iraklion	Iraklion	Iraklion	Iraklion	Iraklion
erstes Wirtschaftsjahr	1972	1979	1979	1978	1979	1979
Saison	April-November	ganzjährig	April-November	April-Oktober	April-Oktober	April-Oktober
Bettenzahl	660	616	480	68	48	100
Übernachtungen	135 000	100 000	90 000	14 500	10 000	18 000
Nationalität der Gäste	D,GB,NL USA	D,GB NL,Skan.	D,GB,NL	GB,Skan. NL	NL,Skan. GB	GB,D Skan.
saisonal Angestellte	130-150	130-140	80-95	9	5	15
davon aus Gouves	10-15	20-22	8-15	-	-	2

(n. Hoteldirektionen Kato Gouves 1982)

Zur Abschätzung der Hotelgäste-Zahl in der Gemeinde Gouves im Jahr 1981 wurden die Saisondauer, die Hotelbetten-Kapazität sowie die registrierten Über-

Die durchschnittliche Aufenthaltsdauer des Hotelgastes wird mit zehn Tagen angegeben (Hoteldirektionen Kato Gouves u. EOT Iraklion 1982), aus der Gesamtzahl von rd. 367 500 registrierten Übernachtungen folgt demnach eine touristische Population von rd. 36 750 Personen allein in den sechs großen Beherbergungsbetrieben der Gemeinde. Im Vergleich mit den entsprechenden Angaben zum Nomos Iraklion - 16 036 Hotelbetten in den Kategorien Lux/A bis C und 3 320 492 registrierten Übernachtungen (Touristenpolizei u. EOT Iraklion 1982) - hatte Kato Gouves einen Anteil von rd. 12 % an der Bettenkapazität und von rd. 11 % an den Übernachtungen des gesamten Kreises.

Aus der mittleren Aufenthaltsdauer von zehn Tagen folgt bei der touristischen Hotelpopulation des Jahres 1981 von etwa 36 750 Personen - bezogen auf die Saisondauer von 210 Tagen - eine Durchgangsfrequenz von 1 750 Urlaubern, d.h. in jeder Dekade reisen rd. 1 750 Auslandsgäste neu in Kato Gouves ein bzw. wieder ab. Die Zahl jener Gäste, die wiederholt die Hotels von Kato Gouves aufsuchen, liegt nach Angaben des Managements zwischen drei und fünf Prozent.

Unter Zugrundelegung der mittleren Kapazitätsauslastung von 88,6 % betrug die Menge der täglich anwesenden Hotelgäste in Kato Gouves in der Feriensaison 1981 rechnerisch 1 747 Personen; für die Dauer der Hauptsaison stieg dieser Wert bei einer Bettenbelegung von rd. 98 % auf 1 933 Personen an.

Die vier Appartementbetriebe von Kato Gouves verfügen über insgesamt 56 vermietbare Wohneinheiten; jede Einheit ist zumeist mit drei Feriengästen belegt, woraus eine mittlere Benutzerquote von 168 Personen zu folgern wäre. Die Auslastungen in Saison und Hauptsaison wurden mit 70 % bzw. 95 % bis 100 % angegeben, was einer Durchschnittszahl von 118 bis 165 Appartementtouristen im Jahr 1981 entsprechen würde.

Von den 24 im Beobachtungszeitraum wirtschaftenden Bungalow-Betrieben waren im Jahr 1981 erst zehn geöffnet. Die insgesamt 68 Wohneinheiten dieser Anlagen werden zumeist von Familien mit durchschnittlich vier Personen gemietet, so daß die Bungalow-Touristen bei einer Saisonauslastung von 60 % bis 70 % mit 177 Personen, in der Hauptsaison bei einer Auslastung um 98 % mit 268 Personen rechnerisch am touristischen Gesamtaufkommen in Kato Gouves 1981 beteiligt wären.

Als Ergebnis der Befragung in rd. 40 % der im April 1982 gezählten 362 Zweitwohnhäuser in Kato Gouves konnte festgehalten werden, daß diese Feriendomizile überwiegend von mindestens vier Personen genutzt, von Mai bis Oktober eines jeden Jahres zu 70 % bis

80 % an den Wochenenden und Feiertagen oder zum Kurzurlaub aufgesucht und in der Urlaubszeit von Ende Juni bis September zu 95 % bis 100 % in Dauerbelegung - privat oder vermietet - bewohnt werden. Daraus folgt für den Berechnungsgang eine mittlere Wochenendbelegung von 1 086 (= 75 % von 1 448), eine Ferienbelegung von 1 419 (= 98 % von 1 448) Personen des Zweithaus-Binnentourismus.

Aufgrund dieser Angaben läßt sich die folgende Übersicht zum Fremdenverkehrsaufkommen in Kato Gouves im Jahr 1981 aufstellen:

Kato Gouves: Ferienbevölkerung der Saison 1981, mittlere Tagespopulation (Personen pro Tag)

	Feriensaison Mai - Oktober	Hauptsaison Juni - September	
		an Wochenenden	
Hotelgäste	1 747	1 747	1 933
Appartementgäste	118	118	165
Bungalowgäste	177	177	268
Ferienhausbewohner	-	1 086	1 419
Gesamtaufkommen	2042	3 128	3 785

(e.E. u. Hotelverwaltungen Kato Gouves 1982)

Aufgrund der umständebedingten Unsicherheiten in der Datenermittlung dürfen die vorliegenden Berechnungen nur als Näherungswerte angesehen werden. Mit einer mittleren Tagespopulation von rd. 2 000 Touristen, die an Wochenenden bzw. in der Hauptsaison auf 3 100 und 3 700 Urlauber ansteigt, dürfte allerdings eine untere Grenze angegeben sein, zumal der tägliche Naherholungs-Pendelverkehr, saisonale Überkapazitäten in den Beherbergungsbetrieben und die Vermietung nichtregistrierter touristischer Unterkünfte in Kato Gouves dabei nicht mitberücksichtigt worden sind.

Das Aufkommen an Naherholungstouristen - zumeist Familien aus den Nachbargemeinden des Hinterlandes, aus Iraklion und dem Lasithi-Bergland, die mit Fahrzeugen aller Art an heißen Tagen die Strände von Kato Gouves aufsuchen und hier zum Teil in den Neubauten oder Bauruinen campieren - kann nur grob abgeschätzt werden: die Zahl der Kraftwagen, Kleintransporter, Traktoren etc. dieser Badegäste lag an den Wochenenden von Juni bis August zwischen 80 und 140 Fahrzeugen. Nimmt man pro Fahrzeug eine nur vierköpfige Besatzung an, würde sich die binnentouristische Wochenend-Population in Kato Gouves um rd. 300 bis 500 Personen erhöhen.

Zur periodischen, fremdenverkehrswirtschaftlichen Bevölkerungsverdichtung tragen auch jene Arbeitskräfte bei, die entweder als Pendler aus Iraklion oder auch als saisonale Einwohner mit eigenen Unterkünften in Kato Gouves im Fremdenverkehrsgewerbe tätig sind. Allein die Hotelbetriebe beschäftigen pro Saison zwischen 370 und 410 Kräfte, von denen der größte Teil mit den hoteleigenen Bussen im Pendelverkehr von Iraklion zum Arbeitsplatz gefahren wird. Die Zahl der täglich aus Iraklion, Malia oder Anopolis anreisenden Ladenbesitzer des touristischen Kleingewerbes und ihrer Aushilfskräfte liegt pro Saison zwischen 50 und 70 (Gemeindeverwaltung Gouves 1982).

Faßt man die Ferienbevölkerung der Hauptsaison und den fremdenverkehrsbedingten periodischen Arbeitskräftezustrom zusammen, erhöht sich die Zahl der täglich anwesenden, saisonalen Bevölkerung in den Monaten Juni bis September im Gebiet von Kato Gouves auf rd. 4 200 Personen. Bei einer Gesamtflächengröße von 3 470 Stremmata (= 3,47 qkm) und einer Wohnbevölkerung von 770 Einwohnern betrug die Bevölkerungsdichte im Jahr 1981 rd. 222 Einwohner/qkm. Durch den touristischen Zustrom erreichte dieser Wert in der saisonalen Spitzenzeit mit rd. 1 432 Einwohnern das Sechsfache des Normalwertes.

Die Hotel-Touristen allerdings sind sehr mobil und verbringen im allgemeinen mehr Zeit außerhalb der Gemeinde Gouves. Die gute Verkehrsanbindung erlaubt schnellen Ortswechsel in die benachbarten Fremdenverkehrszentren. Darüber hinaus bieten Reiseveranstalter in den Hotels Tagesausflüge mit Bus und Schiff zu den kulturhistorischen und naturlandschaftlichen Sehenswürdigkeiten Kretas an, die von den meisten Hotelgästen im Rahmen eines 'Kreta-Programms' gleich mitgebucht worden sind.
Das Gemeindegebiet südlich der Hauptstraße wird von den wenigsten Touristen als Ausflugsziel wahrgenommen, die Dörfer Apano Gouves und Skotino liegen, wie aus Befragungen und Beobachtungen hervorging, eher außerhalb des touristischen Interesses, die Grotte von Skotino war weitgehend unbekannt, der Gipfel des Etheri galt aufgrund der weithin sichtbaren Radarstation als militärisches Sperrgebiet und wurde deshalb nur selten begangen. Kleinere Gruppen von ausländischen Urlaubern nutzten den Weg nach Apano Gouves bisweilen zu kurzen Spaziergängen und einem Imbiß im Dorf; das Hinterland der Gemeinde, die Dörfer Skotino, Koxare, Charaso und das hochgelegene Kalo Chorio sind jedoch vom Fremdenverkehr noch kaum berührt. Auch darin wird die Nordtangente als scharf trennende Verkehrsader bestätigt, die den hochtouristifizierten Küstenstreifen deutlich von der weitgehend unverändert gebliebenen Kulturlandschaft des übrigen Gemeindegebietes ausgrenzt.

3.3.4. ÖKONOMISCHE AUSWIRKUNGEN

Wie im gesamten Nordküstenbereich des Verwaltungsbezirks Iraklion sind auch in der Gemeinde Gouves die Bodenpreise durch die fremdenverkehrswirtschaftliche Nachfrage in die Höhe geschnellt. In der Flur von Kato Gouves zwischen Strandlinie und Hauptstraße liegen die zur Zeit teuersten Grundstücke der ganzen Gemarkung:

Gemeinde Gouves: Bodenpreisentwicklung 1968 bis 1982
(Drachmen je Quadratmeter)

	Kato Gouves	übriges Gemeindegebiet
1968	10	10
1975	100	10 - 50
1977	200	100
1979	300	ca. 100
1981	2 000 - 3 000	ca. 300
1982	über 4 000	400-700

(n. TEE Iraklion u. GvG 1982)

Ein Ende der Bodenpreisspirale in Kato Gouves, wo mit den Brachflächen der ehemaligen landwirtschaftlichen Nutzung noch größere Baulandreserven als in den Nachbargemeinden zur Verfügung stehen, war im Beobachtungszeitraum noch nicht abzusehen: Konnte das erste Hotelunternehmen der Gemeinde 1968 sein Grundstück noch für 10 000 Drachmen je Stremma erwerben, mußte die gleiche Flächengröße vom letzten in Kato Gouves eröffneten Betrieb - mit Lage an der Hauptstraße - bereits mit 4,8 Millionen bezahlt werden. Die niedrigen Baulandpreise und die unternehmerfreundliche Politik der damaligen griechischen Militärregierung, die großzügigen Finanzierungshilfen im Bereich Fremdenverkehr gewährte, erlaubte den drei größten Hotelbetrieben in Gouves zu Anfang der Siebziger Jahre einen Flächenerwerb in den touristisch besten Lagen, der zum Teil weit über den tatsächlichen Bedarf hinausging und von vornherein als spekulative Kapitalreserve gedacht war. So stehen die Betriebe 'Christi' und 'Mon Repo' sowie zahlreiche Ferienhäuser im Westen von Kato Gouves auf ehemaligen und mit erheblichem Gewinn veräußertem Grundbesitz des Unternehmens 'Marina'. Im Osten der Flur bahnt sich eine ähnliche Entwicklung auf den Latifundien des Hotels 'Candia' an, das einen Teil seiner Flächen zur Ergänzung des Naturalienbedarfs agrarisch nutzt oder an spezialisierte Betriebe des Blumenanbaus verpachtet hat, in Zukunft aber als Bauland verkaufen wird (Hoteldirektionen Kato Gouves 1982).
Es ist keine Frage, daß ein Gouviote mit Grundbesitz

in Kato Gouves bei Baulandpreisen zwischen drei und vier Millionen Drachmen pro Stremma mit dem Verkauf der Fläche auf Anhieb wesentlich vermögender werden kann als bei Fortsetzung der agrarischen Bodennutzung. Dabei steht nicht nur eine kurzfristige Verbesserung des Lebensstandards in Aussicht, sondern unter Umständen auch eine vorteilhafte Veränderung der gesamten Erwerbsgrundlage mit geregelterer Arbeitszeit und gesicherteren Einnahmen. So sind einige ehemalige Landwirte aus Gouves durch Grundstücksverkauf zu Ladenbesitzern in Iraklion und Malia, zu Taxiunternehmern und Betreibern von kleinen Beherbergungsanlagen in Kato Gouves und den Nachbargemeinden geworden. Auch die im griechisch/ kretischen Sozialgefüge wesentliche Verpflichtung der Familien zur Aussteuerung der heiratsfähigen Töchter mit Landeigentum blieb von der Bodenpreisentwicklung der letzten Jahre nicht unberührt: die Mitgift vieler Töchter aus dörflichen Familien besteht heute vielfach in einer höher qualifizierten Ausbildung, einer Eigentumswohnung in den Ballungsräumen Groß-Athen bzw. Groß-Iraklion oder einem Souvenirladen in einem der Touristenzentren der Insel, wofür die Mittel aus dem partiellen, seltener totalen Verkauf agrarer Nutzflächen stammen. Solches Investitionsverhalten ist nach eigenen Beobachtungen bislang nur bei Küstenkretern festzustellen. Die erwachsenen Söhne und Töchter der durch Landverkauf wirtschaftlich besser gestellten bäuerlichen Familien aus Apano Gouves wohnen längst nicht mehr wie sonst üblich in den elterlichen Häusern des Heimatdorfes, sondern sind als Absolventen eines überdurchschnittlichen Bildungsabschlusses in gutbezahlten Positionen des Tertiären Sektors in Iraklion beschäftigt, bewohnen hier von den Eltern erworbene Eigentumswohnungen bzw. Neubauten oder verwalten, wie in drei Fällen, als ausgebildete Angestellte des Hotelgewerbes den elterlichen Immobilienbesitz an Beherbergungsbetrieben oder Mietwohnungen in der Hauptstadt.

Die Hemmschwelle und Vorbehalte gegenüber dem Landverkauf sind dagegen nach eigenen Beobachtungen bei den Bergland-Kretern selbst dann noch viel ausgeprägter als bei ihren Landsleuten in der Küstenebene, wenn - wie z.B. in der Lasithi-Hochebene - durch fremdenverkehrswirtschaftliche Nachfrage die Grundstückspreise sich bereits den Spitzenwerten der Küstenniederung nähern. In diesem Beharrungsverhalten kommt der innerkretische Mentalitätsunterschied zwischen Berg- und Küstenbevölkerung zum Ausdruck, der sich neben stärkerer Traditionsgebundenheit und einem stabileren, patriarchalisch bestimmten Sozialgefüge auch durch die wachsende Skepsis den touristischen Okkupationswellen gegenüber auszeichnet,

die von verhaltener Ablehnung bis zur offenen Xenophobie reichen.

Das Hotelgewerbe in Kato Gouves hat einen saisonalen Arbeitskräftebedarf zwischen 370 und 410 Personen. Aus der Hotelübersicht (vgl. S. 184) geht hervor, daß mit 40 bis 55 Hilfskräften aus Gouves nur 11 bis 14 % der neu geschaffenen Arbeitskräfte hier direkt der Gemeindebevölkerung zugute kommen. Dieser geringe Anteil ist auf die Anforderungen eines Hotelbetriebes mit ausschließlich ausländischem Publikumsverkehr zurückzuführen, denen die bäuerlichen Bewerber im allgemeinen nicht genügen können. Von dem auf Zeit eingestellten Personal werden u.a. bestimmte Umgangsformen, Fremdsprachenkenntnisse, nach Möglichkeit Auslandserfahrungen oder der Besuch einer Hotelfachschule, Fahrerlaubnis für Pkw und Busse etc. verlangt, so daß diese relativ hochbezahlten 'Jobs' im Tourismusbetrieb zumeist mit ausgebildetem Fachpersonal, Studenten oder auslandserfahrenen 'Gastarbeitern' besetzt sind und für die Bewerber aus Gouves nur Hilfstätigkeiten als Nachportiers, Gärtner, Zimmermädchen, Raumpflegerinnen, Küchenhilfen und Arbeiten im Bereich der Gebäude- und Installationswartung übrig bleiben.

Seit 1981 besteht in der einem Hotelbetrieb der Nachbargemeinde Anopolis angeschlossenen Hotelfachschule das Angebot, in einem einjährigen Schnellkurs die berufliche Qualifizierung für die Saisonarbeit im Beherbergungsgewerbe zu verbessern; von den Hilfskräften aus der Gemarkung Gouves ist von dieser Möglichkeit bislang allerdings noch kein Gebrauch gemacht worden. Sie geben sich - überwiegend Frauen - mit 18 000 bis 25 000 Drachmen Monatsverdienst zufrieden; männliche Hilfskräfte können - mit Zuschüssen - bis 30 000 Drachmen verdienen. Sie erreichen damit jedoch längst nicht die Nettoeinnahmen des gelernten Saisonpersonals, die zwischen 70 000 und 85 000 Drachmen monatlich liegen.

Da auch die saisonal befristeten Arbeitsverhältnisse sozialabgabepflichtig sind, haben die Hilfskräfte aus der Landwirtschaft für die Dauer der Nichtbeschäftigung zwischen zwei Saisons einen Anspruch auf die Zahlung eines Überbrückungsgeldes bzw. einer Arbeitslosenhilfe, die etwa 10 000 bis 12 000 Drachmen pro Monat beträgt.

Eine im saisonalen Hoteltourismus-Betrieb über fünf Monate bei einem siebenstündigem Arbeitstag angestellte weibliche Hilfskraft aus Gouves, die außerhalb der Ferienzeit als unbezahlte Kraft im landwirtschaftlichen Familienbetrieb mitarbeitet, hätte bei einem Monatseinkommen von rd. 22 000 Drachmen inclusive Arbeitslosenhilfe von etwa 11 000 Drachmen in der beschäftigungslosen Zwischenzeit ein Jahreseinkommen am lokalen Fremdenverkehr von 187 000 Drachmen; ein als Gärtner angestellter Landwirt der Gemeinde erzielt ein Nebeneinkommen von jährlich rd. 252 000 Drachmen (6 x 30 000 + 6 x 12 000).

Wer sein Arbeitsverhältnis nicht meldet, spart die Sozialabgaben und kann seinen Monatsverdienst auf 30 000 bis 40 000 Drachmen steigern. Offensichtlich wird dies in Gouves auch praktiziert, was die Differenz zwischen den vom Hotelmanagement angegebenen Beschäftigtenzahlen von 40 bis 55 Kräften und jenen 86 Personen erklären könnte, die durch die Befragung in der Gemeinde als saisonale Hilfskräfte ermittelt wurden.

Im Vergleich mit dem durchschnittlichen Jahreseinkommen einer landwirtschaftlichen Vollerwerbskraft von etwa 110 000 Drachmen (vgl. S. 88) liegen die unteren Verdienstgrenzen der Saisonarbeit im Hotelgewerbe zwischen 180 000 und 200 000 Drachmen pro Jahr und damit deutlich höher als das mittlere reine Agrareinkommen der Gemeindebevölkerung. Den kleinbäuerlichen Familien in Gouves, deren Mitglieder zeitweise Beschäftigung im lokalen Fremdenverkehr finden, hat der Tourismus ganz offensichtlich eine Einkommensverbesserung ermöglicht.

Die Erwartungen der Gemeinde Gouves, Ernteprodukte, vor allem Gemüse, in größeren Mengen auf einem durch den touristischen Konsumbedarf geschaffenen und stabilisierten lokalen Markt abzusetzen, haben sich aus mehreren Gründen nicht erfüllt. Qualität und Quantität der angebotenen Erzeugnisse - Gurken, Tomaten, Paprika, Kartoffeln, Bohnen - können aufgrund der erwähnten Anbaubedingungen mit denen anderer Gemeinden nicht konkurrieren. Die Einkäufer der Hotels und Gastronomiebetriebe von Kato Gouves lassen sich daher mit Agrarprodukten aller Art nahezu bedarfsdeckend vom Großmarkt Iraklion beliefern. Sehr gefragt sind außerdem die landwirtschaftlichen Spitzenerzeugnisse der Gemarkung Malia, wo allerdings rd. 75 % der jährlichen, in Geschmack und Aussehen touristischen Ansprüchen in besonderer Weise genügenden Obst- und Gemüseernte allein schon vom örtlichen Fremdenverkehr konsumiert werden.

Ein zusätzlicher Absatznachteil erwächst den Landwirten aus Gouves im mehr oder weniger lokalpatriotischen Verhalten der Hoteleigentümer, die beim Einkauf von Olivenöl und diversen Frischprodukten eher ihre eigenen Heimatdörfer und -gemeinden bevorzugen und unterstützen als eine Wirtsgemeinde, deren Verwaltung ihrer Meinung nach den Interessen der expandierenden Fremdenverkehrswirtschaft zu wenig Beachtung schenkt. Der stille Boykott im Ankauf von lokalen Agrarerzeugnissen durch das Hotelgewerbe von

Kato Gouves ist nicht zuletzt eine Reaktion auf die nach Meinung der betroffenen Unternehmen falsche und unangemessene Verwendung jener Finanzmittel, die der Kommune durch die gesetzlich vorgeschriebenen Gewinnbeteiligungen an den saisonalen Einnahmen der Beherbergungsbetriebe zufließen. So hat sich für die Gemeinde Gouves eine Markterweiterung durch den Fremdenverkehr nur insofern ergeben, als durch die wachsende touristische Bevölkerung in Kato Gouves auch der Umsatz im traditionellen Straßenverkauf von Gemüse, Trauben, Blumen und vor allem Honigmelonen allgemein gehoben wurde, wenngleich eigenen Beobachtungen zufolge der Verkauf von Tomaten und Gurken an Auslandstouristen selten erfolgreich ist. Demgegenüber haben manche der Zweithausbesitzer mit den Landwirten der Gemarkung Abkommen über die Lieferung von Frischgemüse, Obst, Eiern und Quark geschlossen, so daß hier von einer gewissen, binnentouristischen Konsum- und Nachfragesteigerung gesprochen werden kann, obwohl die verkauften Mengen gesamtwirtschaftlich noch unbedeutend sind.

Insgesamt legen die Beobachtungen nahe, daß die Chancen für eine agrarwirtschaftliche Binnenmarkterweiterung als erwünschte Folge der fortschreitenden Touristifizierung von Kato Gouves durch die Konkurrenz der Nachbarmärkte Malia und vor allem Iraklion auch in Zukunft kaum besser stehen werden als bisher.

Als gesetzlich geregelte Gewinnbeteiligung sichert eine umsatzsteuerähnliche Abgabebelastung den Kommunen einen festen Anteil am saisonalen Umsatz der auf ihrem Gebiet wirtschaftenden Beherbergungseinrichtungen. Pro belegtem, d.h. 'verkauftem' Touristenbett ist ein bestimmter Prozentsatz an die Gemeindekasse abzuführen, der nach dem Regierungswechsel im Herbst 1981 von bislang 3 % auf 4,5 % heraufgesetzt worden ist. Die Einnahmen der Gemeinde Gouves beliefen sich aufgrund dieser Regelung im Herbst 1980 auf rd. 2,1 Millionen Drachmen, im Jahr 1981 auf 2,8 und im Jahr 1982 auf etwa 3,1 Millionen Drachmen. Diese Gelder werden von den Hotelunternehmen auf ein Gemeindekonto bei der Bezirksverwaltung in Iraklion überwiesen, wo sie zweckgebunden zur Verfügung stehen und in erster Linie zur Erhaltung und Förderung der touristischen Attraktivität des Gemeindeareals eingesetzt werden sollen. Es ist Aufgabe der Gemeindeverwaltung, in Absprache mit dem örtlichen Fremdenverkehrsgewerbe und der regionalen EOT-Vertretung entsprechende Verbesserungsmaßnahmen zu planen und genehmigen zu lassen, bevor die Mittel freigegeben werden. Im Gebiet von Kato Gouves müßten diese Gelder vor allem in die Landschaftspflege - Strandreinhaltung, Beseitigung wilder Mülldeponien und der Folgen aufgegebener Agrartätigkeit - und die Verbesserung der Verkehrswege - Befestigung, Beleuchtung, Erweiterung - sowie des Ver- und Entsorgungsnetzes investiert werden, wenn der Freizeitwert der Landschaft vor allem für den Auslandstourismus nicht allmählich verloren gehen soll.

Da für die fremdenverkehrswirtschaftliche Erschließung von Kato Gouves jedoch kein Bebauungsplan existiert und sie weitgehend partikularistisch nach den privaten Interessen der großen wie kleinen Grundbesitzer verläuft, sah sich die Gemeindeverwaltung von Gouves außerstande, die zur Verfügung stehenden Mittel an irgendeinem der erkannten Probleme wirkungsvoll und langfristig erfolgreich angreifen zu lassen. Nach Angaben der Kreisverwaltung Iraklion wurden vom Gemeindekonto bislang nur Beträge zur Kostendeckung der Müllbeseitigung, für den Erwerb von Parkbänken, zur Entlohnung von vorsaisonal eingesetzten Strandreinigungstrupps und zuletzt im Sommer 1982 zur Aufstellung von kleinen Müll-Containern im Strandbereich von Kato Gouves abgehoben. Dabei wurde der Verdacht laut, daß der Kostenabzug für die Müllbeseitigung den tatsächlichen Aufwand wahrscheinlich erheblich übersteigt, die eingesparten Gelder aber nicht kommunal verwendet werden.

Auf Drängen der Nomarchie hat der Gemeindevorstand von Gouves im Juli 1981 Architekten der Technischen Gewerbekammer Iraklion mit der Planung von Maßnahmen beauftragt, die die unübersichtlichen Siedlungs- und Verkehrsstrukturen von Kato Gouves langfristig in ein überschaubares und vor allem funktionales und der saisonalen Belastung angemessenes Raumgefüge eingliedern sollten. Die Realisierungskosten dieser nachgezogenen regionalen Entwicklungsplanung wären nicht nur aus dem Hotelabgabenfonds, sondern auch durch Zuschüsse der EOT bestritten worden. Als die ersten Planungsergebnisse im Herbst 1981 vorlagen, zogen die Gouvioten plötzlich ihr Einverständnis und schließlich den ganzen Auftrag zurück. Offensichtlich berührten die notwendigen Flurbereinigungsmaßnahmen und der drohende Abriß illegal errichteter Kleinbauten zu massiv die vitalen Interessen der bäuerlichen Grundbesitzer. Der mit einer Ämterneubesetzung verbundene Regierungswechsel im gleichen Jahr tat ein übriges, daß die bislang einzigen Ansätze einer Landschaftsplanung im Gemeindegebiet von Gouves vorläufig wieder in den Schubladen der Bezirksverwaltung verschwanden und das Problem der sinnvollen Verwendung kommunaler Mittel weiterhin besteht (TEE, Nomarchie Iraklion u. GvG 1982).

Die Veräußerung von Grundstücken ist nicht die einzige Möglichkeit der kleinbäuerlichen, privaten Gewinnpartizipation im und am lokalen Fremdenverkehr. Die Hotels 'Aphrodite', 'Christi' und 'Mon Repo' decken ihren Trinkwasserbedarf zum größten Teil aus Brunnen in der Flur um Skotino, die sich in bäuerlichem Privatbesitz befinden und kaufen den Landwirten das Wasser zu Kubikmeterpreisen zwischen 20 und 45 Drachmen ab. Die Einnahmen dieser Bauern liegen zwischen 500 000 und 1,2 Millionen Drachmen pro Feriensaison (Hoteldirektionen 1982), sie haben in den betreffenden Haushalten zu einer ökonomischen Umstrukturierung geführt: Agrarwirtschaftlich stehen nur noch Olivenkulturen in Nutzung, drei Unternehmer haben Bungalowbetriebe in Kato Gouves errichtet, der vierte plant hier den Kauf einer Parzelle und den Bau eines neuen Wohnhauses mit angeschlossener Taverne in der Nähe der Hauptstraße.

Von der Möglichkeit, über kleine Bungalowanlagen mit vier bis sechs Wohneinheiten am allgemeinen Fremdenverkehrsboom erfolgreich teilzuhaben, machen immer mehr Landwirte Gebrauch, weil das familienfreundliche Beherbergungssystem in dieser Größenordnung durch die Selbstversorgung der Benutzer keine Serviceleistungen und nur einen geringen Betreuungsaufwand erfordert, dem der bäuerliche Eigentümer ohne Schwierigkeiten nachkommen kann. Die Investitionskosten werden zumeist aus partiellem Landverkauf bestritten, die Betriebserlaubnis für solche Kleinunternehmen kostet pro Saison nur 20 Drachmen. Für diesen geringen Betrag nimmt die EOT die gemeldeten Bettenkapazitäten in ihre Vermittlungsarbeit auf, so daß für die Kleinunternehmer auch der Aufwand an Werbung entfällt. Die monatlichen Einnahmen werden mit 30 000 bis 35 000 Drachmen pro Wohneinheit angegeben (EOT u. Unternehmer 1982), bei durchschnittlich vier Mieteinheiten über fünf Saison-Monate sind damit 'Nebeneinnahmen' von 600 000 bis 700 000 Drachmen durchaus nicht selten, da die Kapazitätsauslastung auch eigenen Beobachtungen zufolge bei 100 % liegt. Für die großen Hotelbetriebe der Gemeinde sind diese mit geringstem Arbeitsaufwand rental wirtschaftenden nicht-professionellen Kleinunternehmer zur unerwünschten Konkurrenz im Kampf um die Beleg-Quoten geworden, denn obgleich das Management inzwischen mit Erweiterungsbauten im Bungalow-Stil auf die aktuelle touristische Nachfrage reagiert hat, wird es in der Preiskalkulation die Kleinbetriebe kaum unterbieten können.

Leicht erkennbare Hinweise auf diese Form des kleinbäuerlichen 'Nebenerwerbs' sind die Gartenkulturen, die solche Bungalowanlagen in der Regel umgeben und aus denen Ernteprodukte häufig direkt an die Feriengäste verkauft oder verschenkt werden.

Größtes touristisches Anschluß-Projekt eines ortsansässigen und noch im landwirtschaftlichen Vollerwerb
stehenden Gouvioten ist ein zweigeschossiger
Appartementbau mit 24 Wohneinheiten, Laden und Taverne,
der erstmalig in der Saison 1984 seinen Betrieb
aufnehmen soll. Diese als Altersversorgung
geplante Anlage des derzeitigen Gemeindevorstehers
wird dann von seinem Sohn betreut, der aus seiner
jahrelangen Tätigkeit für eine internationale Touristenorganisation
die entsprechende Branchenkenntnis
mitbringt.

3.3.5. ÖKOLOGISCHE FOLGEN

Infolge der planlosen und überstürzten Öffnung der
strandnahen Zone für den Fremdenverkehr hat das Gebiet
von Kato Gouves nie die erforderliche infrastrukturelle
Bebauungsreife erlangt.
Im Unterschied zu den besser entwickelten touristischen
Zentren Limani Chersonisos und Malia gibt es
hier nur für die großen Hotelbetriebe unter die Erde
verlegte Anschlüsse für Strom, Wasser und Abwässer.
Im übrigen ist das Versorgungsnetz in seinen
offen verlegten, über Masten und Pfosten verdrahteten
und verkabelten Zuleitungen bzw. in seinen Wege
und Flächen kreuzenden Strängen von Pipelines das
Ergebnis einer Bedarfsanpassung, die von den Besitzern
der touristischen Folgeeinrichtungen und vor
allem den Zweithauseigentümern betrieben wird. Wer
in Kato Gouves ein Ferienhaus einrichtet, sucht sich
in seiner Nachbarschaft die nächstgelegenen Anzapfstellen
für Strom und Telefon und läßt die Leitungen
auf dem kürzesten Weg unter Einbeziehung von Bäumen,
Dachfirsten und ähnlichen Hilfsmitteln als Stützen
verlegen. Wer keine Möglichkeit zum Wasseranschluß
an einen Versorgungsstrang in seiner Nähe hat, füllt
seinen Bedarf kostenlos an der einzigen öffentlichen
Wasserstelle im Gemeindegebiet, dem Hydranten über
der Versorgungspipeline Malia-Iraklion an der Kreuzung
von Nordtangente und Dorfstraße Apano Gouves
ab. Zentrale Versorgungs- und Entsorgungsanlagen
gibt es in Kato Gouves bislang nicht.
Auf die Probleme der kommunalen Wasserbedarfsdeckung
und ihre periodische Verschärfung durch die Ferienbevölkerung
ist bereits hingewiesen worden. Als Richtwerte
für den täglichen Wasserverbrauch pro Person
gelten in den Planungsstellen die in der folgenden
Spalte aufgeführten Größenordnungen.

In der Dorfbevölkerung von Apano-Gouves lag der Tageskonsum
im Beobachtungszeitraum zwischen 20 und
30 Litern pro Person und betrug damit nur etwa ein
Zehntel des für die A-Klassen-Touristen veranschlagten
Bedarfs.
Bis auf eine Ausnahme bestreiten alle Hotels der Gemarkung
ihren Trink- und Brauchwasserbedarf aus eigenen
oder gemieteten Brunnen im Gemeindegebiet und
belasten die natürlichen Ressourcen damit so enorm,
daß die ortsansässige Bevölkerung, wie erwähnt, in
den vergangenen Jahren ihren Eigenbedarf verstärkt
durch Zulieferungen aus den Nachbargemeinden ergänzen
muß. Diese schwindende Selbstversorgungskapazität
ist für einige Gouvioten mittlerweile Grund zur
offenen Kritik an der Entwicklung in Kato Gouves;
sie sind z.B. nicht damit einverstanden, daß das auf
Gemeindegebiet geförderte Brunnenwasser zu einem
nicht unerheblichen Teil an die Hotels verkauft und
damit der Dorfbevölkerung entzogen wird.
Als erster und bislang einziger Beherbergungsbetrieb
hat das B-Hotel 'Marigianna' einen getrennten Trink-
und Brauchwasserkreislauf eingeführt: Trinkwasser
wird gegen Berechnung aus Malia geliefert, das leicht
salzige Brauchwasser entstammt einem eigenen Grundwasserschacht.

Kreta: Täglicher Wasserverbrauch pro Kopf der Ferien- und der Dorfbevölkerung (in l)	
Hotel-Tourist, Kategorie Lux/A	200 - 300
Hotel-Tourist, Kategorie B	200
Hotel-Tourist, Kategorien C u. D	150 - 200
Ferienhausbewohner	70 - 100
Dorfbevölkerung	20 - 50

(n. YPAK, EOT u. TEE Iraklion 1982)

Die Konsumenten in den Ferienhäusern tragen ebenfalls
zur sommerlichen Trinkwasserverknappung in
Gouves bei. Viele Zweithausbesitzer versorgen sich
zwar über an der öffentlichen Zapfstelle aufgefüllte
Tanks, rd. 65 % dieser Binnentouristen und alle
Sondereinrichtungen in Kato Gouves beanspruchen jedoch
die lokalen Wasserreserven der Gemeinde.

Dem kommunalen Hauptproblem der ausreichenden Wasserversorgung
steht als fast ebenso heikles Problem
das der Abwasserentsorgung gegenüber, das weitgehend
der Privatinitiative überlassen ist. Jedem Beherbergungsbetrieb
ist die gesetzliche Auflage gemacht worden,
für eine ausreichende Klärung oder zumindest
Vorklärung seiner Abwasser zu sorgen, bevor diese
in die Umgebung eingeleitet werden. Nach einer Stichproben-Untersuchung
der YPAK im Jahr 1980 in Hotels
der Nordküste zwischen Iraklion und Agios Nikolaos
wurde zwar in allen Fällen das Vorhandensein solcher
Kläreinrichtungen festgestellt, aber rd. 90 % aller
Anlagen funktionieren aus unterschiedlichsten Gründen
gar nicht oder nur unzureichend.

Die drei größten, strandanliegenden Hotels in Kato Gouves betreiben Kläranlagen, die die Abwässer chemisch und mechanisch in einem als 'Bio-System' bezeichneten Verfahren aufbereiten, die festen Rückstände in Senkgruben und das angeblich ausreichend geklärte Restwasser ins Meer leiten. Die Strand- und Badezone vor dem Hotel 'Marina' ist durchsetzt von den Mündungsstücken dieser Abwasserleitungen, durch die, vom Wellengang freigespült, vor den Augen der Badegäste die teilgeklärten Wässer ins Meer gepumpt werden. Die auffällige Algenbildung in dieser Zone verweist auf den Nährstoffgehalt des eingeleiteten Wassers. Ähnliche Beobachtungen lassen sich im Strandbereich der Hotels 'Aphrodite' und 'Candia' machen; hier sind die Abwasserrohre allerdings unter Anlegestegen und Wellenbrechern installiert.

Die hoteleigenen Kläranlagen verursachen, besonders wenn sie effektiv arbeiten sollen, unvermeidliche Geruchsbelästigungen, die man den Gästen verständlicherweise ersparen möchte. So werden nach den Erfahrungen der YPAK in vielen Fällen die - verfahrenstechnisch häufig unzulänglichen - gesetzlich vorgeschriebenen Kläreinrichtungen nur in dem Umfang genutzt und gewartet, wie es den Hotelbetrieb und die Beleg-Quoten nicht beeinträchtigt. Abgesehen von einigen Musteranlagen in Limani Chersonisos und Malia geht die Hauptlast der Hotelabwässer an der kretischen Nordküste nach wie vor über tiefliegende und weit hinausreichende Kloaken ungeklärt ins Meer. Auch die Strandanlieger von Kato Gouves streiten nicht ab, daß sie in den saisonalen Spitzenzeiten über 'Entlastungsrohre' direkt ins Meer abwässern, versichern aber gleichzeitig, daß der Unrat weit genug ausgelagert wird, um nicht durch Wellengang und Küstenströmung wieder an den Badestrand zurückzugelangen.

In der strömungs- und damit austauscharmen Mirabelo-Bucht vor Agios Nikolaos und Elouda hat ähnliches Verhalten der Küstenanrainer allerdings dazu geführt, daß das Meerwasser hier - gemessen an der Zahl der E.coli-Bakterien - inzwischen den Verschmutzungsgrad des Hafenbeckens von Iraklion erreicht hat und in einer kretischen Studie zur Umweltbelastung (TEE Iraklion 1980, S. 9) als 'zum Baden ungeeignet' eingestuft wird. Nach Ansicht der YPAK besteht in diesem Küstenbereich in den saisonalen Stoßzeiten sogar Seuchengefahr.

Die vier übrigen Hotels von Kato Gouves entsorgen ebenso wie die sonstigen Beherbergungsbetriebe und Sondereinrichtungen in eigene, zum Teil sehr einfache Senkgruben, die nach Bedarf erweitert oder auch verlegt, selten jedoch geleert werden. Keines der Hotelunternehmen hat bislang versucht, den in seinem Betrieb anfallenden Klär- bzw. Senkgrubenschlamm den Bauern der Gemarkung als Düngemittel in der an Naturdung armen regionalen Landwirtschaft anzubieten.

Da es kein kommunales Entsorgungsnetz gibt, lassen auch die Ferienhausbewohner ihre Abwasser in Senkgruben ab, sofern die Gebäude nicht in der Nähe einer Steilkante, eines Torrentenbettes oder einer Bodenwelle liegen: in solchen Fällen zeigen frei endende Abwasserrohre, daß die Abfuhr dem natürlichen Gefälle überlassen bleibt.

Eine geordnete und regelmäßige Müllbeseitigung ist in der Gemarkung erst in Ansätzen vorhanden und vorläufig nur auf die Hotelbetriebe beschränkt. Wie häufig in Kreta fungieren auch in Gouves neben Steilhängen und Geländeabbrüchen vor allem die Torrenten-Einschnitte als die üblichen Müllschlucker der dörflichen Bevölkerung. Reguläre Mülldeponien sind auf der Insel die Ausnahme und nur in der Peripherie der größeren Städte zu finden. Von einer Abfall-Verwertung kann noch keine Rede sein, da das Problem der Abfuhr organisatorisch kaum gelöst ist. Die Kommune Gouves hat das Recht, den anfallenden Müll in einer Großdeponie im südöstlichen Hinterland der Hauptstadt abzukippen, und nach Meinung der Hotelbetriebe von Kato Gouves, für deren Müllentsorgung die Gemeinde verantwortlich ist, gelangt der Hotel-Abfall auch dorthin. Dies trifft jedoch nur in Ausnahmefällen zu, denn üblicherweise nimmt dieser Unrat den gleichen Weg wie der von den Sondereinrichtungen und Zweithausbewohnern an bestimmten Sammelpunkten aufgehäufte Müll von Kato-Gouves: etwa einmal pro Woche wird er verladen, ins bergige Hinterland transportiert und dort in die Torrenten abgekippt.

An den Hängen hinter Skotino und Koxare, in der Flur um Charaso und Kalo Chorio, an Brücken, die Torrenten queren und im Trockenbett des Aposelemis beweisen die spezifischen touristischen Abfälle neben dem üblichen Dorfmüll unzweifelhaft die Herkunft aus Kato-Gouves. Selbst im strandnahen Bereich finden sich in den Torrentenbetten Abfallberge, die von den Ferienhausbenutzern oder Naherholungstouristen hinterlassen wurden. Die winterlichen Starkregen sorgen zwischen zwei Saisons für eine allmähliche Verfrachtung dieses Mülls an die Küste, wo der Wellengang des Meeres ein übriges tut, den zurückgekehrten Unrat an die Strände zu verteilen. Dadurch ist der Strandbereich als bedeutendstes touristisches Ferienpotential der Gemarkung nicht nur der üblichen meerwärtigen Belastung, sondern zusätzlich einer massiven Verschmutzung aus dem Hinterland ausgesetzt.

Maßnahmen der Landschaftspflege beschränken sich bislang auf eine temporäre Beseitigung der Folgen, nicht aber der Ursachen dieser Umweltverschmutzung: zu Beginn der Feriensaison verbrennen bestellte Arbeitskolonnen den Strandmüll oder vergraben ihn an Ort und Stelle. Bulldozer verfrachten den an den Torrentenmündungen angeschwemmten Unrat im Auftrag der strandanliegenden Hotels landeinwärts in die küstenferneren Bezirke der Gemeinde. Der im Gelände verteilte Agrarmüll - Folienreste, verrottete Bewässerungsanlagen, verbrauchte Installationsfragmente und ausgelagerte, faulende Ernteprodukte als Spuren der partiellen landwirtschaftlichen Aktivität sind im Gebiet von Kato Gouves ebensowenig wie die agrarlandschaftlichen Ruinen als Zeugen definitiver Aufgabe der Agrartätigkeit Gegenstand kommunaler Anstrengungen zur Schaffung bzw. Erhaltung einer touristisch attraktiven Ferienlandschaft. Zusammen mit dem allerorts anzutreffenden Bauschutt in der ständigen Baustelle nördlich der Hauptstraße und dem Picknickmüll, den kretische Wochenendausflügler wie selbstverständlich am Strand und in den Olivenhainen hinterlassen, sind Strandverschmutzungen, wilde Mülldeponien und die agrarwirtschaftlichen Auflösungserscheinungen charakteristische Merkmale der gegenwärtigen Flurverfassung in Kato Gouves, die der erholungssuchende Auslandstourist - obwohl er zu einem nicht unerheblichen Teil selbst dazu beigetragen hat - am wenigsten ertragen kann und geeignet, die alten Vorurteile gegenüber südländischer/levantinischer Mentalität neu zu beleben (vgl. Bild 5 u. 6).

Ohne es zu merken und sicherlich ohne es zu wollen, entzieht sich der organisierte wie unorganisierte Fremdenverkehr durch sein Massenaufkommen auch in Kato Gouves allmählich gerade die naturgeographischen Grundlagen, die den ferienlandschaftlichen Reiz dieser Küstenzone ausmachen. Die Kommune steht dieser Entwicklung insgesamt untätig und auch machtlos gegenüber, da außer einem sensibleren Problembewußtsein auch jegliche Planungsgrundlagen und effektiven Eingriffsmöglichkeiten zur Steuerung einer überlegten Entwicklung der ehemaligen Agrarflur in ein Gebiet vorwiegend oder ausschließlich touristischer Nutzung fehlen. Wie in anderen mediterranen Ferienzentren schon beobachtet, scheint sich auch für die Nordküste der Gemarkung Gouves das Schicksal einer fremdenverkehrswirtschaftlich überforderten Gemeinde und Landschaft anzubahnen: nachdem sich durch die massentouristische Beanspruchung der landschaftliche Reiz weitgehend verbraucht hat und sich in sein Gegenteil zu entwickeln beginnt, degenerieren die etablierten Beherbergungseinrichtungen zu bloßen Schlafstätten, von denen aus der

Auslandstourist tagsüber in die weniger verschmutzten Areale ausweicht. Im Beobachtungszeitraum 1982 waren z.B. die Badestrände von Gouves weit mehr von den Binnen- und Naherholungstouristen als von den Hotelgästen frequentiert. Da die regelmäßig ihre Ferienwohnsitze aufsuchenden Zweithausbesitzer aus den urbanen Agglomerationen weit geringere Ansprüche an die naturlandschaftliche Präsentation ihres Zielgebietes stellen als die Auslandsgäste in den Hotels, ist in diesem Personenkreis die Toleranzschwelle gegenüber der allmählichen Landschaftsverwüstung entsprechend höher. Kritik an den gegenwärtigen Zuständen äußerten lediglich einige Villeneigentümer, die sich von der wachsenden Flut an Ferienlauben und Kleinbauten sowie der pro Saison steigenden Zahl an Campingzelten und Wohnwagen im nördlichen Gemeindegebiet in ihrem Distanzbedürfnis immer stärker eingeengt fühlen.

Mit einem Anteil von etwa 4 % ist der Anteil jener ausländischen Hotelgäste, die Kato Gouves ein zweites Mal als Urlaubsziel bzw. -standort buchen, deutlich niedriger als in den Nachbarzentren Limani Chersonisos, Stalis und Malia, wo die Quote der Mehrfachbesuche mit 25 % bis 35 % angegeben wird (Hoteldirektionen 1982).

3.3.6. SOZIOKULTURELLE ASPEKTE

Es ist keine Frage, daß die Expansion des Fremdenverkehrs nicht nur auf die landschaftlichen und ökonomischen Gegebenheiten des jeweiligen Standortes verändernd einwirkt, sondern auch auf das soziale und kulturelle Gefüge der einheimischen Bevölkerung Einfluß nehmen muß.

Dabei sind naturgemäß die Folgen für die gewachsenen lokalen Strukturen umso größer, je ausgeprägter das ökonomische wie soziokulturelle Gefälle zwischen der Wirts- und der Ferienbevölkerung zum Tragen kommt. So besitzen auch in der ländlichen Gemeinde Gouves vor allem die Auslandstouristen als Vertreter eines in seiner Potentialität für kretische Verhältnisse kaum erreichbaren Lebensstil das vergleichende, teils bewundernde, inzwischen aber auch schon skeptisch-kritische Interesse der Landbevölkerung. Das Freizeitverhalten der ausländischen Hotelgäste wird daher mit größerer Aufmerksamkeit beobachtet als das der in der Regel wirtschaftlich besser gestellten Landsleuten in den Ferienhäusern von Kato Gouves.

Nach ihren Freizeitinteressen befragt, machten die 446 im Beobachtungszeitraum April bis Oktober 1982 angesprochenen ausländischen Feriengäste (Mittel- und Nordeuropäer, Alter 33 bis 57 Jahre, 62 % weib-

lich) u.a. die folgenden Angaben:
69 % aller Urlauber wollten vor allem sonnenbaden,
65 % Badefreuden am Meer genießen, 64 % die naturlandschaftlichen Reize der Insel kennenlernen, 62 %
wandern und spazieren gehen, 60 % Sport in irgendeiner Form treiben (Surfen, Reiten, Tennis), 60 %
Ferienbekanntschaften mit anderen Touristen schließen, 58 % die kretische Küche, Speisen und Getränke probieren, 54 % kulturgeschichtlich wichtige
Grabungsstätten und Museen aufsuchen, 46 % Kontakte zur kretischen Bevölkerung finden, 42 % kretische Folklore erleben, 39 % kretische Städte und
Märkte besuchen und dort einkaufen, 35 % in einem
Mietfahrzeug die Insel bereisen, und rd. 32 % der
Befragten wollten die Vergnügungszentren in den
Städten Kretas besuchen. Lediglich 6 % der Urlauber
beantworteten die Frage, ob sie die Dorfbevölkerung
von Gouves, Leben und Wirtschaftsweise ihrer eigentlichen Gastgeber näher kennenlernen wollten,
positiv.
Viele der genannten Freizeitwünsche können bereits
in und über die Hotels der Spitzenklasse realisiert
werden, die in Konsum- und Unterhaltungsangebot eigene Subsysteme im Gemeindeganzen darstellen. Die
Betriebe der Lux/A- und B-Kategorie verfügen durchweg über gepflegte Liegewiesen und Swimming-Pools,
über Einkaufszeilen, die kretische Folklore- und
Souvenirwaren ebenso anbieten wie ausländische Be-
darfsartikel aller Art. Zur Standardausstattung gehören Sportanlagen und -geräte, Kinderspielplätze,
TV- und Video-Salons, Diskotheken, Bars, Tavernen,
Spielsalons und andere Einrichtungen gehobener Ansprüche. An den Rezeptionen sind Exkursionen und
Schiffsreisen, Fremdenführungen und Mietfahrzeuge
zu buchen. Mit hoteleigenen Bussen können aktuelle
Ereignisse von touristischem Reiz - lokale Ernte-
feste, folkloristische Darbietungen etc. - in allen
Regionen der Insel besucht werden.
Im hotelspezifischen Unterhaltungsprogramm sind außerdem Folkloregruppen engagiert, die nicht nur kretische Tänze darbieten und für eine 'echt-griechi-
sche Atmosphäre' sorgen sollen.
In solchen touristischen Enklaven bleibt der Feri-
engast für die relativ kurze Zeit seines Aufenthaltes zwar von vielen Problemen abgeschirmt, er hat
aber auch keine Gelegenheit - und vielfach auch
kein Interesse -, mehr als nur die sonnige Ferien-
kulisse des Gastlandes kennenzulernen.

Die über das Geschäftsmäßige in Kauf und Konsum
hinausgehenden Kontakte zur ortsansässigen Gemeindebevölkerung scheitern zumeist trotz des spürbaren Entgegenkommens auf seiten der Einheimischen
zuerst an den Sprachbarrieren, dann aber auch an

den zum Teil befremdlichen touristischen Erwartungen an das Verhalten der Dorfbevölkerung, die kaum
mit der Naivität erholungsbedürftiger Urlauber aus
hochindustrialisierten Gesellschaften gegenüber einer sozialökonomisch einfacher strukturierten Le-
bensform zu entschuldigen sind. Wiederholte Beobachtungen an Auslandstouristen, die Apano Gouves
besuchten und sich hier bewirten ließen, die Anwoh-
ner ungeniert abphotographierten und auf Motivjagd
wie selbstverständlich in Häuser und Vorgärten eindrangen und in Kleidung wie in Gebaren wenig Ein-
fühlungsvermögen in die Landesmentalität bewiesen,
erweckten mit der dummdreisten Arroganz solchen Ver-
haltens auch unter den toleranteren Dorfbewohnern
den Eindruck, als seien sie als Einheimische vom
Wohlwollen dieser Touristen abhängig.
Für den Urlauber problemloser und auch 'erfolgrei-
cher' verläuft dagegen die organisierte Kontakther-
stellung zu vorbereiteten kretischen Familien in
ausgewählten Dörfern und Gemeinden, die die ausländischen Gäste 'spontan' in ihre Feste oder traditionellen Veranstaltungen miteinbeziehen.

Erste Erfahrungen im Umgang mit Auslandsferiengä-
sten konnten die Gouvioten schon vor der eigentlichen touristischen Okkupation des eigenen Gemeindegebietes während der Entwicklung des Fremdenverkehrs
in den Nachbargemeinden und an der Peripherie der
Nordtangente sammeln. Zusammen mit den Informationen
aus Gesellschaft, Wirtschaft und Kultur in den Her-
kunftsländern der Urlauber, die das griechische Fern-
sehen reichlich vermittelt, fiel bei der relativ
späten fremdenverkehrswirtschaftlichen Expansion in
der Gemarkung Gouves jener negative Akkulturations-
effekt auf die Lokalbevölkerung fast vollständig
fort, den VUIDASKIS als Imitationsbedürfnis aufgrund einer falschen Einschätzung der von den Touristen vorgeführten wirtschaftlichen Prosperität
beschreibt (vgl. 1977, S. 405). Die Erfahrungen, Beobachtungen und Mitteilungen der in den Beherbergungsbetrieben der Gemeinde saisonal tätigen Dorfbevölkerung sind eher geeignet, die eigenen sozialen Lebensbedingungen im Vergleich mit denen der
hochzivilisierten Industrienationen wieder positiv
ins Bewußtsein zu bringen.
Zu einer skeptischen und inzwischen auch kritischen
Haltung gegenüber der anfänglich noch bewunderten,
jetzt aber in ihrem temporären Charakter durchaus
transparenten, privilegierten Ausnahmesituation der
Feriengäste tragen auch deren Freizeitbedürfnisse
und -aktivitäten bei wie das ausgeprägte Verlangen
nach Naturlandschaft, Tradition und gesunder Lebensweise. So wurden von den Gouvioten mit einigem Be-
fremden die 'Jogger'-Gruppen in den Fluren um Apano

Gouves beobachtet, für deren Ausgleichssport die bis ins hohe Alter körperlich tätige Landbevölkerung noch weniger Verständnis aufbringt als für das freizügige Baden an den Stränden von Kato Gouves, das nach wie vor nicht erlaubt ist, im allgemeinen aber toleriert wird. Das Verhalten der Einheimischen den Touristen gegenüber ist natürlich auch von ökonomischen Interessen bestimmt, ohne daß dies jedoch die Dorfbewohner in ausgesprochen xenophobe oder xenophile Lager gespalten hätte. Ärgernis erregt wohl der erwähnte Trinkwasserabzug durch den hohen Konsum in den Hotels; im übrigen aber scheinen die Differenzen in Strategie und Erfolg der individuellen Gewinnsicherung am lokalen Fremdenverkehr auf das Zusammenleben der Gouvioten keinen negativen Einfluß zu haben. Es entspricht der individualistischen kretischen Mentalität, den Vorteil der Familie vor den übergeordneten Gemeindeinteressen zu berücksichtigen. Ohne die Gewinne aus dem Fremdenverkehr wäre vielen Familien von Gouves die Anschaffung einfacherer Bedarfsgüter wie Fernseher und Waschautomat ebensowenig möglich gewesen wie den Besserverdienenden der Aus- oder Neubau ihrer Wohnhäuser oder die Investition in Immobilien, die Ausbildung der Kinder oder die verschiedenen Formen der Altersvorsorge. Ganz realistisch sehen die meisten Gouvioten den wachsenden Touristenandrang in ihrer Gemeinde zwar auch als Belastung ihrer natürlichen und landschaftlichen Ressourcen, wichtiger ist zur Zeit jedoch noch der ökonomische Gewinn, den man in Zukunft noch zu steigern hofft. Dafür ist man bereit, das Verhalten der Touristen in Kauf zu nehmen und ihnen im allgemeinen freundlich zu begegnen. Von einem weitergehenden als dem kommerzialisierten Interesse am Auslandsurlauber kann in der Gemeinde Gouves indessen nicht mehr die Rede sein.

3.3.7. VERGLEICHENDE BETRACHTUNG DER FREMDENVERKEHRSWIRTSCHAFT IN GOUVES UND IN DEN NACHBARGEMEINDEN

Da im Gemeindegebiet von Gouves außer den Kultgegenständen aus der Höhle von Skotino keine weiteren kulturhistorischen Indizien entdeckt wurden, erschöpft sich das touristisch interessante Potential in der naturgeographischen Ausstattung, wobei die Badestrände aufgrund der dargelegten Entwicklung bereits viel von ihrer ehemaligen Attraktivität verloren haben. In der westlichen Nachbargemeinde Anopolis sind nicht nur die breiteren Sandstrände, sondern auch die minoische Ausgrabung des Herrenhauses von Nirou Chani und die Kulthöhle der Eileithyia touristische Anziehungspunkte.

Naturgeographisch besonders begünstigt sind in Lage, Kleinklima und Küstenmorphologie die östlich Gouves am Kolpos Malion situierten Gemeinden Limani Chersonisos, Mochos (Stalis) und Malia, die zu den ersten Ferienzentren der Insel zählen. Die minoische Palastanlage von Malia ist die drittgrößte ihrer Art nach Knosos und Phaistos und eine der meistfrequentierten Ausgrabungen Kretas überhaupt.

Im Vergleich fremdenverkehrswirtschaftlich relevanter Daten nimmt die Gemarkung Gouves unter den Gemeinden Anopolis, Limani Chersonisos und Malia eine Position ein, die in der Tab. S. 195 abgelesen werden kann.

Es überrascht nicht, daß Limani Chersonisos und Malia als langjährig und kontinuierlich frequentierte Fremdenverkehrsgebiete infrastrukturell besser und mit touristischen Folgeeinrichtungen, die auch gehobenen Ansprüchen genügen, zahlreicher ausgestattet sind als die relativ jungen Entwicklungsregionen Gouves - hier hat die Expansion ja erst um 1977/78 wirklich eingesetzt - und Anopolis. Andererseits ist für Kato Gouves aufgrund seiner Lage zwischen diesen hochentwickelten Urlaubszentren und der nahegelegenen Hauptstadt Iraklion die Etablierung bestimmter Verwaltungs- und Sondereinrichtungen auch gar nicht angeraten, da sie den Fremdenverkehrswert der Gemeinde nicht erhöhen würden. Im übrigen bieten die Ende der Siebziger Jahre neu errichteten Hotelkomplexe das erwähnte umfangreiche Angebot an touristischen Bedarfsartikeln, Transport-, Service- und Unterhaltungsmöglichkeiten, daß eine Erweiterung dieser Konsumbereiche ökonomisch nicht sinnvoll erscheint. Auch für den Binnen- und Naherholungstouristen, der - gemessen an der Zahl der Ferienhäuser - in Kato Gouves am stärksten vertreten ist, besteht keine Notwendigkeit einer Ausweitung des vorhandenen Angebotes an Diensten und Freizeit-Gütern, da er als Zweithausbewohner in der Regel über Pkw, Telefon etc. verfügt, seinen Bedarf in der Hauptstadt einkauft und sich in Gouves allenfalls mit Frischwaren beliefern läßt. Es ist daher begründet, wenn in der Gemeindeverwaltung an einen Ausbau mit touristischen Sondereinrichtungen und öffentlichen Diensten, wie sie in Limani Chersonisos und Malia etabliert und leicht zu erreichen sind, zur Zeit nicht gedacht wird. Damit stellt sich die Frage, inwieweit die Gemeinde Gouves überhaupt eine 'Fremdenverkehrsgemeinde' ist bzw. werden kann.
Die touristische Nutzung einer Region ist gemeinhin verbunden mit der Unterhaltung von Beherbergungs- und Gastronomiebetrieben, von Verkehrsunternehmen, technischen Versorgungseinrichtungen wie Tankstellen und Werkstätten, mit einem funktionsfä-

Gemeinden Anopolis, Gouves, Limani Chersonisos, Malia:
Angaben zur Fremdenverkehrswirtschaft, Jahr 1981

(+: vorhanden, -: nicht vorhanden:

	Anopolis	Gouves	Lim.Chers.	Malia
Beginn des Fremden-verkehrs im Jahr	1975	1971	1965	1965
Bettenkapazität	998	1 972	6 416	4 610
Hotels				
Kategorie Lux/A	3	2	3	3
Kategorie B	2	3	1	2
Kategorie C	2	1	17	4
Kategorie D	1	-	-	11
Kategorie E	-	-	1	3
Appartements	1	4	11	9
Bungalows	7	24	16	21
Ferienhäuser	ca. 90	ca. 360	ca. 110	ca. 75
Bodenpreise (1 000 Dr/qm)	4 - 6	2.5 - 3	5 - 10	5 - 10
Beschäftigte nach Sektoren				
primär	65 %	66 %	25 %	35 %
sekundär	5 %	14 %	25 %	15 %
tertiär	30 %	20 %	50 %	50 %
Gemeindeeinnahmen durch Hotelabgaben (Mill. DR)	2,0	2,8	8,1	7,5
Verwaltungs- und Versorgungseinrichtungen				
Polizeistation	-	-	+	+
Post	-	-	+	+
Telefon-/Telegraphenamt	-	-	+	+
Banken	-	-	+	+
Fachärzte	-	-	+	+
Apotheken	-	-	+	+
Tankstellen	+	+	+	+
Spezialhandel				
Kunstgewerbe	-	-	+	+
Viktualien	-	-	+	+
Sportgeräte	-	-	+	+
Service				
Reiseagenturen	-	-	+	+
Mietwagen-Terminals	-	-	+	+
Bootsverleih	+	-	+	+
Sportschulen	-	-	+	+

(n. Gemeindeverwaltungen, Nomarchie u. EOT Iraklion 1982)

higen Netz öffentlicher Dienste, einem verzweigten und leistungsfähigen Einzelhandel, von medizinischen Versorgungseinrichtungen, Banken, Reiseagenturen und nicht zuletzt mit der Etablierung von Vergnügungs- und Unterhaltungsbetrieben. Besonders in den von einer anhaltenden Fremdenverkehrsexpansion begünstigten Zonen werden die quantitativen wie qualitativen Merkmale der durch den Fremdenverkehr initiierten Arbeitskräftemobilität deutlich sichtbar: eine allgemeine Beschäftigungszunahme, die häufig begleitet wird von Arbeitskräftezuwanderungen aus anderen Regionen, eine Verbesserung der Qualität und Entlohnung der Arbeit und eine Verlagerung der Arbeitskräfte aus der Landwirtschaft in den Bausektor und in die unmittelbare Fremdenverkehrswirtschaft. Dieser Vorgang bedeutet in der Regel eine Erhöhung des Beitrages zum regionalen Sozialprodukt und kann als Teilaspekt der allgemeinen Dynamik aus den primären in den sekundären, vor allem aber tertiären Aktivitäten verstanden werden.

Aufgrund dieser Kriterien wäre die ökonomische Entwicklung in der Gemeinde Gouves trotz des Fehlens bestimmter infrastruktureller Kennzeichen als im Wandel von einer traditionell agrarisch strukturierten Gemarkung in ein Gebiet mit zunehmend fremdenverkehrswirtschaftlicher Bedeutung befindlich anzusprechen, wobei sich diese Entwicklung vorläufig nur auf den küstennahen Flurbereich konzentriert. Die saisonale Bevölkerungsverdichtung, der Arbeitskräftezustrom und die unvermindert anhaltende Bauaktivität in diesem Gebiet sind die deutlichsten Zeichen der ökonomischen wie kulturlandschaftlichen, tourismusorientierten Umstrukturierungen.

Ob am Ende dieser Entwicklung eine funktionale und lebensfähige Ferienlandschaft ähnlich Limani Chersonisos oder Malia stehen wird, kann aufgrund der zahlreichen Imponderabilien bei der Erschließung von Kato Gouves nicht sicher vorausgesagt werden. Schon jetzt steht aber fest, daß das küstennahe Gemeindegebiet von Gouves aufgrund der gestiegenen Bevölkerungsmobilität in den urbanen Großräumen Iraklion und auch Athen stärker als die benachbarten Küstenanrainer in den Rang eines binnentouristischen Naherholungsgebietes gekommen ist, während der Auslandsurlauber die hier bereitgestellte Hotelbettenkapazität wegen der günstigen Verkehrsanbindung zu den touristischen Standard-Attraktionen und Vergnügungszentren der Insel nutzt.

Als wichtigste Kennzeichen der agrar- und fremdenverkehrswirtschaftlichen Entwicklung in Gouves sind die folgenden Punkte festzuhalten:

- Von der rd. 14 000 Stremmata umfassenden agraren Wirtschaftsfläche waren 1982 64 % unter Kultur genommen; 36 % der Fläche lagen brach.

- Am bewirtschafteten Kulturland hatten die Olivenplantagen rd. 84 %, die übrigen Baumkulturen 2,5 %, die Rebenkulturen 7,0 %, der Ackerfruchtbau 4,3 %, die Intensivkulturen des Gartenbaus 2,2 % Anteil. Bewässert waren 9,6 % der Gesamtfläche.

- Im Vergleich mit den mittleren Ernteergebnissen des Nomos Iraklion sind die landwirtschaftlichen Erträge pro Flächeneinheit in Gouves unterdurchschnittlich.

- Von 1971 zu 1982 stieg der Brachflächenanteil am Kulturland von 25,4 % auf 35,9 %.

- Seit Mitte der Siebziger Jahre sind die Zahlen der pflanzlichen Agrarproduktion im Ackerfruchtbau stark, bei den Sonderkulturen (Treibhausgemüse, Blumen) mäßig rückläufig, im Oliven- und Rebenanbau dagegen leicht ansteigend.

- Die tierische Agrarproduktion ist wirtschaftlich kaum bedeutend und dient nur der Selbstversorgung.

- Marktorientiert und überregional absatzfähig ist die Erzeugung von Tafeltrauben, Sultaninen und Blumen (Nelken); nur geringe Absatzchancen haben aufgrund anbaubedingter Qualitätsmängel Gemüse und Hülsenfrüchte, die wie die Obst- und Olivenerzeugung vorwiegend der Eigenbedarfsdeckung dienen.

- Mit rd. 3 140 Stremmata liegen 22,4 % der agrarisch wertvolleren Böden der Gemarkung im Küstenbereich zwischen Strandlinie und der Hauptstraße Iraklion-Malia. Seit 1977 ist diese Zone mit dem jungen Siedlungsgebilde Kato Gouves Zentrum der touristischen Entwicklung innerhalb der Gemeinde.

- Infolge der fremdenverkehrswirtschaftlichen Nutzungsänderung stieg der Brachlandanteil in diesem traditionell intensiv bewirtschafteten Areal von 14,0 % im Jahr 1971 auf 72,6 % im Jahr 1982. Im gleichen Zeitraum veränderten sich die Bodenpreise von rd. 50 Drachmen auf 3 000 bis 4 000 Drachmen je Quadratmeter Bauland.

- Innerhalb von fünf Jahren (1977-1982) hat die tourismusbedingte Flächenbeanspruchung in Kato Gouves das Doppelte der Bausubstanz (Einzelbauten) und mehr als das Zehnfache der Siedlungsfläche des Altsiedelgebietes von Apano Gouves erreicht.

- Als unmittelbare Folge des durch den Fremdenverkehr eingeleiteten Arbeitskräftezustroms stieg die Einwohnerzahl in Gouves von 1971 zu 1981 um 96,4 %, 61,3 % der Gemeindebevölkerung wohnten 1981 in dem neuen Siedlungszentrum Kato Gouves, das 1971 noch nicht existierte.

- Von der ursprünglich rein agrarisch strukturierten Landgemeinde Gouves waren im Jahr 1981 66 % der Arbeitskräfte im primären, 14 % im sekundären und 20 % im tertiären Erwerbssektor beschäftigt. Rd. 52 % aller Arbeitskräfte der Gemeinde sind in Kato Gouves konzentriert, 38 % bzw. 10 % entfallen auf die Altsiedeldörfer Apano Gouves und Skotino.

- Die durchschnittliche landwirtschaftliche Betriebsgröße (Vollerwerb) innerhalb der Kommune beträgt 33,4 Stremmata, aufgeteilt in 12 Parzellen bei einem Arbeitskräftebesatz von 2,4 Beschäftigten. Die Abweichung vom kretischen Mittelwert ist damit nur geringfügig.

- Fast alle Arbeitskräfte des handwerklich-technischen und dienstleistenden Sektors sind mittelbar (Baugewerbe) oder direkt im Fremdenverkehr
tätig. Rd. 10 % der in der Landwirtschaft Beschäftigten arbeiten saisonal als Hilfskräfte im
ortsansässigen Hotelgewerbe.

- Bettenkapazität und Übernachtungszahlen der lokalen Hotelbetriebe der Kategorie Lux/A bis C
bestritten 1981 gut 10 % des touristischen Ge-
samtaufkommens im Nomos Iraklion.

- Mit Anteilen von 50 % an der Gesamtbebauung und
41 an der Flächenbeanspruchung kennzeichnet die
Masse der Zweitwohnsitze und Ferienhäuser die
fremdenverkehrswirtschaftliche Bedeutung von Kato Gouves als überwiegend binnentouristisches
Erholungsgebiet.

- Die saisonale Ferienbevölkerung - Auslandstouristen, Ferienhausbewohner, Arbeitskräfte (mit Pend-
lern) - setzte 1981 mit rd. 4 200 täglich anwesenden Personen in den Monaten der Hauptsaison Juni
bis September die Bevölkerungsdichte in Kato Gouves auf das Sechsfache des Normalwertes herauf.

- Eine spürbare Lokalmarkterweiterung durch touristischen Konsum von einheimischen Agrarprodukten
ist bislang ausgeblieben. Wichtigster Grund ist
die mangelnde Konkurrenzfähigkeit gegenüber den
Erzeugnissen vom Großmarkt Iraklion und aus Malia.

- Die ungelösten Probleme der Ver- und Entsorgung
und die unkontrollierte Zersiedlung durch binnentouristische Kleinbauten gefährden zusammen mit
den agrarwirtschaftlichen Auflösungserscheinungen
in Kato Gouves die Entstehung einer ausgewogenen
Ferienlandschaft.

- Die gesetzlich verankerte kommunale Gewinnbeteiligung am lokalen Fremdenverkehr kann in Gouves
nicht voll ausgeschöpft werden, da sie von der
Bezirksverwaltung nur zweckgebunden zur Realisierung von Projekten der Landschaftspflege und
-aufwertung bestimmt und an genehmigungspflichti-
ge Entwicklungspläne gebunden ist, über die die
Gemeindeverwaltung bislang nicht verfügt.

- Die Chancen der privaten kleinbäuerlichen Gewinnpartizipation werden in der Gemeindebevölkerung
nach Kräften wahrgenommen und haben zu einer spezifischen Toleranz und einer gewissen Immunität
dem touristischen Freizeitverhalten gegenüber geführt.

3.3.8. ANMERKUNGEN ZUM LANDSCHAFTLICHEN
UND WIRTSCHAFTLICHEN STRUKTUR-
WANDEL IN DER GEMARKUNG GOUVES

Durch die seit 1977 unvermindert anhaltende fremdenverkehrswirtschaftliche Expansion ist die in Jahrhunderten gewachsene, landschaftliche und ökonomische Struktur der Gemarkung einschneidenden Wandlungen unterworfen, die selbst für die touristische
Ferienbevölkerung nicht nur positive Folgen hervor-
gebracht haben. Innerhalb von nur fünf Jahren hat
die bislang einseitig auf die Küstenflur konzentrierte Entwicklung zu einer krassen Zweiteilung der ehemals geschlossenen Agrarlandschaft geführt, deren
kulturgeographische Grenzlinie zur Zeit noch von der

Nordtangente Iraklion-Malia markiert wird.
Südlich dieser Scheide erstreckt sich bis zur Ufer-
linie des Kretischen Meeres das mit allen typischen
Kennzeichen einer hektischen Funktionsumwandlung be-
haftete, touristische Areal von Kato Gouves, das in
pedologischer wie agrartechnischer Ausstattung einst
das bedeutendste landwirtschaftliche Potential der
Gemeinde war. Mit der rapiden Überbauung durch fremdenverkehrswirtschaftliche Einrichtungen aller Art
und der infolge Bodenpreisverteuerungen abgewerte-
ten agrarwirtschaftlichen Landnutzung, die bereits
den jüngst eingeführten Sonderkulturanbau wieder un-
rentabel werden läßt, geht die traditionelle acker-
und gartenbauliche Bewirtschaftung in der küstennahen Gemeindeflur ihrem schnellen Ende entgegen. Der
touristische Massenandrang hat von diesem Gebiet so
plötzlich und so vollständig Besitz ergriffen, daß
sich die zahlreichen Agrar-Ruinen und verödeten Parzellen zwischen den großen Hotelkomplexen und der
Flut an Kleinbauten und Nachfolgeeinrichtungen wie
Zeugen eines überstürzten Rückzugs ausnehmen, die
wenigen Stremmata noch bewirtschafteter Agrarfläche
dagegen mehr und mehr deplaziert wirken.

Für die vorwiegend aus Nord- und Mitteleuropa einreisenden Auslandstouristen, die in der Hauptsaison
1981 rd. 60 % der Ferienbevölkerung von Kato Gouves
bestritten, ist diese Landschaftspräsentation wenig
erfreulich, da ihre Erwartungen an ein mediterranes
Urlaubsziel einmal von oft idealistischen naturgeographischen Hoffnungen, zum anderen von einem durch
aktuelle Entwicklungen in ihrem hochzivilisierten
Lebensbereich besonders sensibilisiertem Umweltbe-
wußtsein geleitet sind, das in der kretischen Landbevölkerung kaum in Ansätzen vorhanden ist.
Dies sorgt zusammen mit der unerwünschten, aber oft
unvermeidlichen temperamentvollen griechischen Nachbarschaft an den jedermann zugänglichen Badesträn-
den nicht selten für Verstimmungen unter den ruhe-
und erholungsuchenden Hotelgästen und führte zu der
Tendenz, die hotelnahen Sandstreifen nicht nur wegen des relativ hohen Verschmutzungsgrades zu mei-
den und vor allem in den Stoßzeiten des Naherholungs-
verkehrs in die allgemein respektierten auslandstouristischen Reservate an den Badesträden von Kokkini Chani, Limani Chersonisos und Malia auszuweichen.
Die binnentouristische Beanspruchung des Feriengе-
ländes von Kato Gouves wirkt mit all ihren Erscheinungsformen auf die Auslandsurlauber eher abschrek-
kend und scheint einen Verdrängungsprozeß der Art
in Gang gesetzt zu haben, daß die Hotelgäste ihre
Freizeiten entweder im engeren und geschlossenen Ho-
telbereich oder außerhalb der Gemeinde verbringen.

Es ist nach allen Beobachtungen sehr wahrscheinlich, daß sich in Flächennutzung und Landschaftsbild das küstennahe Gemeindegebiet von Gouves zu einer Domäne des Naherholungs- und Zweitwohnsitz-Ferienverkehrs auswachsen wird, in der die etablierten Hotelburgen zu Festungen des - möglicherweise rezessiven - Auslandstourismus geraten: in Gesprächen mit Urlaubs-Managern (TUI, Iraklion 1982) klang mit Blick auf die massenhafte Strandbelegung und die spezifische Umweltverschmutzung durch den unkontrolliert wuchernden einheimischen Fremdenverkehr sehr deutlich an, daß Kato Gouves bei Fortsetzung dieser Landschaftsentwicklung künftig nicht mehr unbedenklich in die Urlaubskataloge mitteleuropäischer Reiseveranstalter aufgenommen werden kann.

Es ist ebenfalls der Drang zu einem eigenen Zweitwohnsitz in küstennaher Lage, der die Neubauten für Ferienhäuser inzwischen auch südlich der flurteilenden Hauptverkehrsachse Iraklion-Malia in die bislang von touristischem Baueifer verschont gebliebenen Olivenhaine des südlichen Gemeindegebietes und sporadisch sogar ins Gemeindehinterland eingreifen läßt. Gegen Ende des Beobachtungszeitraumes waren die Fundamente für vier weitere temporäre Wohnsitze in den Baumterrassen an der westlichen Hangseite und auf der Mergelstufe am südlichen Dorfausgang von Apano Gouves gelegt. Es ist nicht auszuschließen, daß infolge der immensen Baulandverteuerung in Kato Gouves auch die küstenferneren Gemeindefluren künftig stärker vom Zweithaus-Fremdenverkehr beansprucht werden. Gegenwärtig ist das Gemeindehinterland jedoch noch die Zone anhaltender und sogar - wie an den Rodungsaktivitäten festzustellen ist - verstärkter agrarwirtschaftlicher Nutzung, die sich aber fast ausschließlich auf den Olivenanbau konzentrieren, weil mit der EG-Vollmitgliedschaft Griechenlands Hoffnungen auf einen langfristig wachsenden Marktanteil für kretisches Olivenöl verknüpft sind.

Nach dem Frühgemüse-Boom, der mit Beginn der forcierten Touristifizierung von Kato Gouves aus bekannten Gründen sehr schnell verebbte, haben in der Gemeinde keine weiteren Impulse zur agrarwirtschaftlichen Produktionsausweitung, weder in Sortenwahl noch in Anbautechnik, Eingang gefunden. Auch eine Pilotanlage einer teilautomatisierten Plantagenwirtschaft eines auf Gemeindegebiet wirtschaftenden Unternehmers aus Iraklion ist bei den Bauern aus Gouves mehr auf Skepsis als auf innovatorisches Interesse gestoßen.

Aufgrund der Absichten der aktiven Landwirte und der Vorstellungen der Gemeindeverwaltung von Gouves kann in Verbindung mit eigenen Beobachtungen die folgende Prognose zur Agrarwirtschaft der Gemarkung gewagt werden: Unter dem Einfluß des Fremdenverkehrs werden die küstennahen ehemaligen Agrarfluren und damit das wichtigste Agrarpotential vollständig verfallen. Der hier eingeleitete Auflösungsprozeß wird auch weitere Teile der mittleren Gemeindeflur, vor allem im Bereich der Dorfstraße zwischen Kato- und Apano Gouves erfassen, dort aber agrarökonomisch weniger dramatische Folgen als im Küstensaum haben, weil hier fast ausschließlich extensiv genutzte, schlecht zu beerntende und zum Teil überalterte Olivenkulturen von den Baumaßnahmen betroffen werden. Der hier entstehende Flächen- und Produktionsverlust wird wahrscheinlich durch die anbautechnisch modernisierten Neukulturen im Gemeindehinterland mehr als kompensiert werden. Zusammen mit den Rebenkulturen ist der Olivenanbau das stabilste und künftig wohl einzige Element der kommunalen Landwirtschaft. Mit dem fast vollständigen Flächenverlust des Acker- und Gartenbaus ist zwar bei den ohnehin schlechten kommerziellen Absatzchancen für Gouves-Erzeugnisse aus diesem Produktionsbereich kein bedeutender Marktverlust verbunden, jedoch wird auch die Selbstversorgung der Gemeinde mit Feldfrüchten und Frischgemüse in den nächsten Jahren schwieriger, da der Bedarf aus den hausnahen Gärten zwar ergänzt, nicht aber gedeckt werden kann.

Der Sonderkulturbau wird sich auf die Nelken-Produktion beschränken und nur noch von solchen Unternehmen betrieben werden können, die die steigenden Lohnkosten durch überlegte Absatzstrategien auszugleichen verstehen, d.h. die gegenwärtigen Anbauflächen werden sich auf einen niedrigeren Wert einpendeln.

An der Bedeutung der Kleinviehhaltung zur Deckung des Eigenbedarfs an tierischen Erzeugnissen wird sich nichts ändern; an intensiver, großmarktorientierter Viehwirtschaft und Fleischerzeugung besteht bei den Landwirten aus Gouves schon aufgrund mangelnder Erfahrung und Betriebskenntnisse kein Interesse.

Insgesamt haben Flächenpotential, Produktionsvielfalt und Erntemengen der kommunalen Landwirtschaft im Verlauf der Touristifizierung irreversible Einbußen in dem Maß erlitten, daß nicht nur die Versorgungsautonomie stark angegriffen ist, sondern bereits eine gewisse Abhängigkeit von der lokalen fremdenverkehrswirtschaftlichen Prosperität besteht. Sollten die privaten Gewinneinnahmen, die viele Gouvioten aus ihrem Engagement im Fremdenverkehr - angefangen von der Saisonbeschäftigung im Hotelbetrieb bis zum

Unterhalt eines eigenen Beherbergungsbetriebes oder einer Sondereinrichtung - zur Zeit noch ziehen können, durch eine Rezession im kretischen Tourismusgeschäft längerfristig ausfallen, ist eine ökonomische Krise - vor allem in der weitgehend auf Fremdversorgung angewiesenen Wohnbevölkerung von Kato Gouves - nicht auszuschließen. Schon jetzt würde das verbliebene agrarwirtschaftliche Nutzungspotential der Gemeinde auch bei optimierten Produktionsmethoden die ortsansässige Bevölkerung nicht mehr ernähren können (PYGK u. YPAK 1982).

In der von hohen Subsistenzanteilen gekennzeichneten kretischen Wirtschaftsstruktur, in der landwirtschaftliche Überschußkapazitäten zunehmend für spezielle exportfähige Agrargüter in Anspruch genommen werden, müssen Landgemeinden mit einem Entwicklungsgang, wie er in Gouves zu beobachten ist, in einen Zustand erhöhter Krisenlabilität geraten.

Auf solche Fragen angesprochen - aktualisiert wurde das Problem der allgemeinen Krisenanfälligkeit des Tourismus   durch den argentinisch-britischen Falklandkonflikt, als dessen Folge das kretische Hotelgewerbe und die EOT gleichermaßen einen spürbaren Einbruch im nicht unerheblichen britischen Touristenkontingent befürchteten, der dann aber ausblieb - antworteten die meisten Gouvioten mit unbekümmertem Optimismus: Die touristischen Expansionswellen der vergangenen Jahre lassen einen radikalen Einschnitt in der Wachstumsentwicklung für Viele undenkbar erscheinen. Mit saisonalen Schwankungen rechnet man und hofft, sie mit angesammelten Reserven ausgleichen zu können. Einige Landwirte haben Agrarbesitz auch außerhalb der Gemeinde, auf den sie notfalls verstärkt zurückgreifen würden. Andere verfügen bereits über gewinnbringende Immobilienanlagen in der Hauptstadt, und für die meisten ist der Besitz von Ölbäumen und damit Olivenöl auch jetzt noch die traditionell sicherste Wirtschaftsreserve für Krisenzeiten. Für den schlimmsten, aber kaum ernsthaft erwogenen Fall eines totalen Zusammenbruchs der regionalen Fremdenverkehrswirtschaft glaubt man sogar an eine Wiedereinführung agrarischer Nutzung in das Ferienterrain von Kato Gouves - eine Spekulation, die von den Agrarökonomen des Landwirtschaftlichen Dienstes in Iraklion als völlig illusorisch bezeichnet wird. Abgesehen von den technischen Problemen einer Rekultivierung verbauten Geländes würden derartige Versuche schon an den Grundbesitzverhältnissen in der Gemeinde scheitern: Etwa 22 % der kulturfähigen Agrarflur von Gouves befand sich im Beobachtungszeitraum 1982 schon nicht mehr im Besitz ortsansässiger Gouvioten.

Generell wird der fremdenverkehrswirtschaftliche Anschluß, den Gouves gegenwärtig im Eiltempo erfährt, innerhalb der Gemeinde als Aufwärtsentwicklung mit positiven Vorzeichen gesehen.

Zwar bedauern die alteingesessenen Landwirte in Erinnerung an die Ernteergebnisse zurückliegender Jahre die schwindende agrare Produktivkraft, allgemein bestimmt jedoch die mehr oder weniger begründete Hoffnung bzw. das Vertrauen in die Kontinuität der erfolgreichen Partizipation am lokalen Tourismusbetrieb das ökonomische Verhalten des überwiegenden Teils der aktiven Bevölkerung, dies auch unbehelligt von der Einsicht, daß der saisonale auslandstouristische Devisenstrom mit den Einnahmen der Hotelbetriebe, Folgeeinrichtungen und zugewanderten Arbeitskräften zum größten Teil an der kommunalen Wirtschaft vorbeifließt.

Man spricht in Gouves nicht ohne einen gewissen Stolz von Anzahl und in ihrer Massigkeit durchaus imposanten Architektur der in Kato Gouves angesiedelten Spitzenbetriebe des Hotelgewerbes und den zahlreichen und sich weiter vermehrenden Tavernen, Shops und 'Supermärkten', die als kommunale Status- und Prestige-Symbole die Gemarkung aus dem Schattendasein einer mittelmäßigen kretischen Landgemeinde in den Rang eines Touristenzentrums ähnlich Malia oder Limani Chersonisos zu erheben scheinen. Weniger fallen den Gouvioten demgegenüber die baulichen Unverträglichkeiten und die landschaftsästhetischen Disharmonien zwischen den gärtnerisch gepflegten Hotelanlagen und den eigenen, nicht selten ruinösen Hütten, Buden und Verschlägen auf, in denen sich an den Hotelzufahrten das halbmobile touristische Klein- und Kleinstgewerbe von Kato Gouves niedergelassen hat. Mit ihrer bunten, von Souvenir- und Folklore-Artikeln über Bekleidung, Zeitschriften, Gemüse, Süßwaren, Sonnencremes bis Strandspielzeug reichenden Angebotspalette repräsentieren diese Kiosks die unterste Stufe des nichtprofessionellen Kleinhandels auf eigene Rechnung. Die erzielten Umsätze dieser mit bemerkenswertem Engagement und Ausdauer geführten Unternehmen sind eher bescheiden zu nennen; als architektonische Demonstration kleinbäuerlichen bzw. nebenerwerblichen Gewinnstrebens strapazieren sie dagegen im Zersiedlungsbild von Kato Gouves die ferienlandschaftlichen Erwartungen ihrer ausländischen Kundschaft, die von Art und Qualität der meisten Auslagen nur selten zum Kauf animiert wird.

Es sollte bei der Beurteilung des kulturlandschaftlichen Umbruches in Kato Gouves jedoch nicht vergessen werden, daß der Nutzungswert ihrer Landschaft für die Einheimischen über Generationen hindurch ein anderer war als der Freizeitwert, den der moderne Tourist hier seit kurzem sucht und beansprucht.

Ein wichtiger und nicht zuletzt politischer Grund dafür, daß die Interessenkollision in der jungen Feriengemeinde Kato Gouves - gemessen an mitteleuropäischen Kategorien geordneter Raumentwicklung und Landschaftspflege - so dramatisch ausfällt, ist der völlige Mangel an geeigneten Planungsgrundlagen, die der Gemeinde Gouves die räumliche Öffnung für den Fremdenverkehr erleichtert, die aus Unerfahrenheit und Naivität im Umgang mit dem neuen Wirtschaftsfaktor zwangsläufig resultierenden Fehlentscheidungen gemildert und der Kommune letztlich eine souveräne Integration des Tourismus in das autochthone agrarwirtschaftliche Gefüge ermöglicht haben dürfte. Die gegenwärtige Flurverfassung am Küstensaum der Gemeinde ist jedoch das Ergebnis einer unglücklichen Verkettung von partikularistischer, bäuerlich-kretischer Mentalität mit der invasionsähnlichen touristischen Okkupation eines fremdenverkehrswirtschaftlich völlig unvorbereiteten Geländes, auf dem die vielfältigen, privatistischen Nutzungsstrategien tourismusorientierter Unternehmen aller Art und Größenordnungen der kommunalen Kontrolle weitgehend entzogen sind.

Dem laufenden Fünfjahresplan (1982-1987) für Kreta zufolge liegt die Gemarkung Gouves in keiner Zone besonderer Förderungs- oder Erschließungsprogramme; abgesehen von einem Subventionierungsstop für Hotel-Großprojekte im Nordküstenbereich des Nomos Iraklion sind in dieser Region von öffentlicher Seite keine Raumentwicklungsmaßnahmen vorgesehen (YPAk 1982). Für die verselbständigte fremdenverkehrswirtschaftliche Entwicklung in Kato Gouves sind somit keine Einschränkungen in der fortgeschrittenen Zersiedlung durch kleingewerbliche Beherbergungsbetriebe und Folgeeinrichtungen, durch Zweitwohnsitze und Ferienhäuser zu erwarten, die mit ihrer charakteristischen Substanzverdichtung eine der letzten Lücken in der massentouristischen Betonfront zwischen Iraklion und dem Mirabelo-Golf schließen.

4. ZUR PROGNOSE DER KRETISCHEN AGRAR- UND FREMDENVERKEHRSWIRTSCHAFT

Inwieweit die in der Gemeinde Gouves beobachtete Konfrontation kulturlandschaftlich und ökonomisch disparater Entwicklungstendenzen für die gegenwärtige anthropogene Landschaftsgestaltung in den Küstenebenen Kretas repräsentativ ist, sollte auf einer Reise durch die agrar- und fremdenverkehrswirtschaftlich bedeutenden Inselregionen in Erfahrung gebracht werden. Dabei lagen weniger die touristischen Hotel-Agglomerationen der Kategorien Lux/A bis C, die als Großkomplexe serieller Architektur ausschließlich an der Nordküste und hier mit Schwerpunkten um Chania, Rethimnon, mit zunehmender Dichte von Iraklion bis Pachia Amos am Südrand des Mirabelo-Golfes angesiedelt sind, sondern die kleineren Beherbergungsbetriebe, Appartements, Bungalows und vor allem der Zweithausboom im Blickfeld, der als jüngster Entwicklungstrend innerhalb der fremdenverkehrswirtschaftlichen Landschaftsumformung die Küsten und Küstenvorländer der Insel weit stärker zu bestimmen scheint als die etablierten Hochbauten des Hotelgewerbes.

Eine Durchsetzung der küstennahen Agrarflur mit binnentouristischen Kleinbauten und Bungalowbetrieben, die den räumlichen Strukturveränderungen in Kato Gouves zumindest qualitativ vergleichbar ist, konnte östlich der Gemarkung Malia in den Buchten von Sisi und Milatos, nördlich des Touristenzentrums Agios Nikolaos in Elouda, im Küstenhof von Mochlos an der Nordtangente nach Sitia und in deutlichen Ansätzen im Golf von Sitia, peripher zur Küstenstraße registriert werden.

Westlich von Iraklion sind die Buchten im Steilabbruch der Talea-Ori von Agia Pelagia, Panormos und von dort die hauptstraßennahen Ebenheiten über Rethimnon bis zum Kolpos Almirou junge Zentren der Zweithaus-Bebauung, die hier allerdings aufgrund der naturgeographischen Geländeausstattung kaum auf Agrarkulturen trifft.

Westlich Chania bis in den Golf von Kisamos wird dann wieder der Zersiedlungscharakter touristischer Kleinbauten unübersehbar, die hier vorherrschend Agrumenkulturen von der Nordtangente aus bis weit ins Hinterland durchdringen.

An der kretischen Südküste konzentriert sich die Entwicklung aus topographischen Gründen auf die jungen Urlaubszentren Paläochora, Sougia und das schmale Küstenvorland zwischen Chora Sfakion und Fragokastelli, die Bucht von Plakias, in ersten Ansätzen auf Strände und Hinterland von Lefkogia bis Preveli, verstärkt auf die früheren Ziele des kretischen Billigtourismus im Kolpos Mesaras von Tibaki bis Matala, auf die einst entlegenen Badebuchten von Tsoutsouros und Arvis und inzwischen auch - begünstigt durch den Ausbau der Straße Ierapetra-Sitia - auf den Küstenhof von Makrigialos am Eintritt der Hauptstraße in das Bergland der Sitia-Ori. Die topographisch durchaus ansprechende Küstenflur zwischen Mirtos und Ierapetra ist dagegen infolge der agraren und agroindustriellen Intensivnutzung fast frei von touristischen Einrichtungen aller Art.

Kleinhoteliers und die Betreiber von Bungalowanlagen und Folgeeinrichtungen haben sich außerdem verstärkt an der Ostküste bei Kato Zakros, Paläokastron und Vai, im Lasithi-Plateau, bei Agia Roumeli am Südausgang der Samaria-Schlucht und zwischen Agia Galini und Kokkino Pirgos am nördlichen Küstensaum der Mesara etabliert.

Abgesehen von der touristischen Bauverdichtung im Küstenbereich Kretas ist auch die fremdenverkehrswirtschaftliche Erschließung des inneren Inselgebietes vor allem durch die Beherbergungs- und Versorgungsnachfrage des 'Rucksack-Tourismus' vorangetrieben worden, der als Pionier des Gewerbes in vielen kleinen Dörfern und Weilern des Berglandes die Ortsbevölkerung dazu animiert hat, im Eiltempo Bauten fast aller Art, teils notdürftig restauriert, fremdenverkehrswirtschaftlich nutzbar zu machen.

In fast allen hier aufgeführten, küstennahen Inselregionen haben das touristische Kleingewerbe und der Zweithaus-Binnentourismus, der 1974 kaum präsent war, eigenen Beobachtungen zufolge gegen Ende der Siebziger Jahre baulich in einem Umfang zugenommen, daß die Entwicklung der kommerziellen Großbetriebe dagegen eher harmlos wirkt. Die zahllosen Betonskelette und Fundamentausschachtungen signalisieren an allen besuchten Orten, daß der Höhepunkt der fremdenverkehrsbedingten, küstennahen Siedlungsverdichtung bisher noch nicht erreicht ist.

Trotz der allerorts festgestellten touristischen Bauaktivität konnte in keiner Gemeinde - auf die beanspruchte Fläche bezogen - eine ähnliche Qantität des Bauzuwachses wie in Kato Gouves festgestellt werden. Auch nach Ansicht des Regionalen Entwicklungsdienstes YPAK liegt die Gemeinde Gouves aufgrund der ermittelten Daten mit großer Wahrscheinlichkeit zur Zeit an der Spitze des kretischen Zweithaus-Booms; wichtigste Gründe sind die beschriebenen kommunalen Standortvorteile 'Nähe zur Hauptstadt', 'optimale Verkehrsanbindung' sowie die noch vorhandenen Baulandreserven.

Wenn daher die Entwicklung in Kato Gouves weder in Tempo noch in ihren agrarwirtschaftlichen Konsequenzen als repräsentativ für den gesamten insularen Küstenbereich angenommen werden darf, ist die nachlassende Agrartätigkeit in den weniger stark binnentouristisch frequentierten Gebieten an den gleichen, für Gouves typischen Merkmalen deutlich zu erkennen. Diese Zonen kulturlandschaftlichen Wandels stehen in scharfem Kontrast zu den ausgeweiteten bzw. neu entstandenen agrarwirtschaftlichen Produktionszentren, in denen Kreta seinem Ruf als natürlichem Treibhaus Europas gerecht zu werden scheint: Blickt man von den südlichen Vorbergen des Dikti-Massivs auf den Küstensaum zwischen Graligia, Mirtos und Ierapetra oder von der Gipfelflur der Idi-Berge in die Mesara-Bucht von Tibaki bis Kamilarion, schei-

nen die in der Sonne gleißenden Folienabdeckungen der Massen an Treibhäusern die gesamte Ebene nahezu geschlossen zu bedecken. Neue Gewächshausfluren von wirtschaftlich bedeutenden Ausmaßen entstehen zur Zeit bei Gialos westlich Paläochora, bei Fragokastelli, in der Mesara-Ebene zwischen Pobia und Mires und am Küstenstreifen östlich Makrigialos über Moni Kapsa bis Goudouras im Südosten Kretas. Folge dieser agraren Expansion sind dörfliche Neuansiedlungen, für die Kalo Nero (1981) westlich des Klosters Kapsa ein instruktives Beispiel jüngster kretischer Siedlungsbildung ist.

Der Treibhaus-Frühgemüseproduktion in den wachsenden Zentren der Südküste steht die Ausweitung des Blumenanbaus und die Intensivierung der Trauben- und Zitrusfruchterzeugung in den Provinzen der Nordküste, im Raum Iraklion und im Bezirk Chania gegenüber.

Zur Stabilierung des primären Sektors und zur Anpassung der landwirtschaftlichen Erzeugnisse an ausländische Absatzmärkte bietet das griechische Investitionsförderungsgesetz von 1981 regional wie sektoral gestaffelte Investitionsanreize: Zone B und C sind gegenüber der - stark industrialisierten - Zone A in dem wirtschaftsgeographischen Verteilungsmuster stärker bzw. unbedingt förderungsbedürftig. In Kreta gehören nach Angaben der YPAk außer den Eparchien Temenos (Hauptstadt Iraklion) und Pediados des Nomos Iraklion und den Küstenanrainern des Mirabelo-Golfes alle übrigen Provinzen zur Entwicklungskategorie C. Aus den Mitteln des EG-Regionalfonds fließen seit dem EG-Beitritt Griechenlands zusätzlich rd. 230 Millionen Drachmen in den Agrarsektor Kretas (KEPE Athen 1982), so daß relativ günstige Voraussetzungen gegeben sind, die Agrarproduktion der Insel in den nächsten Jahren quantitativ wie qualitativ zu verbessern.

Die Produktionsausweitung wird vor allem die Frühgemüseerzeugung für den europäischen Absatzmarkt betreffen; hier sind Marktanteile in erster Linie durch verbesserte agrotechnische Aufbereitung, verkürzte Transportwege und -zeiten und nicht zuletzt auch durch Wechsel der Anbausorten zu erzielen: Bei den mitteleuropäischen Konsumenten ist die in Kreta bevorzugte Fleischtomate kaum gefragt, ein Wechsel zu kleineren Varietäten könnte nach Meinung von Importeuren (Großmarkt München 1982) die Nachfrage nach kretischen Tomaten ebenso heraufsetzen wie die nach kretischen Gurken, die aller Voraussicht nach der wichtigste Exportartikel für den westlichen Markt bleiben werden.

Aufgrund der großen Aufnahmefähigkeit osteuropäischer

Länder ist auch der Agrumenanbau in der kretischen Landwirtschaft mit Wachstumsraten gekennzeichnet.

Im Obstexport werden nach der EG-Marktöffnung - für Griechenland eine Volumenerweiterung um das 65-fache des Inlandsmarktes (YPAK 1982) - gute Absatzchancen für Aprikosen und Pfirsiche antizipiert, die bei vielen Landwirten im Nomos Iraklion bereits eine betriebliche Umstellung auf den Anbau dieser Sorten bewirkt haben.

Auch der kretische Olivenöl-Export wird voraussichtlich ansteigen. Agrarlandschaftlich sichtbares Zeichen dieser Absatzerwartungen ist die großflächige Ausholzung alter, unproduktiver Bestände und die agrartechnisch modernisierte Neubepflanzung mit jungen Ölbäumen, eine Entwicklung, die sich als beinahe radikale Umstellung einheimischer Produktionsmethoden auf moderne Marktanforderungen besonders eindrucksvoll in der Mesara beobachten ließ.

Zweifellos hat der EG-Beitritt auch der regionalen Landwirtschaft von Kreta bedeutende Impulse gegeben. Abgesehen von Frühgemüse-, Tafeltrauben- und Steinobstexporten sind nach Ansicht von Agrarökonomen (PYGK 1982) und Importeuren (Großmarkt München 1982) auch Marktgewinne für Kernobst und Zitrusfrüchte zu erreichen, wenn sich die kretischen Produzenten in Sortenwahl und Qualität an Geschmack und Ansprüchen der mitteleuropäischen Konsumenten orientieren würden.

Mit einem rapiden Aufschwung der kretischen Landwirtschaft, den die Optimisten in den Verwaltungsstellen und unter den Erzeugern erwarten, ist in allernächster Zukunft jedoch nicht zu rechnen, da trotz fließender Finanzierungshilfen und eingeleiteter Strukturverbesserungen die geographische Entfernung zu den EG-Konsumzentren ein ständiges räumliches, der Transitverkehr durch die Nicht-EG-Länder, vor allem Jugoslawien, ein verwaltungstechnisches Problem bleiben wird. Unsicher sind außerdem die Folgewirkungen der beitrittsbedingten Liberalisierung des Außenhandels in einer bislang an strenge Ein- und Ausfuhrkontrollen gewöhnte Agrarwirtschaft.

Im laufenden regionalen Fünfjahresplan sind zur Effektivierung der kretischen Landwirtschaft u.a. die folgenden Leitlinien festgeschrieben:

- Verbesserung der Produktionsmethoden, in erster Linie Kostensenkung in der Sultaninenerzeugung

- Verbesserung der Transparenz der Marktwege und Erhöhung der Transport- und Lagerkapaziäten

- Ausweitung des bewässerbaren Kulturflächenanteils von 15 % auf 17 %

- Erweiterung der Warmbeetkulturen auf das Maximum von 20 000 Stremmata

- Vergrößerung der durchschnittlichen landwirtschaftlichen Betriebsgröße von 30 auf 50 Stremmata

- Aktivierung des Genossenschaftswesens

- Ausweitung des Versicherungsschutzes für Ernteprodukte

- Vergrößerung des Innovationsinteresses unter den Landwirten durch gezielte Kreditvergabe

(n. YPAK 1982)

Einer der wesentlichsten Programmpunkte, die Betriebsflächenvergrößerung, dürfte die geringsten Realisierungschancen haben, da Flurbereinigungen unumgänglich würden, die in Kreta zu den ausgesprochen unpopulären Maßnahmen zählen.

Durch die Förderung des primären Sektors werden die regionalen Disparitäten Kretas nicht unbedingt abgebaut: nicht nur der küstenkonzentrierte Fremdenverkehr belebte die soziale Erosion in den Provinzen des Inselinnern, sondern auch die neuen Arbeitsplätze in den expandierenden landwirtschaftlichen Intensivzentren, die gleichfalls an der Küste situiert sind, tragen zu einer Verstärkung der Binnenwanderung bei, dies nicht zuletzt aus Inselregionen, in denen landwirtschaftliche Erwerbstätigkeit keine realistische Chance mehr hat. Erinnert sei an den naturgeographisch benachteiligten Nomos Rethimnon oder die karge, fast vegetationslose Sfakia im Südwesten der Insel. In solchen küstennahen Entleerungsgebieten sehen die Regionalplaner in der fremdenverkehrswirtschaftlichen Erschließung die einzige Möglichkeit einer Gegenmaßnahme. Für solche Bezirke, die zur C-Kategorie des erwähnten Investitionsförderungsgesetzes zählen, ist die staatliche Tourismus-Förderung eigentlich vorgesehen, - 1982 standen im griechischen Haushaltsbudget 2,4 Milliarden Drachmen für diesen Sektor bereit (EOT Athen 1982). In diesem Rahmen kann ein Unternehmer, der hier einen Beherbergungsbetrieb eröffnen will und mindestens 25 % des benötigten Kapitals dafür selbst aufbringt, mit staatlichen Zuschüssen zwischen 15 % und 40 % rechnen, sofern er die Auflagen erfüllt, eine Kapazität von mindestens 100 Betten und mindestens 10 neue Arbeitsplätze bereitzustellen (EOT Athen 1982). Da die möglichen Standorte an der Südküste jedoch infrastrukturell völlig unzureichend oder gar nicht erschlossen sind, ist die Aussicht, Touristenströme hierher zu lenken, ebenso gering wie das Bau-Interesse der privaten Investoren. So bleibt die Südküste Kretas in weiten Teilen vorläufig noch den Individualreisenden und Rucksacktouristen vorbehalten, deren saisonaler Massenandrang allerdings auch schon Spuren in der Landschaft und im Verhalten der Einheimischen hinterläßt.

Touristisches Investitionsareal wird weiterhin die Nordküste der Insel sein, wo mitunter sogar die öffentlichen Zuschüsse für die nichtentwickelten C-Regionen verbaut werden: Mit dem nötigen Eigenkapital kann ein Spekulant ohne weiteres die staatlichen Subventionen für die Förderregionen erhalten, wenn er seine Projektpläne für einen entsprechenden Standort vorgelegt hat, ohne sich damit jedoch für deren Realisierung verbindlich festlegen zu müssen. Ohne wirklich an dieser Stelle bauen zu wollen, verleiht er die Zuschüsse mit hohem Zinsgewinn an Banken oder Unternehmen, gibt das Kapital nach einiger Zeit an den Staat zurück und investiert das um die Zinsen vermehrte Eigenkapital in ein Projekt an der wesentlich profitableren Nordküste (EOT Iraklion 1982). Solche und ähnliche Investitionspraktiken lassen ebensowenig wie die Neigung vermögender Griechen und Kreter, überschüssiges Kapital in Fremdenverkehrsprojekten zu verbauen, eine Abnahme der disparaten, privatwirtschaftlich dirigierten Regionalentwicklung erwarten.

Die Zukunft im Beherbergungsgeschäft wird den Kleinbetrieben mit Kapazitäten zwischen 30 und 50 Touristenbetten gehören. Die kretische Hotelwirtschaft hat in den vergangenen Jahren wohl eindeutig die Unrentabilität von Kapazitäten zwischen 50 und etwa 350 Betten erfahren müssen (XEE Athen 1982), erst größere Anlagen bringen wieder Gewinn. Wenn die neue Regierung die nach dem Wechsel im Herbst 1981 angekündigte Kapazitäteneinschränkungen für Hotelneubauten auf 250 bis 300 Betten pro Betrieb wirklich durchsetzt (EOT Athen 1982), ist ein verstärkter Bauboom im Bereich der kleinbetrieblichen Anlagen nicht auszuschließen.

Daß die künftige Entwicklung der Fremdenverkehrswirtschaft in Kreta nicht zuletzt von der Preispolitik der Chartergesellschaften und internationalen Reiseveranstalter abhängig ist, wurde bereits erläutert. Diese wird auch von den innergriechischen Kostensteigerungen beeinflußt, die sich insgesamt negativ auf die touristische Nachfrage auswirken. So wurde im Sommer 1982 in einigen Verwaltungsstellen Kretas (YPAK, EOT, TEE) eine Absatzkrise des Exportguts 'Tourismus' in den nächsten zwei Jahren als sicher angenommen, weil die griechische Inflationsrate damals schon 32 % erreicht hatte und noch immer anstieg und weil die etablierte Hotelwirtschaft von ihrem gewohnten Preisaufschlag von rd. 20 % von einer Saison zur nächsten nicht abrücken wollte, was die internationalen Reiseveranstalter zum Ausweichen in billigere mediterrane Urlaubszonen veranlassen mußte. Nach der währungspolitisch notwendi-

gen Drachmenabwertung vom 10. Januar 1983 um rd. 18 % (gemessen am Dollarkurs) ist diese Prognose zunächst gegenstandslos geworden; der Stimulierungseffekt dieser Maßnahme ist unverkennbar: im April 1983 wurde ein 'Zwei-Wochen-Kreta'-Urlaubspaket von einer westdeutschen Kaufhauskette für 990,-- DM angeboten; die gleiche Zeit in dem bisherigen mediterranen Billigst-Reiseziel Mallorca verbracht hätte 820,-- DM gekostet. So ist auch für die kommenden Jahre eher mit einem unvermindert anhaltenden, auslandstouristischen Ansturm auf die Insel zu rechnen; die Millionengrenze der Urlauber dürfte wahrscheinlich noch in der Saison 1983 überschritten werden (EOT-Schätzung).

Auswirkungen und Schäden der unkontrollierten touristischen Benutzung Kretas waren die Hauptthemen eines Symposiums zur fremdenverkehrswirtschaftlichen Entwicklung der Insel, zu dem die Technische Gewerbekammer (TEE) Vertreter und Experten aus den Ämtern für Regionalentwicklung, Landwirtschaft, Fremdenverkehr, Umweltschutz u.a. im April 1982 nach Iraklion geladen hat.

Als Urheber der als problematisch erkannten verselbständigten Entwicklung in Kreta wurde die 1974 abgelöste Militärregierung angesprochen, die den Privatunternehmern freizügig Investitionshilfen ohne Rücksicht auf regionalplanerische und volkswirtschaftliche Erfordernisse gewährte. Am Mangel an Planungskonzepten hat sich seither nicht viel geändert, da bislang alle Versuche, die Entwicklung administrativ und zunächst auch einfach nur kartographisch in den Griff zu bekommen, von der Wirklichkeit überholt wurden, weil z.B. die Schwarzbauten wie Pilze aus dem Boden schießen.

Realität und Zukunft ist, daß, wer Geld hat, darauflos bauen kann, wo immer er es für richtig hält: Stahlbeton-Skelett, Betondecken, Ausfachung mit Ziegelwerk sind die drei schnellen Schritte im anhaltenden kretischen Bauboom. Durch die Verwendung normierter Bauteile ist an vielen Orten der Insel eine serielle Einförmigkeit im sonst aufgelockerten, traditionellen Siedlungsmuster entstanden, die von den Architekten der TEE als ästhetische Verrohung der alten Kulturlandschaft kritisiert wird. Da Schwarzbauen vom Staat in der Art toleriert wird, daß illegal entstandene touristische Einrichtungen sogar nachträglich noch die Betriebserlaubnis erhalten, der offizielle Dienstweg zur Erreichung einer Baugenehmigung andererseits bürokratisch sehr aufwendig ist, scheint unerlaubtes Bauen in Kreta/Griechenland die Regel zu werden, wodurch raumplanerische Anstrengungen von vornherein überflüssig wären.

In volkswirtschaftlicher Hinsicht hat die unternehmerfreundliche Gesetzgebung einseitig Gewinnvorteile für die Großbetriebe gesichert, dem durchschnittlichen Kreter jedoch nur die Chance einer saisonalen Nebenbeschäftigung gelassen; der preistreibende Effekt des eskalierenden Fremdenverkehrs hat u.a. dazu geführt, daß Fachpersonal und auslanderfahrene Hilfskräfte die Spitzenlöhne im Tertiären Sektor verdienen, wodurch die nichttouristischen Dienstleistungsbetriebe an die Grenze der Unterbezahlung gerieten.

Ferienlandschaftsschutz muß künftig auch den Monumente-Schutz einschließen, wenn die archäologischen und kulturhistorischen Besonderheiten der Insel erhalten und nicht durch die Massen von Besuchern substantiell aufgezehrt werden sollen. Auf diese Notwendigkeit weist insbesondere der Zustand der meistfrequentierten minoischen Ausgrabungsstätte, der frei begehbaren Palastanlage von Knosos hin, deren relativ weiches, antikes Baumaterial von Millionen von Besucherfüßen regelrecht abgeschliffen wird. Ähnliches droht den übrigen offenen Anlagen der Insel.

Nach einer TEE-Untersuchung (1981) gibt es auf Kreta 85 erhaltenswerte, zum Teil wüstgefallenen dörfliche Siedlungen mit unverändert gebliebener traditioneller Bebauungsstruktur, die als touristische Attraktion funktionalisiert werden könnten, indem man sie durch Rückbesiedlung mit Einheimischen und der Beibehaltung ihrer dörflichen Wirtschaftsform neu belebt, anstatt sie museal zu konservieren oder verkommen zu lassen. Die Absichten, die sich mit solchen Plänen verbinden, laufen auf die Hoffnung hinaus, Touristen in größerer Zahl als bisher für die jüngere Geschichte und die Landesnatur der Insel zu interessieren.

Allen an dem TEE-Symposium beteiligten Gruppen war klar, daß der Umweltschutz und die Eindämmung des autodestruktiven touristischen Landschaftskonsums Priorität vor allen anderen Maßnahmen genießen muß, wenn die lokale Fremdenverkehrswirtschaft eine wirkliche Zukunft haben soll. Als Generallinie stand deshalb hinter allen Empfehlungen, die die Symposiumteilnehmer für die dringend notwendige, administrativ koordinierte Lenkung der künftigen Fremdenverkehrsentwicklung formulieren (TEE 1982, S. 63), der Grundsatz, daß jede Art touristischer Nutzung in dem natürlichen Raumgefüge Kretas nur dann ausgewogen sein kann, wenn sie den Charakter von Landschaft und Landesnatur respektiert. Wer die brachiale Erschließungspraxis der letzten Jahre auf der Insel mitverfolgt hat, wird die Wiederentdeckung dieser an sich selbstverständlichen Formel zu schätzen wissen. Die

anhaltende Unternehmer-Strategie, immer mehr Bettenkapazitäten in immer weniger vorbereitete Räume zu plazieren, kann weder der kretischen Wohn- noch der Ferienbevölkerung langfristig von Nutzen sein.

Konkret wird sich die künftige regionale Fremdenverkehrspolitik u.a. auf die folgenden Schwerpunkte konzentrieren müssen:

- Verbesserung und Verschärfung der administrativen Kontrolle zur Eindämmung von Bodenspekulation und Bebauungseskalation

- Bebauungsstop für touristisch überentwickelte Regionen

- Erstellung einer langfristig tragenden Planungs- und Gesetzesgrundlage in Zusammenarbeit aller am Fremdenverkehr beteiligten Ämter und Organisationen

- Ausbau eines funktionsfähigen Umwelt-, Landschafts- und Monumenteschutzes

- Aufklärung und stärkere Einbeziehung der kretischen Bevölkerung über und in die weitere fremdenverkehrswirtschaftliche Insel-Erschließung

- Touristische Belebung der von sozialer Erosion bedrohten Kommunen an der Südküste

- Entwicklung fremdenverkehrswirtschaftlicher Klein- und Mittelzentren in schwach entwickelten Provinzen, z.B. im Nomos Rethimnon

- Abbau der sommerlichen Saisonspitzen zugunsten einer ausgewogeneren Verteilung der ausländischen Ferienpopulation über das ganze Jahr

- Verstärkte Förderung der beginnenden Wintersportaktivitäten im Lefka-Ori- und Idi-Gebiet und des wachsenden Bergwander-Tourismus durch infrastrukturelle Maßnahmen und qualifizierte Betreuung/Führung

- Verbesserung der regionalen Ausbildungsmöglichkeiten für das Hotel- und Freizeitgewerbe zur stärkeren Einbeziehung und Gewinnbeteiligung kretischer Arbeitnehmer

(n. TEE 1982, S. 63)

Im übrigen waren sich die Teilnehmer des Symposiums in Iraklion einig, daß die ökonomische Zukunft Kretas im Ausbau und der Spezialisierung der Landwirtschaft liegt, daß der Fremdenverkehr aber eine unverzichtbare Einnahmequelle für die Inselbevölkerung wie für den gesamten griechischen Staatshaushalt zum Ausgleich der immer noch ungünstigen Zahlungsbilanz geworden ist. Es muß das Ziel künftiger Raumentwicklungs- und Wirtschaftspolitik in Kreta sein, die beiden wichtigsten Erwerbszweige nicht konkurrieren, sondern symbiotisch blühen zu lassen.

In der kretischen Bevölkerung sind die Meinungen zur ungehemmten touristischen Eskalation nicht mehr ungeteilt. Deutliche Hinweise für den Meinungsumschwung sind Wandparolen, die von freundlichen Aufforderungen ("Please keep Spinalonga clean") bis zur schärferen Tonart von "Tourist go home" reichen. Auch im 'Geschäft' vorteilhaft etablierte Einheimische geben zu, daß die Insel dem touristischen Ansturm insgesamt nicht gewachsen ist.

Geschichts- und traditionsbewußte Kreter führen an, daß die touristische Inselbesetzung in der Geschichte der wechselnden und schließlich doch immer wieder abgewehrten Fremdherrschaften durch Römer, Araber, Byzantiner, Venezianer, Türken und Deutsche die erste unblutige, dafür aber umso erfolgreichere Okkupation Kretas ist.

Drastischer formulierte ein leitender Angestellter im Amt für Fremdenverkehr in Iraklion, selbst Kreter, der seit Jahren versucht, das Schlimmste von seiner Insel fernzuhalten, seinen Unmut über den Gang der massentouristischen Entwicklung und die geringen Möglichkeiten, lenkend einzugreifen: "Eines Tages, und der ist nicht mehr fern, dann halten wir die Tür auf und bitten Euch Touristen zu gehen, und wenn Ihr nicht freiwillig verschwindet, dann werfen wir Euch einfach raus...".

5. ZUSAMMENFASSUNG

Seit Mitte der Siebziger Jahre gewinnt die Insel Kreta als mediterranes Urlaubsziel für den Auslandstourismus und in wachsendem Umfang auch für den innergriechischen Ferienverkehr verstärkt an Bedeutung. Die regionale Fremdenverkehrswirtschaft ist inzwischen zum bedeutendsten Wirtschaftsfaktor nach dem Agrarsektor geworden, beide Erwerbszweige bestimmen - häufig in Konkurrenz miteinander - das im Umbruch begriffene, vor allem küstennahe Landschaftsbild der Insel.

Die traditionelle Produktpalette des mediterranen Regenfeldbaus ist durch die Ausweitung des bewässerbaren Kulturlandes und die Aufnahme von Sonderkulturen in folienbedeckten Warmhäusern um exportfähige Erzeugnisse, vor allem Wintergemüse, Agrumen und Blumen seit 1970 kontinuierlich vergrößert worden. Mit rd. drei Millionen Stremmata liegen ca. 8 % der gesamtgriechischen Agrarfluren im klimabegünstigten Kreta, etwa 40 % der griechischen Erzeugerflächen für Warmbeet-Sonderkulturen werden hier bewirtschaftet. Im Jahr 1979 betrug die regionale Produktion von Sultana-Trauben 95 %, von Gurken 46 %, von Olivenöl 28 % und von Orangen 20 % der nationalen Gesamterzeugung. Wichtigste Absatzmärkte sind für Agrumen die Ostblockländer, für die anderen Produkte die Länder des Gemeinsamen Marktes.

Mit rd. 30 Stremmata Betriebsfläche liegt die durchschnittliche kretische Agrarbetriebsgröße noch unter dem griechischen Mittelwert von ca. 35 Stremmata. Zusammen mit dieser kleinbäuerlichen Betriebsstruktur vergrößern topographische Geländeungunst, erschöpfte Landreserven, geringer Mechanisierungsgrad, überholte Organisationsformen, kaum entwickeltes Genossenschaftswesen und der parasitäre Zwischenhandel in der Vermarktung von Agrarerzeugnissen die Zahl der Faktoren, die die Strukturschwächen der Landwirtschaft in Kreta charakterisieren und das Interesse weiter Teile der Bevölkerung an der neuen Erwerbsgrundlage 'Fremdenverkehr' verständlich werden lassen. Von 1961 zu 1981 sank der Anteil der im primären Sektor gebundenen Arbeitskräfte von 70,9 % auf 56,3 %, er stieg im Dienstleistungsbereich von 17,7 % auf 23,5 %. Im insgesamt wirtschaftsstärksten Verwaltungsbezirk der Insel, im Nomos Iraklion waren 1982 30 % der regionalen Erwerbstätigen in der Landwirtschaft und 30 % im Fremdenverkehr beschäftigt. Insgesamt schuf der Fremdenverkehr rd. 17 000 neue Arbeitsplätze auf der Insel.

In der Feriensaison 1982 haben mit rd. 600 000 Auslandstouristen 20 % mehr Menschen Kreta besucht als die Insel Einwohner hat, zusammen mit den Kreuzfahrtpassagieren wird in der Saison 1983 nach Schätzungen der EOT die Millionengrenze überschritten werden. Von 1970 zu 1982 stieg die Zahl ausländischer Besucher um 658 %, die Bettenkapazität des insularen Hotelgewerbes um 487 %. Im Vergleich mit Gesamtgriechenland belief sich 1981 der kretische Anteil an Touristen auf 11,0 %, an Beherbergungskapazität auf 11,6 %, an Deviseneinnahmen auf etwa 8,6 %.

In die stürmische Eskalation des Auslandsreiseverkehrs greift seit etwa drei Jahren die nicht minder dramatische Expansion des Binnentourismus, der auf der Insel einen Zweit- und Ferienhaus-Bauboom ausgelöst hat. Am Beispiel der von beiden Entwicklungen betroffenen Landgemeinde Gouves an der von Tourismus weiträumig besetzten Nordküste des Nomos Iraklion konnten die Auswirkungen näher untersucht werden. In der küstennahen Flur der Gemeinde hat die touristische Flächenbeanspruchung innerhalb von fünf Jahren zu einer Verdoppelung der Bausubstanz und zur Verzehnfachung der Siedlungsfläche gegenüber dem Altsiedeldorf geführt. Der Arbeitgeber 'Fremdenverkehr' hat in dem neu entstandenen Siedlungsgebilde Kato Gouves die Wohnbevölkerung von 0 im Jahr 1971 auf 770 Einwohner im Jahr 1981 ansteigen lassen; 51,7 % aller Arbeitskräfte leben hier. Im primären Wirtschaftssektor sind nur noch 66,1 %

der Erwerbstätigen von Gouves beschäftigt.

Das Brachfallen der Agrarfluren, die zunehmende Gebäudeverdichtung, die Arbeitskräfteumverteilung, die Auswirkungen des saisonalen Bevölkerungsanstiegs, wachsende Umweltbelastungen und die Unsicherheiten des krisenanfälligen Tourismusgewerbes werden mit den Chancen kommunaler wie kleinbäuerlich-privater Prosperitätsmaximierung verglichen und führen zu dem Schluß, daß die Gemarkung Gouves nur geringe Vorteile aus einer Entwicklung zieht, von der sie insgesamt überfordert ist.

Im Vergleich mit ähnlichen Strukturwandlungen in anderen kretischen Küstenregionen kann festgestellt werden, daß die Gemeinde Gouves aufgrund ihrer günstigen Verkehrslage ein bevorzugter Standort des Zweithaus-Binnentourismus geworden ist, der das kulturlandschaftliche Bild durch die Zersiedlung mit Massen von Kleinbauten hier stärker beeinflußt als die Großkomplexe des Hotelgewerbes.

Der nachlassenden Agrartätigkeit in touristifizierten Küstenanliegern wie Gouves stehen in Kreta allerdings auch agrarwirtschaftlich expandierende Provinzen gegenüber, die sich als bedeutende Erzeugerzentren für Wintergemüse, Trauben, Agrumen und Oliven für den internationalen Absatzmarkt zu stabilisieren beginnen. So wird eine spezialisierte Agrarnutzung das künftige Landschaftsbild der Insel genauso mitbestimmen wie der florierende Massentourismus.

6. LITERATUR

ALLBAUGH, L. (1953): Crete. A Case Study of an Underdeveloped Area. Princeton, New Jersey

BASIL, F. (1964): Kreta: Studien zur touristischen Entwicklung (neugriechisch). Athen

BOUGIOUKOS, G. e.a. (1977): Griechenland vor dem Beitritt zur EG. Materialien zum Siedlungs- und Wohnungswesen und zur Raumplanung Bd. 16. Münster

CHRISTIDIS-FROHNE, D. (1980): Der westeuropäische Tourismus als Entwicklungsfaktor Griechenlands. In: W. GUMPEL (Hrsg.): Griechenland und die Europäische Gemeinschaft. München

CREUTZBURG, N. (1928 a): Die Landschaften der Insel Kreta. Wissensch. Abh. d. 22. Dt. Geographentages. Karlsruhe

ders. (1928 b): Kreta. Leben und Landschaft. In: Zf. d. Ges. f. Erdkunde. Berlin

ders. (1933): Die ländlichen Siedlungen der Insel Kreta. In: F. KLUTE (Hrsg.): Die ländlichen Siedlungen in verschiedenen Klimazonen. Breslau

ders. (1958): Probleme des Gebirgsbaues und der Morphogenese auf der Insel Kreta. Freiburger Universitätsreden 26

ders. (1966): Neue Beiträge zur Geologie der Insel Kreta. Geol. Geophys. Mel. Geol. Erevn. Hypedaph 11. Athen, S. 173-185

CREUTZBURG, N. u. E. SEIDEL (1975): Zum Stand der Geologie des Präneogens auf Kreta. N. Jb. Geol. Paläont. Abh. 149. Stuttgart, S. 363-383

FAURE, P. (1976): Kreta - Das Leben im Reich des Minos. Stuttgart

GREUTER, W. (1975): Die Insel Kreta - Eine geobotanische Skizze. Veröff. d. Geob. Inst. d. ETH-Stiftung Rübel 55. Zürich

HAFEMANN, D. (1966): Die Niveauveränderungen an den Küsten Kretas seit dem Altertum. Akademie der Wissenschaften, Mat.-Nat. Fakultät Heft 12. Wiesbaden, S. 605-688

HEINRITZ, G. u. E. JACOB (1981): Junge Wandlungen der Ölbaumkulturen auf Kreta. Marburger Geogr. Schriften 84. Marburg, S. 119-129

HEMPEL, L. (1982): Jungquartäre Formungsprozesse in Südgriechenland und Kreta. Forschungsberichte des Landes Nordrhein-Westfalen Nr. 3114. Opladen

JÄGER, H. (1953): Der kulturgeographische Strukturwandel des Kleinen Walsertales. Münchener Geogr. Hefte 1. München

KOLODNY, E.Y. (1974): La population des Iles de la Grèce. 2 Bd. Aix-en-Provence

LIENAU, C. (1982): Beobachtungen zur Siedlungsentwicklung in ländlichen Räumen Griechenlands. Geogr. Zf. 3, S. 230-237

MATHIOUDAKIS, Z. (1967): Die Stellung des Olivenöls im Wettbewerb mit anderen Nahrungsfetten in Griechenland. Diss. Stuttgart-Hohenheim

MAY, H.D. (1972): Der Kulturlandschaftswandel an der Küste des Languedoc-Roussillons unter dem Einfluß des Fremdenverkehrs. Geogr. Rundschau 24, S. 502-507

MORETTINI, A. (1962): Der Ölbaum. In: W. BALLY (Hrsg.): Tropische und subtropische Wirtschaftspflanzen, Bd. 2: Ölpflanzen. Stuttgart

NETTEKOVEN, L. (1972): Massentourismus in Tunesien. Starnberg

NEVROS, K. u. J. ZVORYKIN (1938/39): Zur Kenntnis der Böden der Insel Kreta. Bodenkundliche Forschungen Vol VI, S. 242-308

PAPADIMITRIOU, D. (1971): Der Nomos Iraklion - Eine regionalgeographische Studie (neugriechisch). Iraklion

PAPAIOANNOU, A. (1980): Der Agrarsektor Griechenlands und die Problematik seiner Integration in die Europäische Gemeinschaft, Sonderheft Agrarwissenschaft 85

PETRIDIS, J. (1968): Regionalplanung der Insel Kreta. Informationen des Institutes für Raumordnung 18. Bad Godesberg, S. 242-247

POSER, H. (1957): Klimamorphologische Probleme auf Kreta. Zf. f. Geomorphologie, S. 113-142

Regionaler Entwicklungsdienst Kreta (YPAK) (1967): Chersonisos-Malia: Tourist Development Masterplan. Athen

SCHUMACHER, K.D. u. E. WÖHLKEN (1982): Analyse des Marktablaufes bei Olivenöl in der EG und den Beitrittsländern. Agarwissenschaft 32, S. 77-85

Statistischer Dienst Griechenlands (ESYE):
Στατιστική Επετηρίς της Ελλάδος
Statistische Jahrbücher 1970 bis 1980

Γεωργική Στατιστική της Ελλάδος
Agrarstatistik 1970 bis 1979

Μηνιαίο Στατιστικό Δελτίο
Monatliche Statistische Berichte, Jahrgänge 1970 bis 1981

Agrar-Census 1961/1971 (Distribution of the Country's Area by Basic Categories of Land Use, Athen 1965/1975)

TANK, H. (1977): Wandel und Entwicklungstendenzen der Agrarstruktur Kretas seit 1948. Die Erde 4, S. 342-346

Technische Gewerbekammer Griechenlands (TEE):

Hydrologische Karte Ost-Kreta 1:100 000. Iraklion 1981

Studie zur Umweltbelastung in Ost-Kreta. Iraklion 1980

Protokolle des Symposiums zur Entwicklung des Fremdenverkehrs in Kreta. Iraklion 1982

Transit Courier - Preis -, Tendenz- und Informationsbericht vom Umschlagplatz München Großmarkthalle und den ausländischen Exportmärkten. Jahrgänge 1970 bis 1982

VATTER, A. (1972): Kreta. Zf. f. Wirtschaftsgeographie 8, S. 225-227

208

VUIDASKIS, V. (1977): Tradition und sozialer Wandel auf der Insel Kreta. Studia Ethnologica 9

WURM, A.: Zur Kenntnis des Metamorphikums auf der Insel Kreta. N.Jb.Geol.Paläont. 1950, S. 206-238

ders. (1954): Geologische Streifzüge auf der Insel Kreta. Natur und Volk 84, S. 195-203

Folgende Institutionen, Verwaltungen und Ämter

stellten Unterlagen, Typoskripte und Kartenmaterial zur Verfügung:

ΕΣΥΕ   Εθνική Στατιστική Υπηρεσία της Ελλάδος

Nationaler Statistischer Dienst Griechenlands, Zentrale Athen und Außenstelle Iraklion

ΕΟΤ   Ελληνικός Οργανισμός Τουρισμού

Griechisches Amt für Fremdenverkehr, Iraklion und Athen

ΤΕΕ   Τεχνικόν Επιμελητήριον Ελλάδος

Technische Gewerbekammer Griechenlands, Büro Iraklion

ΠΥΓΚ   Περιφ. Υπηρ. Γεωργίας Κρήτης

Landwirtschaftlicher Entwicklungsdienst für Kreta

ΥΕΒ   Υπηρεσία Εγγείων Βελτιώσεων

Amt für Bodenmelioration, Büro Iraklion

ΕΒΕΗ   Εμπορικόν και Βιομηχανικόν Επιμελητήριον Ηρακλείου

Industrie- und Handelskammer Iraklion

ΞΕΕ   Ξενοδοχειακό Επιμελητήριο Ελλάδος

Hotelgewerbekammer Griechenlands, Athen

ΚΕΠΕ   Κέντρο Προγραμματισμού και Οικονομικών Ερευνών

Zentrum für Planung und wirtschaftliche Forschung, Athen

ΥΠΑΚ   Υπηρεσία Περιφερειακής Αναπτύξεως Κρήτης

Koordinationsministerium: Regionaler Entwicklungsdienst für Kreta, Iraklion und Athen

Bezirksverwaltung des Nomos Iraklion, Iraklion

Gemeindeverwaltungen von Anopolis, Limani Chersonisos und Malia

Landwirtschaftliches Schulungszentrum Iraklion

Touristik-Union-International (TUI) Büro Iraklion

Airport Iraklion

Wechselkurs-Tabelle

	Drachmen pro US-Dollar	Drachmen pro DM
1970	30,10	8,25
1971	30,10	8,73
1972	30,10	9,53
1973	29,72	11,32
1974	30,10	11,79
1975	32,30	13,17
1976	36,89	14,70
1977	37,21	16,06
1978	37,11	18,51
1979	37,42	20,42
1980	43,06	23,71
1981	55,26	24,45
1982	58,32	25,00
ab 10. 01. 1983	84,00	30,00

(n. Bank von Griechenland: Monatliches Statistisches Bulletin und Deutsche Bank)

Siglen

EΣYE	ESYE	Nationaler Statistischer Dienst Griechenlands, Amtsstellen Athen und Iraklion
ΣEE	SEE 19..	Jahrbuch des Statistischen Dienstes Athen, Jahr 19..
ΓΣE	GSE 19..	Agrarstatistik des Statistischen Dienstes Athen, Jahr 19..
MΣΔ	MSD	Monatlicher statistischer Bericht des Statistischen Dienstes Athen
	Agrar-Census ESYE 19..	Agrar-Zählung 19.., Statistischer Dienst Athen
YΠAK	YPAK	Koordinationsministerium Athen, Außenstelle Iraklion: Regionaler Entwicklungsdienst für Kreta
EOT	EOT	Nationales Amt für Fremdenverkehr, Büro Iraklion
ΠYΓK	PYGK	Landwirtschaftsministerium, Außenstelle Iraklion
TEE	TEE	Technische Gewerbekammer Griechenlands, Büro Iraklion
YEB	YEB	Amt für Bodenmelioration, Büro Iraklion
EBEH	EBEH	Industrie- und Handelskammer Iraklion
KEΠE	KEPE	Zentrum für Planung und wirtschaftliche Forschung, Athen
ΞEE	XEE	Hotelgewerbekammer Athen
	GvG	Gemeindeverwaltung Gouves
	TC	Transit-Courier, Marktinformation Großmarkt München
	n.	Berechnung nach ... (Quelle)
	e.E.	eigene Erhebung

7. BILDANHANG

(alle Photos vom Verfasser)

Photo 1.   Dorf Apano Gouves: Hauptstraße
             unterhalb der Platia

Photo 2.   Kato Gouves: Anfahrt zum Hotel "Marina".
             Fortgeschrittene Auflösung der Agrarland-
             schaft durch Ferienbebauung

Photo 3.   Kato Gouves: Moderne Taverne mit Bauerwei-
terung in aufgegebener Warmbeetanlage

Photo 4.   Kato Gouves: Ferienhäuser

Photo 5.   Kato Gouves: Mittlere Küstenflur und
            Strandzone

Photo 6.   Kato Gouves: Agrarlandschaft im Umbruch

MÜNSTERSCHE GEOGRAPHISCHE ARBEITEN

Herausgegeben von den Hochschullehrern des Instituts für Geographie
der Westfälischen Wilhelms-Universität

Wilfrid Bach - Hermann Hambloch - Heinz Heineberg - Ludwig Hempel -
Friedrich-Karl Holtmeier - Cay Lienau - Alois Mayr - Karl-Friedrich
Schreiber - Ulrich Streit - Dietbert Thannheiser - Peter Weber -
Julius Werner

Schriftleitung: Alois Mayr

H. 1 Alois Mayr: Universität und Stadt. Ein stadt-, wirtschafts- und sozialgeographischer Vergleich alter und neuer Hochschulstandorte in der Bundesrepublik Deutschland.
1979. 375 Seiten mit 43 Tab., 28 Abb., 24 Bildern, 8 Farbkarten im Anhang, DM 60,-. ISBN 3-506-73201-3.

H. 2 Hermann Mattes: Der Tannenhäher im Engadin. Studien zu seiner Ökologie und Funktion im Arvenwald.
1978. 87 Seiten mit 52 Abb., DM 20,-. ISBN 3-506-73202-1.

H. 3 Friedrich-Karl Holtmeier: Die bodennahen Winde in den Hochlagen der Indian Peaks Section (Colorado Front Range).
Ludwig Hempel: Physiogeographische Studien auf der Insel Fuerteventura (Kanarische Inseln).
1978. 103 Seiten mit 21 Abb., 52 Fotos und 1 Kartenbeilage, DM 20,-. ISBN 3-506-73203-x.

H. 4 Peter Weber (Hrsg.): Periphere Räume - Strukturen und Entwicklungen in europäischen Problemgebieten. Mit Beiträgen von Bernhard Butzin, Hans Elsasser, Wilfried Heller, Cay Lienau/Hartmut Hermanns, Rolf Linde-mann, Hartmut Lücke, Frank Nagel, Wolfgang Taubmann und Peter Weber (Berichtband einer Arbeitssitzung des Geographentags in Göttingen 1979).
1979. 183 Seiten mit insg. 23 Abb. und 32 Karten, DM 30,-. ISBN 3-506-73204-8.

H. 5 Heinz Heineberg (Hrsg.): Einkaufszentren in Deutschland. Entwicklung, Forschungsstand und -probleme mit einer annotierten Auswahlbibliographie. Mit Beiträgen von Bernhard Butzin, Bernd R. Falk, Marianne Grewe, Heinz Heineberg, Alois Mayr und Winfried Meschede.
1980. 165 Seiten mit insg. 22 Tab., 20 Abb. im Text und 12 Abb. im Anhang, DM 30,-. ISBN 3-506-73205-6.

H. 6 Wilfrid Bach/Ulrich Hampicke: Klima und Umwelt.
Wilfrid Bach: Untersuchung der Beeinflussung des Klimas durch anthropogene Faktoren.
Ulrich Hampicke/Wilfrid Bach: Die Rolle terrestrischer Ökosysteme im globalen Kohlenstoff-Kreislauf.
1980. 104 Seiten mit insg. 12 Tab., 17 Übersichten und 24 Abb., DM 31,50. ISBN 3-506-73206-4.

H. 7 Peter Schnell/Peter Weber (Hrsg.): Agglomeration und Freizeitraum. Vorträge eines Symposiums der Arbeits-gruppe "Geography of Tourism and Recreation" der Internationalen Geographischen Union (IGU/UGI) in Münster 1979. Mit Beiträgen von Gianfranco Battisti, Christoph Becker, Falk Billion, Michel Bonneau, Heinrich Busch, Candida Chiaccio, Michael Chubb, Jean-Michel Dewailly, Ljubomir Dinev, Ingo Eberle, Johannes C. Franz/ Bernhard Marcinowski, Elke Hausberg, Peter Jurczek, Franz-Josef Kemper, Editha Kerstiens-Koeberle, Klaus Kulinat, Jörg Maier, Boyan Manev, Peter Mariot, Hans-Georg Möller, Peter Schnell, Albert Steinecke, Diether Stonjek, Friedrich Vetter, Gabriel Wackermann, Peter Weber/Rainer Wilking, Klaus Wolf.
1980. 238 Seiten mit insg. 94 Abb., DM 40,-. ISBN 3-506-73207-2.

H. 8 Norbert de Lange: Städtetypisierung in Nordrhein-Westfalen im raum-zeitlichen Vergleich 1961 und 1970 mit Hilfe multivariater Methoden - eine empirische Städtesystemanalyse.
1980. 178 Seiten mit 56 Tab. und 37 Abb. (davon 4 im Anhang), DM 34,-. ISBN 3-506-73208-0.

H. 9 Ludwig Hempel/Hartmut Brettschneider: Beiträge zur "Energetischen Geomorphologie" in Trockengebieten.
Ludwig Hempel: Studien über rezente und fossile Verwitterungsvorgänge im Vulkangestein der Insel Fuerte-ventura (Islas Canarias, Spanien) sowie Folgerungen für die quartäre Klimageschichte.
Hartmut Brettschneider: Mikroklima und Verwitterung an Beispielen aus der Sierra Nevada Spaniens und aus Nordafrika mit Grundlagenstudien zur Glatthanggenese.
1980. 142 Seiten mit insg. 27 Fotos (davon 4 farbig), 43 Abb., 4 röntgenographischen Diagrammen und 3 Kar-ten, DM 37,-. ISBN 3-506-73209-0.

H.10 Dietbert Thannheiser: Die Küstenvegetation Ostkanadas.
1981. 204 Seiten mit 41 Tab. und 166 Abb. (davon 16 Fotos), DM 41,50. ISBN 3-506-73210-2.

H.11 Gerhard Bahrenberg/Ulrich Streit (Hrsg.): German Quantitative Geography. Papers presented at the 2nd European Conference on 'Theoretical and Quantitative Geography' in Cambridge 1980. Mit Beiträgen von Ger-hard Bahrenberg, Hubert Bischoff, Wolf Gaebe, Ernst Giese, Georg Heygster, Franz-Josef Kemper, Hans Kern, Kurt Klein, Günter Löffler, Josef Nipper, Aribert Peters, Reiner Schwarz, Ulrich Streit, Wolfhard Symader, Wolfgang Taubmann, Wilfried Wittenberg.
1981. 182 Seiten mit 22 Tab., 47 Abb. und 1 Farbkarte im Anhang, DM 30,-. ISBN 3-506-73211-0.

H.12 Bernhard Butzin (Hrsg.): Entwicklungs- und Planungsprobleme in Nordeuropa. Mit Beiträgen von Annette Berg-mann, Ruth Bünning, Bernhard Butzin, Staffan Helmfrid, Rolf Lindemann, Friedhelm Pelzer, Peter Sedlacek, Dietbert Thannheiser, Erhard Treude und Uuno Varjo.
1981. 178 Seiten mit 68 Tab., 53 Abb., DM 31,50. ISBN 3-506-73212-9.

H. 13   Volker Rönick: Das nordöstliche Rio Grande do Sul/Brasilien - Naturräumliche Gliederung und wirtschaft-
        liche Bewertung.
        1981. 152 Seiten mit 21 Tab., 35 Abb. und 14 Fotos, DM 28,50. ISBN 3-506-73213-7.

H. 14   Ekkehard Petzold: Einsatzmöglichkeiten EDV-gestützter räumlicher Informationssysteme für hydrologische
        Planungszwecke. Bilanzierung des Wasserdargebotes auf kleinräumiger Basis.
        1982. 82 Seiten mit 39 Tab., 12 Abb. und Anhang, DM 18,50. ISBN 3-506-73214-5.

H. 15   Peter Weber/Karl-Friedrich Schreiber (Hrsg.): Westfalen und angrenzende Regionen. Festschrift zum 44.
        Deutschen Geographentag in Münster 1983, Teil I. Mit Beiträgen von Günther Becker/Peter Weber, Friedrich
        Becks, Hans H. Blotevogel, Ernst Burrichter, Niels Gutschow/Johann A. Wolf, Heinz Heineberg/Norbert de
        Lange, Ludwig Hempel, Karlheinz Hottes, Franz J. Lillotte, Alois Mayr, Wilhelm Müller-Wille/Elisabeth
        Bertelsmeier, Peter Schnell, Karl-Friedrich Schreiber.
        1983. Text- und Kartenband; insg. 342 Seiten mit 61 Tab. und 108 Abb. (davon 8 im Kartenband). DM 36,-.
        ISBN 3-506-73215-3.

H. 16   Heinz Heineberg/Alois Mayr (Hrsg.): Exkursionen in Westfalen und angrenzenden Regionen. Festschrift zum
        44. Deutschen Geographentag in Münster 1983, Teil II. Mit Beiträgen von Friedrich Becks, Lioba Beyer/
        Heinz Heineberg, Hans-Joachim Böckenholt, Hanns J. Buchholz, Jürgen Bünstorf, Ernst Burrichter, Dietrich
        Düsterloh/Adolf Schüttler, Karl Engelhard, Wolfgang Feige, Gerhard Fuchs, Henning Grabowski, Heinz Heine-
        berg/Alois Mayr, Gerhard Henkel, Manfred Hommel, Karlheinz Hottes, Johannes Karte, Herbert Kersberg,
        Hans Kleinn, Herbert Liedtke, Bruno Lievenbrück, Hermann Mattes, Gerhard Müller, Friedhelm Pelzer, Karl-
        Heinz Pfeffer, Hans-Claus Poeschel/Dieter Stonjek, Peter Schnell, Karl-Friedrich Schreiber/Andreas Vogel,
        Ernst Th. Seraphim/Hans Friedrich Gorki, Ulrich Streit, Dietbert Thannheiser, Rolf Thöle/Wolf Eckelmann/
        Wolfgang Schlüter, Peter Weber/Günther Becker, Julius Werner, Hans-Wilhelm Windhorst.
        1983. Textband mit insg. 432 Seiten, 45 Tab., 178 Abb. (davon 1 im Anhang) und Regionalkarte 1:100 000
        Rheinisch-Westfälisches Industriegebiet mit Exkursionsrouten (Anhang). DM 42,-. ISBN 3-506-73216-1.

H. 17   Reinhard Schulte: Situation und Chancen des öffentlichen Personennahverkehrs im ländlichen Raum. Ange-
        botsmängel und Möglichkeiten zur Verbesserung unter besonderer Berücksichtigung des östlichen Münster-
        landes.
        1983. 176 Seiten mit 24 Tab., 29 Abb. und 3 Bildtafeln sowie 4 Karten als Beilage. DM 34,-.
        ISBN 3-506-73217-X.

H. 18   Ludwig Hempel (Hrsg.): Geographische Beiträge zur Landeskunde Griechenlands. Mit Beiträgen vor Ludwig
        Hempel, Hermann-Josef Höper und Volker Born.
        1984. 214 Seiten, 87 Tab., 55 Abb. und 28 Fotos. ISBN 3-506-73218-8.